Einzelbeitrag:
Roland Stutz: „Funktions- und Leistungsdiagnostik:
die Steuerungselemente in der Rehabilitation" (Seiten 48-62)

Die Deutsche Bibliothek – CIP-Einheitsaufnahme

Ehrich, Dieter:
Therapie und Aufbautraining nach Sportverletzungen :
Grundlagen – Diagnostik - Therapie – Übungen /
Dieter Ehrich; Reinhard Gebel. – Münster : Philippka, 2000

ISBN 3-89417-095-6

© 2000 by Philippka-Sportverlag, Postfach 15 01 05, D-48061 Münster

Lektorat: Dietrich Späte, Werner Böwing, Walter Haase

Produktion: Werner Böwing

Illustration: Frauke Hehn

Graphische Gestaltung: Thorsten Krybus

Titelfotos: Stefan Krutsch (3), Bongarts (links oben)

Fotos: HAJO (Seite 11), Claus Bergmann (Seite 13, 14, 205), Jean-Marie Tronquet (Seite 15, 18, 28, 41, 69, 236, 237, 240, 241, 243, 244, 246-251, 253 [2], 254-263, 266, 270, 271, 274, 276, 279-285, 287, 293-295, 300, 301, 303, 304), Stefan Krutsch (Seite 17, 20, 48, 62, 79, 87, 88, 233 [3], 235, 238, 239, 242, 245, 252, 264, 265, 267-269, 272, 273, 275, 277, 278, 286, 288-292, 296-299, 302), Bongarts (Seite 31, 37, 107, 113, 125, 153, 156, 183), Böwing (Seite 77), firo sportfotographie (Seite 98), Dieter Nagel (Seite 109), La Monaca-Tarantini (Seite 157)

Gesamtherstellung: Graphische Betriebe E. Holterdorf, 59302 Oelde

Nachdruck, fotomechanische Vervielfältigungen jeder Art, Mikroverfilmungen und Einspeicherung bzw. Verarbeitung in elektronischen Systemen nur mit schriftlicher Genehmigung des Verlages.

DIETER EHRICH • REINHARD GEBEL

Therapie und Aufbautraining nach
Sportverletzungen

Inhaltsverzeichnis

DIE GRUNDLAGEN 11-112

Einleitung	12
Grundlagen der medizinischen Trainingslehre	14
• Koordination	19
• Beweglichkeit	21
• Kraft	23
• Ausdauer	26
• Schnelligkeit	29
Der kontralaterale Trainingseffekt („Crossing-Effekt")	32
Ableitung eines spezifischen Trainingsbegriffs für die medizinische Trainingslehre und das funktionelle Aufbautraining	32
Das System der medizinischen Trainingstherapie nach Sportverletzungen	36
Die Struktur der medizinischen Trainingstherapie	39
• Die 5 Phasen des Systems der medizinischen Trainingstherapie	40
Funktions- und Leistungsdiagnostik: die Steuerungselemente in der Rehabilitation	48
• Funktionsdiagnostik – Steuerungselement für die Therapie	50
• Übergangsphase – Therapie und Training	55
• Leistungsdiagnostik – Steuerungselement für das Aufbautraining	56
Allgemeine Muskellehre	64
• Muskelarten	64
• Muskelformen	66
• Muskeltypen	66
• Muskelfunktionen	66
• Muskelkontraktion	68
• Muskelatrophie	69
• Muskuläre Dysbalancen	69
• Sehnen	70
Die Ernährung – ein wichtiger Baustein für die medizinische Trainingstherapie und das funktionelle muskuläre Aufbautraining	71
• Eiweiß	71
• Kohlehydrate	72
• Fettsäuren	72
• Vitamine	73
• Mineralien und Spurenelemente	74
• Wasserhaushalt	75

Richtiges Aufwärmen – Voraussetzung für das Erreichen optimaler Leistungen 78
- Phasenstruktur des Aufwärmens 78

Abwärmen (Cool-down) – Übergang zur aktiven Regeneration 80

Aquatherapie 82

Prävention 84
- Präventives Funktionstraining 86
- Qualitätssicherung und Kontrolle von Präventivmaßnahmen 87
- Beispiel für ein präventives Trainingsprogramm 89

Behandlungserfahrungen im Übergang von der Rehabilitation zur uneingeschränkten Belastung und die Integration in das Vereinstraining 92
- Praktische Erfahrungen 92
- Fazit 96

Regulationsmechanismen für eine erfolgreiche Rehabilitation – die Zusammenhänge von physischen und psychischen Beeinflussungsfaktoren und sozialem Umfeld 98
- Die traditionelle Heilbehandlung nach Sportverletzungen 98
- Unser neues Konzept des funktionellen muskulären Aufbautrainings nach Sportverletzungen 99
- Passive Maßnahmen oder Operation? 100
- Die Rehabilitation beeinflussende Faktoren 101
- Die Zeitdauer von Verletzungen 103
- Trainerverhalten 106
- Soziales Umfeld 108
- Ausblick 109

DIE THERAPIE-PRAXIS 113-232

1 DIE TRAININGSTHERAPIE NACH KNIEVERLETZUNGEN 114

Anatomische Grundlagen von Knie, Oberschenkel und Hüfte 114
- Bänder und Knorpel 114
- Die vordere Oberschenkelmuskulatur 115
- Die hintere Oberschenkelmuskulatur 117
- Die innere Oberschenkelmuskulatur 117
- Die Muskelgruppen der Hüfte 119

Bandverletzungen 122
- Seitenbandverletzungen 122
- Meniskusverletzungen 122

Fallbeispiel: Trainingstherapie nach Seitenbandruptur (medial) 124

Inhaltsverzeichnis

Fallbeispiel: Trainingstherapie nach Meniskusverletzung 134

Fallbeispiel: Trainingstherapie nach Kreuzbandruptur 142

2 DIE TRAININGSTHERAPIE NACH FUSSVERLETZUNGEN — 150

Anatomische Grundlagen von Fuß und Sprunggelenk 150
- Aufbau, Funktion und biomechanische Faktoren der Achillessehne 152
- Die Muskulatur des Fußes 154
- Zusammenfassung 156

Sprunggelenkverletzungen 157
- Vorbemerkungen 157
- Verletzungsarten 159
- Zusammenfassung 159

Fallbeispiel: Trainingstherapie nach Sprunggelenkdistorsion 160

Achillessehnenverletzungen 168
- Ursachen 168
- Symptomatik 169
- Therapie 169
- Achillessehnenrupturen 169
- Diagnose 170
- Die Bedeutung der posttraumatischen bzw. postoperativen Ruhigstellung 170
- Die Bedeutung der Immobilisation für die Muskulatur 170
- Entwicklung der Muskelkraft während der Muskelfunktionstherapie im Rahmen des Aufbautrainings 171

Fallbeispiel: Trainingstherapie nach Achillessehnenruptur 172

3 DIE TRAININGSTHERAPIE NACH MUSKELVERLETZUNGEN — 180

Vorbemerkungen 180
- Klassifikation von Muskelverletzungen 181
- Diagnostik von Muskelverletzungen 181
- Wiederherstellung und Heilungsprozeß nach Muskelverletzungen 182

Behandlung von Muskelverletzungen 185
- Behandlung durch Mobilisation 185
- Chirurgische Behandlung 186

Fallbeispiel: Trainingstherapie nach Muskelfaserriß 188

4 DIE TRAININGSTHERAPIE NACH WIRBELSÄULENVERLETZUNGEN — 196

Anatomische Grundlagen 196
- Die Wirbel 196

- Form der Wirbelsäule ... 197
- Bandscheibendegeneration ... 198
- Biomechanik der Wirbelsäule ... 198
- Wirbelsäulenverschleiß ... 199
- Zusammenfassung ... 201
- Präventivmaßnahmen zur Stabilisierung der Wirbelsäule ... 202
- Muskulatur des aktiven Bewegungsapparats im Bereich des Rumpfs ... 202

Fallbeispiel: Trainingstherapie nach Bandscheibenvorfall ... 206

5 DIE TRAININGSTHERAPIE NACH SCHULTERVERLETZUNGEN 214

Anatomische Grundlagen ... 214
- Der Schultergürtel ... 214
- Das Schultergelenk ... 215
- Biomechanik und Funktionen der Schulter ... 216
- Die Belastung der Schulter in den Sportspielen am Beispiel Handball ... 217

Verletzungen ... 219
- Frakturen ... 219
- Luxationen ... 219
- Schulterinstabilität ... 219
- Claviculaverletzungen (Schlüsselbeinfrakturen) ... 221
- Akromioclaviculargelenk ... 221
- Verletzungen der Rotatorenmanschette ... 222
- Impingementsyndrom ... 222

Fallbeispiel: Trainingstherapie nach Schultereckgelenksprengung ... 224

DIE ÜBUNGEN 233-309

So finden Sie sich auf Anhieb zurecht! ... 234

Übungen 1 bis 70 ... 235

Schnellübersicht ... 306

Sachwortverzeichnis ... 312

Literaturverzeichnis ... 318

Vorwort der Autoren

Die Nachbehandlung von Sportverletzungen hat sich in den letzten Jahren deutlich verändert. Das betrifft sowohl den Komplex der Rehabilitation als auch die mit ihr verbundene Therapie. Aus Einzelmaßnahmen der physikalischen Therapie und muskulärem Aufbautraining entwickelte sich die Komplextherapie als **erweiterte ambulante Physiotherapie** (EAP). Dabei zeigt sich, daß die systematische Einbeziehung von Aktivmaßnahmen – insbesondere der medizinischen Trainingstherapie und des muskulären Aufbautrainings – den Heilungsprozeß positiv beeinflußt. Eine entscheidende Grundlage für diese Entwicklung sind unsere über 20jährigen Erfahrungen auf diesem Gebiet und die daraus gewonnenen richtungsweisenden Erkenntnisse im Rahmen der Therapie von Hochleistungssportlern verschiedener Sportarten (u.a. Fußball, Handball, Basketball, Eishockey, leichtathletische Disziplinen), die nach Verletzungen so schnell wie möglich das Training wieder aufnehmen wollen. So wurden in unserem Rehazentrum SPOREG bis heute über 1100 Fußballprofis aus dem In- und Ausland, mehr als 300 Athleten und Athletinnen olympischer Disziplinen sowie eine sehr große Zahl von Freizeitsportlern und „Normalverbrauchern" behandelt.

Mit Hilfe funktions- und leistungsdiagnostischer Untersuchungen und Tests ist es uns gelungen, das Qualitätsmanagement im Rehaprozeß zu optimieren und für spezifische Sportarten ein **Normensystem** leistungsbestimmender Faktoren zu entwickeln. Im Vergleich mit individuell erhobenen Testwerten ist es möglich, die aktuelle Leistungsfähigkeit des Verletzten zu bestimmen und alle notwendigen Maßnahmen exakt festzulegen. Somit sind die Übergänge zur vollen Belastbarkeit planmäßig steuerbar. Dabei steht das gesamte Körperfunktionssystem – eben nicht nur das einseitige Auskurieren einer Verletzung – im Mittelpunkt der Therapie. Training in der Therapie interpretieren wir als eine **ganzheitliche** Vorgehensweise, bei der die motorischen Grundeigenschaften (Kraft, Flexibilität, Ausdauer, Koordination und Schnelligkeit), aber auch psychosoziale Komponenten Berücksichtigung finden, um einen erfolgreichen Therapieverlauf zu garantieren.

Schwerpunkte unserer Tätigkeit sind (neben der allgemeinen körperlichen Ausbildung) auf der Basis eines langfristigen zielgerichteten Trainingsaufbaus individuell erstellte Therapiepläne, nach deren Durchführung die völlige Wiederherstellung des Sportlers/Patienten der Regelfall ist. Dabei arbeiten wir nach dem Prinzip der von uns entwickelten **5-Phasen-Struktur**, mittels derer sich der Belastungsgrad auf jeder Stufe am aktuellen Gesundheitszustand des Sportlers/Patienten orientiert. Die Komplextherapie gibt den Sportlern/Patienten nicht nur ihre Sportfähigkeit, sondern ebenso ihre uneingeschränkte Berufsfähigkeit und ihr körperliches Wohlbefinden zurück. Eben ihre Lebensqualität.

Es muß allerdings betont werden, daß die Wiederherstellung verletzter Personen ein zielgerichtetes **Teamwork** von Ärzten, Physiotherapeuten, Masseuren und sportwissenschaftlich ausgebildeten Reha-Trainern voraussetzt. Qualitätsmanagement und -sicherung sind entscheidende Parameter für eine erfolgreiche Rehabilitation. Deshalb haben wir 1987 den „Verein für die Rehabilitation und Trainingstherapie" gegründet. Dieser setzte sich als eine der ersten Institutionen mit der traumatologisch-orthopädischen Rehabilitation im Rahmen des funktionellen muskulären Aufbautrainings und der medizinischen Trainingstherapie auseinander. Er gab für eine moderne und gesicherte Rehabilitation nach Verletzungen richtungsweisende Impulse. Auf der Grundlage des wissenschaftlich und fachspezifisch abgesicherten Curriculums werden durch diesen Verein Therapeuten ausgebildet, die in der Komplextherapie erfolgreich eingesetzt werden können.

Dieses Buch wendet sich in erster Linie an in der Therapie tätige Personen, die ihre Patienten/Athleten nach Verletzungen gezielt informieren wollen. Natürlich ist es auch für Patienten geeignet, die sich über bestimmte Verletzungsbilder und notwendige Therapien umfassend informieren möchten.

Die im Praxisteil beschriebenen Übungen gründen auf dem aktuellen Wissensstand und unseren Erfahrungen. Jeder Anwender ist jedoch dazu aufgerufen, unsere Vorgaben auf sein individuelles Leistungsniveau zu übertragen und mit dem behandelnden Arzt und Therapeuten abzustimmen.

Für die ausdauernde Unterstützung bei der Erstellung dieses Buches danken wir Barbara Dauenhauer.

Dr. Dieter Ehrich • Reinhard Gebel

Thera-Band®
Exercise System

Krafttraining mit den original
Thera-Band® Produkten aus den USA:

▸ **Thera-Band**® Übungsbänder
in 8 farbcodierten Widerstandswerten

▸ **Thera-Band**® Tubes
in 6 farbcodierten Widerstandswerten

▸ **Thera-Band**® Gymnastikmatten
und Gymnastikbälle

▸ **Thera-Band**® Handtrainer und Zubehör
Literatur, Videos und Software

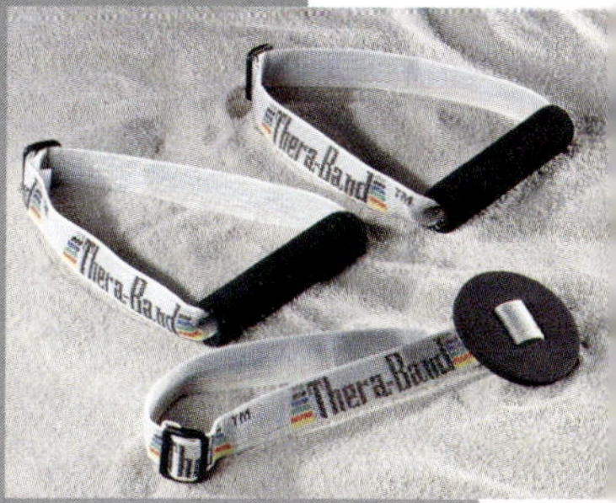

Ludwig Artzt GmbH

D-65589 Hadamar

Mainzer Landstraße 19

Fax 0 64 33/ 91 65 65

Telefon 0 64 33/ 91 65 0

Die Grundlagen

Die Grundlagen

Einleitung

Die individuelle Leistungsfähigkeit zu steigern ist das Ziel jeglichen sportlichen Trainings. Die Bereiche, in denen sich sportliches Training dabei vollzieht, sind allerdings sehr unterschiedlich. Hierzu zählen der Leistungssport, der Breitensport, das präventive Funktionstraining, die medizinische Trainingstherapie und das Aufbautraining in der Rehabilitation. Das sportliche Training ist ein komplexer Prozeß, der spezifischen Gesetzmäßigkeiten unterliegt, zu denen im wesentlichen die Belastungsparameter, die Anpassungsvorgänge im Organismus, die mentale Vorbereitung sowie die sportmotorischen Lernprozesse zählen. Jede Trainingseinheit muß zielgerichtet sein. Als Ziel gilt nicht nur die Steigerung der komplexen Leistungsfähigkeit, sondern auch die Realisierung von Teilaufgaben wie beispielsweise die Verbesserung der Koordinationsfähigkeiten.

Die Zielgerichtetheit des Trainings ist Voraussetzung für einen systematischen Aufbau und für eine planmäßige Realisierung. Bei den Trainingszielen wird zwischen Haupt- und Teilzielen unterschieden. Hauptziele betreffen die Bereiche, auf die der gesamte Trainingskomplex ausgerichtet ist wie Meisterschaften oder bedeutende Wettkampfhöhepunkte. Ein solches Hauptziel könnte beispielsweise sein: das Erreichen des Finallaufs über 100 m Rücken bei den Deutschen Hallenmeisterschaften im Schwimmen. Bei Teilzielen handelt es sich dagegen um Vorstufen des angestrebten Hauptziels. Dazu zählen die Wiederherstellung nach einer kräftezehrenden Wettkampfperiode, die kontinuierliche Steigerung der Belastungsfähigkeit oder auch die Ausbildung einzelner Leistungsfaktoren.

Die speziellen Aufgabenstellungen des sportlichen Trainings werden vom jeweiligen Trainingsziel, dem Leistungsstandard in der entsprechenden Sportart sowie von der aktuellen Leistungsfähigkeit des Sportlers abgeleitet. Die Lösung der einzelnen Aufgaben erfolgt in einer vorgegebenen Rahmenstruktur, wobei anzumerken ist, daß im modernen Hochleistungssport das Training immer komplexer wird. Das Verständnis des Sportlers für die zu bewältigenden Aufgaben sowie deren konzentrierte Ausführung auf jeder Leistungsebene (Hochleistungssport, Leistungssport, Breitensport, Präventivtraining, medizinische Trainingstherapie) sind wichtige Voraussetzungen für den Erfolg. Inwieweit das jeweilige Hauptziel realisiert werden kann, hängt allerdings auch stark von der Auswahl der Trainingsinhalte und der Qualität der Belastungssteuerung ab.

Die einzusetzenden Trainingsmittel (wie z.B. Ergometer, spezielle Trainingsgeräte) zeigen dann schon im Detail an, wie die angestrebten Ziele erreicht werden können. Die im Einzelfall anzuwendenden Trainingsmethoden charakterisieren ebenfalls, wie die Gesamtaufgabe zu lösen ist. Die konkrete Festlegung der Reihenfolge von einzelnen Übungen, die Festlegung von Belastungsumfang und -intensität, die Pausengestaltung innerhalb des Trainings sind hier von großer Bedeutung. Jeder Leistungsfaktor ist dabei als eine komplexe Wirkungsgröße anzusehen, die von der jeweiligen Konstitution des Sportlers und seinen speziellen Fähigkeiten und Fertigkeiten abhängt. In der Leistungsentwicklung finden diese Zusammenhänge auf den Ebenen der Handlungs- und Verhaltenssteuerung, der Bewegungsregulation, der Energieumwandlung und -bereitstellung, der mechanischen Energieausnutzung und -übertragung ihren Ausdruck. Grundlage für die Bewegungsregulation ist die Fähigkeit funktionell gekoppelter supraspinaler und spinalmotorischer Strukturen des neuromuskulären funktionellen Systems. Es gilt dabei, nach häufigen Wiederholungen die Bewegungsabläufe zu speichern und mögliche Korrekturelemente auszubilden.

Die morphologisch-funktionellen Anpassungen des Systems der Energiebereitstellung und -übertragung sind vielfältig, andererseits sind sie reversibel. Daraus ergibt sich, daß Belastungsformen mit unterschiedlicher Auswirkung auch zu unterschiedlichen Anpassungen führen. (vgl. SCHNABEL 1997)

Die entscheidende Grundlage für die Auswahl und Festlegung bestimmter Trainingsreize ist die trainingswissenschaftliche Erkenntnis, daß spezifische Reize stets zu entsprechenden Anpassungsreaktionen führen. Die Untersuchungen von MEERSON (1973) bestätigen diese Aussage durch folgende beobachtete Reaktionen im Trainingsprozeß:
– die Aktivierung und Energiebildung in den Zellen,
– die Synthese von Nukleinsäuren und den zusätzlichen Eiweißanbau.

Diese Hinweise werden bei allen Ableitungen für eine medizinische Trainingslehre zugrundegelegt.

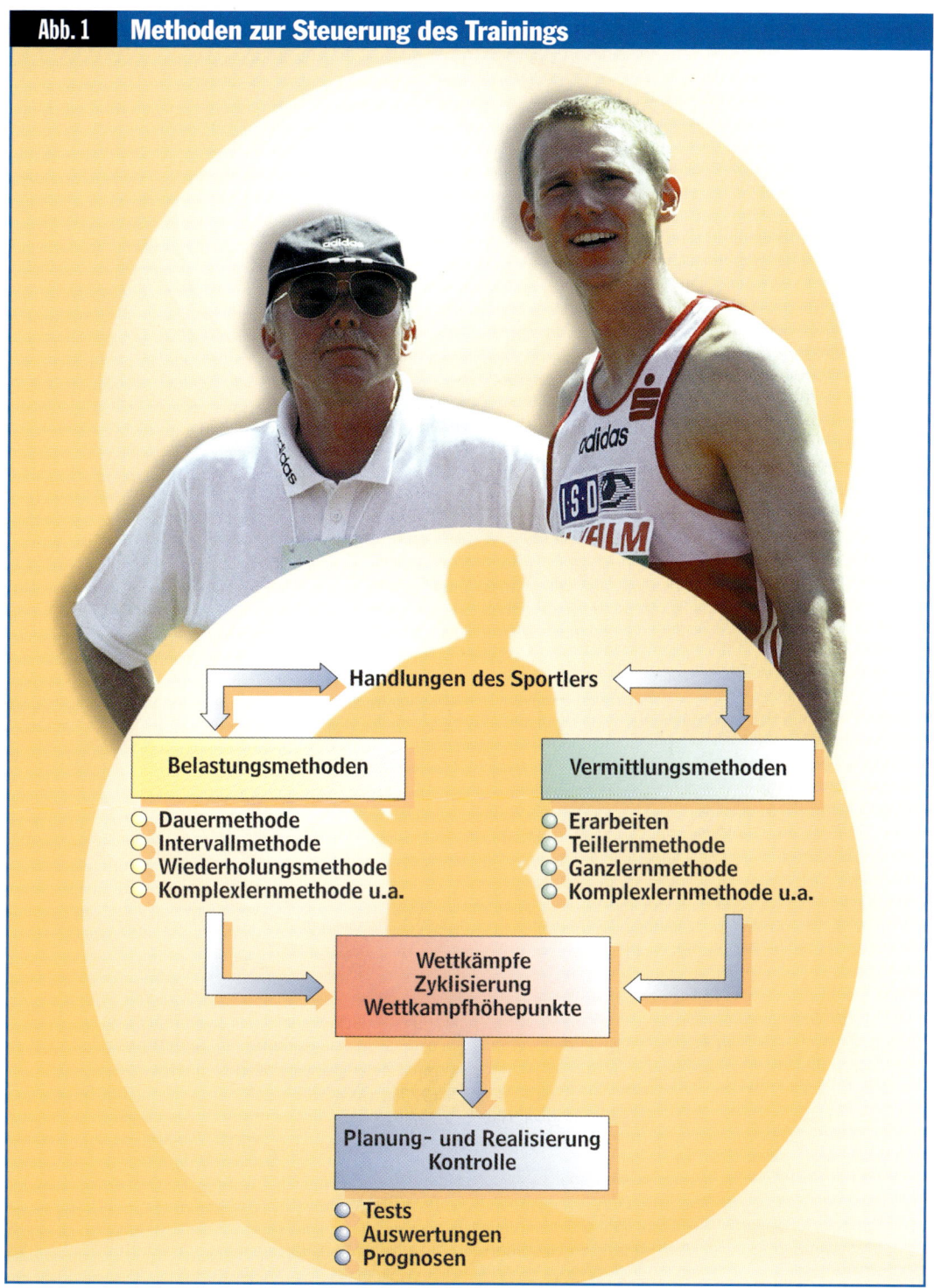

Abb. 1　Methoden zur Steuerung des Trainings

Die Grundlagen

Grundlagen der medizinischen Trainingslehre

Bei der Gestaltung des Trainings müssen der aktuelle Gesundheitszustand, die Leistungsvoraussetzungen und die Leistungsbereitschaft des Patienten berücksichtigt werden. Diese Faktoren bestimmen zu einem großen Teil die Leistungsfähigkeit und die auf das jeweilige Ziel hinführenden Zwischenergebnisse. Der Organismus reagiert auf das Anforderungsprofil mit funktionellen und morphologischen Veränderungen, die eine höhere Belastungsfähigkeit zur Folge haben. Dieser Anpassungsprozeß wird als „morphologische und (oder) funktionelle Modifikation des Organismus auf innere oder äußere Anforderungen" verstanden. (ISRAEL 1988, 14). Durch sportliches Training werden Anpassungsreaktionen durch bewußt gesteuerte körperliche Belastungen ausgelöst. Auf gezielte Beanspruchungsformen können Individuen unterschiedlich reagieren. Das betrifft in erster Linie das Ausmaß der Veränderungsstrukturen.

Dieser Zusammenhang ist damit zu erklären, daß die individuellen Voraussetzungen für die konditionellen Grundeigenschaften Koordination, Beweglichkeit, Kraft, Ausdauer und Schnelligkeit nicht einheitlich ausgeprägt sind. Man differenziert daher im Hochleistungssport zwischen Ausdauer-, Schnelligkeits- und Krafttypen, die sich im Metabolismus sowie im Muskelprofil und dessen Faserstruktur unterscheiden. Ausdauertypen haben Vorteile im Entwicklungstempo und im Bereich der aeroben Kapazität und Leistungsfähigkeit (vgl. CHARITONOVA 1993); Sprintertypen erreichen im Vergleich zu Ausdauersportlern die glykolytische Mobilisationsfähigkeit schneller, und zwar verbunden mit einem höheren Endniveau. Krafttypen reagieren auf gezielte Trainingsreize mit einer ausgeprägten Muskelhypertrophie.

Die Anpassungsreaktionen einzelner Funktionssysteme sind bestimmt durch eine Reihenfolge mit entsprechendem zeitlichem Ablauf. Bei körperlichen Beanspruchungen wird das homöostatische Gleichgewichtssystem gestört. Es werden Enzymreserven beansprucht und die einzelnen Funktionen erweitert,

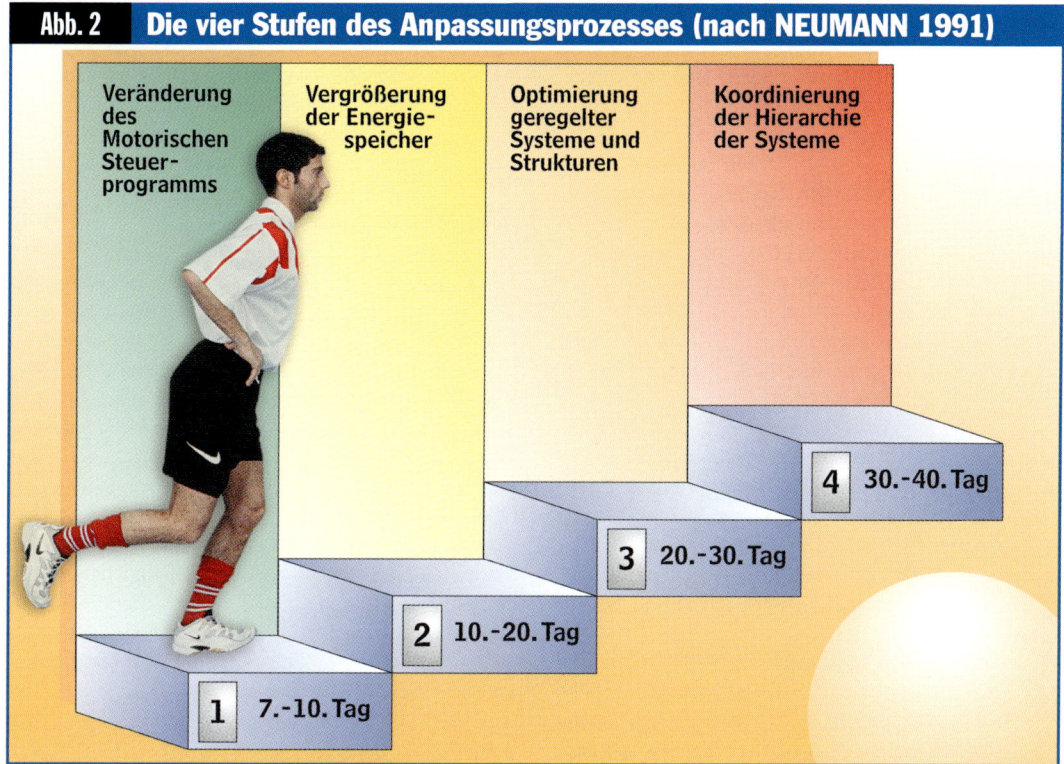

Abb. 2 Die vier Stufen des Anpassungsprozesses (nach NEUMANN 1991)

wobei sich u.a. die Sauerstoffaufnahmekapazität, die Herzschlag- und die Atemfrequenz erhöhen. Die funktionellen Veränderungen führen noch nicht zu einer Leistungssteigerung, vielmehr handelt es sich hierbei um eine Umstellungs- und Anpassungsreaktion. Am Ende einer Belastung wird die Homöostase wiederhergestellt.

Für diese Prozesse benötigen die einzelnen Funktionssysteme sowie die beanspruchten Energiespeicher unterschiedlich lange Zeit, die von der Beanspruchungsdauer und den damit verbundenen Trainingsformen abhängt. Bei der Auffüllung der beanspruchten Energiedepots kommt es zu Überschußreaktionen, wobei das Ausgangsniveau überschritten wird. Dieser als Superkompensation (JAKOBLEW 1978) bezeichnete Vorgang ist für die weitere trainingsmethodische Realisierung von Bedeutung. So muß z.B. entschieden werden, ob eine neue Belastung bereits vor oder erst nach Abschluß der Kompensationsphase gesetzt wird, um eine optimale Anpassungsreaktion zu erreichen. Das Anpassungspotential (Adaptation) kann nur über einen mehrjährigen Trainingsprozeß mit einzelnen Etappen unterschiedlicher Trainingsbelastung kontinuierlich verbessert werden.

Für das Ausdauertraining unterscheidet NEUMANN (1991) vier Stufen des Anpassungsprozesses (vgl. Abb. 2):
1. Veränderung des Motorischen Steuerprogramms (7. bis 10. Tag)
2. Vergrößerung der Energiespeicher (10. bis 20. Tag)
3. Optimierung geregelter Systeme und Strukturen (20. bis 30. Tag)
4. Koordinierung der Hierarchie der Systeme (30. bis 40. Tag)

Das Ergebnis besteht in einer Erhöhung der Stoffwechseleffizienz: im Ausdauertraining können längere Strecken mit höherer Intensität absolviert werden, im Krafttraining können höhere Lasten bewältigt und die Wiederholungszahl erhöht werden.

Durch ermüdendes Ausdauertraining werden die Muskelglykogenspeicher vergrößert, durch Kraft- und Schnelligkeitstraining verändern sich vor allem die Energiedepots. Je nach Intensität erfolgt die An-

Die Grundlagen

passung sowohl in den langsamen als auch in den schnellkontrahierenden Muskelfasern. Gleichzeitig erhöht sich die energetische Basis und deren Nutzung. Während die aerobe Energiebereitstellung für das Herz-Kreislaufsystem bereits nach 2 bis 3 Wochen angepaßt ist, werden für die strukturell morphologischen Anpassungen längere Zeiträume benötigt. Hervorzuheben sind dabei die Zunahme der Muskelmasse, die Ausbildung des sogenannten Sportherzens, die Kapillarvermehrung, die Vergrößerung von Sehnenquerschnitten sowie die Aktivierungshypertrophie der Knochen und die Veränderung (Dickenzunahme) des Knorpels (vgl. SCHMIDT 1985).

Alle Anpassungen erfolgen entsprechend dem Anforderungsprofil der beanspruchten Organsysteme. Dabei weisen nur solche Funktionssysteme eine Adaptation auf, die mit ausreichend starken Trainingsreizen beansprucht werden. Hierbei geht es nicht nur um die Steigerung der sportlichen Leistungsfähigkeit, sondern auch um die erhöhte psychische Belastbarkeit.

Wird dagegen ein angepaßtes System nicht mehr durch entsprechende Parameter beansprucht, bilden sich die Anpassungen zurück und die konditionelle Leistung sinkt. Das von der aktuellen Leistungsfähigkeit abhängige Tempo der Rückbildung ist dabei individuell sehr unterschiedlich. Im Ausdauerverhalten gibt es schnelle Rückbildungen. Die maximale Sauerstoffaufnahme und Muskeldurchblutung sinken ab, die aerobe und die anaerobe Kapazität bilden sich zurück. Weitere Leistungsverluste ergeben sich im Bereich der Muskelkraft, was sich an der Verringerung des Muskelquerschnitts erkennen läßt. Ein besonders hohes Tempo der Muskelatrophie liegt bei Immobilisation einer Extremität nach Rupturen bzw. Frakturen vor. Die mit diesem Prozeß stets verbundene Beeinträchtigung der intramuskulären Koordination verstärkt dabei noch die negative Entwicklung. Weitere Reduktionen treten im Bereich des Binde- und Stützgewebes auf. Die erhöhte Gefahr von Fehlbelastungen und Einschränkungen der koordinativen Fähigkeiten sind die Folgen.

In welchem Umfang ausreichende Anpassungen erzielt werden können, hängt in erster Linie von der Qualität des gesamten Trainingsprozesses und vor allem von den gesetzten Belastungsreizen ab. Wird der notwendige Belastungsimpuls nicht erreicht, kann das Anpassungsprofil nicht vollständig ausgeschöpft werden (vgl. SCHNABEL 1997).

Bei dem zu erstellenden Therapiekonzept für die medizinische Trainingstherapie und das sich anschließende funktionelle muskuläre Aufbautraining sind zyklische Strukturen die Ausgangsbasis für die Planung der individuellen Trainingsprozesse. In den einzelnen Phasen der Therapie muß ständig ein optimales Verhältnis zwischen Beanspruchung und Entlastung aufrechterhalten werden, um das vorgegebene Therapieziel zu erreichen.

Der systematische Wechsel zwischen Belastung und Erholung sowie die Veränderung der Übungsformen und -folgen ermöglichen eine schnelle Anpassung an das kardiopulmonale und das Muskelfunktionssystem. Dadurch ergeben sich ständig neue Reizmomente, die letztlich zur Steigerung der Leistungsfähigkeit beitragen. Wir unterscheiden in der Therapie zwischen Mikro-, Meso-, und Makrozyklen. Unter Mikrozyklus verstehen wir einen aus mehreren Therapieeinheiten bestehenden Therapieabschnitt, in aller Regel eine Trainingswoche. Die nächstgrößere Einheit ist der auf einen oder auf zwei Monate ausgelegte Mesozyklus, der aus mehreren Mikrozyklen aufgebaut ist. Belastungsreize und die damit verbundene Verbesserung der körperlichen Leistungsfähigkeit stabilisieren alle beteiligten Funktionssysteme des Patienten/Sportlers.

Ein Makrozyklus setzt sich aus mehreren Mesozyklen zusammen und ist als ein großer Therapiekomplex von einigen Monaten bis zu einem Jahr Dauer zu betrachten. Solche Langzeit-Planungen werden allerdings erst dann erforderlich, wenn es sich um die Behandlung komplexer Verletzungen am Kniegelenk, an den Kreuz- oder Seitenbändern oder um Mehrfachverletzungen handelt.

Die durch die beschriebenen Phasen strukturierte Trainingstherapie bildet dabei die Grundlage für die Detailplanung der einzelnen Zyklen. Dabei werden die Therapieziele, -formen, -methoden, -mittel und die Therapie- und Trainingszeiten festgelegt (vgl. Abb. 3).

In Anlehnung an BECHER (1968) sind aus unserer Sicht zur Optimierung der medizinischen Trainingstherapie und des Aufbautrainings folgende Grundstrukturen auf die medizinische Trainingslehre übertragbar:

▶ Organisationsplanung und Optimierung des Behandlungsablaufs
▶ Leistungserwartung und -optimierung:
– Anstreben eines optimalen Heilungsergebnisses entsprechend der Verletzung

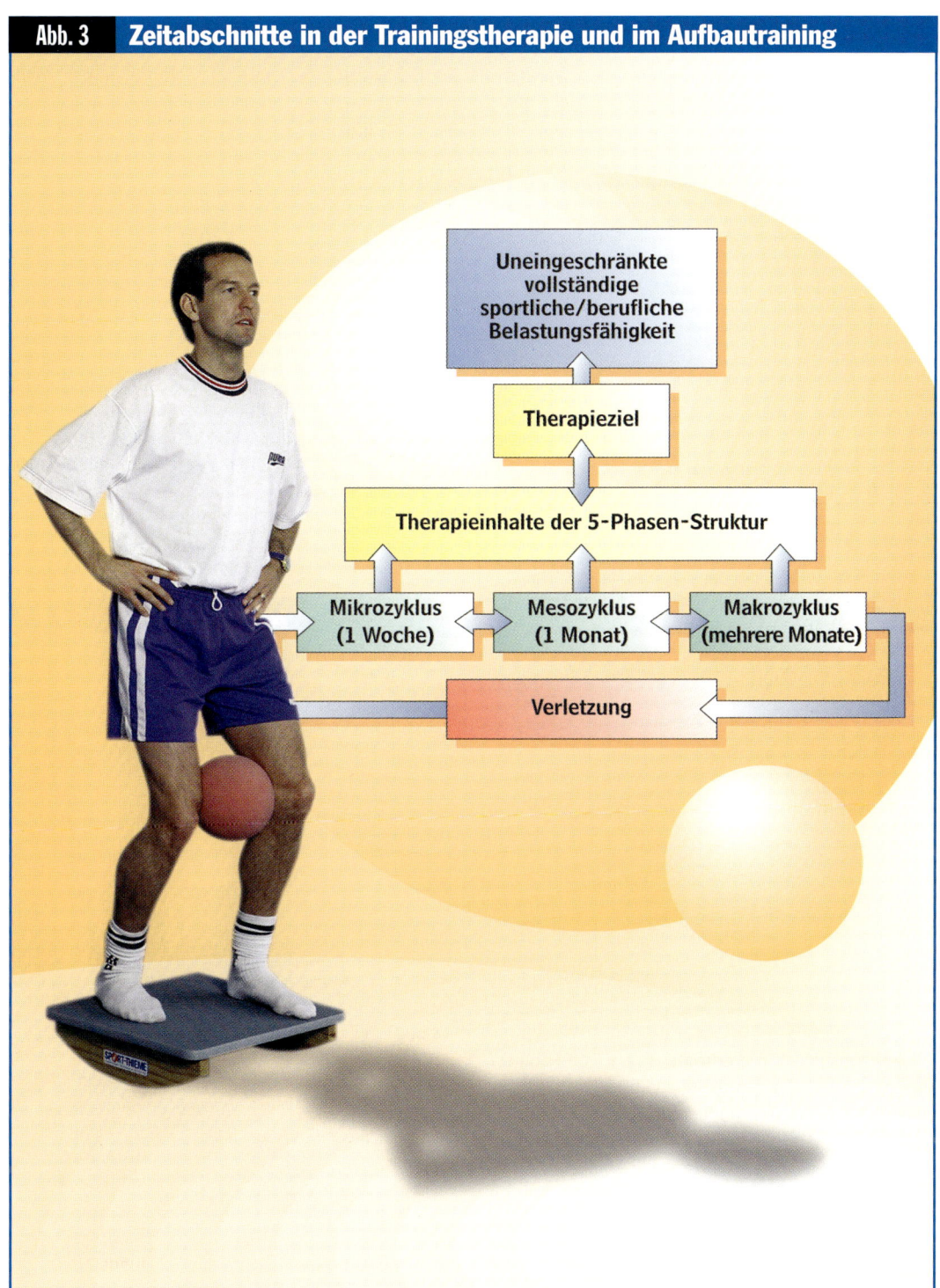

Abb. 3 Zeitabschnitte in der Trainingstherapie und im Aufbautraining

Die Grundlagen

– Planung von Intensität, Dauer und Charakter des Trainings
▶ Konstitutionsoptimierung: Ausnutzen der körperlichen Konstitution für ein optimales Heil- und Belastungsergebnis
▶ Optimierung des Bewegungsablaufs unter leistungsdiagnostischen und biomechanischen Aspekten
▶ Abbau der psychischen Hemmschwelle bis hin zur vollen funktionellen Belastungsfähigkeit und Beseitigung aller muskulären Dysbalancen

Betrachten wir einen verletzten Patienten/Sportler aus der Sicht der Arbeitsphysiologie und der medizinischen Trainingstherapie, ohne daß ein neurologischer Befund vorliegt, so treten Defizite im Bereich der konditionellen Grundeigenschaften auf. Dabei unterscheiden wir zwischen
– Koordination
– Beweglichkeit
– Kraft
– Ausdauer
– Schnelligkeit

Die Gewichtung der einzelnen Faktoren in der medizinischen Trainingstherapie ist abhängig vom aktuellen Gesundheitszustand und der damit verbundenen Leistungsfähigkeit. Unmittelbar nach einer Verletzung treten Verluste in der körperlichen Leistungsfähigkeit auf. Davon sind einzelne oder auch alle konditionellen Faktoren betroffen. Die vorhandenen Defizite gilt es bei der Eingangsuntersuchung mit Hilfe der Funktionsdiagnostik zu überprüfen; sie werden als sogenanntes "Dekonditioning Syndrom" bezeichnet (vgl. SPRING u.a. 1997, 2).

Eine eingeschränkte körperliche Leistungsfähigkeit führt zu einer geringeren Belastbarkeit. Deswegen ist es notwendig, unmittelbar nach einer Verletzung das gesamte organische und funktionale System mit Hilfe der medizinischen Trainingstherapie kontinuierlich aufzutrainieren, um den Übergang zum funktionellen muskulären Aufbautraining möglichst komplikationslos zu gestalten (Abb. 4).

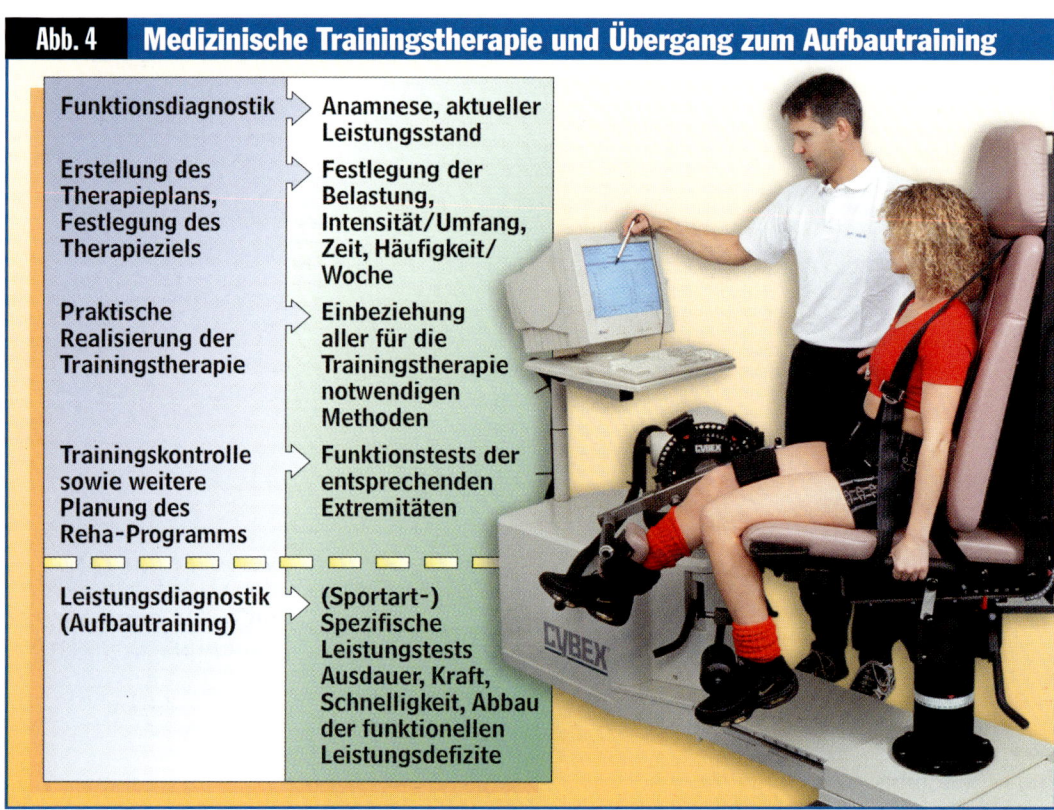

Abb. 4 Medizinische Trainingstherapie und Übergang zum Aufbautraining

Koordination

Die koordinativen Fähigkeiten werden in ihrer Bedeutung für die sportliche Leistungsfähigkeit allzu häufig unterschätzt. Sie gehören zu den sportmotorischen Grundfähigkeiten und stehen in Wechselbeziehung zu den motorischen Fertigkeiten bzw. den sportartspezifischen Techniken. Ihr jeweiliger Ausprägungsgrad zeigt sich bei der Realisierung von Handlungsprogrammen, bei der Aneignung technischer Fertigkeiten sowie vor allem bei der ökonomischen Ausführung von Bewegungsabläufen. Mit Hilfe der Informationsaufnahme und -verarbeitung werden die Verläufe qualitativ abgesichert. Im sportlichen Training stehen sportart- bzw. disziplinspezifische Fähigkeiten im Vordergrund. Diese sind leistungsbestimmend für die motorischen Handlungen zur Realisierung der Aufgabenstellung. Gut entwickelte koordinative Fähigkeiten beschleunigen den Lernprozeß und erleichtern die praktische Umsetzung sporttechnischer Fertigkeiten im Wettkampf. Sie bestimmen

Tab. 1 Typen des Koordinationstrainings

Typ	Trainingsphase	Funktion	Inhalte
Allgemein	Grundausbildung	Vorbereitung	Erlernen koordinativer Grundmechanismen; Stabilisierung von Bewegungsstrukturen
Sportartgerichtet	Grundlagentraining	Grundlagenausbildung entsprechender Voraussetzungen	Ausprägung und Vervollkommnung sportartspezifischer Grundmuster mit Hilfe von allgemeinen und spezifisch richtungweisenden Übungsformen
Sportartspezifisch	Aufbautraining	Realisierungs- und Ergänzungsfunktion	Vervollkommnung der Technik und der sportartspezifischen Koordinationsfähigkeiten; Erlernen individueller Lösungsstrategien
Speziellkoordinativ	Hochleistungstraining	Realisierungs- und Ergänzungsfunktion	Vervollkommnung des spezifischen Anforderungsprofils mit entsprechender Anwendung; Realisierung von Durchsetzungsstrategien

Die Grundlagen

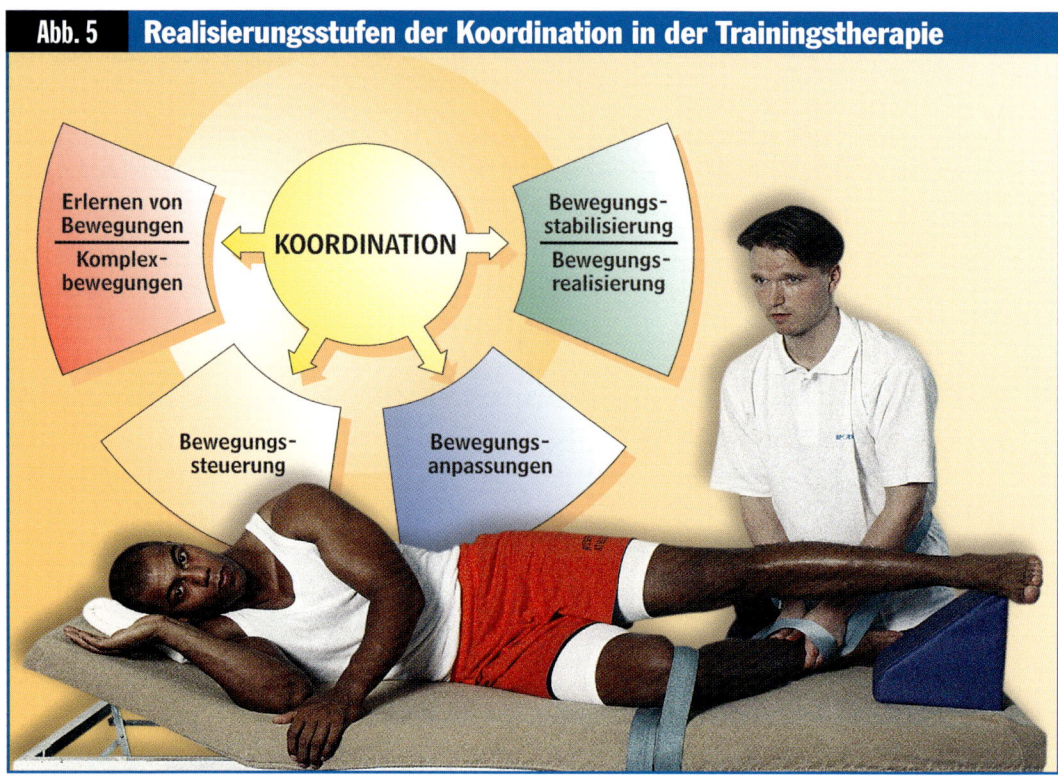

Abb. 5 Realisierungsstufen der Koordination in der Trainingstherapie

den Wirkungs- und Ausnutzungsgrad der konditionellen Fähigkeiten, beispielsweise bei der Ökonomisierung von Bewegungsmustern. Die Bedeutung der koordinativen Fähigkeiten für einzelne Sportarten ist sehr unterschiedlich.
▶ In den Ausdauersportarten ökonomisieren sie die Bewegungsabläufe und verzögern so die Ermüdungsprozesse.
▶ In den Schnelligkeitsdisziplinen sind sie für die Bewegungsschnelligkeit und deren Ausprägungsgrad verantwortlich.
▶ In den Schnellkraftdisziplinen sichern sie den kurzzeitigen maximalen Krafteinsatz.
▶ In den technisch-kompositorischen Sportarten unterstützen sie die Perfektion der Bewegungsausführung.
▶ In den Sportspielen beeinflussen sie komplexe Spielsituationen (vgl. SCHNABEL 1997).

Koordinative Fähigkeiten entwickeln sich auf der Grundlage neurophysiologischer Funktionsmechanismen. Befinden sich die Funktionspotenzen im Stadium der Ausreifung, so erhöht sich der Effekt bei vergleichbaren Anforderungsstrukturen. Aus diesem Grund sollten koordinative Fähigkeiten besonders in der vorpuberalen Phase (Vorschul-, Schulkindalter) entwickelt werden. Koordinationstraining bildet eine wichtige Grundlage für das sportartspezifische Training.
Ziele und Inhalte sind dabei abhängig vom Alter des Sportlers, von der Sportart und vom individuellen Leistungsniveau. In diesem Zusammenhang ist darauf hinzuweisen, daß Koordinationstraining nicht mit Techniktraining gleichzusetzen ist. Die Varianten gibt Tab. 1 wieder.
Koordinative Fähigkeiten können nur mit einer vielfältigen und koordinativ komplexen Übungsauswahl verbessert werden. Besonders zu beachten ist in diesem Zusammenhang die Belastungsstruktur während des Koordinationstrainings. Auch hierbei gilt das Trainingsprinzip der kontinuierlichen Steigerung der Trainingsbelastung unter dem Aspekt trainingsmethodischer Gesetzmäßigkeiten. Die Trainingsübungen müssen variabel sein und einen komplexen Charakter aufweisen. Unsere auf diesem Gebiet gemachten Erfahrungen zeigen, daß die Übungsvariationen

und der Schwierigkeitsgrad ständig verändert werden müssen, um einen langfristigen Trainingseffekt zu erzielen.

Veränderungen des Schwierigkeitsgrades mit veränderter Belastungsstruktur bedeuten für das Koordinationstraining:
– Verbesserung der Bewegungsausführung (Präzision)
– Ökonomisierung des Bewegungsablaufs
– Verbesserung der Bewegungsvielfalt
– Stabilisierung der Leistungs- und Konzentrationsfähigkeit

Abgeleitet für die medizinische Trainingstherapie und das funktionelle muskuläre Aufbautraining ergeben sich daraus die folgenden trainingsmethodischen Konsequenzen:

▸ Die Übungsauswahl ist von der Verletzung und dem Verletzungsgrad abhängig.
▸ Während des Aufbautrainings müssen die Belastungsstruktur, der Belastungsgrad sowie die Komplexität der Übungen ständig variiert werden, um den nötigen Trainingseffekt zu erzielen.
▸ Die Anzahl der Übungswiederholungen wird individuell festgelegt, wobei die Übungsausführung (Geschwindigkeit) als leistungsbestimmender Faktor anzusehen ist.
▸ Koordinationstraining beinhaltet in erster Linie dynamische Muskelarbeit, die jedoch zwangsläufig mit einer statischen Haltetätigkeit verbunden ist; denn diese geht einer dynamischen Belastung immer voraus.
▸ Koordinationstraining soll immer im ausgeruhten Zustand und unterbrochen von ausreichend langen Pausen durchgeführt werden.
▸ Die Übungsauswahl muß von einfachen Strukturelementen hin zu komplexen Übungsformen variabel gestaltet werden.
▸ Bei Ermüdung ist das Koordinationstraining zu beenden.
▸ Koordinationstraining wird in allen Phasen des Aufbautrainings mit unterschiedlicher Zielsetzung und Akzentuierung absolviert (Abb. 5).

Beweglichkeit

Die Beweglichkeit ist eine motorische Fähigkeit, die den gesamten Bewegungsapparat betrifft. Sie ist für einzelne Gelenke unterschiedlich ausgeprägt. Dabei sind drei Bereiche zu unterscheiden:
– die aktive Beweglichkeit
– die passive Beweglichkeit
– die anatomisch bedingte Beweglichkeit.

Die Grundlagen der Beweglichkeit bilden
– die Gelenkfunktionen
– die Dehnungsfähigkeit des Muskelsystems
– die Kraftkomponenten des aktiven Halteapparats.

Die Kraftfähigkeit der Muskeln wird nur für die aktive Beweglichkeit wirksam. Konstitutionell abhängig sind die Gelenkstrukturen, wobei die Stellung der Gelenkflächen durch den Gelenktypus festgelegt ist. Eine weitere Komponente ist die Dehnungsfähigkeit der Muskulatur und die der mit den Muskeln verbundenen Sehnen. Der Widerstand der Muskelfasern nimmt bei Ermüdungsprozessen zu. Die Beweglichkeit ist koordinativ bedingt, weil sie eine dosierte Aktivität bzw. Muskelentspannung, der Agonisten, Antagonisten und Synergisten erforderlich macht (vgl. SCHNABEL 1997).

Für die aktive Beweglichkeit ist die intermuskuläre Koordination ausschlaggebend. Im Rahmen der sensomotorischen Regulation der Muskeltätigkeit haben die Muskel-, Sehnen- und Schmerzrezeptoren eine große Bedeutung. Der Muskeleigenreflex bzw. Streckreflex hat seinen Ausgangspunkt in den Muskelspindeln, die bei der Muskeldehnung den betreffenden Teilbereich des Muskels zur Kontraktion bringen. Auf den Zustand der für die betreffenden Gelenke zuständigen Muskeln kann gezielt Einfluß genommen werden. KNEBEL (1988) argumentiert in diesem Zusammenhang gegen eine „starke Überschätzung der tatsächlichen Dehnfähigkeit von Sehnen und Bändern". Die entsprechende Gelenkbeweglichkeit ist in erster Linie auf eine qualitative Verbesserung der Elastizität der Muskeln zurückzuführen. Die konstitutionelle Ausgangsbasis der Beweglichkeit ist individuell vorgegeben und somit durch Trainingsmaßnahmen nur in geringem Maße beeinflußbar. Die Trainierbarkeit der Beweglichkeit ist abhängig vom Lebensalter sowie vom Geschlecht des Patienten. Sie läßt sich durch drei Funktionsbereiche erfassen:

Die Grundlagen

Info: Beweglichkeitsübungen in der medizinischen Trainingstherapie

Die notwendige Übungshäufigkeit richtet sich nach dem angestrebten Ziel. Für die medizinische Trainingstherapie läßt sich daraus folgendes ableiten:

▶ Beweglichkeitsübungen gehören in allen Phasen der Trainingstherapie zum Standardprogramm.
▶ Das Ziel bestimmt die Übungshäufigkeit.
▶ Die Zeitdauer innerhalb einer Therapieeinheit sollte täglich 20 Minuten betragen.
▶ Ein systematisches Vorgehen nach Funktionskreisen ermöglicht ein spezifisches Programm entsprechend der einzelnen Phasen und der aktuellen individuellen Leistungsfähigkeit.

- Beweglichkeit als Voraussetzung für das Erlernen sportlicher Techniken
- Beweglichkeit als Voraussetzung für ökonomische Bewegungen
- Beweglichkeit als entscheidender Bestandteil der Gesundheit

Durch Verletzungen können bei der Ausführung von Bewegungen Defizite auftreten. Das Entstehen von muskulären Dysbalancen ist vorprogrammiert. Dadurch werden die Leistungsfähigkeit und die Bewegungsfunktionen eingeschränkt. Muskuläre Dysbalancen treten immer häufiger im Alltag auf und sind bereits im frühesten Jugendalter feststellbar. Auch bei Sportlern sind Dysbalancen durch fehlerhafte und einseitige Beanspruchung des Stütz- und Bewegungsapparates zu beobachten. So ergaben sich in einer Untersuchung von WEBER (1981) an 195 Sportlern folgende Muskelverkürzungen:
- m. rectus femoris bei 70%
- m. triceps surae bei 37%
- m. erector trunci bei 32%
- ischiocrurale Muskulatur bei 22%
- m. iliopsoas bei 16%
- m. tensor fasciae latae bei 15%
- m. pectoralis major bei 10%

Muskuläre Dysbalancen müssen durch gezieltes Muskeltraining ausgeglichen werden, um dauerhafte Schädigungen zu vermeiden.
Das Ziel „Ausbildung der Beweglichkeit" bestimmt die Inhalte des dafür notwendigen Trainings. Gesundheitliche Aspekte sowie die Einhaltung des arthromuskulären Gleichgewichts sollte für sportliche Betätigungen mitbestimmend sein. Daher erscheint es für das Training der Beweglichkeit zweckmäßig, mit individuell abgestimmten Programmen zu arbeiten. Folgende Grundsätze sind dabei zu beachten:
▶ Zunächst den Agonisten dehnen, erst danach den Antagonisten. So wird muskulären Dysbalancen vorgebeugt.
▶ Zur Startvorbereitung: Konzentration auf Bewegungsabläufe
▶ Ausrichtung auf entsprechende Funktionskreise (Gelenksysteme mit der dazugehörenden Muskulatur)

Aktiv-dynamische Methode:
Bei dieser Methode wird ein längerer Dehnungsimpuls ausgeübt. Allerdings besteht kein direkter Einfluß auf die koordinative Komponente der Beweglichkeit.

Aktiv-statische Methode:
Diese Methode wirkt auf die intermuskuläre Koordination und gleichzeitig als Kräftigungsreiz für die Antagonisten.

Passiv-dynamische Methode:
Diese Methode kommt in erster Linie bei Partnerübungen zur Anwendung. Die Gefahr der Auslösung eines Streckreflexes und von Mikrotraumen ist wesentlich höher als bei der aktiv-dynamischen Methode.

Passiv-statische Methode:
Durch Einwirkung äußerer Kräfte wird ein lang anhaltender Dehnungsreiz erzielt. Traditionelle Übungsformen sind dabei das Einhalten von eingenommenen Dehnungspositionen von mindestens 10 Sekunden bis zu 1 Minute.

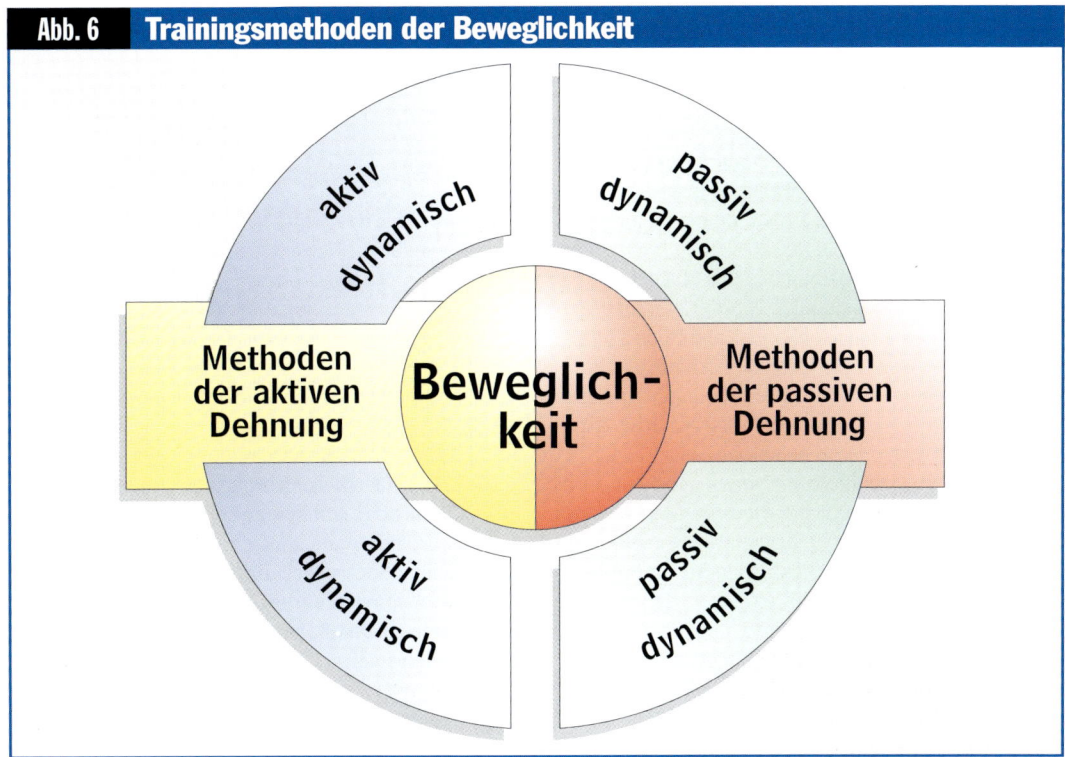

Abb. 6 Trainingsmethoden der Beweglichkeit

Eine weitere Möglichkeit in diesem Rahmen ist das postisometrische Dehnen mit verschieden Variationen:
– AED-Technik: Anspannen-Entspannen-Dehnen
– CHRS-Technik: Contract-hold-relax-stretch
– PNF-Technik: proprioceptive neuromuscular facilitoring

In der Rehabilitation hat sich die CHRS-Methode bestens bewährt, weil sie das gesamtkoordinative System berücksichtigt.

Kraft

Die konditionelle Grundeigenschaft Kraft ist in physikalischer und biologischer Hinsicht zu differenzieren. Sie ist definiert als Fähigkeit, einen Widerstand zu überwinden (dynamischer Aspekt) oder einer äußeren Kräften entgegenzuwirken (statischer Aspekt). Die Kraftfähigkeit dient als energetische Grundlage sportlicher Leistungen. Folgende Arten werden unterschieden:

– statische Kraft
– dynamische Kraft
– Kraftausdauer
– Schnellkraft

Die statische Kraft ist diejenige Spannung, die ein Muskel oder eine Muskelgruppe gegen einen Widerstand (fixiert oder unwillkürlich) auszuüben vermag. Sie wird durch folgende Faktoren bestimmt:
– den Muskelfaserquerschnitt
– die Anzahl der Muskelfasern
– die Muskelfaserlänge und den Zugwinkel
– die Muskelstruktur
– die Koordination und
– die Motivation (vgl. HOLLMANN/HETTINGER 1990).

Weitere Unterschiede ergeben sich durch Alter, Geschlecht sowie die allgemeine körperliche Leistungsfähigkeit. So erreichen z.B. weibliche Personen zwischen dem 16. und 18. Lebensjahr, männliche Personen dagegen zwischen dem 18. und 20. Lebensjahr ihre maximale Leistungsfähigkeit. Die Kraftabnahme erfolgt kontinuierlich – in Abhängigkeit von der kör-

Die Grundlagen

perlichen Beanspruchung. Bei hoher körperlicher Beanspruchung allerdings wird dieser natürliche, mit dem Alter einhergehende Prozeß verzögert.

Die dynamische Kraft ist die Masse, welche innerhalb eines Bewegungsablaufs willkürlich bewegt werden kann. Für ihre Größe sind die statische Kraft, die zu bewegende Masse, die Kontraktionsgeschwindigkeit der Muskulatur und die Koordination die bestimmenden Parameter. Die lokale Muskelausdauer bestimmter Regionen bezeichnet man als Kraftausdauer, und sie unterscheidet sich deutlich von der kardiopulmonalen Ausdauerfähigkeit. Sie ist als Widerstandsfähigkeit bezogen auf die Muskelmasse gegen Ermüdung bei langanhaltenden Kraftleistungen gekennzeichnet. Bei der Kraftausdauer differenzieren wir in statische und dynamische Belastungen.

Statische Muskelarbeit beruht vorwiegend auf aerober Energiegewinnung, wenn die Belastung weniger als 15 bis 20 Prozent der Maximalkraft der arbeitenden Muskulatur erfordert. Zwischen 15 und 20 Prozent der Maximalkraft liegt eine gemischte Stoffwechselfunktion zwischen aerob und anaerob vor. Bei über 50 Prozent der Maximalkraft führen statische Belastungen zu einer anaeroben Energiegewinnung.

Dagegen liegt bei dynamischer Muskeltätigkeit eine anaerobe Energiegewinnung erst bei einem Anteil von mehr als 20 bis 30 Prozent bezogen auf die Maximalkraft vor.

Eine weitere wichtige Krafttätigkeitskomponente ist die Schnellkraft. Schnellkrafttätigkeiten bewirken, daß in kürzester Zeit das Kraftmaximum erreicht werden kann. Voraussetzungen dafür sind:
- eine ausgeprägte intramuskuläre und intermuskuläre Koordination
- die Aktivierung der Synergisten, bei Entspannung der Antagonisten
- die Aktivierung der glykolytischen Enzyme sowie eine optimale Flächengröße der FT-Fasern.

Die entscheidende konditionelle Basis für die Schnellkrafttätigkeit ist das Maximalkrafttraining. Um dabei einen optimalen Effekt zu erzielen, sollten das Maximal- und das Schnellkrafttraining effektiv aufeinander abgestimmt werden.

Im Rahmen der Trainingstherapie und des muskulären Aufbautrainings werden Schnellkrafttätigkeiten und deren Training nur für eine bestimmte Personengruppe in das Therapieprogramm aufgenommen (Profis, Hochleistungssportler), mit der Zielsetzung, die uneingeschränkte sportliche Belastungsfähigkeit wieder zu erreichen.

Diese Angaben sind sehr allgemein, was die trainingsmethodischen Grundsätze und deren inhaltliche Strukturen betrifft. Aus diesem Grund muß für die medizinische Trainingstherapie und das funktionelle Muskelaufbautraining ein differenziertes Anforderungsprofil für das Krafttraining geschaffen werden.

In der Rehabilitation zielt Krafttraining darauf ab, die Muskulatur unter Berücksichtigung der Verletzung zielgerichtet wieder aufzutrainieren. Eine gut ausgebildete Muskulatur erhöht die Belastungsfähigkeit sowie die individuelle Leistungsfähigkeit. Der Patient ist somit wieder schneller im täglichen Leben belastungsfähig. Das Krafttraining wird mit vielseitig komplexen Übungen durchgeführt, um eine gleichmäßige Muskelfunktionsstruktur aufzubauen.

Im Rahmen der Rehabilitation werden die Inhalte wie folgt festgelegt:
- Kräftigung der Muskeln bzw. der Muskelpartien, die unmittelbar nach Verletzungen atrophiert sind.
- Abbau muskulärer Dysbalancen und Sicherung des arthromuskulären Gleichgewichts.

Die methodische Grundstruktur des Krafttrainings wird durch die Wiederholungsmethode bestimmt. Die einzelnen Merkmale sind:
- die Belastungsintensität (Widerstandsgröße, Bewegungsgeschwindigkeit)
- die Bewegungsfrequenz
- die Pausengestaltung.

Für die medizinische Trainingstherapie und das funktionelle muskuläre Aufbautraining sind in den einzelnen Phasen folgende Krafttrainingsformen möglich:
- statisches Krafttraining
- dynamisch-exzentrisches Krafttraining
- isokinetisches Krafttraining.

Statisches (isometrisches) Krafttraining

Beim statischen Krafttraining wird der Muskel gegen einen festen Widerstand fixiert. Dabei kontrahiert der Muskel, ohne sich zu verkürzen. Wird die Muskulatur mit einer Kraft, die 20 bis 30 Prozent der maximalen statischen Kraft beträgt, angespannt, so tritt weder ein Kraftzuwachs noch ein Kraftverlust ein. Ebenso werden durch kurzfristige Muskelanspannungen keine Trainingsreize gesetzt. Erst eine Anspannungsdauer von etwa 20 bis 30 Prozent der maximalen statischen Kraft bis zur Anspannungszeit läßt den Trainingsreiz voll zur Wirkung kommen. Dabei beträgt die maximal mögliche Anspannungszeit etwa 10 bis 15 Sekunden.

Die Vorteile des statischen Krafttrainings bestehen darin, daß einzelne Muskelgruppen trainiert werden können.

Die Muskelkontraktion kann gezielt über eine vorgegebene Zeiteinheit aufrechterhalten werden. Darüber hinaus kann mit dieser Art von Belastung sehr frühzeitig im Rahmen der medizinischen Trainingstherapie, z.B. zur Vermeidung von Muskelatrophien, begonnen werden.

Die wesentlichen Nachteile dieser Trainingsform sind darin zu sehen, daß der Kraftzuwachs nicht während eines Bewegungsvorgangs erfolgt und daß koordinative Elemente nicht mit einbezogen werden. In erster Linie werden durch das statische Training die langsamen Muskelfasern entwickelt.

Dynamisch-exzentrisches (nachgebendes) Krafttraining

Das dynamisch-exzentrische Krafttraining ist eine der effektivsten Methoden zur Verbesserung der Muskelkraft. Ein entscheidender Vorteil ist dabei die Einbeziehung der Kraftbeanspruchung in den Bewegungsablauf. Bei exzentrischer Kontraktion sind die Kraftmaxima zwischen 25 und 49 Prozent höher als bei der isometrischen Kontraktion (vgl. SCHMIDTBLEICHER 1980).

Dynamisch-exzentrisches Krafttraining sollte nach entsprechender Muskelstabilisierung bereits in der 2. Phase der Trainingstherapie Anwendung finden. Dabei sind die folgenden Belastungsparameter von entscheidender Bedeutung:
– die Belastungsintensität
– die Ausführungsgeschwindigkeit
– die Anzahl der Wiederholungen/Serien
– die Pausengestaltung (Verhältnis Belastung/Erholung).

Im Rahmen des dynamisch-exzentrisch durchzuführenden Krafttrainings ist das Bewegungsausmaß – insbesondere die „Startposition" – den aktuellen Bewegungsmöglichkeiten der Gelenkstrukturen anzupassen.

Isokinetische Krafttraining

Das isokinetische Krafttraining beinhaltet eine Belastungsform, bei der der Muskel gegen einen unterschiedlich einstellbaren Widerstand und eine konstante Bewegungsgeschwindigkeit arbeitet. Je höher die Bewegungsgeschwindigkeit, desto niedriger ist der jeweilige Widerstand. Es kann für jeden Winkelgrad und somit für jede Muskellänge eine konstante Kraft übertragen werden. Der Widerstand kann durch die Auswahl unterschiedlicher Bewegungsgeschwindigkeiten so eingestellt werden, daß Unterschiede in der Belastungsfähigkeit, z.B. in der Muskulatur als Folge einer Muskelatrophie, ausgeglichen werden können.

Das isokinetische Training ist eine der wirksamsten aktiven Muskelbelastungsformen in der medizinischen Trainingstherapie und im Muskelaufbautraining. Als Vorteil erweist sich, daß bei der Wahl einer der Verletzungsstruktur angepaßten Geschwindigkeit Muskeln und Gelenksstrukturen nicht überlastet werden. Trotzdem sollte diese Methode erst dann in das Trainingsprogramm aufgenommen werden, wenn die Band- und Gelenkstabilität ausreicht, um diese Belastungen ohne Negativreaktionen zu überstehen. Eine zu frühe isokinetische Belastung zieht oftmals Gelenkreizungen wegen muskulärer Ermüdung nach sich. Der Heilungsprozeß verläuft dann nicht mehr optimal, teilweise müssen sogar Therapieeinheiten reduziert werden.

Vermeiden von Fehlern während des Krafttrainings

Die durch das Krafttraining auftretenden Kräfte beanspruchen in erheblichem Umfang den Stütz-, und Bewegungsapparat. Falsche Trainingsprogramme und trainingsmethodische Fehler führen zu Fehlbelastungen und Schädigungen. Bevor das Krafttraining entsprechende Wirkungen zeigen kann, müssen als Voraussetzung für den Erfolg der Behandlung zunächst die Voraussetzungen, die einzelnen Übungen in den verschiedenen Trainingsabschnitten technisch-koordinativ beherrscht werden..

Danach müssen die belasteten Gelenke stabilisiert und die belastete Muskulatur funktionell den Anforderungen gerecht werden. Für die medizinische Trainingstherapie und das Muskelaufbautraining sind diese Grundsätze ebenfalls zu berücksichtigen. Treten während des Krafttrainings Schmerzen im Gelenkbereich oder in der Muskulatur auf, ist das Training sofort zu beenden.

Die Grundlagen

Muskelkontraktionen mit Hilfe der Elektromyostimulation (EMS)

Eine weitere Möglichkeit, die Muskulatur nach Verletzungen aufzutrainieren, besteht in der Anwendung der Elektromyostimulation (EMS).

Die Muskeln werden bei dieser Methode einem direkten Reiz ausgesetzt oder indirekt über den entsprechenden motorischen Nerv aktiviert. Mit der Elektromyostimulation ist es möglich, die Maximal-, Schnellkraft- und Kraftausdauerfähigkeit der gereizten Muskelstrukturen zu erhöhen. Diese Methode ist als Ergänzungsmöglichkeit besonders in der ersten und zweiten Phase der Trainingstherapie mit zu berücksichtigen.

Ausdauer

Die Ausdauer ist definiert als Widerstandsgröße gegenüber der Ermüdung. Sie unterliegt in Verbindung mit einer Bewegungshandlung vorgegebenen Bedingungen. Das betrifft insbesondere die Art der Bewegung (zyklisch bzw. azyklisch), die Zeitdauer, das Verhältnis von aktiver und passiver Phase, die Art der Muskelbelastung (dynamisch oder statisch), die Bewegungsfrequenz sowie die Größe des zu überwindenden Widerstands.

Die Ausdauer ist an energetische Voraussetzungen gebunden. Sie ist nicht nur für langandauernde Belastungen von Bedeutung, sondern auch in der Phase eintretender Ermüdungsprozessen während einer Belastung. Während die Ausdauer bei kurzzeitigen Belastungen einen geringeren Stellenwert einnimmt, ist sie bei zunehmender Dauer der Belastung von entscheidender Bedeutung. In allen Sportarten ist ein Anstieg der Ausdauerleistungsfähigkeit eine entscheidende Voraussetzung für eine höhere Belastbarkeit. Auch das Risiko von Fehlbelastungen wird dadurch reduziert.

Eine enge Beziehung besteht zwischen der Ausdauer und der Erholungsfähigkeit nach körperlichen Belastungen. Eine erhöhte aerobe Kapazität bildet die Grundlage dafür, daß saure Stoffwechselprodukte nach Belastungsende schnell abgebaut werden.

Trainingswissenschaftler und Sportmediziner arbeiten daran, die Vielzahl der speziellen Ausdauerfähigkeiten zu klassifizieren. Die konditionelle Basis-Eigenschaft ist die Grundlagenausdauer, d.h. die Fähigkeit, eine relativ hohe Belastungsintensität über einen längeren Zeitraum aufrechtzuerhalten. Dies ist in der Regel bis zu einer Stoffwechsellage von 4 mmol Laktat/Liter (anaerobe Schwelle) durchführbar. Höhere Intensitäten führen zwangsläufig zu einer Übersäuerung des Zellmilieus. Sie hängt in erster Linie von der aeroben Leistungsfähigkeit ab und kann als die entscheidende Komponente für die Festlegung der Trainings- und Wettkampfbelastungen in den Ausdauersportarten angesehen werden. Für eine schnelle körperliche Erholung nach hohen Belastungen ist ebenfalls das jeweilige Niveau der Grundlagenausdauer die bestimmende Größe. Weitere wichtige Varianten der Ausdauer sind die Schnelligkeits-, die Kurzzeit-, die Mittelzeit-, und die Langzeitausdauer.

Schnelligkeitsausdauer

Die Schnelligkeitsausdauer ist eine wettkampfspezifische Ausdauerfähigkeit bei Leistungen mit maximaler Geschwindigkeit und einer Belastungsdauer von etwa bis 30 Sekunden. Sie bestimmt sowohl die Dauer der Phase maximaler Geschwindigkeit als auch das Tempo für den Geschwindigkeitsabfall. Mit zunehmender Belastungsdauer dominiert die anaerob-laktazide Energiegewinnung (anaerobe Glykolyse), die Bewegungsfrequenz sinkt ebenso ab wie der Krafteinsatz.

Kurzzeitausdauer

Die Kurzzeitausdauer ist eine wettkampfspezifische Ausdauerfähigkeit bei einer Belastungsdauer zwischen 30 Sekunden und 2 Minuten. Unter biologischen wie auch trainingsmethodischen Gesichtspunkten ergeben sich im unteren Zeitbereich enge Beziehungen zur Schnelligkeitsausdauer.

Mittelzeitausdauer

Für die Mittelzeitausdauer werden hohe Anforderungen an die anaeroben und aeroben Energieprozesse gestellt. Die Belastungsdauer liegt zwischen 2 und 10 Minuten. Durch die vorgegebene Belastungsdauer in Verbindung mit hoher Intensität ergibt sich eine erhebliche Laktatakkumulation. Muskulär werden generell alle Fasertypen in Sportarten mit kurzer Kontraktionszeit erfaßt.

Langzeitausdauer

Die Langzeitausdauer (LZA) umfaßt Belastungen von über 10 Minuten bis zu mehreren Stunden. NEUMANN u.a. (1991) differenziert wegen der enormen Bandbreite vier Untergruppen (vgl. Tab. 2).

Tab. 2	Langzeitausdauer-Typen*
Typ	**Belastungsdauer (in min)**
LZA I	10 - 35
LZA II	35 - 90
LZA III	90 - 360
LZA IV	über 360

* nach NEUMANN 1983

Bei Langzeitausdauersportlern liegt eine hohe Ökonomisierung aller Funktionen vor sowie ausgeprägte Automatisierungsmechanismen von Bewegungen. Der anaerobe Anteil der Stoffwechselleistung nimmt mit zunehmender Belastungsdauer ab. Der Fettstoffwechsel nimmt mit längerer Belastungsdauer zu und wird dann wegen der Ausschöpfung des Glykogens zu einem leistungsbestimmenden Faktor.

Das kardio-pulmonale Leistungsvermögen erreicht bei weiblichen Personen zwischen dem 14. und 16. Lebensjahr, bei männlichen Personen zwischen dem 18. Und 19. Lebensjahr den Maximalwert. Dieser Wert fällt ohne körperliches Training nach dem 30. Lebensjahr ab. Wird das Ausdauertraining jedoch kontinuierlich fortgesetzt, so sind bis zum 50. Lebensjahr stabile Leistungswerte nachweisbar.
Je nach Qualität und Quantität der Arbeit der eingesetzten Muskulatur pro Zeiteinheit muß in verschiedene Arten der Ausdauer differenziert werden (vgl. HOLLMANN/HETTINGER 1990, Abb. 7):
– lokale Muskelausdauer
– allgemeine Muskelausdauer

Dabei unterteilt sich die lokale Muskelausdauer in
– lokale aerobe Muskelausdauer
– lokale anaerobe Muskelausdauer.

Die lokale aerobe Muskelausdauer ist die Ausdauer einer Muskelmasse, die kleiner ist als ein Siebtel bis ein Sechstel der gesamten Skelettmuskulatur. Entsprechend der Arbeitsform wird sie unterteilt in:

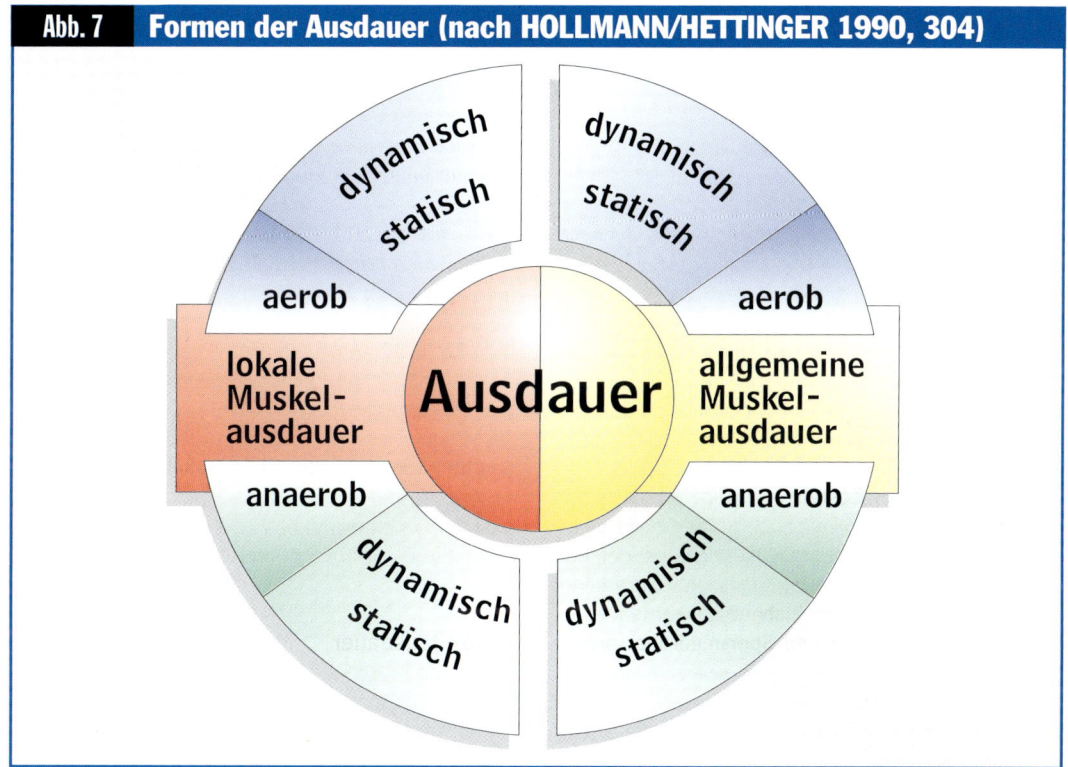

Abb. 7 Formen der Ausdauer (nach HOLLMANN/HETTINGER 1990, 304)

Die Grundlagen

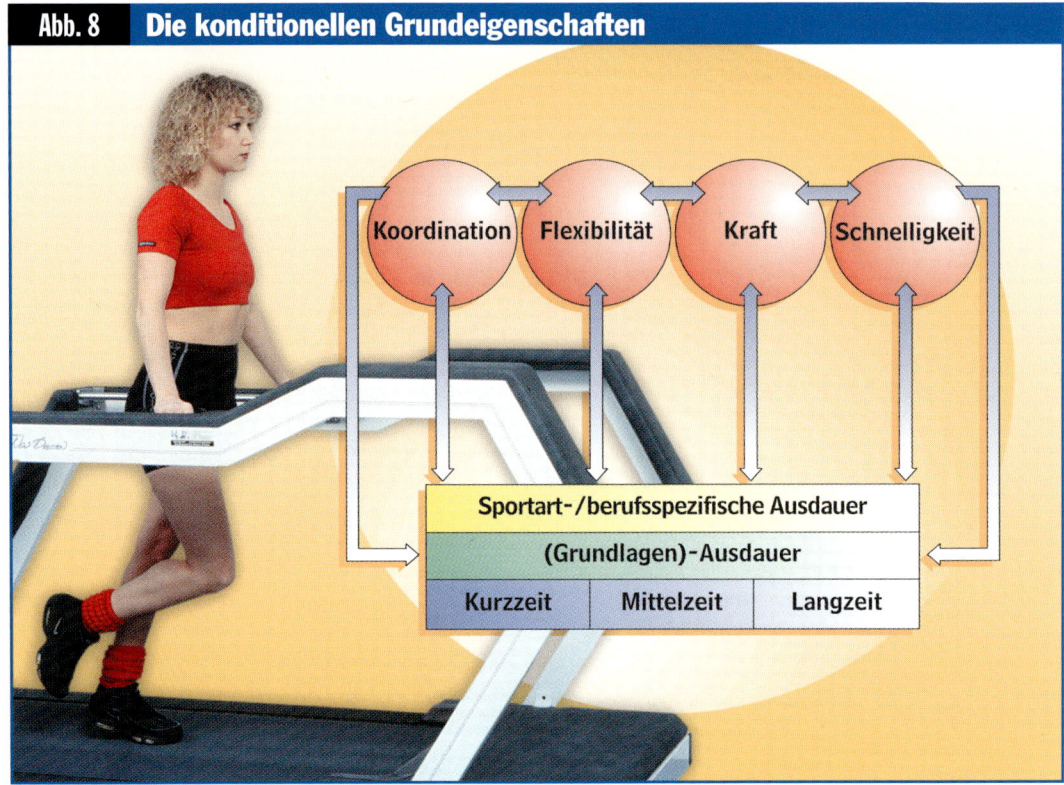

Abb. 8 Die konditionellen Grundeigenschaften

– lokale aerobe dynamische Ausdauer und
– lokale aerobe statische Ausdauer.

Leistungsbegrenzend für die lokale aerobe dynamische Muskelausdauer ist das intrazelluläre Sauerstoffangebot, die Stoffwechselfunktion, das Kohlenhydratdepot sowie die Koordination.
Für die medizinische Trainingstherapie und das Aufbautraining ist sie deswegen von so großer Bedeutung, weil es sich um die am wirksamsten trainierbare motorische Beanspruchungsform handelt. Während der Rehabilitation können Leistungssteigerungen von 100 bis über 1000 Prozent (!) erreicht werden.
Die lokale aerobe statische Ausdauer bezieht sich immer auf eine kleine Muskelgruppe. Sie liegt dann vor, wenn eine Belastungsintensität unterhalb von etwa 15 Prozent der maximalen statischen Kraft vorliegt.
Bei der lokalen anaeroben dynamischen Muskelausdauer handelt es sich um das Ausdauerverhalten bezogen auf eine begrenzte kleinere Muskelgruppe. Hierbei wird unterschieden zwischen:

– lokaler anaerober dynamischer Ausdauer und
– lokaler anaerober statischer Ausdauer.

Die lokale anaerobe dynamische Ausdauer ist gekennzeichnet durch das anaerobe Ausdauerverhalten bei dynamischer Arbeitsleistung einer Muskelgruppe, die kleiner ist als ein Siebtel bis ein Sechstel der gesamten Skelettmuskulatur. Leistungsbegrenzend wirkt hier die anaerob zu entwickelnde Energiemenge sowie die Ermüdung.
Die lokale anaerobe statische Ausdauer hat besonders im Rahmen von fixierten statischen Belastungen (Haltearbeit) eine bestimmte Funktion. Diese Ausdauerform zielt auf eine Verbesserung der maximalen statischen Kraft der betreffenden Muskulatur.

Ermüdung
Ermüdungsvorgänge treten nicht nur an der Peripherie, sondern auch im zentralen Nervensystem auf. Nach DE MAREES (1981) wird die zentrale Ermüdung als Folge anstrengender geistiger Tätigkeit (psychi-

sche Belastung) sowie durch koordinative Beanspruchungsformen (z.B. Techniktraining) ausgelöst. Ursachen der Ermüdung sind:
▸ Eine erhebliche Anhäufung von Stoffwechselzwischen- und -endprodukten. Wichtige Indikatoren hierfür sind der Laktat- und der Harnstoffwert (vgl. HOLLMANN/HETTINGER 1990, 130).
▸ Starke Auslastungen der Energiedepots (Glykogen, Eiweiß, Mineralstoffe), von Hormonen und Enzymen.
▸ Bei kurzzeitig wiederholten bzw. länger andauernden Belastungen fällt der Aktivitätszustand des zentralen Nervensystems ab und geht in einen Hemmungszustand über. Dadurch fällt die Leistungsfähigkeit zunehmend ab.

Die Bedeutung der Ausdauer für die medizinische Trainingstherapie und das funktionelle muskuläre Aufbautraining wird in der in Abb. 8 dargestellten Systematik nochmals verdeutlicht.
▸ Sie bildet im Rahmen der Therapie die Basis für individuell gestaltete Trainingsprogramme.
▸ Neben dem Auskurieren einer Verletzung wird gleichzeitig eine Verbesserung der Ausdauerleistungsfähigkeit angestrebt.
▸ Mit der Verbesserung der Ausdauer ist eine Erhöhung der Belastungsfähigkeit des Herz-Kreislaufsystems ebenso verbunden wie eine Belastungssteigerung im muskulären Bereich.
▸ Aufgrund unserer praktischen Erfahrung läßt sich feststellen, daß es für jeden Patienten oder Sportler einen individuell unterschiedlichen effektiven Belastungsbereich gibt. Diese Beobachtungen lassen sich durch zahlreiche Meß- und Testwerte belegen.
▸ Sehr gute Therapieergebnisse werden im Übergang vom aeroben zum anaeroben Schwellenbereich in Verbindung mit dynamischer Muskelarbeit erzielt. Dabei ist die Festlegung der Pausen mittels Pulsfrequenz ein entscheidendes Kriterium zur Belastungssteuerung.

Schnelligkeit

Schnelligkeit ist die koordinativ-konditionelle Leistungsvoraussetzung, die es dem Sportler ermöglicht, in kürzester Zeit Bewegungen mit maximaler Bewegungsfrequenz ausführen zu können. Das entscheidende Funktionssystem für die Schnelligkeit ist das Nervensystem. Charakteristisch ist in diesem Zusammenhang das Wechselspiel zwischen nervalen und muskulären Voraussetzungen.

Jedes Training stellt unterschiedliche Anforderungen an die Funktionssysteme. Durch geeignete trainingsmethodische Maßnahmen werden Anpassungsreaktionen auf nervaler und muskulärer Ebene ausgelöst. Besonders im Bereich der Grundschnelligkeit werden dabei diese Adaptationen durch zentralnervale und neuromuskuläre Steuerungsmechanismen bestimmt. Eigene praktische Erfahrungen zeigen, daß sich die Schnelligkeit durch ein sportartspezifisches Training auch beim ausgereiften Organismus noch trainieren läßt. Grundlage solcher Verbesserungen ist ein gezieltes funktionelles Schnelligkeitstraining unter Berücksichtigung eines sportartspezifischen Leistungsprofils.

Die Schnelligkeit wird außerdem von der Beherrschung technischer Komponenten der jeweiligen Sportart sowie von den konstitutionellen Voraussetzungen des Sportlers bestimmt – z.B. von anthropometrischen Voraussetzungen und biomechanischen Kennziffern.

Diesen komplizierten Strukturen entsprechend hat man Modelle zur systematischen Betrachtung der Schnelligkeit entworfen. Hierbei wurden voneinander relativ unabhängige Elementarstrukturen entwickelt (ZACIORSKIJ 1971, FREY 1977, LETZELTER 1987 u.a.), von denen die wichtigsten im folgenden kurz aufgeführt sind (vgl. auch Abb. 9):
– die Reaktionsschnelligkeit
– die Koordinationsschnelligkeit
– die Komplexschnelligkeit
– die Bewegungsfrequenz der Einzelbewegung
– die Beschleunigungsfähigkeit
– die Frequenzschnelligkeit
– die lokomotorische Schnelligkeit
– die Handlungsschnelligkeit

Reaktionsschnelligkeit

Die Reaktionsschnelligkeit hat für alle Lebensbereiche eine wichtige Funktion. Dabei müssen Begriffe wie Latenzzeit, Antizipationsfähigkeit sowie Reaktionszeit Berücksichtigung finden. Unter Reaktionsschnelligkeit wird die Fähigkeit verstanden, in kürzester Zeit auf einen Reiz mit einer Bewegung zu reagieren (z.B. optische, akustische, kinästhetische Reize).

Das Training der Reaktionsschnelligkeit sollte immer kombiniert erfolgen. Sie muß im ausgeruhten Zustand trainiert werden, wobei spezifische Erwär-

Die Grundlagen

mungsübungen das Trainingssystem optimal vorbereiten.

Anzustreben sind komplexe Übungsmuster, in denen die Informationsart, -stärke und -dauer variiert werden. Der Trainingsumfang sowie die Wiederholungen pro Übung innerhalb einer Trainingseinheit sind gering. Die Pausen zwischen den Übungskomplexen sollten 2 und 5 Minuten betragen. Bei abnehmender Konzentration ist das Training zu beenden.

Koordinationsschnelligkeit

Schnelle Bewegungen werden effektiv durch Ausbildung eines automatisierten Motorikprogramms gesteuert. Die Koordinationsschnelligkeit ist Bestandteil der azyklischen und zyklischen Schnelligkeit. Die Koordinationsschnelligkeit spiegelt sich in solchen Bewegungen wider, bei denen der äußere Widerstand gering und die Bewegungszeit sehr kurz ist. Mit dem Training der Koordinationsschnelligkeit muß frühzeitig (im Kindes- und Jugendalter) begonnen werden, da die neuromuskulären Prozesse in dieser Phase gut beeinflußbar sind. Ziel ist es, Programme zu entwickeln, die prognostischen Schnelligkeitsleistungen in der Praxis gerecht werden. Der dafür notwendige Trainingsabschnitt sollte 5 bis 6 Wochen betragen. Die Trainingsprogramme müssen sicherstellen, daß die geforderte Bewegungsintensität ständig realisiert werden kann. Die Pausengestaltung unterliegt diesem Kriterium.

Komplexschnelligkeit

Die Komplexschnelligkeit resultiert aus der Grundschnelligkeit und anderen Leistungsvoraussetzungen. Es besteht eine enge Verbindung zwischen der Bewegungstechnik, den Kraft- und Koordinationsfähigkeiten sowie den psychischen Voraussetzungen. Bei der Ausbildung von schnellen Bewegungen sollten Widerstände in ihrer gesamten Belastungsbandbreite Berücksichtigung finden. Die Widerstandsgröße ist dabei abhängig von der aktuellen individuellen Leistungsfähigkeit, dem Alter des Sportlers und der Zielsetzung.

Beschleunigungsfähigkeit

Die Beschleunigungsfähigkeit bildet die entscheidende Grundlage für das Schnelligkeitsniveau der Einzelbewegungen. Die dafür bestimmenden Muskelgruppen müssen daher auf einem hohen Intensitätsniveau trainiert werden. Die Widerstandsgrößen sind dazu individuell und die Bewegungsstrukturen wettkampfnah zu gestalten. Der Belastungsumfang, die Wiederholungen und die Streckenlänge sind dabei sehr gering, die Pausen verhältnismäßig groß. Ermüdungsreaktionen sind sofort zu registrieren und weitgehend zu vermeiden.

Frequenzschnelligkeit

Das Training der Frequenzschnelligkeit erfolgt mit Übungsformen, die den Technikabläufen der jeweiligen Sportart entsprechen. Die Übungsinhalte werden individuell gestaltet wobei etwa 8 bis 12 Übungen absolviert werden. Jede Übung dauert zwischen 5 und 7 Sekunden, die Pause liegt bei 3 Minuten, um eine ausreichende Erholungsfähigkeit zu garantieren. Bei Ermüdungserscheinungen kann die Pause auf bis zu 5 Minuten verlängert werden.

Lokomotorische Schnelligkeit

Die zur Ausbildung der lokomotorischen Schnelligkeit benötigten Übungen müssen die technischen Fertigkeiten der jeweiligen Sportart beinhalten. Ziel des Trainings ist, die erreichte Geschwindigkeit in der Beschleunigungsphase zu erhalten. Dabei werden hohe Anforderungen an das koordinative Verhalten und die Bewegungssteuerung gestellt. Die Dauer der Einzelbelastung liegt zwischen 5 und 10 Sekunden. Steigerungs- und Koordinationsläufe sowie „fliegende Starts" sind solche möglichen Übungsformen.

Die Pausengestaltung während der einzelnen Übungen ist wichtig, um die notwendige Intensität bei jedem Versuch zu erhalten.

Handlungsschnelligkeit

Die Handlungsschnelligkeit ist eine weitere Form der Komplexschnelligkeit. Dabei werden jene kognitiven, konditionellen, koordinativen und technischen Voraussetzungen angesprochen, die für die durchzuführende Handlung notwendig sind. Nur durch intensives Lernen kann die Handlungsschnelligkeit ausgebildet werden; daher verlangen die gestellten Aufgaben volle Konzentration. Der Lösungsweg ist daher den Anforderungen entsprechend zunächst zu begrenzen und mit zunehmender Leistungsfähigkeit zu variieren. Dieser Grundsatz gilt auch bei der Lösung technisch-taktischer Aufgaben. Die Pausen müssen so gestaltet sein, daß sich der Trainierende auf die nächste Aufgabe mit entsprechender Konzentration vorbereiten kann und das Qualitätsniveau der Übungsanforderungen erhält. Für das Training der Handlungsschnelligkeit bedeutet das:

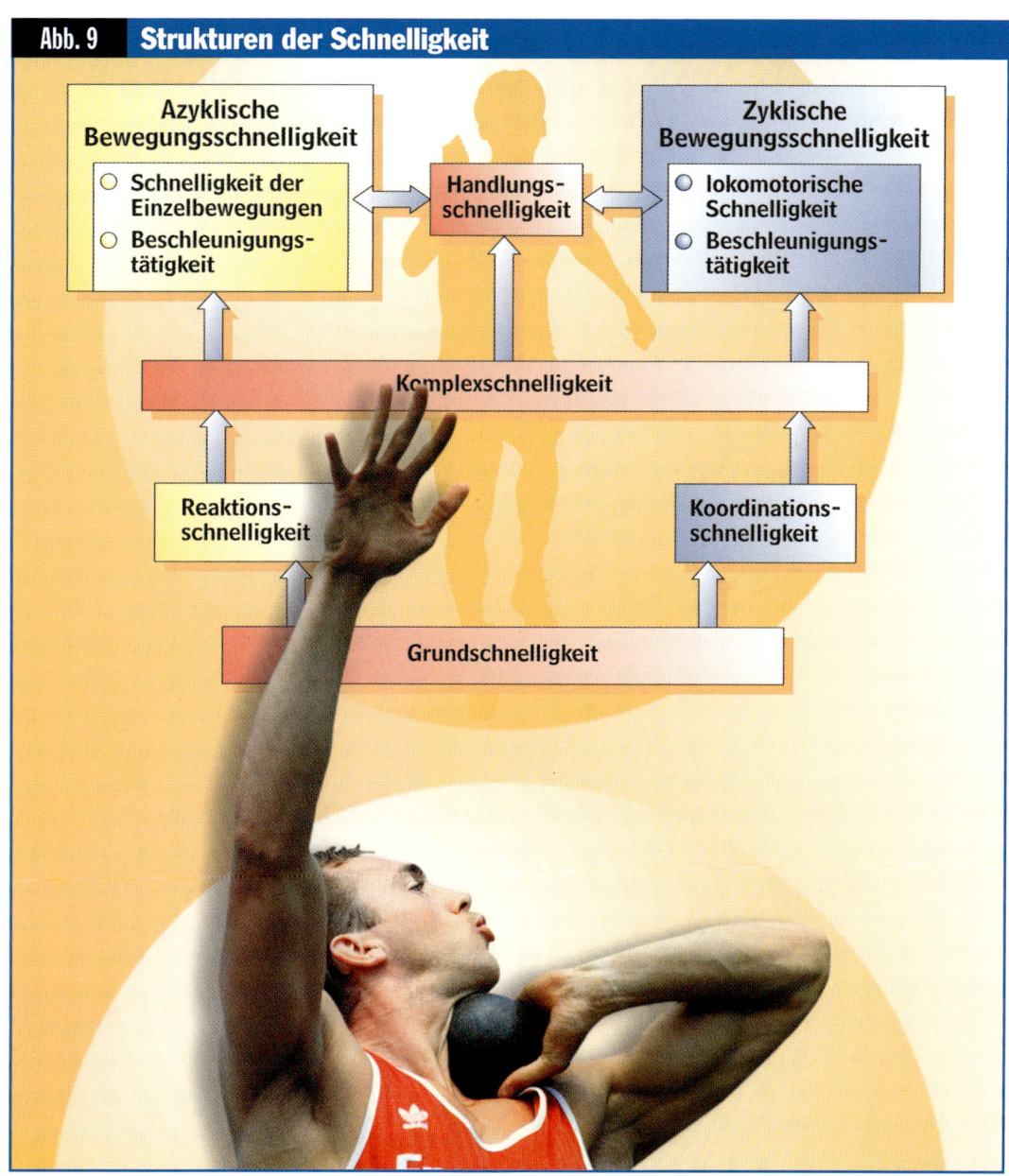

Abb. 9 Strukturen der Schnelligkeit

– Festlegung der Zielsetzung,
– Entwicklung von Handlungsprogrammen zur Lösung der Anforderungen,
– richtige Entscheidungen situationsbedingt zu treffen.

Das Schnelligkeitstraining wird während des funktionellen muskulären Aufbautrainings (4. Phase) absolviert, wenn die volle sportliche Belastungsfähigkeit erreicht ist. Hier werden die Grundlagen für den Übergang zu sportartspezifischen Bewegungsmustern geschaffen. Für dieses Training kommen in erster Linie solche Personen in Frage, die als aktive Spitzensportler (Profis) tätig sind.

Die Grundlagen

Der kontralaterale Trainingseffekt („Crossing-Effekt")

Der kontralaterale Trainingseffekt, auch „Crossing Effekt" genannt, besteht darin, daß das Training einer bestimmten Muskelgruppe nicht nur einen Kraftanstieg im trainierten Muskelbereich auslöst, sondern ebenfalls in den Muskelstrukturen der Körpergegenseite.

Die nicht trainierten Muskeln kontrahieren kompensatorisch beim Auftreten von Ermüdungserscheinungen und erhalten somit ebenfalls einen Trainingsreiz (vgl. ROHMERT/PREISING 1968). Beim dynamischen Training dagegen zeigen sich folgende Ergebnisse:

▸ Ein einseitiges dynamisches Training hat eine signifikante Steigerung der statischen Kraft der trainierten Muskulatur zur Folge.

▸ Die Entwicklung der lokalen aeroben dynamischen Ausdauer zeigt für die trainierte wie auch nichttrainierte Seite eine hochsignifikante Steigerung.

▸ Die Zunahme der lokalen aeroben dynamischen als auch der lokalen anaeroben statischen Ausdauer war mit 37 Prozent in der kontralateralen Muskulatur der trainierten Seite nachweisbar (vgl. HOLLMANN/HETTINGER 1990).

Aus diesen Ergebnissen läßt sich ableiten, daß in den Phasen, in denen keine Therapiegeräte zu Anwendung kommen können (abhängig von Diagnose/Verletzung) durch komplexe Belastungs- und Trainingsformen eine hohe Effektivität bezogen auf die muskulären Funktionsbereiche erreicht wird. Der Patient wird entsprechend angeleitet, die Übungsformen werden durch den Therapeuten/Reha-Trainer kontrolliert und eventuell korrigiert.

Bezogen auf das Krafttraining schließen wir uns nach Auswertung entsprechender Literaturquellen der Meinung an, daß in solchen Fällen kein kontralateraler Transfer möglich ist.

Ableitung eines spezifischen Trainingsbegriffs für die medizinische Trainingstherapie und das funktionelle Aufbautraining

Befaßt man sich mit der Thematik der medizinischen Trainingstherapie sowie dem funktionellen muskulären Aufbautraining nach Verletzungen, so ist es notwendig, sich mit strukturellen Zusammenhängen des Trainings und dem damit verbundenen Trainingsbegriff auseinanderzusetzen.

Die Funktion und die Struktur des Trainings bedingen sich wechselseitig. Sie sind in erster Linie abhängig von der Sportart und dem jeweiligen Leistungsniveau des zu betreuenden Sportlers oder Patienten. Bei der Planung des Trainings bzw. der individuellen Aufbauprogramme sind entsprechend dieser Feststellung die folgenden Kriterien zu berücksichtigen:
- die Prinzipien der motorischen Lernprozesse
- das Belastungsbeanspruchungskonzept
- das Anforderungsprofil der Alltags- und Sportmotorik
- die Berücksichtigung des biologischen Alters und des Wettkampfalters
- die Belastung in der medizinischen Trainingstherapie und der Übergang zum Aufbautraining
- Biologische Regenerationsprozesse

Die genannten Gesetzmäßigkeiten sind Grundlage für einen zielgerichteten Leistungsaufbau, wobei die sozialen Bedingungen und die Trainingsqualitäten entscheidende Parameter darstellen. Die Formulierung eines geeigneten Trainingsbegriffs für die Trainingstherapie und das funktionelle muskuläre Aufbautraining muß eine enge Beziehung zwischen den Handlungen des Verletzten und seinen Aktivierungsprozessen berücksichtigen. Die einzelnen Zielbereiche wie Kondition, Psyche und Handlungsfähigkeit müssen deshalb immer im Zusammenhang betrachtet werden. Unter einem solchen Aspekt ist zu prüfen, inwieweit die bisherigen Begriffsbestimmungen ausreichen, um sie auf die Trainingstherapie bzw. das funktionelle muskuläre Aufbautraining übertragen zu können.

Eine enge Definition von sportlichem Training vertritt die Sportmedizin, die es als „systematische Wiederholung gezielter überschwelliger Muskelanspannung mit morphologischen und funktionellen Anpassungserscheinungen zum Zwecke der Leistungssteigerung" (HOLLMANN/HETTINGER 1990) auffaßt.

Ein erweiterter Trainingsbegriff ist bei HARRE (1982, 14) zu finden. Er bezieht neben den Veränderungen des Leistungsvermögens auch die der Leistungsbereitschaft durch sportliches Training in seine Definition ein: „Sportliches Training ist der nach wissenschaftlichen, insbesondere pädagogischen Prinzipien gelenkte Prozeß der sportlichen Vervollkommnung, der durch planmäßiges und systematisches Einwirken auf das Leistungsvermögen und die Leistungsbereitschaft darauf hinzielt, Sportler zu hohen und höchsten Leistungen in einer Sportart oder in sportlichen Disziplinen zu führen".

Auch LETZELTER (1987) schließt physische und psychische Merkmale in den Trainingsbegriff ein und unterstellt ihre gegenseitige Beeinflussung. Demnach ist Training ein „Verfahren zur Optimierung oder Stabilisierung der konditionellen Eigenschaften und koordinativen Fähigkeiten, der technischen und taktischen Fertigkeiten".

Sowohl bei HARRE als auch bei LETZELTER ist Training mehr als ein Anpassungsvorgang verschiedener Organsysteme im Sinne eines Reiz-Reaktions-Schemas. Neben den biologischen Veränderungen schließt sportliches Training bei beiden Autoren einen psychologischen und pädagogischen Aspekt ein. Dennoch sind beide Definitionen auf das Aufbautraining nach Verletzungen nicht übertragbar, da sie die einzelnen Variablen lediglich aneinanderreihen und somit die für das zielgerichtete Handeln während des Aufbautrainings wesentlichen Strukturen und deren Aktivierungs- und Regulationsprozesse nicht zutreffend berücksichtigen.

BOIKO (1988) versteht Training als Prozeß sportartspezifischer Dauer, wobei er den Organismus des Sportlers als Bewegungssystem in den Mittelpunkt stellt.

Auch VERCHOSHANSKIJ (1985) verfolgt ähnliche Überlegungen. Er modelliert den Zustandsverlauf des Sportlers über Veränderungen spezifischer Größen, wie Startkraft, Explosivkraft, Maximalkraft, aerobe und anaerobe Ausdauer, Schnelligkeit usw., mit einem Vorrang von Übungen unter funktionellen Aspekten.

MARTIN (1982) definiert sportliches Training aus handlungspsychologischer Sicht als einen „planmäßig gesteuerten Prozeß, bei dem mit inhaltlichen, methodischen und organisatorischen Maßnahmen, entsprechend einer Zielvorstellung, Zustandsänderungen der komplexen sportmotorischen Leistung, Handlungsfähigkeit und das Verhalten entwickelt werden sollen." Er entwickelt für einen langfristigen Leistungsaufbau ein Stufenmodell:

1. Vielseitige psychomotorische Grundausbildung
2. Beginn der sportartspezifischen Spezialisierung
3. Vertiefung des spezifischen Trainings
4. Hochleistungstraining.

Die von ihm entwickelte Definition bildet eine geeignete theoretische Grundlage für Ableitungen eines spezifischen Trainingsbegriffs. Hier werden Phasenstrukturen mit inhaltlichen Schwerpunkten sichtbar, die Ansatzpunkte für Übertragungsmöglichkeiten liefern.

Die Kenntnis funktioneller Übungsformen macht eine fast exakte Programmierung von Trainingseinflüssen und Trainingseffekten möglich.

Die Leistungsorientierung im Training kommt durch folgende Merkmale zum Ausdruck:
▶ Die Belastungskomponenten (Umfang und Dauer) steigen an.
▶ Die Zielsetzungen werden spezieller.
▶ Einschränkende Handlungsbedingungen gewinnen an Bedeutung.
▶ Der Grad der Planmäßigkeit nimmt zu (vgl. WASMUND-BODENSTEDT 1983).

Analysiert man die einzelnen Trainingsbegriffe, so ist festzustellen, daß die Spezifik der Trainingstherapie

Die Grundlagen

sowie die des funktionellen muskulären Aufbautrainings nach Verletzungen keine Berücksichtigung findet. Da es sich bei diesen Trainingsformen um Sonderformen handelt, ist es unumgänglich, die inhaltlichen Besonderheiten herauszuarbeiten und abweichende Begriffsbestimmungen für diese Bereiche neu zu entwickeln. Unter Berücksichtigung der trainingswissenschaftlichen Grundlagen ist aus unserer Sicht die Trainingstherapie wie im Kasten oben zu definieren:

Bei der praktischen Umsetzung der medizinischen Trainingstherapie sind vor allem die folgenden Grundsätze zu beachten:
▶ Die Trainingstherapie besteht aus zwei unterschiedlichen Komplexen: dem eigentlichen Trainingsprozeß und den begleitenden therapeutischen Maßnahmen.
▶ Die Therapieeinheiten unterliegen einem strukturellen Splitting, wobei die verletzte Extremitätenseite in einzelnen, aufeinander abgestimmten Phasen durch trainingstherapeutische Maßnahmen an die Bewegungs- und Belastungsfähigkeit der nichtverletzten Extremitäten herangeführt wird.
▶ Entscheidend für den Behandlungserfolg ist die Anwendung einer kombinierten Methode aus unterschiedlichen Therapietechniken und Trainingsreizen.
▶ Als begleitende Maßnahme werden zur Objektivierung von Kennziffern während des gesamten Behandlungsverlaufs funktionsdiagnostische Verfahren durchgeführt. Die ermittelten Daten geben Aufschluß über die aktuelle Leistungsfähigkeit und dienen als Steuerungselement für einen präzisen Übergang zum funktionellen muskulären Aufbautraining.

Handelt es sich bei den Patienten um Personen, die aus dem Bereich des (Hochleistungs-)Sports kommen, schließt sich an die Trainingstherapie das muskuläre funktionelle Aufbautraining an. Übertragen auf die Phasenstruktur des Systems der Trainingstherapie beginnt das Aufbautraining in der 4. Phase mit einem fließenden Übergang.

Das Aufbautraining wird wie im Kasten auf Seite 35 definiert. Trainingsmethodisch gilt dabei:
▶ Festgestellte muskuläre Dysbalancen müssen beseitigt werden, um das arthromuskuläre Gleichgewicht herzustellen und damit die Voraussetzungen für funktionell angepaßte Trainingsbelastungen zu schaffen.
▶ Die Übungsauswahl muß so erfolgen, daß die betroffene Muskulatur durch den ansteigenden Trainingsumfang und die Steigerung der Trainingsintensität gezielt aufgebaut wird. Eine zu hohe oder zu früh zu hoch gesetzte Belastung führt dabei zu einer schnellen muskulären Ermüdung, so daß das Ziel innerhalb der vorgesehenen Trainingseinheit nicht erreicht werden kann.
▶ Zur Verbesserung der Grundlagenausdauer müssen

Definition der Trainingstherapie

▶ Die Trainingstherapie ist eine spezifische Trainingsform, die bei der Behandlung von (Sport-)Verletzungen zur Anwendung kommt.

▶ Sie ist gekennzeichnet durch funktionelle Trainingsmaßnahmen in Verbindung mit therapeutischen Methoden.

▶ Sie ist eine komplexe Behandlungsmethode mit dem Ziel einer raschen Wiederherstellung nach Verletzungen.

▶ Grundlage der Belastungsdosierung zur Durchführung einzelner auf das Verletzungsbild ausgerichteter spezifischer Übungen sind trainingsmethodische Erkenntnisse und deren praktische Umsetzung.

▶ Die Parameter Belastung, Umfang, Intensität, (zeitliche) Dauer sowie die Pausengestaltung sind individuell vom aktuellen Gesundheitszustand, der Leistungsfähigkeit sowie vom Verletzungsbild und der medizinischen Diagnose abhängig.

▶ Die Trainingstherapie ist beendet, wenn die verletzungsbedingt aufgetretenen Defizite gegenüber dem nichtverletzten Bereich aufgearbeitet sind und der Patient bzw. der Sportler wieder eine vollständige uneingeschränkte Belastungsfähigkeit anhand von Test- und Meßergebnissen nachweisen kann.

begleitende gezielte Trainingsmaßnahmen absolviert werden.

▸ Während des Aufbautrainings werden in einem Abstand von 10 bis 14 Tagen leistungsdiagnostische Untersuchungen durchgeführt. Hierbei werden die konditionellen Eigenschaften Kraft, Ausdauer und Schnelligkeit sportartspezifisch getestet, um den Übergang in das Hochleistungstraining gezielt vorzubereiten.

▸ Die Belastung in einer einzelnen Trainingseinheit sollte einen zeitlichen Umfang von 60 bis 90 Minuten nicht überschreiten. Dabei ist die individuelle Betreuung durch den Rehabilitationstrainer vom ersten bis zum letzten Tag des Aufbautrainings für ein optimales Ergebnis erforderlich.

▸ Im Aufbautraining wird teilweise mit und teilweise ohne spezifische Geräte gearbeitet. Bei den Geräten handelt es sich um zusätzliche Hilfsmittel, die funktionsgerecht für die Behandlung spezieller Verletzungsbereiche eingesetzt werden können. Dabei ist die trainingsmethodisch korrekte Belastungsdosierung eine entscheidende Variable auf dem Weg zur Wiederherstellung der vollständigen Belastungsfähigkeit.

▸ Im Rahmen des jeweiligen individuellen Programms sollte neben dem eigentlichen Verletzungsbereich auch das Training des gesamten Bewegungsapparats berücksichtigt werden.

▸ Das Trainingsprogramm soll dem Patienten bzw. dem Sportler helfen, Vertrauen in seine aktuelle Belastungsfähigkeit zurückzugewinnen, und ihn dadurch weiter motivieren. Ist er physisch und psychisch ermüdet, sollte das Training beendet werden. Die weiteren Trainingseinheiten sind dann zeitlich so zu planen, daß eine völlige physische und psychische Regeneration gewährleistet ist.

▸ Werden spezifische Bewegungsabläufe simuliert, ist der Sportler so vorzubereiten, daß er die vorgegebenen Handlungsschritte erfassen, kognitiv verarbeiten und in die Praxis umsetzen kann.

▸ Absolviert der Sportler zwei Trainingseinheiten von 60 bis 90 Minuten am Tag, so ist ein Wechsel zwischen Muskelfunktionstraining und Laufbelastungen angeraten. Die Pause zwischen den Trainingseinheiten sollte in diesem Fall mindestens 6 bis 7 Stunden betragen.

▸ Befindet sich der Sportler in der Endphase des Aufbautrainings, so ist ein leistungsdiagnostischer Abschlußtest durchzuführen, um unmittelbar nach dem Test die Belastungsnormative für das sportartspezifische Training festzulegen. Die erzielten Resultate der Leistungsdiagnostik bilden die Ausgangsbasis für die Trainings- und Wettkampfplanung sowie für das Ausmaß des präventiven Funktionstrainings.

▸ Eine physiotherapeutische Behandlung sollte das tägliche Training bei Bedarf begleiten und somit die Voraussetzungen für kürzere Regenerationszeiten schaffen.

Definition des Aufbautrainings

▸ Das funktionelle muskuläre Aufbautraining ist eine spezifische Trainingsform, die in der 4. Phase des Systems der Trainingstherapie zur Anwendung kommt.

▸ Die Trainingsinhalte und Trainingsformen haben die Funktion, noch vorhandene Defizite im konditionellen Bereich unter besonderer Berücksichtigung der Kraft-, der Ausdauer- und der Schnelligkeitsgrundlagen aufzuarbeiten.

▸ Die wesentliche Zielsetzung besteht darin, die Belastungsfähigkeit und den Ausprägungsgrad der Leistungsvoraussetzungen zu verbessern sowie die Feinkoordination der sportartspezifischen Bewegungen herauszubilden.

▸ Des weiteren gilt es, die technisch-taktische Handlungsfähigkeit und die psychische Belastbarkeit des verletzten Sportlers zu stabilisieren.

▸ Eine ausreichende physische und psychische Belastbarkeit des Sportlers ist beim Übergang in das sportartspezifische Training und den damit verbundenen steigenden Leistungsanforderungen zu gewährleisten und entsprechend zu steuern.

Die Grundlagen

Das System der medizinischen Trainingstherapie nach Sportverletzungen

In den letzten Jahren nahm die Bedeutung komplexer Behandlungsmethoden im Rahmen der Rehabilitation nach Verletzungen deutlich zu.

Der Erfolg der heute anerkannten erweiterten ambulanten Physiotherapie (EAP) hatte seinen Ursprung zu Beginn der 80er Jahre. Die bis zum damaligen Zeitpunkt üblichen traditionellen krankengymnastischen Behandlungsmethoden wurden durch ein aus den Erkenntnissen der Trainingswissenschaft abgeleitetes, spezielles funktionelles muskuläres Aufbautraining umfassend ergänzt. Die Trainingswissenschaft mit ihrer systematischen und zielgerichteten Periodisierung zur Entwicklung einer sportlichen Form zum Wettkampfhöhepunkt bildete die Grundlage für eine phasenstrukturierte Neuorientierung im Bereich des Rehabilitationsprozesses.

Daraus entwickelte sich eine neue effektive Therapieform, die medizinische Trainingstherapie. Die anfangs nur auf Hochleistungssportler (Profis) ausgerichtete Zielsetzung bestand darin, nach einer Verletzung die Behandlungszeit zu verkürzen und den Übergang zu sportartspezifischen Belastungen während der Therapie zu optimieren.

Bis weit in die 80er Jahre waren nach Gelenkoperationen lange Ruhigstellungsphasen üblich. Die daraus resultierende Atrophie der Muskulatur und enorme Funktionseinschränkungen der betroffenen Gelenke verzögerten den Therapiebeginn und stellten oft einen vor der Operation prognostizierten Heilungsverlauf infrage.

Mit dem funktionellen muskulären Aufbautraining als neuem Baustein im Spektrum der Verletzungsnachbehandlung wurden schnell hervorragende Resultate erreicht und die Behandlungszeit verkürzt. Insbesondere Leistungssportler profitierten von dieser neuen Therapieform und fanden nach überstandener Verletzung und Operation zu ihrer alten Leistungsfähigkeit zurück. Aus dem funktionellen Aufbautraining entwickelte sich eine eigene Therapieform – die sogenannte Medizinische Trainingstherapie (MTT), auch Medizinisches Aufbautraining (MAT) genannt.

Die sich entwickelnde Kombination aus Krankengymnastik, Physiotherapie und medizinischer Trainingstherapie (EAP) wurde 1994 vom Hauptverband der Berufsgenossenschaften als ein weiteres ergänzendes System für die Nach- und Weiterbehandlung von Arbeitsunfallverletzungen in den Leistungskatalog der berufsgenossenschaftlichen Rehabilitationsmaßnahmen aufgenommen. Kurz darauf übernahmen alle gesetzlichen Krankenkassen und die meisten Privatkrankenkassen die EAP (Erweiterte ambulante Physiotherapie) als indikationsabhängige Therapieform.

Das System der Trainingstherapie besteht aus zwei Komplexen: der Therapie und dem Training. Die dabei im Rahmen der Rehabilitation nach Sportverletzungen angewendeten Methoden stammen einerseits aus der Sportmedizin/Physiotherapie und andererseits aus der Trainingswissenschaft. Die einzelnen Methoden unterliegen einer Phasenstruktur und haben die gleiche Hauptzielsetzung: die eingeschränkte körperliche Leistungsfähigkeit des Patienten/Sportlers in einem zeitlich festgelegten Therapierahmen systematisch zu reduzieren und eine uneingeschränkte vollständige Belastungsfähigkeit wiederherzustellen.

Während die Methoden aus der Trainingswissenschaft durch empirische Untersuchungen weitestgehend auf ihre Wirksamkeit überprüft sind, steht die Überprüfung und Validierung verschiedener physiotherapeutischer Methoden noch aus (vgl. RADINGER 1987).

Sportverletzungen haben unterschiedliche Ursachen. Dabei unterscheiden wir in personenabhängige und personenunabhängige Bedingungen (vgl. Abb. 10). Zwischen beiden Bereichen besteht ein unmittelbarer Zusammenhang, der auch Schlußfolgerungen über den Verletzungsgrad zuläßt.

Dem Schweregrad der Verletzung entsprechend muß unmittelbar nach der ärztlichen Diagnose ein Therapieplan erstellt und der Patient – wenn möglich – sofort in das Rehabilitationsprogramm aufgenommen werden. Je früher dieser Prozeß organisiert wird, um so höher ist die Wahrscheinlichkeit einer kurzen Rekonvaleszenz.

Am Anfang dieses Prozesses stehen die Anamnese, die Befunderhebung und die Funktionsdiagnostik. Die Therapieprotokollierung dient dazu, den Rehabi-

Abb. 10 Ursachen von Sportverletzungen

litationsprozeß einer systematischen Kontrolle zu unterziehen und dem Behandlungsteam somit objektive Daten zu liefern. Rehabilitation nach Sportverletzungen ist in erster Linie die Rehabilitation des funktionellen Muskelsystems, dessen Steuerung ohne Einschränkungen wiederhergestellt werden muß.

Dieser Prozeß verlangt sowohl vom Behandlungsteam wie auch vom Patienten viel Zeit und konzentrierte Arbeit. Die Therapeuten müssen dabei ständig in den einzelnen Behandlungsabschnitten die aktuelle Pathologie und die Belastungsfähigkeit des Patienten berücksichtigen.

Ein umfassendes Rehabilitationskonzept berücksichtigt, daß jederzeit auch Schmerzreaktionen als Störfaktoren auftreten können, die den Rehabilitationsverlauf beeinträchtigen. Solche Störfaktoren können Reizsymptome oder Ergüsse operierter oder traumatisierter Gelenke sein, die dann eine optimale funktionelle muskuläre Rehabilitation behindern.

Intrakapsuläre Mechanorezeptoren reagieren auf die erhöhte Belastung mit Druckempfinden und hemmen dadurch die reflektorische gelenknahe Muskulatur. Diese Reflexstörung behindert den Muskelaufbau. Somit ist ein optimales Therapieergebnis zu diesem Zeitpunkt nicht möglich. Deshalb ist es in diesem Behandlungsabschnitt erforderlich, zusätzlich nach Bedarf analgetische und antiphlogistische, physikalische und medikamentöse Therapieformen anzuwenden. Nur so kann das vorgegebene Therapieprogramm ohne Einschränkung absolviert werden.

Der Patient erwartet von den Therapeuten ein klares Therapieziel und dessen Realisierung. Durch entsprechende Tests (funktionell, leistungsdiagnostisch) werden die Leistungen des Patienten in den einzelnen Phasen im Abstand von 10 bis 14 Tagen kontrolliert und die objektiv ermittelten Daten in das neu zu erstellende Therapiekonzept aufgenommen.

Die umfassenden Kriterien der erweiterten ambulanten Physiotherapie mit ihren richtungsweisenden Bestimmungen ermöglichen eine Vernetzung unterschiedlicher Therapieinhalte und apparativer Technologie auf engstem Raum.

Die Steuerungsmechanismen dieser Vernetzung in Rückkopplung mit dem indikationsorientierten Therapiekomplex und dem Heilungsverlauf des Patienten eröffnen die Chance für ein gezieltes Therapiemanagement. Funktions- und Leistungsdiagnostik objektivieren diesen Steuerungsmechanismus und optimieren die Genesungsprognose und deren Realisierung. Dieser erzielte Fortschritt ist deshalb so wichtig, weil auf Fragestellungen des jeweiligen Rehabilitationsprozesses konkrete Antworten gegeben werden können.

Die Grundlagen

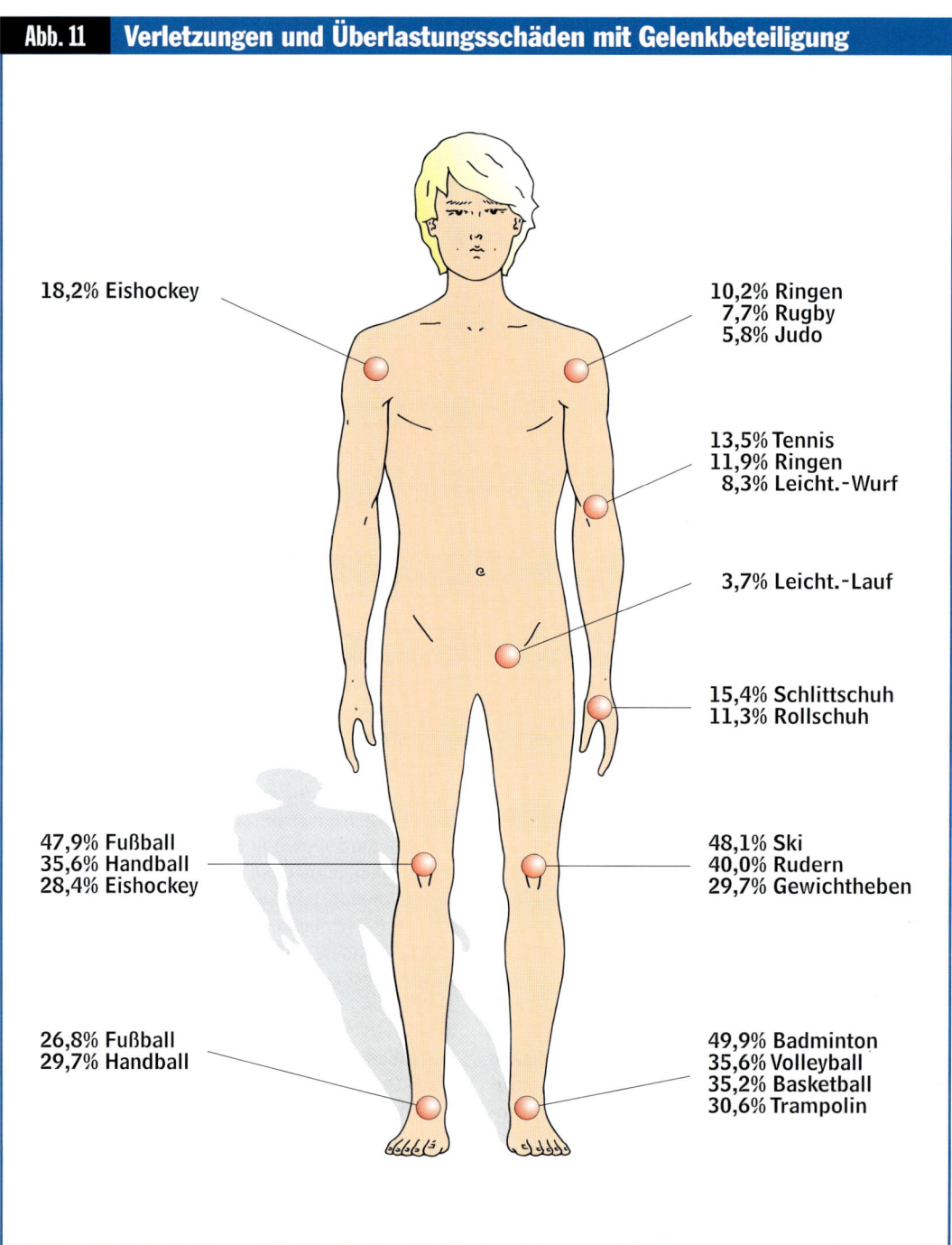

Abb. 11 Verletzungen und Überlastungsschäden mit Gelenkbeteiligung

Verletzungen und Überlastungsschäden mit Gelenkbeteiligung bezogen auf Sportarten: prozentuale Verteilung von im Reha-Zentrum SPOREG behandelter 907 Fußballer, 106 Handballer und 67 Eishockeyspieler (links) und Verteilung auf sonstige Sportarten (rechts; vgl. STEINBRÜCK/COTTA 1983, 178)

Die Struktur der medizinischen Trainingstherapie

Ziel von Therapie und Training in der Rehabilitation ist es, durch spezifische Belastungsreize funktionelle und morphologische Anpassungen zu erreichen.
Sportliches Training ist in seiner klassischen Form im Rahmen der Rehabilitation nur bedingt anwendbar. Dies bezieht sich in erster Linie auf die Endphase der Rehabilitation im Übergang zum funktionellen Aufbautraining. Hier werden besonders die leistungsbestimmenden Faktoren für Training und Wettkampf wie Kraft, Schnelligkeit und Ausdauer sowie sportartspezifische Bewegungsmuster trainiert. Um konkrete Rückschlüsse auf den Rehabilitationsprozeß ziehen zu können, wird das System der medizinischen Trainingstherapie in eine Phasenstruktur gegliedert. Dabei sind die Phasen so aufeinander abgestimmt, daß ein fließender Übergang gewährleistet ist und die Belastung kontinuierlich ansteigt. Die medizinische Trainingstherapie gliedert sich in 5 Phasen:
1. Phase: Mobilisationstraining
2. Phase: Stabilisationstraining
3. Phase: Funktionelles Muskelaufbautraining
4. Phase: Muskelbelastungstraining
5. Phase: Präventives Funktionstraining

Die Dauer der einzelnen Phasen hängt vom Therapieziel und dem speziellen Anforderungsprofil. ab. Angepaßt an die Verletzung werden die Trainingsformen, die Therapiemethoden, die Trainingstherapiemittel sowie die Therapie- bzw. Trainingszeit festgelegt. Die Grundstruktur einer Therapieeinheit ist vorgeben und wird in folgende Schwerpunkte unterteilt: Erwärmung, Hauptteil, Abwärmen (Cool down), Aktive oder passive Regeneration.
Funktions- und leistungsdiagnostische Tests dienen in den jeweiligen Phasen als objektive Kontrollinstrumente dazu, die Effektivität des Rehabilitationsprozesses zu dokumentieren.

Durchführung und Realisierung der Phasen der medizinischen Trainingstherapie

Ziel der medizinischen Trainingstherapie ist es, verletzte Sportler so zu therapieren, daß eine objektive physische Verbesserung der Belastungsfähigkeit und das Auskurieren einer Verletzung erreicht wird. Dadurch wird die Basis für eine weitere sportliche Betätigung geschaffen. Parallel dazu soll völlige Schmerzfreiheit ohne jegliche Manipulation erreicht werden, um so die vorhandene psychische Hemmschwelle zu überwinden. Erst wenn diese beiden Komponenten – physische und psychische Stabilität – ohne Einschränkungen funktionieren, ist eine vollständige Belastungsfähigkeit gegeben.
Die einzelnen Phasen der medizinischen Trainingstherapie sind je nach Verletzung von unterschiedlicher Dauer. Dabei ist zu beachten, daß die Übergänge fließend und zeitlich nicht exakt voneinander abgrenzbar sind, sondern von bestimmten Voraussetzungen des Heilungsprozesses mitbestimmt werden.
Der Übergang zum funktionellen Muskelaufbautraining wird anhand von Funktionstests festgelegt. Die im Vergleich zum nichtverletzten Bereich erzielten Werte (Winkelfunktion der Gelenke, Muskelumfang, Muskelkraft u.a.) entscheiden über den Zeitpunkt dieses Übergangs. Während des funktionellen Muskelaufbautrainings sind die durchzuführenden Tests leistungsdiagnostisch orientiert, um Aussagen über die Ausdauerleistungsfähigkeit, die Muskelkraft und die Schnelligkeit zu erhalten.
Mit Beendigung der Phase des funktionellen Muskelaufbautrainings beginnt das funktionelle Muskelbelastungstraining, das Übergänge zu sportartspezifischen Belastungen schafft. Diese Übergangsphase stellt besondere Anforderungen an Therapeuten und Trainer. Soll der Sportler schnellstmöglich wieder in die Mannschaft oder das Training integriert werden, müssen folgende Voraussetzungen erfüllt sein:
– Erstellen eines individuellen Trainingsplans, dessen Grundlage leistungsdiagnostische Tests bilden
– Dosiertes sportartspezifisches Training mit steigenden Belastungen
– Aufbauwettkämpfe
– Physiotherapeutische Weiterbehandlung
– Teilnahme am präventiven Funktionstraining

Das System der medizinischen Trainingstherapie gliedert sich in fünf Phasen mit folgenden Therapiezielen (siehe Seiten 40 bis 47).

Die 5 Phasen des Systems der medizinische

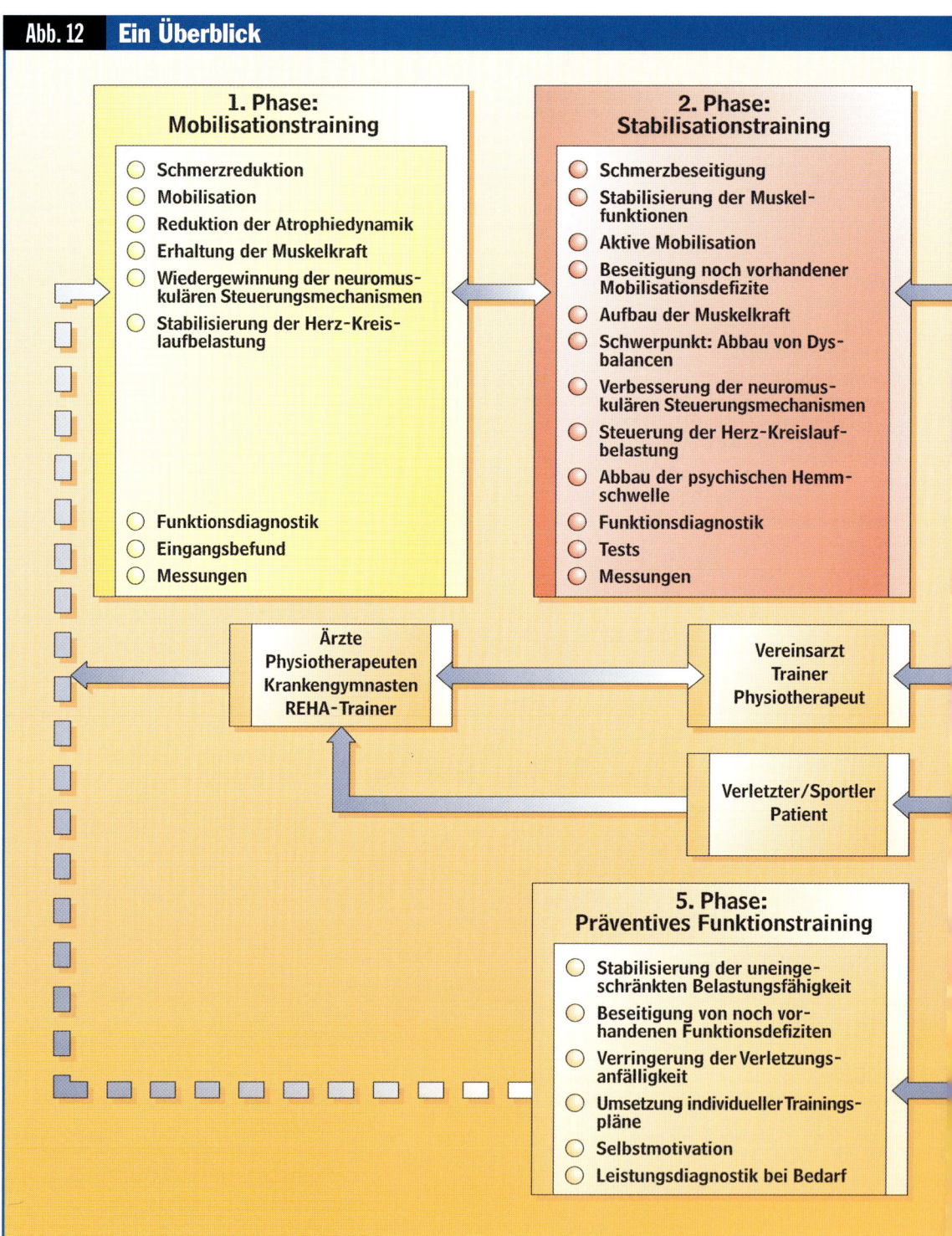

Abb. 12 Ein Überblick

rainingstherapie

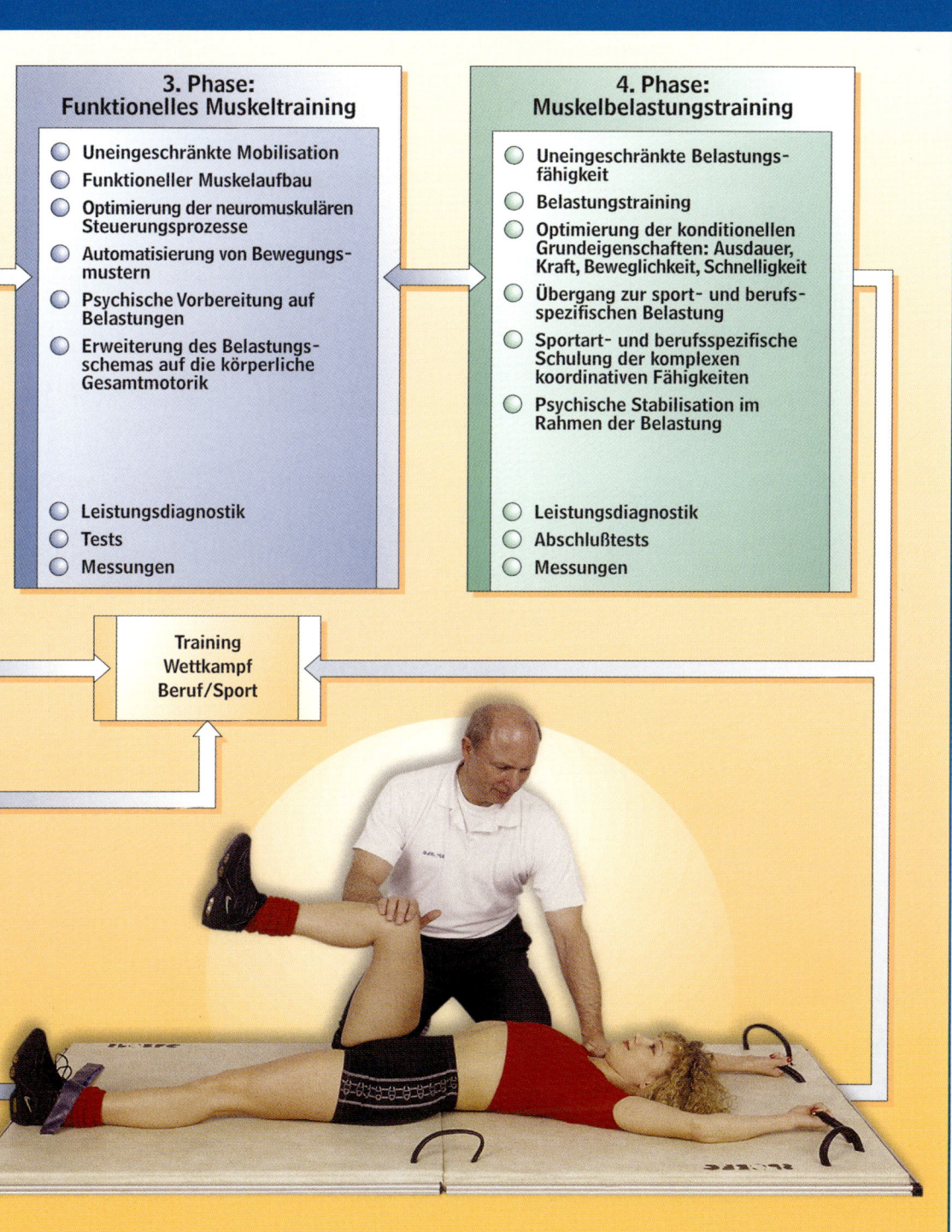

**3. Phase:
Funktionelles Muskeltraining**

- Uneingeschränkte Mobilisation
- Funktioneller Muskelaufbau
- Optimierung der neuromuskulären Steuerungsprozesse
- Automatisierung von Bewegungsmustern
- Psychische Vorbereitung auf Belastungen
- Erweiterung des Belastungsschemas auf die körperliche Gesamtmotorik

- Leistungsdiagnostik
- Tests
- Messungen

**4. Phase:
Muskelbelastungstraining**

- Uneingeschränkte Belastungsfähigkeit
- Belastungstraining
- Optimierung der konditionellen Grundeigenschaften: Ausdauer, Kraft, Beweglichkeit, Schnelligkeit
- Übergang zur sport- und berufsspezifischen Belastung
- Sportart- und berufsspezifische Schulung der komplexen koordinativen Fähigkeiten
- Psychische Stabilisation im Rahmen der Belastung

- Leistungsdiagnostik
- Abschlußtests
- Messungen

Training
Wettkampf
Beruf/Sport

Die 5 Phasen des Systems der medizinische

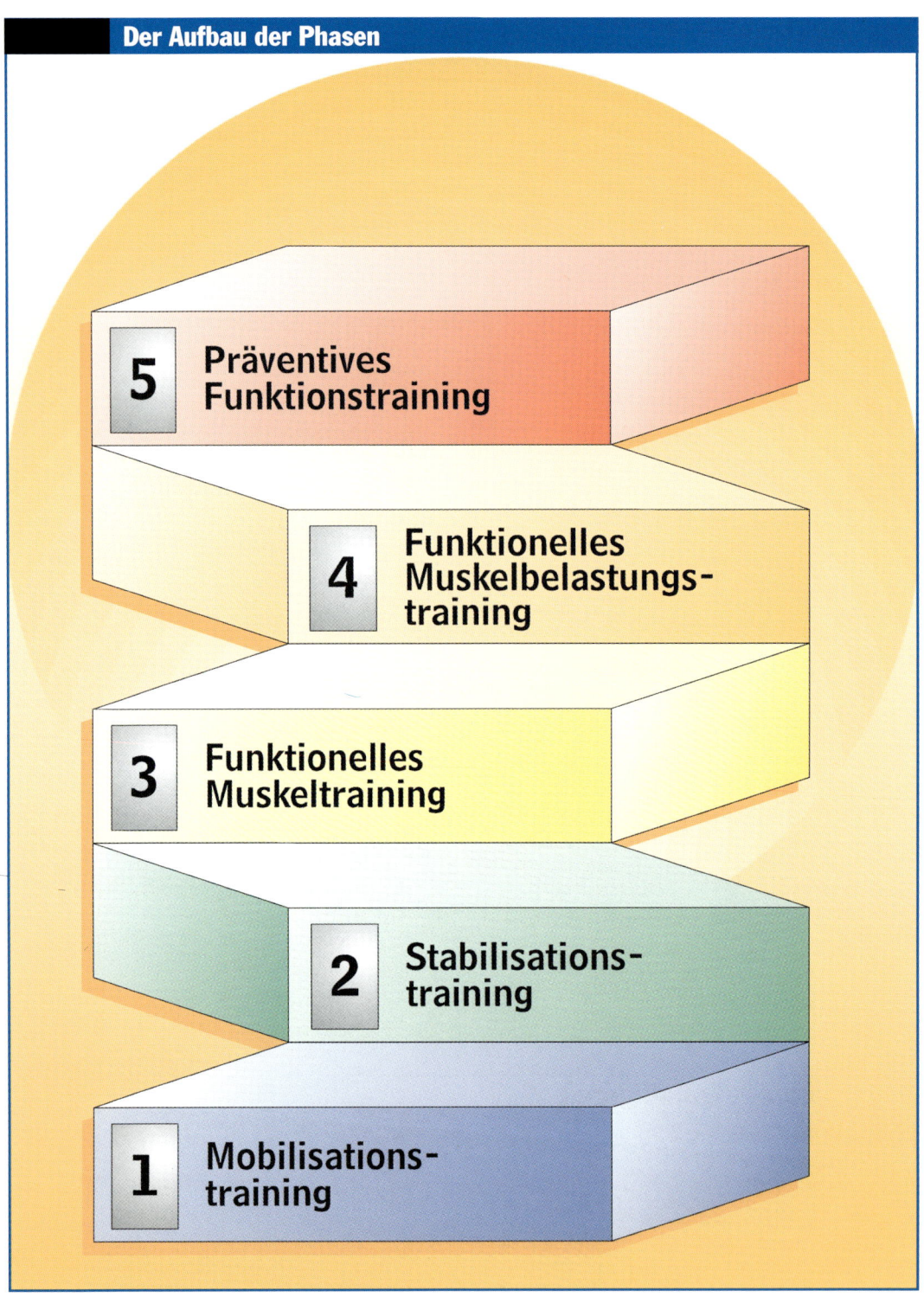

1 Mobilisationstraining

Therapieziele

- Schmerzreduktion
- Mobilisation
- Reduktion der Atrophiedynamik
- Erhaltung der Muskelkraft
- Wiedergewinnung der neuromuskulären Steuerungsmechanismen
- Stabilisation der Herz-Kreislauf-Belastung
- Funktionsdiagnostik, Eingangsbefund

Therapiemethoden

- Isometrie
- Konzentrisches Training
- Propriozeptives Training
- Ausdauertraining
- Stretching
- Koordination in Grobform
- Physikalische Therapie: Manuelle Therapie, PNF, Elektro-, Kryo-, Wärmetherapie, Lymphdrainage, Massage, Laser, Ultraschall
- Qualitätskontrolle

Therapieinhalte

- Isometrische Anspannungsübungen
- Handfixierung
- Übungen zur Haltungs- und Standregulation
- Koordination in offener und geschlossener Kette
- Intervalltraining zur Verbesserung der Ausdauerleistungsfähigkeit
- Dehnungsübungen
- Übungen zur Wiederholung motorischer Grundmuster
- Tests/Messungen)

Trainingstherapiemittel

- Sequenztrainingsgeräte
- SPOREG-Reha-Matte
- SPOREG-ASYS-Mobil
- Kippbrett, Therapiekreisel
- SPOREG-Pointrunner
- Ergometer für verschiedene Extremitäten
- Seilzug, Gehbarren, Pedalo
- Meß- und Diagnosesysteme: SPOREG ASYS-System
- Orthopädische Hilfsmittel: z.B. Orthesen, Einlagen u.a.

Therapie-/Trainingszeit

- Hochleistungssportler/Leistungssportler:
2 x 60' täglich; Therapiezeit: 60' täglich
- Freizeitsportler:
3 x 60' pro Woche;
Therapiezeit: 3 x 60' pro Woche

Die 5 Phasen des Systems der medizinische

2 Stabilisationstraining

Therapieziele

- Schmerzbeseitigung
- Stabilisierung der Muskelfunktionen
- Aktive Mobilisation, Beseitigung noch vorhandener Mobilisationsdefizite
- Aufbau der Muskelkraft (Schwerpunkt: Abbau muskulärer Dysbalancen)
- Steuerung der Herz-Kreislauf-Belastung
- Abbau der psychischen Hemmschwelle

Therapiemethoden

- Isometrie
- Konzentrisches Training
- Propriozeptives Training
- Komplexes Koordinationstraining
- Ausdauertraining
- Stretching
- Physikalische Therapie: Manuelle Therapie, PNF, Elektro-, Kryo-, Wärmetherapie, Lymphdrainage, Massage, Laser, Ultraschall
- Qualitätskontrolle

Therapieinhalte

- Isometrische Anspannungsübungen (isoliert, kombiniert)
- Handfixierung
- Übungen zur Haltungs- und Standregulation auf labiler Unterlage
- Koordination in offener und geschlossener Kette
- Intervall- und Wiederholungstraining zur Verbesserung der Ausdauerleistungsfähigkeit
- Dehnungsübungen
- Übungen zur Weiterentwicklung motorischer Grundmuster
- Messungen/Tests

Trainingstherapiemittel

- Sequenztrainingsgeräte
- SPOREG-Reha-Matte
- SPOREG-Pointrunner
- Kippbrett, Therapiekreisel, Pedalo, Seilzug
- Verschiedene Ergometer
- Meß- und Diagnosesysteme: SPOREG-ASYS-System, Video-Analysen als Biofeedback, Rückkopplung

Therapie-/Trainingszeit

- Hochleistungssportler/Leistungssportler: 2 x 90' täglich,; Therapiezeit: 2 x 90' täglich
- Freizeitsportler: 3 x 60-90' pro Woche; Therapiezeit: 3 x 45' pro Woche

Trainingstherapie

3 Funktionelles Muskeltraining

Therapieziele

- Uneingeschränkte Mobilisation
- Funktioneller Muskelaufbau
- Optimierung der neuromuskulären Steuerungsprogramme
- Automatisierung von Bewegungsabläufen
- Psychische Vorbereitung auf Belastungen des verletzten Bereichs
- Erweiterung des Belastungsschemas auf die körperliche Gesamtmotorik
- Leistungsdiagnostik

Therapiemethoden

- Konzentrisches/exzentrisches Training
- Propriozeptives Training
- Komplexes Koordinationstraining
- Ausdauertraining
- Reaktives Funktionstraining
- Stretching
- Physikalische Therapie: PNF, Elektro-, Kryo-, Wärmetherapie, Lymphdrainage, Massage, Laser, Ultraschall
- Qualitätskontrolle

Therapieinhalte

- Dynamisches Kraft- und Ausdauertraining
- Übungen zur Optimierung der Haltungs- und Standregulierung auf labiler Unterlage
- Koordination in offener und geschlossener Kette
- Intervall- und Wiederholungstraining zur Verbesserung der Ausdauerleistungsfähigkeit
- Lauftraining, Niedersprünge
- Dehnungsübungen, Übungen zur Stabilisierung motorische Grundmuster
- Tests/Messungen

Trainingstherapiemittel

- Sequenztrainingsgeräte
- SPOREG-Reha-Matte
- SPOREG-Pointrunner
- Kippbrett, Therapiekreisel, Seilzug
- Isokinetische Trainingsgeräte
- Verschiedene Ergometer
- Weichboden, Laufband
- Meß- und Diagnosesysteme: SPOREG-ASYS-System, Isokinetische Diagnosegeräte, Video-Analysen als Biofeedback, Rückkopplung

Therapie-/Trainingszeit

- Hochleistungssportler/Leistungssportler: 1 x 120' täglich, 1 x 90' Therapiezeit: 2 x 45' täglich
- Freizeitsportler: 3 x 90-120' pro Woche; Therapiezeit: 3 x 45' pro Woche

Die 5 Phasen des Systems der medizinische

4 Funktionelles Muskelbelastungstraining

Therapieziele

- Uneingeschränkte Belastungsfähigkeit, uneingeschränktes Belastungstraining
- Optimierung der konditionellen Grundeigenschaften
- Übergang zu sportart- und berufsspezifischen Belastungen
- Sportart- und berufsspezifische Schulung komplexer koordinativer Fähigkeiten
- Heranführen an die Reaktionsschnelligkeit unter sportartspezifischen Belastungen
- Psychische Stabilität während der Belastung
- Leistungsdiagnostik

Therapiemethoden

- Konzentrisches/exzentrisches Training
- Komplexes Koordinationstraining unter verändertem Anforderungsprofil
- Spezifisches Krafttraining
- Ausdauer-, Intervall- Schnelligkeits-, Sprungkrafttraining
- Sportartspezifisches Training
- Stretching
- Physikalische Therapie: Massage, Elektro-, Kryo-, Wärmetherapie, Lymphdrainage, Laser, Ultraschall
- Qualitätskontrolle

Therapieinhalte

- Dynamisches hypertrophie-orientiertes Training
- Koordination unter dem Aspekt dreidimensionaler Bewegungsebenen zur Sportmotorik (Simulationstraining)
- Lauftraining, Sprints, Tempowechselläufe, Fahrtspiel, Laufen mit Richtungswechsel, Regenerationsläufe
- Sportart- und berufsspezifische Belastungen
- Dehnungsübungen
- Abschlußtests/Messungen

Trainingstherapiemittel

- Sequenztrainingsgeräte
- SPOREG-Reha-Matte
- Spezifische Trainingsgeräte
- Geeignete Geräte zur Erhaltung der konditionellen Grundeigenschaften
- Waldboden, Laufbahn
- Sportplatz, Halle
- Meß- und Diagnosesysteme: SPOREG-ASYS-System, Isokinetische Diagnosegeräte, Video-Analysen als Biofeedback, Rückkopplung

Therapie-/Trainingszeit

- Hochleistungssportler/Leistungssportler: 2 x 120' täglich; Therapiezeit: 2 x 30' täglich
- Freizeitsportler: 3 x 120' pro Woche; Therapiezeit: 3 x 30' pro Woche

5 Präventives Funktionstraining

Therapieziele

- ▶ Stabilisierung der uneingeschränkten körperlichen Belastungsfähigkeit
- ▶ Beseitigung vorhandener Funktionsdefizite
- ▶ Verringerung der Verletzungsanfälligkeit
- ▶ Umsetzung individueller Trainingspläne
- ▶ Selbstmotivation (Karriereplanung)
- ▶ Leistungsdiagnostik bei Bedarf

Therapiemethoden

- ▶ Ausdauertraining
- ▶ Krafttraining
- ▶ Regenerationstraining
- ▶ Koordinationstraining (sportartorientiert)
- ▶ Qualitätskontrolle

Therapieinhalte

- ▶ Intervall-, Dauer-, Wiederholungsläufe
- ▶ Einsatz submaximaler Lasten
- ▶ Intervall-, Dauer-, Wiederholungsläufe
- ▶ Sprints, Starts, Steigerungsläufe u.a.
- ▶ Dehnungsübungen
- ▶ Komplexe Koordinationsübungen
- ▶ Ausgleichssportarten
- ▶ Aktive Erholung (z.B. Regenerationslauf)
- ▶ Tests/Messungen bei Bedarf

Trainingstherapiemittel

- ▶ Laufbahn, Waldboden
- ▶ Schwimmbad
- ▶ Sportplatz, Halle
- ▶ Sequenztrainingsgeräte
- ▶ Ergometer für verschiedene Extremitäten
- ▶ Meß- und Diagnosesysteme: SPOREG ASYS-System, Isokinetische Meßsysteme

Therapie-/Trainingszeit

▶ Hochleistungssportler/Leistungssportler/Freizeitsportler: abhängig vom Verletzungsbild und vom sportartspezifischen Training (Trainingsplan)

Mindestanzahl 1 x 60-90' pro Woche; Therapiezeit bei Bedarf: 30-45' pro Woche

Die Grundlagen

Funktions- und Leistungsdiagnostik: die Steuerungselemente in der Rehabilitation

Ziel eines medizinischen Rehabilitationsverfahrens ist die dauerhafte und schnellstmögliche Wiederherstellung nach einer Verletzung. Um diesen Wiederherstellungsprozeß sinnvoll gestalten und steuern zu können, sind Instrumentarien notwendig, die Rückmeldungen über den aktuellen Funktionszustand und dessen Veränderungen liefern können. Der Arbeitsbereich innerhalb der Rehabilitation, der sich mit der Erfassung von Funktionszuständen des Patienten befaßt, wird als Funktionsdiagnostik definiert.

Die Resultate der Funktionsdiagnostik liefern die Grundlage zur Steuerung der Therapie und müssen regelmäßig Gegenstand der Patientenbesprechung sein. Grundlage für die Festlegung bestimmter Schwerpunkte innerhalb der Therapie ist ein Diagnose- und Erfassungsbogen (vgl. Abb. 12), der sowohl über den aktuellen Leistungsstand als auch über vorhandene Defizite informiert. Dies kann die Funktions- und auch die Leistungsdiagnostik als intersubjektiv greifbares Instrumentarium innerhalb der Rehabilitation leisten.

Ziele, Möglichkeiten und Prognosen des Rehabilitationsverlaufs müssen vor Beginn der Behandlung durch standardisierte Vergleichswerte vorgeplant werden und im Behandlungsvollzug einer Kontrolle unterliegen. Hierfür sind Eingangsdiagnosen und regelmäßige Folgeuntersuchungen notwendig, die unter standardisierten Bedingungen (vgl. Abb. 13) durchgeführt werden.

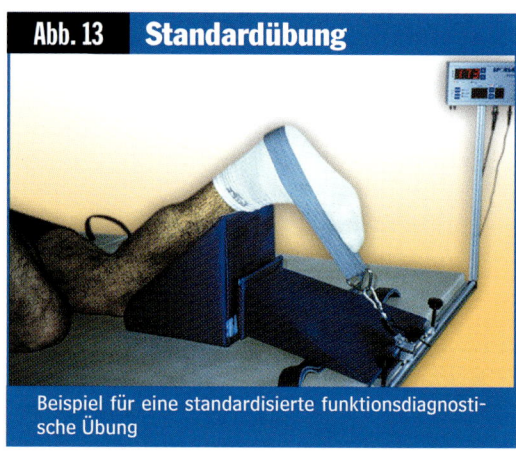

Abb. 13 Standardübung

Beispiel für eine standardisierte funktionsdiagnostische Übung

> **Info — Was ist Funktionsdiagnostik?**
>
> Die Funktionsdiagnostik befaßt sich mit der Erhebung von objektivierbaren Meßdaten, zur Steuerung der therapiebezogenen Phase innerhalb der Rehabilitation. Die Aufgabenbereiche bestehen sowohl in der Ermittlung von Gelenk- und Muskelfunktionen als auch der Erfassung des koordinativen Zusammenspiels mit Hilfe objektiver biomechanischer Meßtechnik.

Durchläuft der Patient die Therapie erfolgreich, übernimmt nach einer kurzen Übergangsphase ein nachgeschalteter Behandlungsprozeß die weitere Stabilisierung des Gesundheitszustands. Dieser Zyklus wird als Aufbautraining bezeichnet und von leistungsdiagnostischen Maßnahmen begleitet. Die Leistungsdiagnostik gewährleistet dabei eine optimale Steuerung dieses Prozesses mit Konsequenzen bis hin zur präventiven Vermeidung von Rezidivfällen (erneute Verletzungen im gleichen Strukturbereich).

Die Leistungsdiagnostik gilt als das tradierte sportwissenschaftliche Instrumentarium zur Diagnose und zur Ansteuerung von Training. Da der Verlauf der Rehabilitation grundsätzlich mit dem eines Trainingsprozesses vergleichbar ist, kann man ohne weiteres auf bewährte trainingswissenschaftliche Prinzipien zurückgreifen. Dieser wichtige Austausch von sportwissenschaftlichen Grundlagen und physiotherapeutischen Maßnahmen – als benachbarte Disziplinen, wenn es um das Training verletzter Personen geht – war folgerichtig und hat sich bewährt. Die medizinische Trainingstherapie nimmt als eigenständiger Therapiebereich gleichbedeutend mit krankengymnastischen und physiotherapeutischen Maßnahmen innerhalb der Rehabilitation einen festen Platz ein. Nachdem sich die trainingswissenschaftli-

Abb. 12 Beispiel für einen Eingangsdiagnosebogen

Eingangsdiagnosebogen

Name: *N.N.*   Vorname: *N.N.*   Geburtsdatum: *TT.MM.JJ*

Diagnose: *Ruptur des linken vorderen Kreuzbandes*   Operateur: *N.N.*

Beweglichkeit[1]

Gelenk: *Kniegelenk*

	Extension		Flexion
Rechts	+6	0	143
Links	-33	0	65
Differenz	39	0	78

Kraft[2]

Oberschenkel

	Ischiocrurale			Quadrizeps		
	li	re	%Diff.	li	re	Diff.
	185	500	63	600	3000	80

Koordination[3]

43 % zu 100 %   Defizit: *57 %*

Komplikationen

Leichter Erguß im linken Knie mit Temperaturunterschied zur rechten Seite

Schwerpunkte

Physiotherapie: *80 %*   MTT: *20 %*

Erläuterungen:
[1] gemessen mit Neigungssensoren
[2] Erläuterung der Meßpositionen:
   Quadrizeps: Asys-Kraftmeßgerät (Beinpresse mit geschlossener Kette bei 120 Grad Kniewinkel /isometrisch [N])
   Ischiocrurale: Asys-Kraftmeßgerät (offene Kette, bäuchlings liegend bei 135 Grad Kniewinkel / isometrisch [N])
[3] siehe folgendes Kapitel "Koordination"

Die Grundlagen

chen Grundsätze erfolgreich auf den Rehabilitationsbereich übertragen ließen, sollte man konsequenterweise auch das Kontroll- bzw. Rückmeldesystem der Therapie – die Funktionsdiagnostik – und des Trainings – die Leistungsdiagnostik – in die strukturellen Überlegungen zum Rehabilitationsprozeß einbeziehen.

Zur Beurteilung eines Funktionszustandes wurde bisher nur die subjektive Meinung oder der semiobjektive Befund eines Therapeuten oder Mediziners in Form des Neutral-Null-Bogens (Umfangsmessung als Korrelat für die Kraft / Beweglichkeitsmessungen mit zu kleinen Goniometerschenkeln, Meßfehler bei ± 5 Grad) herangezogen. Dieses Vorgehen kann bei den derzeitigen Meßmöglichkeiten nicht mehr genügen. Die Etablierung einer biomechanisch gestützten Funktionsdiagnostik erscheint uns daher notwendig. Eine regelmäßige Diagnose der wesentlichen konditionellen Grundeigenschaften ermöglicht einen schnellen Zugriff auf die aktuell durchzuführenden Schwerpunkte in der Therapie, und zwar bei gleichzeitiger Dokumentation des Rehabilitationsverlaufs. Abweichungen von einer Normentwicklung werden somit früher erkannt und können umgehend korrigiert werden. Die Normwerte sollten trotz aller Individualisierungstendenzen in der Therapie als Anhaltspunkte für die Therapeuten und Reha-Trainer dienen. Abweichungen von einem normalen Rehabilitationsverlauf lassen sich sehr schnell durch Überschreiten einer Standardabweichung erkennen. Auch eine noch so genaue und regelmäßig durchgeführte Funktionsdiagnostik kann aber die therapeutische Beurteilung eines verletzten Bereichs nicht vollständig ersetzen. Sie sollte jedoch die subjektive Beurteilung eines Therapeuten ergänzen und zu einem für den Patienten optimalen Heilungsverlauf führen.

Funktionsdiagnostik – Steuerungselement für die Therapie

Die konditionellen Grundeigenschaften Kraft, Ausdauer, Schnelligkeit, Beweglichkeit und die Koordination haben eine andere Gewichtung als bei gesunden Sportlern. Beide sind allerdings – ob verletzt oder gesund – mit dem gleichen funktionsdiagnostischen Verfahren zu analysieren. Der qualitative und quantitative Unterschied beider Klientel ist hierbei nur von zweitrangiger Bedeutung. Ordnet man die konditionellen Eigenschaften einander zu, ergeben sich für die funktionsdiagnostische Befundung drei Hauptbereiche.

Hauptbereich 1: Koordination

Die Koordination ist der erste wesentliche Bereich, den es zu erfassen gilt. Nach den Erkenntnissen aus der Praxis und eigenen wissenschaftlichen Studien ist dies der primäre Bereich, in dem sofort nach einer Verletzung Störungen auftreten. Noch bevor eine muskuläre Atrophie eintritt, ist ein koordinatives Defizit feststellbar. Zum Nachweis solcher Phänomene wird die Elektromyographie (EMG) in Form von Oberflächenableitungen eingesetzt.

Ansätze zur Quantifizierung der Koordination zeigen sich in Form von regel- und meßbaren Auslenkungen von Therapiekreiseln bis hin zu einfachen oder auch komplexen Meßmatten.

▶ Diagnose der Koordination im Rahmen der Funktionsdiagnostik:
Eine praktikable Zwischenlösung, die sich an die Anfänge der Leistungsdiagnostik anlehnt, findet man in Form sportmotorischer Tests, die die Grundformen von koordinativ anspruchsvollen Bewegungen praxisgerecht mit einer Ja/Nein-Codierung abfragen. Als Beispiele werden im folgenden die Ergebnisse solcher Tests in verschiedenen postoperativen Phasen eines Patienten dargestellt. Die Diagnose lautet: Verletzung der unteren Extremität – Patellasehnenersatzplastik im linken Kniegelenk (vgl. Abb. 14).

Die Einführung solcher Testbögen kann nicht darüber hinwegtäuschen, daß dies nur ein Übergang zu einer genauer definierten Koordination, mit einer daraus resultierenden biomechanisch gestützten Diagnose dieser Eigenschaft ist. Die Aufgabe für die Zukunft wird es sein, innerhalb der Rehabilitation eine intensive Auseinandersetzung über das Thema Koordination zu führen. Gerätegestützte Ansätze für die Diagnose von Teilbereichen des Konstruktes „Koordination" (z. B. Propriozeption) sind zwar auf dem Markt verfügbar, jedoch für die Praxis zur Zeit noch zu wenig aussagekräftig.

Hauptbereich 2: Beweglichkeit

Die Bedeutung der Beweglichkeit im Rahmen der Wiederherstellung nach einer Verletzung ist gleichzusetzen mit der Bedeutung der Koordination.

Abb. 14 Beispiel für einen funktionsdiagnostischen Test

Testform	14 Tage nach OP Ja	14 Tage nach OP Nein	6 Wochen nach OP Ja	6 Wochen nach OP Nein	10 Wochen nach OP Ja	10 Wochen nach OP Nein
■ Stand, beidbeinig	■		■		■	
– auf weicher Unterlage	■		■		■	
– Kippbrett	■		■		■	
– Therapiekreisel		■	■		■	
■ Stand, einbeinig						
– links		■	■		■	
– rechts	■		■		■	
– auf weicher Unterlage, links		■	■		■	
– auf weicher Unterlage, rechts	■		■		■	
– Kippbrett, links		■		■	■	
– Kippbrett, rechts	■		■		■	
– Therapiekreisel, links		■		■	■	
– Therapiekreisel, rechts		■		■	■	
■ Treppensteigen						
– aufwärts		■	■		■	
– abwärts		■		■	■	
Auswertung:	6 von 14 (= 43 % koordinative Fähigkeiten)		10 von 14 (= 71 % koordinative Fähigkeiten)		14 von 14 (= 100 % koordinative Fähigkeiten)	

Funktionsdiagnostischer Test zur Erfassung der Koordination nach einer Verletzung der unteren Extremität (anwendbar bei Sprung-, Knie- und Hüftverletzungen)
Beispiel: Funktionsdiagnose im Bereich "Koordination" nach Patellasehnenplastik (linkes Knie) zu verschiedenen postoperativen Terminen

Die Grundlagen

Beweglichkeitseinschränkungen – bedingt durch Immobilisation, Schmerz oder Schonhaltungen – sind im zeitlichen Verlauf der Atrophie zuzuordnen. Ein Schwerpunkt in der Rehabilitation ist aus diesem Grund die Wiederherstellung der Biomechanik eines Gelenks beziehungsweise der Gelenkstrukturen. Ein Kniegelenk hat in der Regel nach einer Verletzung Streck- und Beugedefizite. Dadurch wird der funktionelle Muskelaufbau erschwert. Techniken der manuellen Therapie sind in dieser Phase von großer Bedeutung.

Ziel ist das schnellstmögliche Erreichen der Endstreckung oder das Erreichen der Beugefunktion des Kniegelenks. Erst nach Erreichen der Endstreckung kann ein Austrainieren der Quadrizeps-Muskelgruppe stattfinden. Das häufige Überkompensieren der Kniebeuger und der Hüftstrecker kann dadurch vermieden werden.

Ein biomechanisch nicht einwandfrei arbeitendes Gelenk kann muskulär und koordinativ nicht optimal gesichert werden. Infolgedessen ist die Koordination eingeschränkt und ein muskulärer Funktionsaufbau nicht möglich. Dies wird belegt durch eine hohe Anzahl von Folgeschäden und Verletzungen sowie nicht optimal wiederhergestellter arthromuskulärer Gleichgewichte. Um solchen negativen Wechselwirkungen in der Therapie entgegenwirken zu können, müssen diese zunächst einmal erkannt werden. Hierzu kann die Funktionsdiagnose objektive Daten liefern, die es ermöglichen die Schwerpunktverlagerungen innerhalb der Therapie vorzunehmen. Eine objektive Befundung der Beweglichkeit mittels biomechanisch gestützter Goniometer oder Neigungssensoren ist möglich und soll im folgenden erläutert werden.

▶ **Diagnose der Beweglichkeit im Rahmen der Funktionsdiagnostik**

Der bisherige Weg zur Befundung der Beweglichkeit mittels eines kurzschenkligen Goniometers ist nicht optimal. Die beiden sehr kurzen Schenkel des üblichen Winkelmessers erlauben es nicht, einen Gelenkwinkel – und noch weniger dessen Veränderung– exakt zu bestimmen.

Im Zeitalter der Meßtechnik kann mittlerweile auf verschiedene Winkelmeßsysteme zurückgegriffen werden. Goniometer auf DMS-Basis, Goniometer auf Basis eines Drehpotentiometers und sogenannte Neigungssensoren (SPOREG-Meßsysteme) sind verfügbar. Diese werden jedoch noch zu selten in der Rehabilitation eingesetzt. Vergleicht man die Meßsysteme

Tab. 3 Kniegelenkbeweglichkeit

Wochen	Extension	Flexion
2 Wochen	-16 Grad	66 Grad
4 Wochen	-9 Grad	82 Grad
6 Wochen	0 Grad	116 Grad
8 Wochen	+3 Grad	125 Grad

Dokumentation der Entwicklung der Beweglichkeit des Kniegelenks im Verlauf der Rehabilitation

hinsichtlich ihrer Anwenderfreundlichkeit, gibt es nur relativ geringe Unterschiede zwischen den Sensoren. Das Einsatzgebiet von Neigungssensoren ist jedoch wesentlich größer, wenn man bedenkt, daß sowohl kleinste (Finger) als auch komplexere Gelenke (Rumpfbeweglichkeit) diagnostiziert werden können. Selbst eine hinreichend genaue Diagnose der Rotationsfähigkeit der Wirbelsäule ist möglich. Die Auflösung dieses Sensors liegt in der Regel bei einem Grad. Genauere Neigungssensoren mit einer Auflösung von einem Zehntelgrad sind ebenfalls verfügbar. Als Beispiel seien die Veränderungen in der Beweglichkeit eines Patienten nach operativer Behandlung einer Ruptur des vorderen Kreuzbandes dargestellt (Tab. 3 und 4).

Zusammenfassend muß an dieser Stelle festgestellt werden, daß der Einführung von Neigungssensoren zur Kontrolle der Gelenkbeweglichkeit innerhalb des Rehabilitationsprozesses nichts mehr im Wege steht. Patienten, Therapeuten und Versicherungsträger dürften an objektivierten Daten des Heilungsverlaufs interessiert sein, weil somit ein optimaler Rehabilitationsverlauf nachvollziehbar gestaltet werden kann

Hauptbereich 3: Kraft

Ergänzend zu den zwei bisher genannten Schwerpunkten tritt als weiterer wesentlicher Faktor die Kraft hinzu.

Der schnelle Rückgang der Muskelmasse und Muskelkraft nach einer Verletzung deutet auf die Abhängigkeit dieser Struktur von Bewegungsreizen hin. Fehlt ein solcher Reiz, atrophiert die Muskulatur und die betroffenen Gelenke in der unmittelbaren Nachbarschaft verlieren ihre Stabilität. Der betroffene Bereich wird geschont und Funktionsausweichungen treten auf.

Die Reizsetzung auf die Muskulatur und deren Wiederaufbau erstreckt sich im Vergleich mit der Wie-

Tab. 4 Rumpfbeweglichkeit

Wochen	Extension	Flexion	Lateralflexion li	Lateralflexion re	Rotation li	Rotation re
2 Wochen	15	44	20	42	30	45
4 Wochen	19	59	28	45	33	46
6 Wochen	22	73	35	47	40	47
8 Wochen	28	90	46	47	44	47

Dokumentation der Entwicklung der Beweglichkeit des Rumpfs im Verlauf der Rehabilitation nach Bandscheibenvorwölbung L4/L5 (Angaben in Grad)

derherstellung der Komponenten Beweglichkeit und Koordination auf einen sehr viel längeren Zeitraum. Ein Rückgang der Muskelmasse kann daher durch dosierte Belastungsreize weitestgehend minimiert werden.

▶ Diagnose der Kraft im Rahmen der Funktionsdiagnostik

Eine frühfunktionelle Diagnose der Muskelkraft erscheint um so notwendiger je komplexer das Krankheitsbild des Patienten ist. Die Diagnose sollte sowohl in Teilbereichen als auch in einer komplexen funktionellen Einheit (z.B. geschlossene Kette) möglich sein.

Hierzu gibt es eine ausreichende Anzahl von Geräten, die mit dynamischen (z.B. Isokinetik, CYBEX) und statischen Meßverfahren (ASYS, SPOREG) eine exakte Diagnose ermöglichen. Ob einem rotatorischen oder einem translatorischen Meßverfahren der Vorzug zu geben ist, kann an dieser Stelle nicht abschließend beantwortet werden. Für das rotatorische Meßverfahren spricht die Möglichkeit einer detaillierten Analyse des betroffenen Gelenks. Das translatorische Meßverfahren hat den Vorteil einer geschlossenen Kette und dadurch eine höhere Funktionalität für die Alltags- und Sportmotorik. Es hat jedoch den Nachteil, daß Kompensationen anderer Muskelgruppen innerhalb dieser Muskelkette nicht erkannt werden können. Beispielhaft hierfür ist die Beteiligung der ischiocruralen Muskelgruppe in bestimmten Winkeln an der Streckbewegung der Beine zu erwähnen (Lombardsches Paradoxon).

Ausgehend von der Analyse der Maximalkraft (der Basiskomponente) sollten als weitere Erscheinungsformen der Kraft die Kraftausdauer und die Schnellkraft phasenbezogen diagnostiziert werden. In der medizinischen Trainingstherapie liegt der Schwerpunkt zu Beginn einer Rehabilitation auf einer hohen Wiederholungszahl mit niedrigen Lasten (Kraftausdauer). Infolgedessen muß eine Kraftausdauerdiagnose durchgeführt werden. Die Parametrisierung kann bezüglich der Muskelaktionsformen isometrisch oder dynamisch und – weiter ausdifferenziert – auch konzentrisch oder exzentrisch oder im Dehnungs-Verkürzungs-Zyklus erfolgen. Haltende oder intermittierende Bewegungen sind frei wählbar. Zum Ende der Rehabilitation sollten ergänzende Diagnosen der Schnellkraft durchgeführt werden, um weitere Aussagen bezüglich der Kraftqualitäten zu liefern.

Die zeitlich Abfolge innerhalb des sich anschließenden Aufbautrainings wird durch eine Blockbildung vorgegeben: Kraftausdauer, Maximalkraft, Schnellkraft.

Diese einander nachgeordneten Blöcke müssen durch die spezifischen Diagnosen begleitet oder eingeleitet werden. Nur auf der Grundlage einer ausreichenden Kraftausdauer (Therapiephase) kann der nachfolgende Maximalkraftblock (Aufbautraining) durchgeführt werden. Mit einer Akzentuierung der Schnellkraftqualität ist erst gegen Ende der Rehabilitation zu beginnen, wenn durch die Maximalkraft (Test in Relation zum Körpergewicht) nachgewiesen wird, daß eine hohe muskuläre Gelenkstabilität vorliegt.

Zusammenzufassend läßt sich feststellen, daß die Kraftanalyse mit Hilfe isokinetischer Meßverfahren mittlerweile standardisiert ist und damit objektive Meßwerte bezüglich der Muskelstrukturen eines einzelnen Gelenks liefert (vgl. auch Abb. 15). Bedenkenswert bleibt der funktionelle Bezug des Meßgeräts zum Verletzungsbild und die Akzentuierung der Tests zu den Inhalten der Therapie. Eine funktionsorientierte translatorische Meßwertaufnahme in einer geschlossenen Kette beginnt sich erst langsam in der Praxis zu etablieren.

Die Grundlagen

Abb. 15 Beispiel einer Muskelkraftmessung mit dem ASYS-Kraftmeßsystem

Ambulantes Reha-Zentrum SPOREG
Leistungsdiagnostik
Qualitätskontrolle der Rehabilitation

Standardisiertes Erfassungssystem
für die muskuläre Gelenkstabilität auf isometrischer Basis im Rahmen der Rehabilitation
ermittelt duch SPOREG ASYS-SYSTEM

Patient: _____   Geburtsdatum: _____
Straße: _____   Ort: _____
Kostenträger: _____ operativ: _____
OP am: _____   konservativ: _____
Diagnose: _____
Bisherige
Behandlung: _____

Maximalkraft (N) Hüfte
Abduktion links

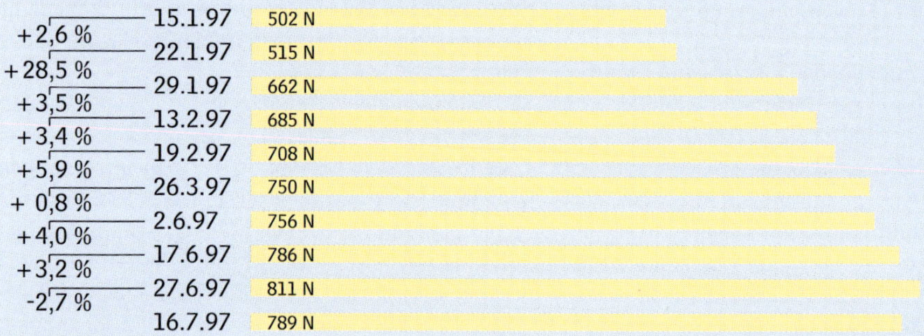

	15.1.97	502 N
+2,6 %	22.1.97	515 N
+28,5 %	29.1.97	662 N
+3,5 %	13.2.97	685 N
+3,4 %	19.2.97	708 N
+5,9 %	26.3.97	750 N
+0,8 %	2.6.97	756 N
+4,0 %	17.6.97	786 N
+3,2 %	27.6.97	811 N
-2,7 %	16.7.97	789 N

Abduktion rechts

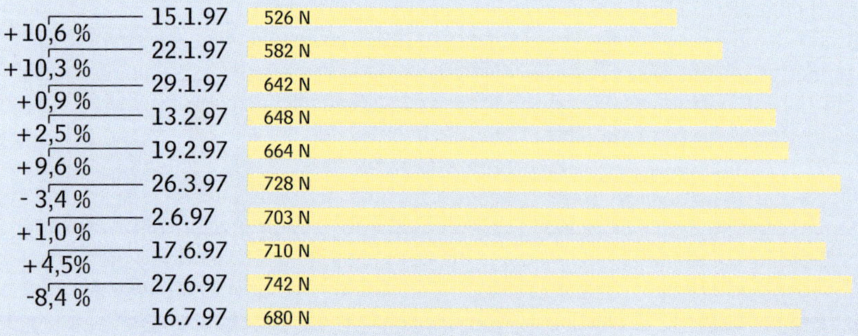

	15.1.97	526 N
+10,6 %	22.1.97	582 N
+10,3 %	29.1.97	642 N
+0,9 %	13.2.97	648 N
+2,5 %	19.2.97	664 N
+9,6 %	26.3.97	728 N
-3,4 %	2.6.97	703 N
+1,0 %	17.6.97	710 N
+4,5 %	27.6.97	742 N
-8,4 %	16.7.97	680 N

| Beispiel | Identifikationsorientierter Fragenkatalog |

Diagnose: Zustand nach Ruptur des vorderen Kreuzbandes im Kniegelenk
▸ Kriterium 1 Kraft: lateraler Unterschied der beteiligten Muskelgruppen kleiner als 30 Prozent
▸ Kriterium 2 Kraft: Beuger-Strecker-Verhältnis mindestens 50 Prozent, besser höher
▸ Kriterium 3 Beweglichkeit: vorliegende Endstreckung
▸ Kriterium 4 Koordination: über 80 Prozent

Übergangsphase – Therapie und Training

Nach der Wiederherstellung des Funktionzustands erfolgt der Übergang zum Aufbautraining mit wesentlich verlagerten Schwerpunkten. Die besondere Problematik dieser Übergangsphase besteht darin, daß man einerseits individuelle Voraussetzungen schaffen muß, sich andererseits jedoch grundsätzlich an Normwerten für die Komponenten Kraft, Ausdauer und Schnelligkeit zu orientieren hat (Fragenkatalog im obigen Kasten). Hierbei ist es von entscheidender Bedeutung, ob der Patient wieder Hochleistungssport betreiben will oder ob eine normale Belastungsfähigkeit für die freizeitsportliche Aktivität ausreicht.

Grundsätzlich müssen die von der Verletzung betroffenen Strukturen (z.B. Gelenke) biomechanisch einwandfrei und voll belastungsfähig wiederhergestellt und schmerzfrei sein. In diesem Stadium der Rehabilitation sind noch relativ hohe muskuläre Dysbalancen meßbar. Deshalb übernimmt die Leistungsdiagnostik die Steuerung und Kontrolle bis zur optimalen Wiederherstellung. Sie wirkt bis in die sich anschließende Phase des präventiven Funktionstrainings und verhindert somit einen Rückgang der vollen Belastungsfähigkeit.

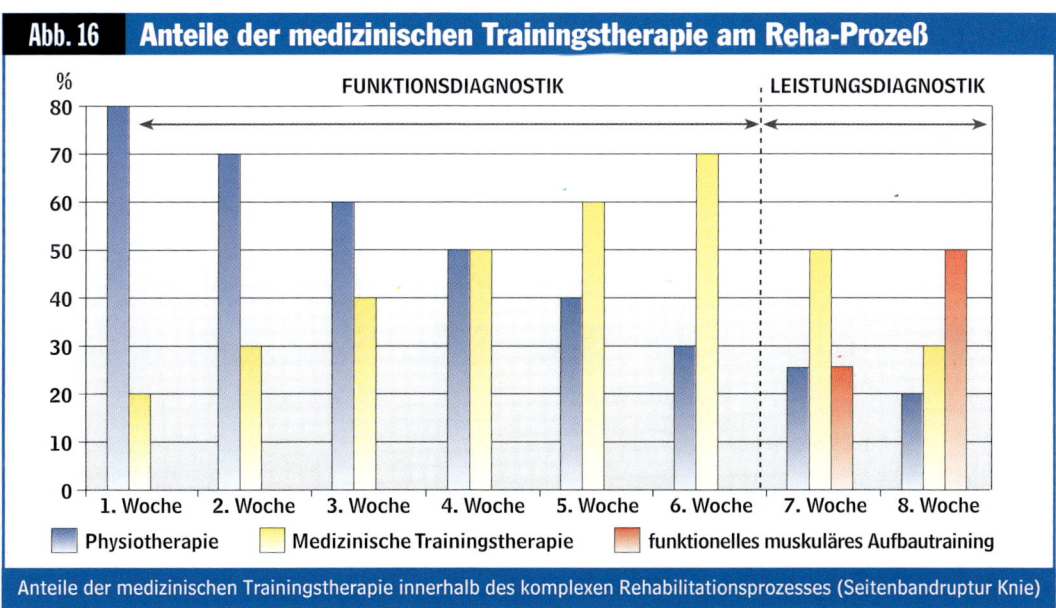

Abb. 16 Anteile der medizinischen Trainingstherapie am Reha-Prozeß

Anteile der medizinischen Trainingstherapie innerhalb des komplexen Rehabilitationsprozesses (Seitenbandruptur Knie)

Die Grundlagen

Die Phase des Übergangs von der Therapie zum Aufbautraining ist durch eine komplexe Diagnostik einzuleiten, mit der die obengenannten Kriterien überprüft werden müssen. Sind diese Kriterien der Übergangsphase des jeweiligen Verletzungsbildes erfüllt, verringert sich der Anteil physiotherapeutischer Maßnahmen. Die Anteile der medizinischen Trainingstherapie innerhalb des komplexen Rehabilitationsprozesses nehmen zu (siehe Abb. 16). Der sich anschließende Trainingsprozeß wird entsprechend geplant und in der weiteren Realisierung durch begleitende Einzeldiagnosen für die Komponenten Kraft, Ausdauer und Schnelligkeit überwacht.

Leistungsdiagnostik – Steuerungselement für das Aufbautraining

Die Leistungsdiagnostik ist ein Verfahren zur Ermittlung von Kennziffern und Normwerten im Rahmen der Rehabilitation. Sie liefert Meßdaten über das Leistungsvermögen des Patienten, zeigt im Vergleich zu vorgegebenen Normwerten Defizite auf und stellt individuelle Trainingsvorgaben zu deren Beseitigung zur Verfügung.

Der Aufgabenbereich der Leistungsdiagnostik umfaßt die Analyse der konditionellen Eigenschaften Kraft, Ausdauer und Schnelligkeit mittels biomechanisch gestützter Meßmethoden zur Steuerung und Dokumentation des Aufbautrainings.

Wenn es sich um orthopädisch-traumatologische Verletzungsbilder handelt, erreicht die konditionelle Eigenschaft Ausdauer für die Therapiephase nur Sekundärstatus. Sie unterstützt das allgemeine Wohlbefinden und stabilisiert sowohl das Immunsystem als auch die Verträglichkeit der Trainingsbelastungen und -intensitäten durch ein leistungsfähiges Herzkreislaufsystem. Bei entsprechender Indikation, beispielsweise Herzinsuffizienz, kann die Verbesserung der Ausdauer auch alleiniges Therapieziel sein. In der Phase des Aufbautrainings erlangt die Ausdauer neben Kraft und Schnelligkeit einen wesentlich höheren Stellenwert.

Ausdauer

In der Übergangsphase von der Therapie zum Aufbautraining ist die Diagnose der Ausdauerleistungsfähigkeit zur Standortbestimmung und Ableitung von Trainingsempfehlungen notwendig. Zur Sicherung weiter steigender Trainingsintensitäten und -umfänge innerhalb des Aufbautrainings ist eine gute Grundlagenausdauer anzustreben. Hierzu werden je nach Zielgruppe invasive oder nichtinvasive Tests durchgeführt. Der Aussagewert von nichtinvasiven Tests ist für Normalverbraucher und Freizeitsportler durchaus ausreichend. Invasivere Diagnosen, wie die Bestimmung des Blutlaktats, lassen wesentlich differenziertere Aussagen über das Ausdauerleistungsvermögen zu, werden jedoch sinnvollerweise nur bei Leistungssportlern durchgeführt.

▶ Nichtinvasive Methoden der Ausdauerdiagnose für den Bereich der Rehabilitation

Für den Bereich der Rehabilitation empfehlen sich mehrere nichtinvasive Ausdauertests. Hierzu werden Ergometer, Laufband und Fahrrad benutzt, die ohnehin zur Ausstattung jeder Reha-Einrichtung gehören. Auf diesen Ergometern werden stufenförmige Belastungen von 3 Minuten Dauer absolviert. Beginnend mit einer für den Patienten individuellen Eingangsbelastung (25- bzw. 50 Watt-Fahrradergometer) wird alle 3 Minuten um 25 Watt gesteigert. Dieses stufenförmige Programm läßt sich in den meisten Ergometern programmieren oder es ist häufig

Tab. 5	Pulsfrequenz-Grenzwerte		
Alter (Jahre)	Pulsgrenze (Schläge/min)	Eingangswert (Watt) männlich	weiblich
20 bis 40	170	60	40
40 bis 60	150	50	30
über 60	130	30	20
Altersabhängige Eingangswerte und Pulsfrequenzgrenze für den Belastungsabbruch beim Ausdauertest			

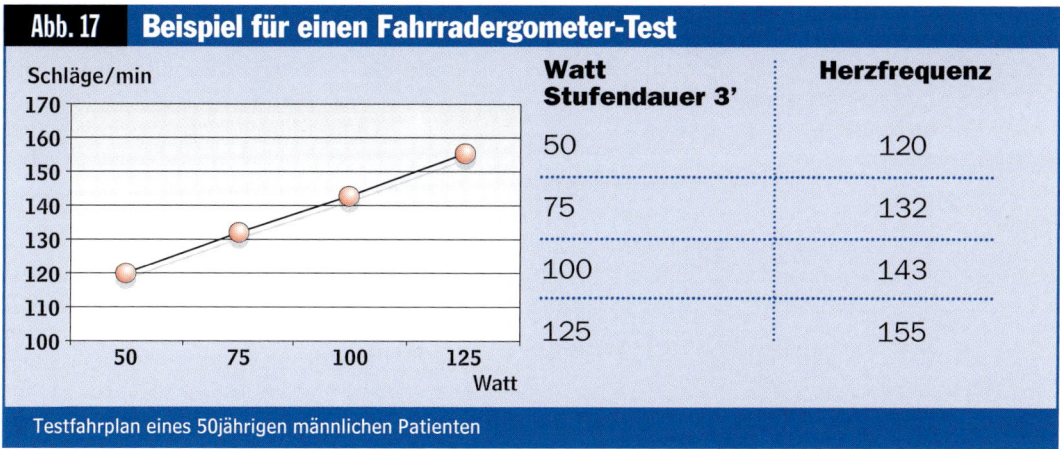

Abb. 17 Beispiel für einen Fahrradergometer-Test

Watt Stufendauer 3'	Herzfrequenz
50	120
75	132
100	143
125	155

Testfahrplan eines 50jährigen männlichen Patienten

schon als Testmöglichkeit vorgegeben. Kriterien für den Abbruch sind subjektive Empfindungen wie Überanstrengung oder Unwohlsein oder das Erreichen eines Grenz-Pulswertes. Dieser richtet sich nach dem Alter der untersuchten Person (vgl. Tab. 5).
Der Belastungsgrad für diesen Standardtest auf dem Fahrradergometer wird in Abb. 17 dargestellt.
Im vorliegenden Beispiel ist der resultierende diagnostische Parameter die abgegebene Wattleistung bei einem Puls von 150 Schlägen/min: 113 Watt. Dieser Wert wird in bezug auf das Körpergewicht (85 kg) des Patienten relativiert: 113/85 = 1,33 Watt pro kg Körpergewicht. Tab. 6 informiert über die Zuordnung des individuellen Testwerts zu den Normwerten, die erreicht werden sollten, um eine gute Ausdauerleistungsfähigkeit zu haben.

▶ Invasive Methoden der Ausdauerleistungsfähigkeit

Eine bevorzugt angewandte invasive Meßmethode der Ausdauerleistungsfähigkeit ist die Laktatanalyse. Die Bestimmung dieses Stoffwechselparameters aus dem Kapillarblut ermöglicht neben dem diagnostischen Aussagewert eine optimale Individualisierung des Ausdauertrainings. Die Testdurchführung orientiert sich an allgemeinen, später an speziellen Rahmenbedingungen der Sportart. Dabei haben Sportler aus Disziplinen mit hohen läuferischen Anteilen Laktattests auf dem Laufband durchzuführen. Bei anderen Sportarten wird das Fahrradergometer herangezogen oder der Test wird im Wasser (Schwimmen) durchgeführt.
Die diagnostischen Parameter werden anhand der Leistungsabgabe bei 2 (aerob) und 4 mmol/l Laktat (anaerob) aus der Laktat-Leistungskurve bestimmt. Die abgegebene Leistung bei diesen beiden Stoffwechsellagen informiert über das aktuelle Ausdauerleistungsvermögen. Die individuelle Trainingssteuerung wird anhand dieser beiden Schwellenwerte vorgenommen. Der in Abb. 18 dokumentierte Laktattest verdeutlicht sowohl den diagnostischen Aussagewert als auch die daraus abzuleitenden Trainingsempfehlungen. Anhand des VLa4-Werts (erreichte Geschwindigkeit bei 4 mmol/l) von 3,26 m/s des vor-

Tab. 6 Normwerte für eine gute Ausdauerleistungsfähigkeit

Alter (Jahre)	20 bis 30	30 bis 40	40 bis 50	50 bis 60	über 60
weiblich	1,9	1,7	1,6	1,4	1,2
männlich	2,2	2,0	1,8	1,6	1,4

Alters- und geschlechtsabhängige Normwerte zur Beurteilung einer guten Ausdauerleistungsfähigkeit von Normalverbrauchern und Freizeitsportlern

Die Grundlagen

Abb. 18 Beispiel für einen Laktat-Leistungstest

Name: _____ Test-Modifikationen
Vorname: _____ Meßtyp: v (m/s)
Alter: _____ Testart: Laufband   Steigung _____
Sportart: _____ Sonstiges: _____
Untersuchungs- Streckenlänge: _____
datum: _____ Zeitinkrement: _____
Bemerkungen: _____ Belastungsstufen: 5

Ergebnisse	2,0 mmol/l	3,0 mmol/l	4,0 mmol/l	Si: 3,0 mmol/l
P(Watt)				
v (km/h)	9,28	10,80	11,72	10,80
v (m/s)	2,58	3,00	3,26	3,00
HF (S/min)	134,1	148,0	158,3	148,0
1000 m (min:s)	6:28	5:33	5:07	5.33
% max. Belastung	67,80	78,93	85,71	78,93

Berechnung: Schwellenmodell (SI): +1, 5 mmol/l-Modell
Ruhe-Laktat: 1,20 mmol/l   maximale Werte: 3,80 m/s – 7,90 mmol/l – 179,0 S/min

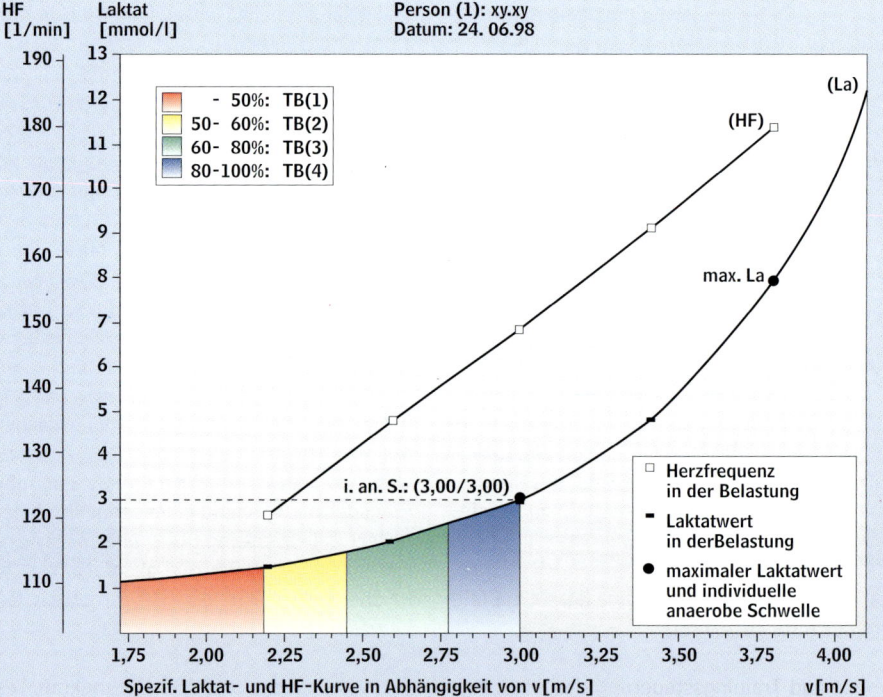

Die Ergebnisse zeigen, daß im Bereich der Ausdauer die Geschwindigkeit bei 4 mmol mit einem Wert von 3,26 m/s dem Niveau eines Freizeitsportlers entspricht. Hochleistungssportler liegen deutlich über 4 m/s.

liegenden Beispiels (Regionalliga-Fußballspieler) ist zunächst festzustellen, daß ein aktuelles Ausdauerdefizit von 0,5 m/s vorliegt. Die mittlere Ausdauerleistung der Regionalliga liegt derzeit bei 3,8 m/s. Zur Heranführung dieses Spielers an das mittlere Ausdauerniveau einer Mannschaft ist daher ein intensives Ausdauertraining mit wöchentlichen Einheiten durchzuführen.

Dieses individuelle Training orientiert sich zunächst an der Steigerung des Laufumfangs. Nach einer Anpassungsphase von etwa 12 Trainingseinheiten wird der Umfang reduziert, um dann die Intensität zu erhöhen. Intensivere Laufarbeit in Form eines Schwellentrainings (4- bis 6mal 10 Minuten bei einer Herzfrequenz von 158) bilden dann den Übergang zur vollen Belastungsfähigkeit innerhalb des Mannschaftstrainings.

Schnelligkeit

Auf das Sekundärziel Schnelligkeit kann zu Beginn der Rehabilitation häufig zugunsten der Primärziele Kraft, Beweglichkeit und Koordination verzichtet werden. Es sei denn, die Zielstellung besteht darin, die vollständige Belastungsfähigkeit für die sportliche Höchstleistung zurückzugewinnen. Wird dies allerdings gefordert, dürfen Schnelligkeitselemente in der Endphase des Rehabilitationsverlaufs nicht fehlen. Da ein ausschließlicher Kraftausdauerreiz das neuromuskuläre System verlangsamt, ist eine frühfunktionelle Integration adäquater Reize für den Erhalt der Schnellkraftfähigkeiten eines Sportlers zwingend notwendig. Fehlt dieser spezifische Stimulus in der frühen Rehaphase, wird eine Rückgewinnung der Schnellkraftfähigkeiten gegen Ende der Rehabilitation deutlich erschwert. Bei der Behandlung von Leistungssportlern ist die Schnelligkeit schon zu Beginn der Phase des Aufbautrainings weitestgehend zu erhalten oder zu entwickeln. Bei „Normalverbrauchern" ist die Schnelligkeit erst am Ende der Rehabilitation mit bestmöglicher Gelenkstabilität zu trainieren.

▶ Verfahren zur Diagnose der Schnelligkeit für die Steuerung des Aufbautrainings

Zur Diagnose und Trainingssteuerung der Schnelligkeit innerhalb des Aufbautrainings haben sich drei Verfahren als praktikabel erwiesen.
Das erste Verfahren ist gekennzeichnet durch vertikale Strecksprünge, die auf einer Kontaktmatte in

Abb. 19 Counter-Movement-Jump

Der Counter-Movement-Jump zur Bestimmung des funktionellen Schnellkraftverhaltens der Beinstreckerkette im langsamen Dehnungs-Verkürzungs-Zyklus

zwei verschiedenen Varianten ausgeführt werden. Diese werden mit dem Begriff Standard-Sprungkraft-Test (SST) bezeichnet.

– 1. Variante des Standard-Sprungkraft-Tests: der Counter-Movement-Jump

Mit dem Counter-Movement-Jump wird das Schnellkraftverhalten der Beinstreckerkette im langsamen Dehnungs-Verkürzungs-Zyklus (DVZ) gemessen. Der Counter-Movement-Jump ist ein vertikaler Sprung mit eingeleiteter Gegenbewegung. Der Patient wechselt schnellstmöglich vom aufrechten Stand (Ausgangsposition) in eine Beugeposition (Umkehrpunkt), um anschließend wieder maximal schnell die Beine zu strecken (vgl. auch Abb. 19). Der Counter-Movement-Jump wird sowohl ein- als auch beidbeinig durchgeführt. Gemessen wird die Sprunghöhe der beid- und einbeinigen Sprünge. Der laterale Vergleich der Einbeinsprünge unter Berücksichtigung des bevorzugten Sprungbeins zeigt meistens schon in dieser Version erhebliche neuromuskuläre Steuerungsdefizite während einer schnellkräftigen funktionellen Beinstreckung. Die Unterschiede im Links-Rechts-Vergleich und die absolute Sprunghöhe des Beidbeinsprungs gehen als Parameter in die Gesamtbeurteilung der Schnelligkeit ein.

– 2. Variante des Standard-Sprungkraft-Tests: der Drop-Jump

Mit dem Drop-Jump wird das reaktive Bewegungsverhalten der Beinstreckerkette im schnellen Dehnungs-Verkürzungs-Zyklus gemessen. Diese den

Die Grundlagen

Abb. 20 Drop-Jump

Der Drop-Jump zur Bestimmung des funktionellen Schnellkraftverhaltens der Beinstreckerkette im schnellen Dehnungs-Verkürzungs-Zyklus

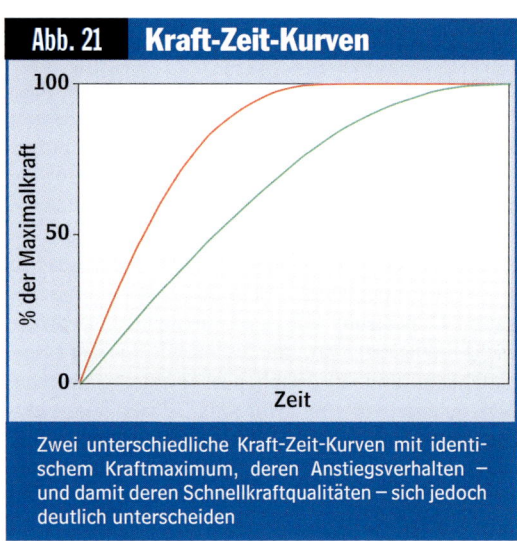

Abb. 21 Kraft-Zeit-Kurven

Zwei unterschiedliche Kraft-Zeit-Kurven mit identischem Kraftmaximum, deren Anstiegsverhalten – und damit deren Schnellkraftqualitäten – sich jedoch deutlich unterscheiden

meisten sportlichen Bewegungen zugrundeliegende Muskelaktionsform zeichnet sich durch eine schnelle Streckbewegung der Beine nach erfolgtem Absprung von einer Kiste mit definierter Höhe aus (vgl. Abb. 20). Die Beinstrecker werden so einer aufgezwungenen Beugung ausgesetzt, die kompensiert und nahtlos in eine Streckung umgelenkt wird. Hierbei ist die für diese Aktion benötigte Zeit (Kontaktzeit) von entscheidender Bedeutung für die Diagnostik. Die nach erfolgter Kompensationsphase durchgeführte Sprungbewegung (Parameter = Sprunghöhe) gibt weitere wesentliche Aufschlüsse über das aktuelle Leistungsvermögen. Sprunghöhen und Kontaktzeiten wirken dabei zumeist gegenläufig, was sich im Aufbautraining als ein Optimaltrend darstellt. Je kürzer die Kontaktzeit, um so geringer die Sprunghöhe oder je höher die Sprunghöhe, desto länger die Kontaktzeit. Im Trainingsprozeß sind beide Parameter sowohl einzeln als auch gemeinsam ansteuerbar. Hierzu ist es notwendig, dem Trainierenden ein entsprechendes Biofeedback über Kontaktzeit und Sprunghöhe zu geben. Der wichtigste Steuerungsparameter für die Drop-Jumps ist der Leistungsindex, der als Quotient aus Sprunghöhe und Kontaktzeit dargestellt wird.

Es hat sich bewährt, zu Beginn des Aufbautrainings die Drop-Jumps ohne Kistenerhöhung ausführen zu lassen. Im Zuge des weiteren Trainings ist dann eine sukzessive Erhöhung der Absprungfläche vorzunehmen. Die individuelle Höhe ergibt sich aus dem Standard-Sprungkraft-Test.

Das zweite Verfahren ist gekennzeichnet durch die Ableitung des Schnelligkeitsvermögens aus Kraft-Zeit- und Geschwindigkeits-Zeit-Kurven. Diese Vorgehensweise wird aus inhaltlichen Gründen im nächsten Kapitel im Rahmen der Kraftdiagnose erläutert (siehe auch Abb. 21).

Das dritte Verfahren zur Diagnose der Schnelligkeit ist der 30m-Linearsprint. Hierbei wird in 5 m-Abständen mittels Doppellichtschranken-System das Beschleunigungsverhalten auf einer Strecke von 30 m Länge gemessen. Die 5 m-, 10 m-, 15 m-, 20 m-, 25 m- und 30 m-Teilzeiten gehen als Parameter in die Diagnose ein. Selbst kürzere Meßstrecken von 5 bis 10 m, die der Erfassung des Antrittsvermögens dienen, sind für Anwendungen in Reha-Zentren gut geeignet (vgl. Abb. 22). Die kontinuierliche Nutzung eines fest installierten Lichtschranken-Systems liefert hervorragende Erkenntnisse über den Entwicklungsverlauf des Aufbautrainings.

Der Aussagewert von Standard-Sprungkraft-Tests, Kraft-Zeit- und Geschwindigkeits-Zeit-Kurven und Linearsprints ist für die Steuerung des Aufbautrainings von so großer Bedeutung, weil sich spezielle Symptome der Überlastung, des Übertrainings sowie Ermüdungserscheinungen sehr deutlich in einem Rückgang der Schnellkraftfähigkeit zeigen. Dies ist für Interventionen im Aufbautraining sehr wichtig.

Kraft

Die konditionelle Grundeigenschaft Kraft wird in der Phase der Therapie noch mit Kraftausdauerreizen (hohe Wiederholungszahl bei mittleren Lasten) entwickelt. Die trainierte Muskulatur paßt sich diesen Reizen an und erreicht die Grundvoraussetzung für das sich anschließende Aufbautraining. Der Übergang von der Therapie zum Training wird sowohl mit Kraftausdauertests als auch mit Maximalkrafttests diagnostisch begleitet. Erreicht der Patient, bezogen auf sein Verletzungsbild, einen an seinem Körpergewicht relativierten Kraftausdauerwert, der einer Normalentwicklung entspricht, wird er mit stärkeren hypertrophieorientierten Methoden innerhalb des Aufbautrainings weiterbehandelt. Die sich anschließende Phase des Aufbautrainings ist gekennzeichnet durch die Erfassung des Maximal- und Schnellkraftverhaltens (Kraftanstiegsverhalten).

▶ **Verfahren zur Diagnose der Kraft**

Zur biomechanischen Analyse der Kraft und des Schnellkraftverhaltens ist es notwendig, einen oder mehrere Meßplätze mit Kraftsensoren auszustatten. Hierbei ist die Auswahl der Meßstationen so vorzunehmen, daß sowohl die Diagnose einer Funktionskette als auch die Inspektion von Muskelgruppen für ein Gelenk möglich ist. Damit rückt die Diskussion um rotatorische oder translatorische Meßsysteme in den Hintergrund, denn beide Meßsysteme sind in der Rehabilitation sinnvoll. Der Aussagewert des meist sehr spät einzusetzenden rotatorischen Meßsystems (z.B. Cybex) ist, bezogen auf die Muskelkraft des Gelenks, begrenzt. Das funktionelle Zusammenwirken dieses Gelenks in einer Bewegungskette wird jedoch mit dieser Meßanordnung nicht erfaßt. Ergänzend hierzu ist eine Muskelfunktion in Form einer geschlossenen kinematischen Kette zu diagnostizieren (siehe Abb. 23). Eine bidirektionale Kraftmessung wäre hierbei für die obere und untere Extremität anzustreben, da geschlossene funktionelle Muskelketten immer in Zug- und Druckrichtung agieren. Die dieser Meßanordnung zugrundeliegende Sensorik auf DMS-Basis kann dieses leisten. Die Einrichtung eines rotatorischen und je eines Meßplatzes für die translatorischen Kräfte der unteren und oberen Extremitäten – und ergänzend eine Diagnosemöglichkeit der Rumpfkräfte – dürfte somit für alle Rehabilitationseinrichtungen notwendig sein.

Die meßtechnische Grundlage dieser Meßstationen liegt in der Registrierung der Kraft in einer oder meh-

Abb. 22 30 m-Sprinttest (linear)

Verein: _____   Datum: 16.3.98

Name des Spielers	Teilzeiten	Differenz
1.		
1. Lichtschranke 5 m:	0,843 s	0,843 s
2. Lichtschranke 10 m:	1,560 s	0,717 s
3. Lichtschranke 15 m:	2,199s	0,639 s
4. Lichtschranke 20 m:	2,798 s	0,599 s
5. Lichtschranke 30 m:	3,976 s	1,178 s
2.		
1. Lichtschranke 5 m:	0,881 s	0,881 s
2. Lichtschranke 10 m:	1,608 s	0,727 s
3. Lichtschranke 15 m:	2,249s	0,641 s
4. Lichtschranke 20 m:	2,861 s	0,612 s
5. Lichtschranke 30 m:	4,054 s	1,193 s
3.		
1. Lichtschranke 5 m:	0,929 s	0,929 s
2. Lichtschranke 10 m:	1,653 s	0,724 s
3. Lichtschranke 15 m:	2,302s	0,649 s
4. Lichtschranke 20 m:	2,912s	0,610 s
5. Lichtschranke 30 m:	4,126 s	1,214 s
4.		
1. Lichtschranke 5 m:	0,870 s	0,870 s
2. Lichtschranke 10 m:	1,641 s	0,771 s
3. Lichtschranke 15 m:	2,299s	0,658 s
4. Lichtschranke 20 m:	2,918 s	0,619 s
5. Lichtschranke 30 m:	4,132 s	1,214 s
5.		
1. Lichtschranke 5 m:	0,891 s	0,891 s
2. Lichtschranke 10 m:	1,641 s	0,750 s
3. Lichtschranke 15 m:	2,305s	0,664 s
4. Lichtschranke 20 m:	2,947 s	0,642 s
5. Lichtschranke 30 m:	4,184 s	1,237 s

Ergebnisse der Schnelligkeitsdiagnose des 30 m-Linearsprints mit Doppelichtschranken auf dem Niveau einer Fußballbundesliga-Mannschaft

Die Grundlagen

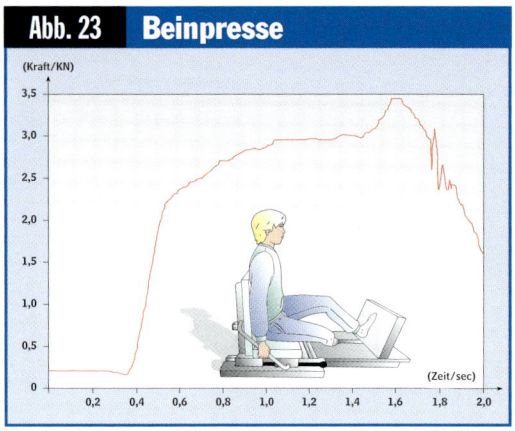

Abb. 23 Beinpresse

Schnellkraftleistung dadurch interpretiert werden kann. Werte von 20 Newton pro Millisekunde (N/ms) sind Hochleistungssportlern zuzuordnen. Der Freizeitsportler erreicht höchstens Werte von 14 N/ms. Normalverbraucher liegen deutlich darunter.

Liegen die Kennwerte der Maximalkraft eines Sportlers deutlich unter der Norm, so ist der Schwerpunkt auf die Ausprägung des Maximalkraftniveaus zu legen. Entsprechende Akzente sind deswegen im Aufbautraining zu setzen. Ist das Maximakraftniveau, bezogen auf das Körpergewicht, hoch, ist der Schwerpunkt innerhalb des Aufbautrainings auf die Entwicklung des Schnellkraftverhaltens zu legen.

reren vorgegebenen Funktionsrichtungen. Die Kraft, die der Patient nach bestmöglicher Lagerung und Fixation abgibt, wird direkt auf den Kraftsensor übertragen. Hierbei ist es notwendig, den Patienten entsprechend auf seine Aufgaben bei den einzelnen Tests vorzubereiten. In Abhängigkeit von den Tests werden 2 bis 3 maximal schnelle isometrische Kontraktionen ausgeführt oder eine fest definierte Anzahl von Wiederholungen mit maximaler Kraftanstrengung (z.B. Kraftausdauertest mit 20 maximalen isometrischen Wiederholungen). Die Kraft-Zeit-Kurven dieser isometrischen Meßbedingungen werden einem PC zugeleitet und auf ihr Maximum und ihr maximales Kraftanstiegsverhalten analysiert (Abb. 24). Bei den Tests zur Analyse der Kraftausdauer kommt die Quantifizierung des Kraftverlusts über die 20 Kontraktionen hinzu. Ergänzend dazu müssen Informationen über das Eingangs- und Leistungsniveau vorliegen. Die graphische Darstellung der Meßwerte unterstützt den Leistungsdiagnostiker dahingehend, zusätzliche Aussagen über das Kraftausdauerverhalten vornehmen zu können.

Liegt der Kraftverlust bei 20 Kontraktionen unter 25 Prozent des Ausgangswerts, kann mit hypertrophieorientiertem Maximalkrafttraining begonnen werden. Zusätzlich ist der kontralaterale Vergleich zur gesunden Seite vorzunehmen und eine Anpassung der verletzten zur nichtverletzten Seite nach bereits erwähnten Kriterien durchzuführen. Zur Quantifizierung des Schnellkraft- bzw. Kraftanstiegsverhalten ist ein Algorithmus zur Differenzierung des positiven Anstiegs der Kraft-Zeit-Kurve notwendig. Eine Inspektion der Rohkurve auf mögliche Artefakte ist zwingend anzuraten, da sehr schnell eine bessere

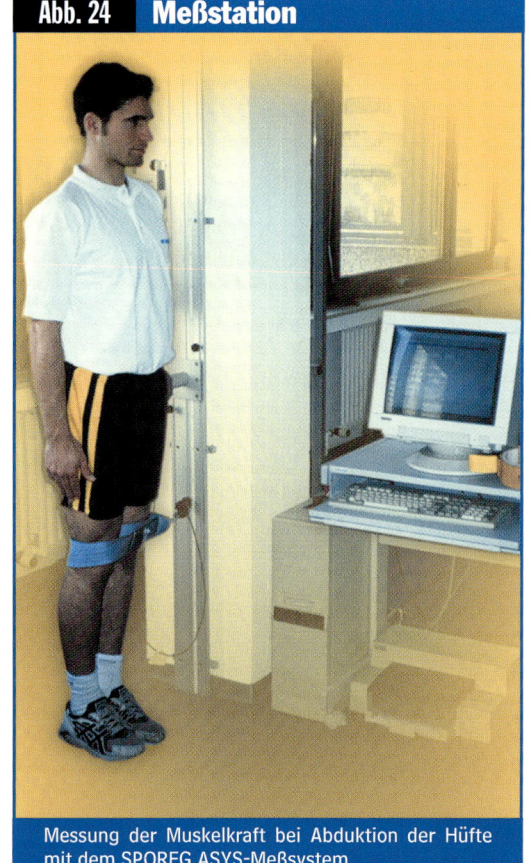

Abb. 24 Meßstation

Messung der Muskelkraft bei Abduktion der Hüfte mit dem SPOREG ASYS-Meßsystem

Beweglichkeit ist alles!

DOLO-CYL® ÖL
Tiefenwirksames Muskel- und Gelenköl

Pflanzliche Wirkstoffe schaffen rasch Linderung bei:
- schmerzhaften Verspannungen der Bein-, Schulter- und Rückenmuskulatur
- akuten und chronischen Muskel- und Gelenkerkrankungen
- Hexenschuß, Ischias

Wir sind Ausrüster der Deutschen Olympiamannschaft

Dolo-cyl® Öl, Muskel- und Gelenköl. **Zusammensetzung:** Arnikaöl inf. 12.5, Eukalyptusöl 2.5, Latschenkiefernöl 2.5, Lavendelöl 2.5, Rosmarinöl 2.5, Wacholderöl 2.5, Johanniskrautöl 75.0. **Anwendungsgebiete:** Muskelverspannungen und -verkrampfungen, Arthrosen, Gelenkentzündung, Muskel- und Gelenkrheumatismus, Hexenschuß, in der Sportmedizin zur Lockerung der Muskulatur. Zu Risiken und Nebenwirkungen fragen Sie Ihren Arzt oder Apotheker. **Packungsgrößen:** 50 ml, 100 ml, 500 ml, 1000 ml.

Pharma Liebermann
Pflanzliche und homöopathische Arzneimittel GmbH
Postfach 49, 89421 Gundelfingen
Tel: 0 90 73/ 20 85, Fax: 0 90 73/ 36 48

Die Grundlagen

Allgemeine Muskellehre

Der Mensch hat mehr als 600 verschiedene Muskeln, die bei der Frau etwa 25 bis 30 Prozent und beim Mann etwa 40 bis 50 Prozent des Gesamtkörpergewichts ausmachen.
Die Muskulatur hat folgende Aufgaben:
1. Sie ermöglicht die Bewegungen einzelner Knochen und des Körpers.
2. Sie gewährleistet die aufrechte Körperhaltung.
3. Sie setzt die Beanspruchung der Röhrenknochen durch entsprechende Zugverspannungen herab.
4. Sie übt in allen mechanischen Belastungsbereichen auf den Skelett-Bandapparat eine Stoßdämpferfunktion aus.

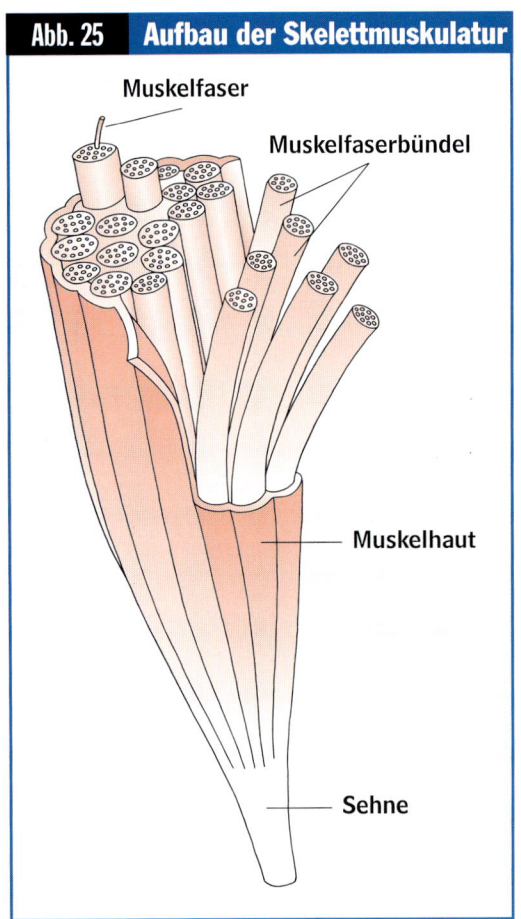

Abb. 25 Aufbau der Skelettmuskulatur
Muskelfaser
Muskelfaserbündel
Muskelhaut
Sehne

Muskelarten

Es gibt drei Arten von Muskelgewebe: glattes und quergestreiftes Muskelgewebe sowie Herzmuskelgewebe.

Glattes Muskelgewebe
Dieses Muskelgewebe befindet sich vor allem im Magen- und Darmkanal, in den Wandungen der Blutgefäße, im Bereich der Brochiolen, in der Gebärmutter, in den harnableitenden Organen, in der Haut und als kräftiger Ringmuskel am Ausgang unseres Darm- und Harntrakts. Glattes Muskelgewebe ist im Vergleich zum Skelettmuskel nicht unserem Willen unterworfen, es zieht sich nur sehr langsam zusammen und ist praktisch unermüdbar.

Herzmuskelgewebe
Funktionell nimmt das Herzmuskelgewebe eine Zwischenstellung zwischen glatter und quergestreifter Muskulatur ein. Der Herzmuskel kann zwar sehr schnell kontrahieren, unterliegt aber – wie auch die glatte Muskulatur – nicht unserem Willen und ermüdet ebenfalls kaum.
Der Herzmuskel zeichnet sich besonders dadurch aus, daß er Erregungen (nervöse Reize) von einem auf den anderen Herzabschnitt überleiten kann. Der Herzmuskel ist der leistungsfähigste Muskel unseres Körpers und mit einem eigenen Befehlssystem ausgestattet, das den Herzrhythmus steuert.

Skelettmuskulatur (Quergestreifte Muskulatur)
Bei der Skelettmuskulatur handelt es sich um ein sich zusammenziehendes Gewebe, das in jedem einzelnen Muskelbereich aus einer Fülle von Fasern besteht. Diese Muskelfasern setzen sich aus Muskeleiweiß, Phosphatverbindungen und Zellwasser zusammen. Sie weisen einen Durchmesser von 0,01 bis 0,1 mm auf, sind von zylindrischer Form und bilden in ihrer Vielzahl den eigentlichen Muskel, der eine Länge von bis zu 18 cm aufweisen kann.
Jede Muskelfaser ist von Bindegewebe umhüllt, dem Endomysium, das ein Bindestützgewebe (Stroma) bildet. Große Muskelbündel sind ihrerseits in eine Bindegewebshülle, das Perimysium, eingebettet. Zu-

Tab. 7 Eigenschaften langsamer und schneller Muskeltypen

Muskelfasertyp	langsam	schnell
ATPase-Aktivität (Myofibrillen)	niedrig	hoch
Mitochondriengehalt	hoch	niedrig
Zytochrom	hoch	niedrig
Glykogengehalt	identisch	identisch
glykogenolytische Enzymaktivität	niedrig	hoch
Fettgehalt	hoch	niedrig
Myoglobingehalt	hoch	niedrig
Phosphorylase	niedrig	hoch
Kreatinphosphat	niedrig	hoch
Malat-Dehydrogenase Sukzinat-Dehydrogenase	hoch	niedrig
Kontraktionsgeschwindigkeit	langsam	schnell
Erregbarkeitszeit	groß	klein
Ermüdbarkeit	gering	groß
Laktatbildung	geringer	größer
Kapillarisierung	hoch	gering
überwiegende Funktion	Ausdauer	Schnellkraft

Physikalische und chemische Eigenschaften langsamer und schneller Muskeltypen (nach HOLLMANN/HETTINGER 1990)

sätzlich wird der gesamte Muskel von einer membranösen Hülle, dem Epimysium, eingeschlossen. Diese Konstruktion ist erforderlich, damit während mechanischer Reibungen im Muskel die Muskelfasern ihre Position beibehalten (Abb. 25).
Der Muskel verjüngt sich am Ende zu einem sehr dehnungsfesten Strang, der Sehne, die den Muskel mit der Knochenhaut oder – wie z.B. bei der Mehrzahl der Ansatzzonen im Arm- und Beinbereich – direkt mit der Knochensubstanz verbindet.
Jeder Skelettmuskel wird von Bindegewebe umhüllt, in dem kleinste Nervenfasern und Blutgefäße (Kapillare) verlaufen. Die Blutgefäße stellen dabei quasi die Transportwege für die Versorgung jeder einzelnen Muskelfaser mit den lebensnotwendigen Nährstoffen dar. Jede Muskelfaser besteht aus vielen winzigen Fibrillen. Durch die unterschiedliche Lichtbrechung stellt sich die charakteristische Querstreifung ein.

Muskelfasertypen

Aus sportphysiologischer Sicht empfehlen SALTIN und Mitarbeiter (1974) die Verwendung der Bezeichnung „langsame" und „schnelle" Fasern, da in den Muskeln für schnelle Bewegungen die schnellen und in den Haltemuskeln die langsamen Fasern in der Überzahl sind. Wegen der gegenseitigen Beeinflussung der Körpersysteme sei darauf hingewiesen, daß beim Muskelkrafttraining mit Veränderung der Muskelkraft auch gleichzeitig Veränderungen am Knochensystem auftreten.
JAKOBLEW u.a. (1978) konnten eine Verdichtung der Knochensubstanz, eine Vergrößerung des Durchmessers des Knochens und eine Verstärkung der Ansatzstellen des Muskels am Knochen nachweisen.
Während Ausdauersportler vorwiegend einen hohen prozentualen Anteil an langsamen (dunklen) Fasern aufweisen, verfügen Schnellkraft- und Maximalkraft-

sportler über einen hohen Prozentsatz von schnell reagierenden (hellen) Fasern.

▸ **Fasertyp I „langsame Fasern"**
Dieser Fasertyp hat bedingt durch einen überwiegend aeroben Stoffwechsel eine langsamere Kontraktionsgeschwindigkeit und eine hohe Ermüdungsresistenz. Die Kraftentwicklung ist im Vergleich zu den „schnelleren Fasern" deutlich geringer.
▸ **Fasertyp II „schnelle Fasern"**
Diese Faserstruktur zeichnet sich durch eine hohe Kontraktionsgeschwindigkeit und einen überwiegend anaeroben Stoffwechsel aus. Die Kraftentwicklung kann sehr schnell gesteigert werden. Der Fasertyp II wird in weitere Untergruppen differenziert: Typ IIa, Typ IIb, Typ IIc (vgl. SPRING u.a. 1997, 38).
– Typ IIa
  Dieser Fasertyp zeichnet sich durch ein hohes oxidatives und glykolytisches Potential aus und ermüdet daher nur langsam.
– Typ II b
  Dieser Typ wird als die „schnelle Faser" bezeichnet, hat ein hohes glykolytisches Potential, aber nur geringe aerobe Eigenschaften.
– Typ II c
  Diese Variante ist als Übergangsform von Typ I zu Typ II zu finden und macht lediglich einen Anteil von einem Prozent aller Muskelfasern aus.

Weitere Eigenschaften der langsamen und schnellen Muskelfasern sind in Tab. 7 aufgeführt.

Muskelformen

Beim morphologischen Aufbau der Skelettmuskulatur sind verschiedene Formen zu beobachten. Man unterscheidet lange, kurze, ringförmige und breite Muskeln.
Die ringförmige und breite Muskulatur findet man fast ausschließlich im Rumpfbereich, die lange und kurze Muskulatur schwerpunktmäßig im Bereich der Gliedmaßen.
Ursprung und Ansatz eines Muskels sind die Enden, die sich über ihre Sehnen und sehnigen Platten am Knochen bzw. an der Knochenhaut anheften. Der Ursprung ist die Befestigungsstelle am passiven Bewegungsapparat, während der Ansatz den beweglichen Punkt (vom Stamm entfernt) darstellt.

Synergisten – Antagonisten
Während einer Bewegung arbeiten immer mehrere Muskeln gleichzeitig oder nacheinander zusammen. Selten kontrahiert ein Muskel allein. Muskeln, die bei einer Bewegungsausführung zusammenarbeiten, werden als Synergisten bezeichnet. Muskeln, die gegen eine Bewegungsrichtung arbeiten, auch durch passive Dehnung, bezeichnet man dagegen als Antagonisten. Jede Bewegung ist demnach durch das Wechselspiel zwischen Synergisten und Antagonisten gekennzeichnet.
Entsprechend ihrer Tätigkeit und Wirkungsweise auf die drei Hauptachsen des Körpers werden – nach TITTEL (1982) – die Muskeln in verschiedene Gruppen eingeteilt:
– Beuger (Flexoren)
– Strecker (Extensoren)
– Anzieher (Adduktoren)
– Abzieher (Abduktoren)
– Einwärtsdreher (Pronatoren)
– Auswärtsdreher (Supinatoren)
– Schließer (Sphinktoren)
– Öffner oder Erweiterer (Dilatatoren)
– Herabzieher (Depressoren)
– Zusammenpresser (Kompressoren)
– Heber (Levatoren)

Muskeltypen

Aufgrund der unterschiedlichen Anforderungen an unsere Skelettmuskulatur gibt es verschiede Muskeltypen (Abb. 26):
– Spindelförmige Muskeln: Der Muskelbauch verjüngt sich zu beiden Seiten und geht in die Sehne über (z.B. beim Bizeps)
– einseitig gefiederte Muskeln (z.B. der kurze Wadenbeinmuskel)
– doppelseitig gefiederte Muskeln (z.B. der gerade Schenkelmuskel)
– Spanner (Tensoren)

Muskelfunktionen

Voraussetzung für das Funktionieren des Muskels ist die Innervation durch Nerven. Die motorischen Nervenfasern (Neuriten) gelangen über das periphere

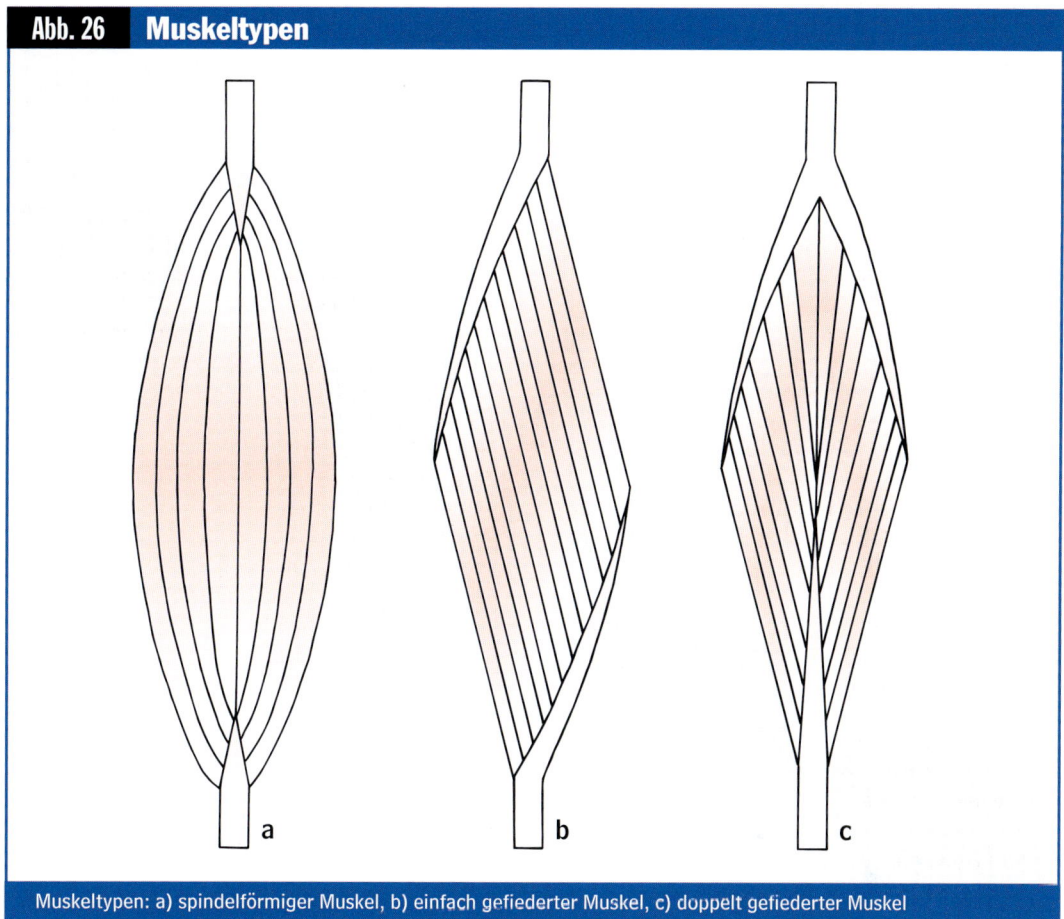

Muskeltypen: a) spindelförmiger Muskel, b) einfach gefiederter Muskel, c) doppelt gefiederter Muskel

Nervensystem an die Muskulatur. Hier verzweigen sie sich in Endfasern und treten über besondere Kontakte mit den motorischen Endplatten in Verbindung. Der Impuls von der Nervenfaser auf die Muskelfaser wird durch Vermittlung von Azetylcholin (Transmittersubstanz) übertragen. Die Muskelfasern, die von einer Nervenfaser innerviert werden, sind als motorische Einheit zu betrachten.

Die von einem Neuron ausgehenden Impulse werden stets auf alle ihm nachgeschalteten Muskelfasern übertragen. Je weniger Muskelfasern eine motorische Einheit aufweist, um so differenzierter sind die Bewegungen.

In den Muskeln befinden sich in unterschiedlicher Anzahl Dehnungsrezeptoren, die Muskelspindeln. Sie gewährleisten innerhalb der Skelettmuskulatur abgestufte Kontraktionen. Dabei bildet der Tonus einen Spannungszustand, der durch die wechselseitige Erregung einzelner motorischer Einheiten zustande kommt. Durch den Tonus wird jeder Muskel in die Lage versetzt, sich in einer beliebigen Stellung zusammenzuziehen. Befindet er sich dabei im Dehnungszustand, entwickelt er einen Kraftimpuls. Dazu muß der Muskel besonders elastisch sein, um bei plötzlich einsetzenden hohen Belastungen mögliche Verletzungen vorzubeugen. Mit wachsender Ermüdung reduziert sich diese Elastizität. In einem solchen Zustand ist die Muskulatur für Muskelfaserrisse besonders anfällig.

Die Grundlagen

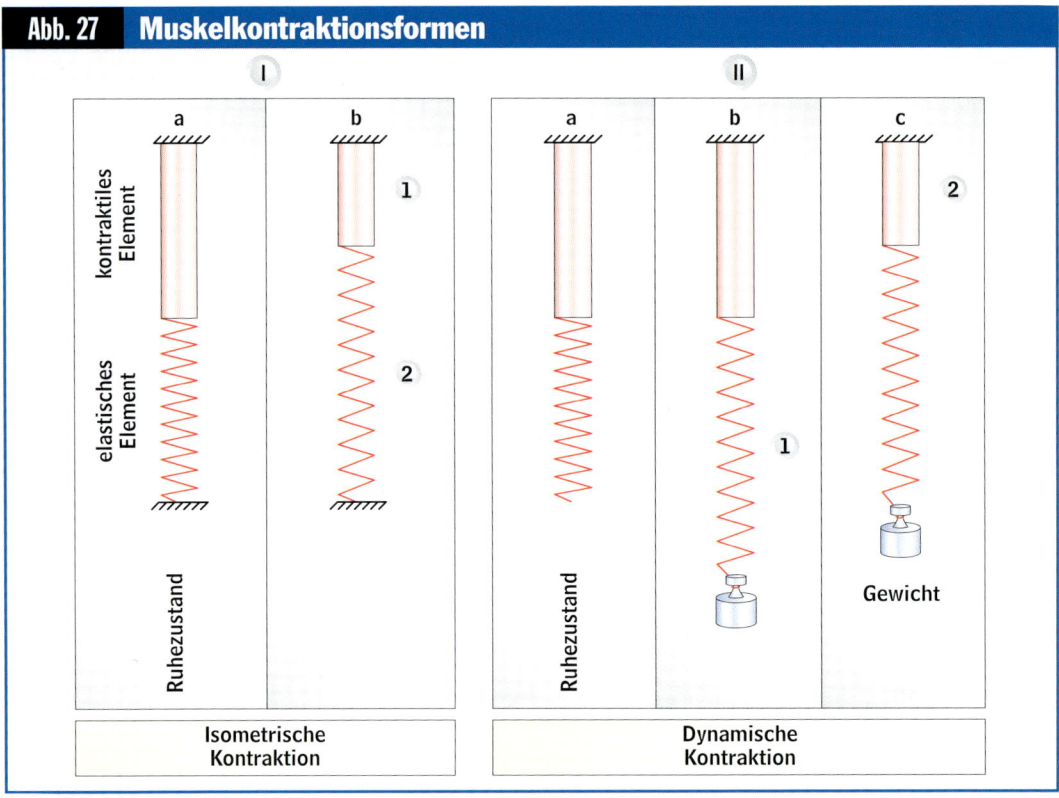

Abb. 27 Muskelkontraktionsformen

Muskelkontraktion

In seiner Funktion läßt sich der Muskel als Feder-Masse-System-Modell darstellen (vgl. Abb. 27). Je nachdem, ob es bei einer Muskelkontraktion zu einer Verkürzung des Muskels kommt oder ob die Muskellänge makroskopisch gleich bleibt, unterscheidet man zwei Kontraktionsformen:

– die isometrische Muskelkontraktion (statische Arbeit)
– die dynamische Muskelkontraktion (dynamische Arbeit)

Bei der isometrischen Muskelkontraktion wird keine Arbeit im physikalischen Sinn geleistet, sondern der Muskel entwickelt Spannung, ohne sich dem Ansatz zu nähern.

Abb. 28 Ursachen für Muskelatrophie und ihre Auswirkungen

Ursache	Muskelfasertyp I „Langsame Fasern"	Muskelfasertyp II „Schnelle Fasern"
Immobilisation	■ ■	■ ■
Erkrankung des Bewegungsapparats	■	■ ■
Einseitige körperliche Belastungen	■	■ ■
Alter	■	■ ■

Ursachen einer Muskelatrophie (■ ■ = starker Abbau; ■ = geringer Abbau) (vgl. SPRING u.a. 1997)

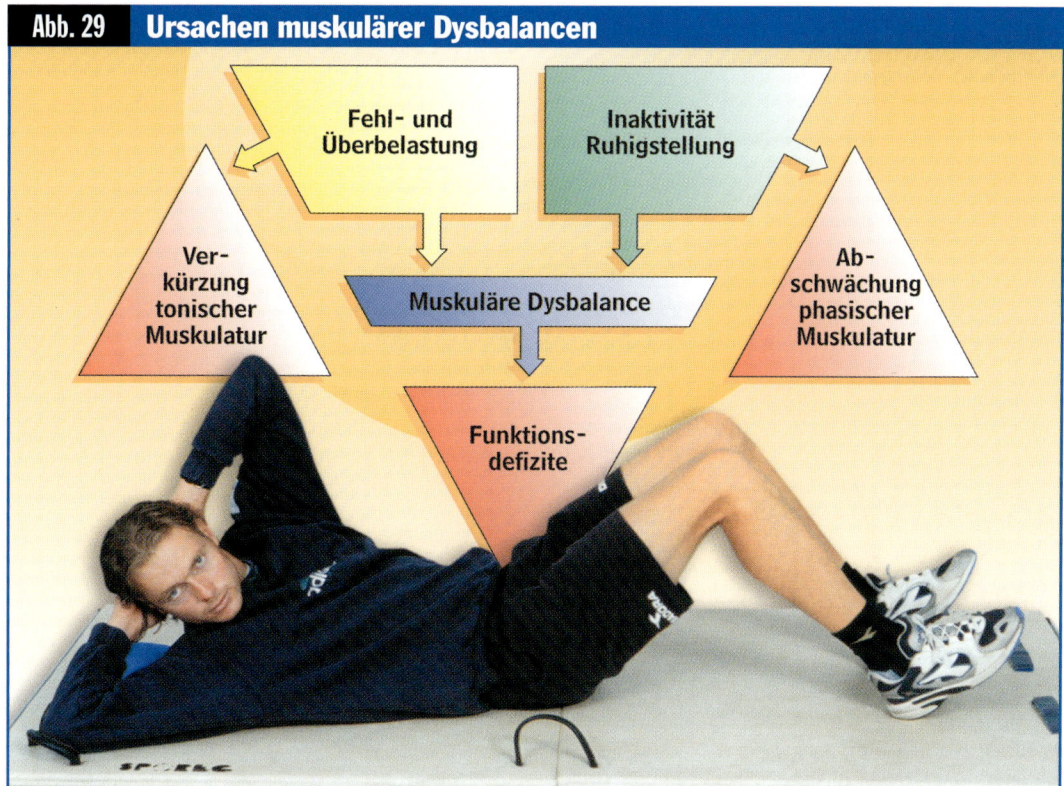

Abb. 29　Ursachen muskulärer Dysbalancen

Arbeit (physiologisch betrachtet) ist das Produkt der beiden Faktoren Kraft und Zeit, d.h. daß eine bestimmte Kraft in einer bestimmten Zeiteinheit erbracht wird. Die isometrische Kontraktion bildet die Grundlage für die statische Kraftfähigkeit.

Aus diesen beiden Kontraktionsformen bauen sich alle Mischformen der Muskelkontraktion auf.

Bei dynamischen Kontraktionen ändert der Muskel durch Reizwirkung seine Länge (er verkürzt sich bzw. er verlängert sich).

Eine Sonderstellung im Rahmen der Muskelkontraktionen nimmt der Dehnungs-Verkürzungs-Zyklus (DVZ) ein. Dieser Zyklus setzt sich aus einer Vordehnung des tendomuskulären Systems mit Zusatzaktivitäten der Muskelspindel und einer nachgeschalteten Verkürzung der Muskelstrukturen zusammen. Dimensionsanalytisch wird zwischen einem langsamen und einem schnellen Dehnungs-Verkürzungs-Zyklus unterschieden.

Muskelatrophie

Muskelatrophien treten auf nach Immobilisation, nach Erkrankungen des Bewegungsapparats, durch einseitige körperliche Belastung und durch altersbedingten funktionellen Rückbau der Muskulatur. Abb. 28 zeigt die unterschiedlich starken Auswirkungen der genannten Ursachen für Muskelatrophie auf die langsamen und die schnellen Muskelfasern.

Muskuläre Dysbalancen

Verschiedene Muskeln reagieren auf Fehl- bzw. Überbelastung mit Verkürzung. Hierbei handelt es sich um die Gruppe der tonischen Muskulatur. Dagegen reagiert die Gruppe der phasischen Muskulatur mit Abschwächung.

Eine muskuläre Dysbalance tritt auf, wenn ein Ungleichgewicht zwischen tonischer und phasischer

Die Grundlagen

Muskulatur besteht. Ursachen für eine Muskeldysbalance (vgl. auch Abb. 29) sind vor allem:
– Fehl- und Überbelastungen
– Muskelverletzungen
– Inaktivität verbunden mit längerer Ruhigstellung
– Arthrosen
– Tendopathien (Veränderungen an Sehnenansätzen bzw. -ursprüngen)

Eine muskuläre Dysbalance reduziert die Belastungsfähigkeit. Die verkürzte tonische Muskulatur ist bei Überlastung besonders anfällig für Muskelzerrungen und Muskelfaserrisse.
Muskuläre Dysbalancen reduzieren die Strukturen für optimale Bewegungsabläufe in den Gelenken oder auch im Bereich der Wirbelsäule. Oftmals führt eine erhöhte Belastung zu Reizzuständen oder Unsicherheiten bei der Ausführung bestimmter Bewegungsmuster.

Sehnen

Die meisten Muskeln haben über den Sehnen einen knöchernen Ursprung bzw. Ansatz. Verschiedene Muskeln entspringen jedoch nicht am Knochen und setzen auch nicht dort, sondern an sogenannten Zwischenknochenmembranen an, die als Bindegewebsskelett eine Fortsetzung des knöchernen Skeletts bilden.

Sehnenansatz

Der Sehnenansatz am Knochen – auch als Sehneninsertion bezeichnet – gilt als Übergang der Sehne zum Knochen. Die Aufgabe der Sehne besteht darin, die Muskelkontraktion auf die passiven Strukturen (Knochen) zu übertragen. Je nach Ansatz und Muskelzug entstehen an den Knochen sogenannte Knochenvorsprünge.
Unterschieden wird dabei in Ansatzvorsprünge, wie z.B. Rauhigkeiten (Tuberositas), Höckerchen (Tubercula), Stachel (Spinae), Fortsätze (Processus), Rollhügel (Trochanter) sowie in feine und stärker ausgeprägte Knochenleisten (vgl. WEINECK 1988, 63)
An Stellen, die einer besonders hohen Belastung unterliegen, finden sich Vorrichtungen wie Sesambeine, Schleimbeutel oder Sehnenscheiden. Sesambeine sind verknöcherte Sehnenabschnitte; sie dienen als Verstärkung der Sehnen und stabilisieren die Zugmechanik des Muskels. Die Kniescheibe (Patella) gilt als größtes Sesambein des Menschen. Schleimbeutel (Bursae) befinden sich dort, wo Muskel und Sehne über die Knochenvorsprünge gleiten. Sie haben die Aufgabe, den Druck, der auf die Sehne wirkt, abzufangen. Sehnenscheiden (vaginae tendinum) haben die Funktion, die Gleitfähigkeit von Sehnen an besonderen Stellen (z.B. dort, wo Sehnen eine längere Strecke über Kochen laufen) zu sichern. Sie bestehen aus straffem Bindegewebe und sind innen mit einer Gelenkschmiere (Synovia) versehen. Bei den Faszien (Muskelbinden) handelt es sich um eine Hülle für einen Muskel bzw. für Muskelgruppen. Sie bestehen aus straffem Bindegewebe. Als Führungsröhre sorgen sie dafür, daß der Muskel in die richtige Lage versetzt wird und somit einsatzbereit bleibt.

Die Ernährung – ein wichtiger Baustein für die medizinische Trainingstherapie und das funktionelle muskuläre Aufbautraining

Unmittelbar nach Verletzungen oder Ruhigstellungen und nach Trainingsmangel kommt es zu einer deutlichen Muskelmassenabnahme bis hin zur Involution oder Inaktivitätsatrophie der arbeitenden (= quergestreiften) Muskulatur. Da bei Intensivierung des Aufbautrainings der gesamte Band- und Halteapparat inklusive der nervalen Versorgung deutliche morphologische und funktionelle Defizite aufweist, muß neben der Individualisierung der Belastung ein spezieller Ernährungsplan erstellt werden.

Herz-Kreislaufdefizite sowie Muskelumfangsdifferenzen nach komplizierten Band- und Sehnenverletzungen der unteren Extremitäten von 2 bis 3 cm im Bereich des Unterschenkels und zwischen 4 bis 7 cm im Oberschenkelbereich sind trotz modernster OP-Methoden keine Seltenheit.

Allein diese Tatsache zwingt den Patienten – gleichgültig ob Hochleistungssportler oder Nichtsportler –, einen gezielten Ernährungsplan einzuhalten, um in kürzester Zeit die entsprechenden Belastungsparameter in der Therapie körperlich verkraften zu können.

Während der Aufbauphase wirkt sich sowohl ein voller als auch ein leerer Magen negativ auf körperliche Belastungen aus.

Nach DIEBSCHLAG (1984) führen folgende Ursachen oftmals zu falschen Ernährungsformen:
– mangelnde Ernährungsfachkenntnisse.
– tradierte Eßgewohnheiten.
– stark geschmacksorientierte Nahrungsauswahl.
– finanzielle Gesichtspunkte.

Nur durch eine gezielte Ernährung erreicht der Patient die nötigen Voraussetzungen für eine intensive organische und muskuläre Belastung in den einzelnen Phasen der medizinischen Trainingstherapie und des funktionell muskulären Aufbautrainings. Leistungssportler und auch Nichtsportler benötigen eine gezielte Ernährungsberatung, um die durch die Trainingsbelastung erforderlichen Energie- und Wirkstoffmengen in der trainingsfreien Zeit mengenmäßig und in zeitlicher Abstimmung mit der Trainingsbelastung aufnehmen zu können.

Leicht verdauliche und hochwertige Kost sowie entsprechende Produkte der sportlichen Zusatzernährung (Eiweiß-, Mineralstoffgetränke, Vitamin-Drinks, Müsli, Energieriegel) sind vor, während und nach den Trainingstherapieeinheiten besonders empfehlenswert, da sie im Gegensatz zu den normalen Speisen das Verdauungssystem erheblich weniger belasten.

Dabei ist die richtig dosierte Eiweißzufuhr ein wichtiger Faktor für den Aufbau der atrophierten Muskulatur. Aber auch Kohlenhydrate, Fette, Vitamine, Mineral- und Spurenelemente sind im Rahmen der medizinischen Trainingstherapie und des Aufbautrainings von großer Bedeutung.

Eiweiß

Eine ausreichende Eiweißzufuhr bildet die Voraussetzung für muskuläre wie auch für geistige Arbeit. Eiweiß ist eine wesentliche Aufbausubstanz nach Belastungen. Muskel- und Bindegewebe werden bei optimaler Eiweißversorgung besonders gestärkt und sind gegen Zerrungen, Prellungen und Blutergüsse weniger verletzungsanfällig. Die Aminosäuren, die Bausteine des Eiweißes, haben dabei folgende Aufgaben:
▶ Sie sind der Stickstoffspender für den Organismus.
▶ Sie erhöhen die Erregbarkeit des Nervensystems (Konzentrationsfähigkeit, Reaktionsgeschwindigkeit).
▶ Als Auf- und Umbausubstanz zeigen sie stoffwechselaufbauende Wirkung.

Die Grundlagen

▶ Durch ihre schnelle Mobilisierung werden sie zur Reservesubstanz (ca. 5 Prozent des Körpereiweißes, insbesondere das aus den Leberzellen, sind gespeichert).
▶ Sie sind wichtig für die Gewebebildung (z.B. von Muskeln, Sehnen, Bindegewebe) und die Produktion von Hormonen, Blutkörperchen, Nerven, Enzymen.

Durch die medizinische Trainingstherapie und das Aufbautraining ist eine tägliche, individuell dosierte Eiweißzufuhr notwendig, um die ständige Erneuerung des Körpereiweißes zu gewährleisten.
Die Basiskost für den Patienten sollte zusätzlich zu den üblichen 1,5 bis 2g Eiweiß/kg Körpergewicht/Tag proteinreich ergänzt werden. Bei Hochleistungssportlern mit zwei Trainingseinheiten pro Tag sind etwa 4 g/kg Körpergewicht/Tag angezeigt, während Untrainierte mit dreimaligem Training in der Woche mit 2 bis 2,5 g Eiweiß/kg Körpergewicht/Tag auskommen.

Kohlehydrate

„Eiweiß für die Kraft, Kohlehydrate für die Ausdauer" ist eine alte Sportler-Weisheit. Kohlehydrate werden nach zwei Hauptgruppen unterschieden:
▶ Einfache Kohlehydrate bzw. Monosaccharide (Fructose, Galactose und Glucose; leicht verdaulich)
▶ Zusammengesetzte Kohlehydrate bzw. Oligosaccharide (Rüben-, Malz- und Rohrzucker) und Polysaccharide (z.B. tierische Stärke, pflanzliche Stärke, unverdauliche Zellulose und Glykogen)

Kohlehydrate haben im menschlichen Körper wesentliche Aufgaben zu erfüllen:
▶ Sie bilden die Energiequelle für alle Zellen, insbesondere die der Muskulatur und des Nervensystems.
▶ Sie dienen als Reserve-(Speicher-)substanz (als Glykogen in Leber und Muskulatur). Dieser Energievorrat ist jedoch kaum für die durchschnittlichen Belastungen eines Tages ausreichend.
▶ Polysaccharide haben eine Stützfunktion in der organischen Grundsubstanz von Knochen, Knorpel und Bindegewebe.
▶ Sie haben spezielle Aufgaben als Bestandteil von Schleimstoffen, gerinnungshemmenden Stoffen und wirken bei Abwehrreaktionen gegen Krankheitskeime mit.

Der Ausdauersportler benötigt etwa 10 g Kohlehydrate/kg Körpermasse/Tag. Dem Kraft- und Schnellkraftsportler genügen 10 g/kg Körpermasse/Tag, während der Untrainierte, der sich einer Trainingstherapie mit etwa drei Trainingseinheiten pro Woche unterzieht, mit etwa 7 g Kohlehydrate/kg Körpermasse/Tag gut auskommt. Da die medizinischen Trainingstherapie und das Aufbautraining neben den muskulären Belastungen auch ein gezieltes Ausdauertraining umfassen (Komplexgymnastik, Fahrradergometer, Laufbelastungen) ist es notwendig, sich an diesen Werten zu orientieren.

Fettsäuren

Fette (Lipide) sind ein wichtiger Bestandteil des Körpers (z.B. in den Zellmembranen). Die Mehrzahl der Fettsäuren kann von den Zellen selbst hergestellt werden. Der andere Teil der für die Lipidbildung notwendigen Fettsäuren muß über die Nahrung aufgenommen werden.
Etwa 40 bis 50 Prozent der gesamten Kalorienaufnahme – ein viel zu hoher Anteil – erfolgen heutzutage über die Fette. Der Grund dürfte darin zu sehen sein, daß fetthaltig zubereitete Speisen gut schmecken und ein angenehmes Sättigungsgefühl hinterlassen. Eine fettreiche Kost schränkt aber die Leistungsfähigkeit des Trainierenden ein. Nach DIEBSCHLAG haben Fette im Körper folgende Aufgaben:
▶ Energiequelle und Lieferant von C-Atomen für Biosynthesen. Fett ist der konzentrierteste Energieträger in der Nahrung, weshalb durch eine Erhöhung des Fettgehalts das Nahrungsvolumen reduziert werden kann.
▶ Reserve-(Speicher-)substanz in jeder Körperzelle, insbesondere in den Fettzellen des Unterhautbindegewebes
▶ Wärmeschutz als Unterhautfettgewebe
▶ Mechanischer Schutz als Unterhautfettgewebe, Umhüllung der inneren Organe (z.B. Nieren, Augapfelpolsterung)
▶ Wasserabstoßender Wirkstoff (Talg/Hautfett: Schutz von Haut und Haaren)
▶ Träger fettlöslicher Vitamine (A, D, E, K)
▶ Lieferant der essentiellen, zweifach ungesättigten Fettsäure Linolsäure (Vitamin F)

Da die Verbrennung der Fette im Körper nicht so ökonomisch abläuft wie die der Kohlehydrate, führt ein hoher Fettanteil in der Nahrung zwangsläufig zu einem geringen Gesamtanteil von Eiweiß und Kohlehydraten. Die beiden letzteren Nahrungsbestandteile sind aber für die sportliche Leistungsfähigkeit von großer Bedeutung. Deshalb sollte der Patient während der Trainingstherapie und während des Aufbautrainings den Fettanteil seiner Ernährung auf 25 bis 30 Prozent der Gesamtkalorienmenge beschränken. Ganz besonders muß man dabei auf versteckte Fette in Wurst, Fleisch, Schokolade, Kuchen, Käse und anderen fetthaltigen Lebensmitteln achten.

Vitamine

Vitamine sind lebensnotwendige Verbindungen, die vom Körper nicht selbst hergestellt werden können. Im allgemeinen wirken sie als Coenzyme (z.B. Vitamin B1, Kohlehydratstoffwechsel), als Vorläufer hormonell aktiver Substanzen beispielsweise Vitamin D, oder haben eine antioxidative Wirkung (Membranschutz, Vitamin C, Vitamin E). (vgl. LIESEN/BAUM 1997)
Formal wird unterschieden in wasserlösliche (Vitamine des B-Komplexes und C) und fettlösliche Vitamine (A, D, E, K). Sie müssen dem Körper gezielt über die Nahrung zugeführt werden.
Der Vitaminbedarf für das Aufbautraining ergibt sich aus den erhöhten Stoffwechselraten. Die durch das intensive Training auftretenden Schweißverluste und die erhöhte Körpertemperatur zwischen 37 und 39 Grad Celsius sind ebenfalls wesentliche Faktoren. Eine unzureichende Vitaminzufuhr hat Mangelerscheinungen und Leistungsreduktion zur Folge. Dagegen bewirkt ein Vitaminüberschuß keine Leistungssteigerung.
Für die medizinische Trainingstherapie sind für die Phasen 1, 2 und 3 Werte von Ausdauersportlern relevant, während man sich in der 4. Phase beim Übergang zum Aufbautraining eher an den Werten von Kraft- und Schnellkraftsportlern orientieren sollte. Werden während des Aufbautrainings 2 bis 3 Einheiten täglich absolviert, so ist ein erhöhter Vitaminbedarf einzuplanen.

Vitamin C (Ascorbinsäure)
Vitamin C ist einer der wichtigsten Schutzstoffe gegen Freie Radikale. Freie Radikale sind Stoffe wie z.B. das Ozon oder einwertiger Sauerstoff, die in ihrer molekularen Struktur eine hohe Affinität zu einem Bindungspartner haben. Dringt ein solcher Stoff in den menschlichen Organismus ein, wirkt er in den verschiedenen Organsystemen zellschädigend. Die Freien Radikale können in ihrer Wirkung durch Antioxydantien eliminiert werden.
Unter den Bedingungen von Vitamin C-Mangel konnte in einer Studie nach Supplementierung eine Verbesserung der aeroben Leistungsfähigkeit nachgewiesen werden. Vitamin C kann in allen Geweben nachgewiesen werden.
Patienten oder Sportler, die sich in den verschiedenen Phasen der medizinischen Trainingstherapie und des Aufbautrainings befinden, sollten in jedem Fall auf eine gezielte Vitaminzufuhr achten. Gesundheitsrisiken bestehen auch bei einer Höherdosierung von bis zu einem Gramm Vitamin C täglich nicht.

Vitamin B1 (Thiamin)
Eine ausreichende Vitamin B1-Versorgung ist Voraussetzung für eine optimale Funktion von Enzymen des Kohlehydratstoffwechsel.
Ein erhöhter Umsatz an Kohlehydraten führt zu einem erhöhten Vitamin B1-Bedarf. Dies trifft für Patienten und Sportler in der 1. und 2. Phase der medizinischen Trainingstherapie zu. Eine ausgewogene Ernährung (z.B. Vollkornprodukte) führt dem Körper ausreichende Mengen an Vitamin B1 zu. Bei hohen Dosierungen sind toxische Auswirkungen nicht zu erwarten, da überschüssiges Thiamin schnell ausgeschieden wird.

Vitamin B6 (Pyridoxin), Vitamin B2 (Riboflavin)
Diese Vitamine sind für den Kohlehydrat- und Aminosäurestoffwechsel wichtig. Fleisch und Leber haben die höchste B6-Konzentration, Milch die höchste B2-Konzentration. Eine proteinreiche Kost erhöht den Bedarf an Vitamin B6.

Vitamin E
Im Gegensatz zum Vitamin C wird das fettlösliche Vitamin E direkt in die Membranen eingelagert. Eine hochdosierte Zufuhr von Vitamin E kann unter dem Aspekt der Reduktion von Sauerstoffdefiziten bei sportlichen Höchstleistungen erfolgen (z.B. auch Übergang vom Aufbautraining zum Hochleistungstraining).

Vitamin A und D
Die fettlöslichen Vitamine A und D sind in hoher Dosierung toxisch. Sie dürfen daher nur unter ärztlicher

Die Grundlagen

Aufsicht verabreicht werden. Bei Vitamin D-Gaben sind gleichzeitig Kontrollen von Blutparametern notwendig.

Mineralien und Spurenelemente

Mineralien sind wichtige Steuerungselemente bei allen Lebensvorgängen. Sie sind als anorganische Bestandteile der Nahrung ebenso lebenswichtig wie Vitamine und einzelne Fett- und Aminosäuren. Große Bedeutung haben sie für den Wasserhaushalt, das Säurebasengleichgewicht und den osmotischen Druck der Zellen. Sie gelten als ein Mitaktivator und als Bestandteile von Enzymen beim Bau- und Betriebsstoffwechsel von Zellfunktionen.

Darüber hinaus sind sie von großer Bedeutung für die Erregungsübertragung in den Muskeln, im peripheren Nervensystem und im Zentralnervensystem. Nicht zu unterschätzen ist ihre Rolle für die Stützfunktion (Knochen des Skeletts).

Man unterscheidet Mengen- und Spurenelemente. Zu den Mengenelementen zählen Natrium, Kalium, Calcium, Magnesium, Chlor und Phosphor. Die Spurenelemente umfassen Eisen, Kupfer, Zink, Mangan, Jod, Kobalt, Molybdän und andere.

Für die medizinische Trainingstherapie und das Aufbautraining ist vor allem der Ersatz der durch die Trainingsbelastungen abgebauten Mineralien notwendig. Mit dem Schweiß verliert man nicht nur Kochsalz (Natriumchlorid), sondern auch Kalium, Magnesium, Schwefel, Phosphor, Zink, Eisen, Mangan, Kupfer sowie Milchsäure, Harnstoff und Vitamin C.

Der Verlust an Flüssigkeit und Mineralien ist eng miteinander verbunden. In der warmen Jahreszeit oder auch in geschlossenen gut temperierten Räumen sind 2 bis 3 Liter Schweißverlust in einer Trainingseinheit keine Seltenheit. Bei einem 70 kg schweren Menschen bedeuten 2 Liter Schweiß einen Körpergewichtsverlust von fast 3 Prozent. Besonders bei den Ausdauersportarten wird dadurch ein deutliches Leistungsdefizit von bis zu 30 Prozent verursacht.

Da sich im Schweiß erhebliche Konzentrationen von Mineralien und Spurenelemente befinden, muß man während der gesamten Therapie von entsprechend höheren Defiziten im Vergleich zu Alltagsbelastungen bzw. zur Ruhebelastung ausgehen (Tab. 8).

Natrium
Natrium ist in Form von Natriumchlorid (Kochsalz) in fast allen Lebensmitteln enthalten, wodurch es zu einer ausreichenden, teilweise sogar überhöhten Zufuhr kommt. Dies kann gesundheitlich schädlich sein, da unter solchen Umständen eine Hypertonie (Bluthochdruck) begünstigt wird. Hochleistungssportler (Profis), die täglich zwei Trainingstherapieeinheiten absolvieren, benötigen 10 bis 15g/pro Tag in der 1. und 2. Phase bzw. 15 bis 20 g/pro Tag in der 3. und 4. Phase der medizinischen Trainingstherapie und des Aufbautrainings.

Kalium
Kalium tritt aus den Muskelzellen aus und ist für die Aktivität verschiedener Enzyme wichtig, die für die Steuerung der normalen Herz- und Muskeltätigkeit zuständig sind. Kalium wird in der Regenerationsphase beim Wiederaufbau der Glykogenvorräte benötigt. Die beim Schwitzen entstehenden Verluste machen etwa 150 bis 200 mg pro Liter Schweiß aus. Dies

Tab. 8   Mineralien-Spurenelementeverluste bei Sportlern

Mineralien/ Spuren-elemente	Tägliche Aufnahme (mg/die)	Resorption absolut (%)	Aufnahme (mg/die)	1 Liter Schweiß enthält	1 Liter Schweiß/tgl. Aufnahme (%)
Magnesium	350	35	≈ 120	≈ 30	≈ 30
Calcium	860	30	≈ 250	≈ 160	≈ 60
Eisen	15	10	≈ 1,5	0,5	≈ 30
Kupfer	2	30	0,6	0,7	≈ 110
Zink	10	20	0,2	1,2	60

nach LIESEN/BAUM 1997

kann durch magnesiumreiches Mineralwasser oder durch kaliumreiche Fruchtsäfte kompensiert werden. Kaliummangelerscheinungen können zu Muskelkrämpfen führen.

Calcium

Calcium kommt im Körper nahezu ausschließlich (zu 99 Prozent) als im Knochen gebundene Substanz vor. Bei deutlich verminderter Calciumaufnahme wird deshalb Knochensubstanz abgebaut: es kommt zu Osteoporose. Calciumverluste treten durch Schweißverluste auf, aber auch eine allzu eiweißreiche Ernährung kann zu Calciumverlusten führen.

Calcium ist vorwiegend in Milch und anderen Milchprodukten enthalten. Für die medizinische Trainingstherapie und das Aufbautraining wird eine tägliche Zufuhr von 1,5 bis 2,5 g empfohlen.

Magnesium

Magnesium ist für die Aktivität solcher Enzyme wichtig, die beim Aufbau energiereicher Phosphate (ATP-Kreatinphosphat) wie auch beim Aufbau bestimmter Aminosäuren mitwirken. Ein Mangel führt zu Übererregbarkeitszuständen, die sich in Muskelkrämpfen äußern können. Auch Muskelverhärtungen können unter Magnesiummangel auftreten. Solche Muskelveränderungen führen zu verminderter Regeneration und Trainingsanpassung. Pro Liter Schweiß gehen etwa 5 bis 15 mg Magnesium verloren. Während der medizinischen Trainingstherapie und des Aufbautrainings sollte deshalb eine ausreichende Menge an Magnesium zugeführt werden (300 bis 500 mg).

Eisen

Eine Unterversorgung mit Eisen beeinträchtigt verschiedene energieliefernde Enzyme, was sich ebenfalls negativ auf die Anpassungen an die Trainingsbelastungen auswirkt. Auch Funktionen des Immunsystems werden durch Eisenmangel gestört. Es kommt zu Infektanfälligkeit oder Störungen im Wundheilprozeß.

Die Eisenversorgung kann anhand des Ferritinspiegels im Serum gut bestimmt werden. Im Leistungssport, in der medizinischen Trainingstherapie und im Aufbautraining ist eine ausreichende Eisenversorgung absolut notwendig.

Kupfer

Im Schweiß findet man relativ große Mengen an Kupfer. Ein Liter Schweiß enthält die Kupferresorption eines Tages. Im Rahmen der Trainingstherapie und des Aufbautrainings ist daher mit einem deutlich erhöhten Kupferbedarf zu rechnen. Eisen- und Kupfer-Ionen sind unter den Spurenelementen ausschlaggebend für die Bildung von Hämoglobin und Myoglobin (Blut- und Muskelfarbstoff) und somit für den Sauerstofftransport von der Lunge zur Muskulatur. Der Kupferbedarf beträgt 2 mg pro Tag.

Zink

Die optimale Versorgung mit Zink bildet eine wichtige Grundlage für die funktionelle Leistungsfähigkeit des Immunsystems. Bei sportlichen Belastungen kommt es zu erheblichen Zinkverlusten. Durch mehrere Liter Schweiß geht so viel Zink verloren, daß es Tage dauern kann, bis bei normalen Ernährungsgewohnheiten die Verluste wieder ausgeglichen werden können. Auf eine zinkhaltige Ernährung mit Käse, Fisch, Fleisch, Weizenkeimen und Leber ist daher zu achten.

Während der medizinischen Trainingstherapie und des Aufbautrainings sollte – besonders in der Endphase – Zink mit Mineralgetränken zugeführt werden. Zu empfehlen sind 3 bis 5 mg/Liter.

Jod

Jod ist ein Bestandteil der Schilddrüsenhormone Tyroxin und Trijodthyronin. Sowohl bei Sportlern als auch bei Nichtsportlern muß auf eine ausreichende Versorgung mit Jod geachtet werden. Es ist in Seefisch, Ei, Leber sowie in jodisiertem Salz enthalten. Der Körper benötigt täglich 0,1 bis 0,15 mg.

Weitere Spurenelemente

Auch Kobalt, Chrom, Mangan und Nickel sind Spurenelemente, die für die Aufrechterhaltung der Körperfunktionen unentbehrlich sind. Sie sorgen unter anderem für die optimale Funktion von Enzymsystemen.

Wasserhaushalt

Der Organismus des Menschen besteht zu etwa 60 Prozent aus Wasser. Bei einem Verlust von nur 2 Prozent des Körpergewichts an Wasser entsteht bereits eine Ausdauerleistungsminderung von bis zu 20 Prozent! Bei einem Flüssigkeitsverlust von etwa 6 Prozent des Körpergewichts (3 bis 4 Liter) treten erhebliche neuromuskuläre und vegetative Störungen auf

Die Grundlagen

Abb. 30 Wasseranteil am Körper

(psychische Labilität). Ab einem Verlust von etwa 12 Prozent des Wasseranteils im Körper besteht akute Lebensgefahr.

Der tägliche Wasserbedarf des Menschen wird über die Aufnahme von Nahrung und Getränken reguliert und beträgt etwa 2,5 bis 3,5 Liter. Während der medizinischen Trainingstherapie und des Aufbautrainings wird diese Menge durch die umfangreichen Belastungsformen überschritten. Das dem Körper zugeführte Wasser wird im Magen-Darm-Kanal rasch aufgenommen und über den Pfortaderkreislauf und die Leber in den großen Körperkreislauf geleitet.

Wasser ist lebenswichtig für die Wärmeregulierung, für die Schweißsekretion und für die Verdunstung. Es ist das Transportmittel für feste und gelöste Substanzen (z.B. Blutkörperchen, Mineralstoffe). Darüber hinaus dient es als Lösungsmittel für Nahrungsbestandteile in Darm, Blut, Lymphe und als Baustoff für Blut, Lymphe und andere Körperflüssigkeiten.

Zwischen dem Wasserhaushalt und dem Mineralhaushalt unseres Organismus besteht eine enge Verbindung. Der Schweißverlust kann bei einzelnen Trainingseinheiten in der Aufbauphase mehrere Liter betragen. Dieser Flüssigkeitsverlust muß sofort ausgeglichen werden. Der am Aufbautraining teilnehmende Patient oder Sportler sollte aufgrund des gesteigerten Flüssigkeits-, Mineralstoff-, Vitamin- und Energiebedarfs sowohl während des Trainings als auch in den Pausen zwischen zwei Einheiten auf die regelmäßige Zufuhr kleinerer, nicht magenbelastender Mengen angenehm temperierter Getränke mit den vorher aufgeführten Substanzen achten.

Fazit

Voraussetzung zur Optimierung der Ergebnisse der Trainingstherapie und des Aufbautrainings ist eine zielgerichtete, ausgewogene, kohlehydratreiche Ernährung. Eine gezielte kontrollierte Zufuhr von Mineralien, Spurenelementen und Vitaminen ist empfehlenswert. Diejenigen, die sich nach der Trainingstherapie noch einem Aufbautraining unterziehen, sollten nach anstrengenden Belastungsformen Kalium, Magnesium und genügend Flüssigkeit aufnehmen. Die Übernahme persönlicher Verantwortung in diesem Bereich ist eine wichtige Voraussetzung, wenn das angestrebte Ziel – das Erreichen der vollen Belastungsfähigkeit – erreicht werden soll.

Info — **Grundsätze einer gesunden Ernährung (nach LIESEN/BAUM 1997)**

▸ Vielseitig, aber nicht zuviel
Je vielfältiger der Speiseplan, um so ausgewogener die Ernährung. Dadurch läßt sich eine mangelhafte Versorgung mit essentiellen Nährstoffen vermeiden.

▸ Reichlich Gemüse, Kartoffeln und Obst
Diese Lebensmittel sind nährstoff- und ballaststoffreich sowie energiearm.

▸ Weniger tierisches, mehr pflanzliches Protein
Seefisch sollte zweimal pro Woche auf dem Speiseplan stehen, dosierte Wurst- und Fleischportionen sollten nur zwei- bis dreimal pro Woche verzehrt werden. Milchprodukte, Eier sollten mit pflanzlichem Protein ergänzt werden (Kartoffeln, Hülsenfrüchte). Verschiedene Pflanzeneiweiße sollten kombiniert werden (Hülsenfrüchte/Getreide).

▸ Vollkornprodukte
Diese sind nährstoff- und ballaststoffreich.

▸ Ausreichende Flüssigkeitsaufnahme
Der Körper benötigt täglich zwischen 1,5 und 2 Liter Flüssigkeit. Geeignete Getränke sind Mineralwasser, Fruchtsäfte, Gemüsesäfte, Tee.

▸ Wenig Süßigkeiten
Zucker ist energiereich, aber nährstoffarm.

Die Grundlagen

Richtiges Aufwärmen – Voraussetzung für das Erreichen optimaler Leistungen

Das Aufwärmen vor sportlichen oder funktionsspezifischen Belastungen im Rahmen von Rehabilitationsmaßnahmen hat einen hohen Stellenwert.
Ziel des Aufwärmens ist es, auf kommende Belastungen vorzubereiten, wobei sowohl das organische wie auch das muskelfunktionelle Körpersystem des Menschen einbezogen wird. Die Leistungsbereitschaft der Organsysteme wird positiv beeinflußt. Die Durchblutung – insbesondere im muskulären Bereich – wird gefördert, die Elastizität der Muskulatur erhöht sich, die Kontraktionsgeschwindigkeit im Muskel nimmt zu.
Sportlichen als auch funktionellen Belastungen muß immer ein gezieltes Aufwärmprogramm vorausgehen, da es auch der Vermeidung von Verletzungen dient. Aufwärmprogramme haben also folgende Funktionen:
– Die Leistungsbereitschaft leistungsbestimmender Organe wird positiv beeinflußt.
– Die koordinative und funktionsspezifische Leistungsbereitschaft wird verbessert.
– Die Konzentration für die Lösung zu bewältigender Bewegungsaufgaben nimmt zu.
– Aufwärmprogramme unterstützen wirksam die Vermeidung von Verletzungen.

Phasenstruktur des Aufwärmens

Das Aufwärmen wird in 4 Phasen unterteilt: allgemeines Aufwärmen, individuelles Aufwärmen, sportartspezifisches Aufwärmen und gruppenorientiertes Aufwärmen.

Allgemeines Aufwärmen
Das allgemeine Aufwärmen orientiert sich an der Aufgabenstellung, dem Anforderungsprofil einzelner Übungen entsprechend der Phasenstruktur des Rehaprozesses und an den Leistungskomponenten einer Sportart.
Beim allgemeinen Aufwärmen wird das gesamte körperliche Leistungssystem und dessen Muskulatur in vorzubereitende Bewegungsabläufe einbezogen. Es dient der Regulation des Herz-Kreislaufsystems, erhöht die Elastizität und Geschmeidigkeit der Muskulatur und stimuliert die Konzentration des Patienten/Sportlers auf bevorstehende Bewegungsausführungen.
Die Inhalte eines allgemeinen Aufwärmprogramms sind abhängig von der jeweiligen Sportart und deren leistungsbestimmenden Faktoren. Im Rahmen der Rehabilitation nach Verletzungen bezieht sich das allgemeine Aufwärmen auf den Bewegungsgrad (z.B. Beugung und Streckung des Kniegelenks), das funktionelle Muskelsystem und den aktuellen Gesundheits- und Leistungszustand.
Es ist darauf zu achten, daß das Aufwärmprogramm mit einer niedrigen bis mittleren Intensität durchgeführt wird (Pulsfrequenz zwischen 100 bis 130 Schläge/Minute).

Individuelles Aufwärmen
Auf das allgemeine folgt das individuelle Aufwärmen. Hierbei werden die individuellen Voraussetzungen des Sportlers/Patienten für das zu erwartende Belastungs- und Leistungsprofil berücksichtigt. Für den Reha-Prozeß bedeutet individuelles Aufwärmen, Bewegungs- und Leistungseinschränkungen zu berücksichtigen, um ein optimales Behandlungsergebnis im Rahmen der Komplextherapie (EAP) zu erzielen. Für den Sportler bedeutet das individuelle Aufwärmen, komplexe Bewegungsabläufe in das Programm zu integrieren, um somit die Voraussetzung für eine uneingeschränkte Bewegungsvielfalt zu schaffen.

Sportartspezifisches Aufwärmen
Sportartspezifische Aufwärmprogramme orientieren sich in erster Linie an den leistungsbestimmenden Faktoren der jeweiligen Sportart. Durch das sportartspezifische Aufwärmen werden die individuellen körperlichen und organischen Voraussetzungen für ein optimales Leistungsergebnis geschaffen. Sportartspezifische Aufwärmprogramme beinhalten typische Bewegungsmuster des Wettkampfs (z.B.

Zeit	Ziel	Trainingsformen
10 Minuten ↕ 30 Minuten	○ Aktivierung des Herz-Kreislauf- und des Muskel-Gelenkssystem ○ Anregung der Stoffwechselfähigkeit ○ Einpendeln der Muskel- und Sehnenreflexe ○ Erhöhung der Nervenleitgeschwindigkeit ○ Erreichen eines stabilen Vorstartzustands ○ Erreichen eines uneingeschränkten Belastungsprofils der jeweiligen Sportart (oder Reha-Phase) ○ mentale Vorbereitung (psychische Stabilisation)	○ Sportartspezifische Vorbereitungsübungen ○ Spezifische Übungen zur Erhaltung der Gelenkstabilität und Beweglichkeit ○ Komplexbewegungen ○ Fahrradergometer ○ Funktionsübungen ○ Stretching ○ Gymnastik ○ Dehnen ○ Laufen ○ Gehen

Info: Grundsätze für das richtige Aufwärmen

Sprints, Dribblings, Sprünge). Gleichzeitig dienen sie dazu, durch entsprechende Vorbereitung den Bewegungsapparat zu stabilisieren, die Bewegungskoordination zu kontrollieren und die psychoregulative Vorbereitung für das Training und den Wettkampf zu treffen.

Gruppenorientiertes Aufwärmen

Gruppenorientiertes Aufwärmen wird in erster Linie bei Mannschaftssportarten durchgeführt. Hier werden gemeinsam dem Anforderungsprofil der Sportart entsprechend in einer vorgegebenen Reihenfolge bestimmte Übungen absolviert. Die Übungsfolgen orientieren sich am Trainingsschwerpunkt sowie an der anzusteuernden Wettkampfbelastung. Der Verantwortliche innerhalb der Gruppe gibt die jeweiligen Kommandos der Übungsfolgen sowie die Anzahl der Wiederholungen vor.

Gruppenorientiertes Aufwärmen gibt es auch im Rahmen der medizinischen Trainingstherapie, wenn die Vorbereitung im Rahmen der Gruppenbehandlung durchgeführt wird. Hier werden die Vorgaben vom Reha-Trainer oder vom Sportlehrer an die Patienten weitergegeben.

Die Grundlagen

Das Aufwärmen im Rahmen der medizinischen Trainingstherapie hat für den Patienten einen hohen Stellenwert. Trotz Verletzung muß der Körper in eine Art Vorstartzustand versetzt werden, damit spezielle Bewegungsformen effektiver absolviert werden können. Daraus sind folgende Grundsätze abzuleiten:
▶ Die Übungen sind so auszuwählen, daß trotz Verletzung ein gezieltes Aufwärmprogramm absolviert werden kann.
▶ Eventuell auftretende Probleme im Verletzungsbereich sollten durch eine gezielte Übungsauswahl berücksichtigt werden.
▶ Die Übungsauswahl und Belastungsintensität müssen dem Heilungsprozeß angepaßt sein.
▶ Um eine optimale Koordination, den gezielten Abbau der psychischen Hemmschwelle, die Rückgewinnung der Bewegungssicherheit und eine harmonische Bewegungsverbesserung zu gewährleisten, muß während des Aufwärmens neben dem gesunden auch der verletzte Bereich funktionell dosiert belastet werden.
▶ Die Verbesserung der Leistungsfähigkeit (Herz-Kreislauf- und Muskelfunktionssystem) ist durch Veränderung der Reizdichte sowie durch die Steigerung des Schwierigkeitsgrades komplexer Übungen gewährleistet.

Je nach Aufgabenstellung und Leistungsanforderung sollte das Aufwärmen die Dauer von 30 Minuten nicht überschreiten. Die durchschnittliche Dauer des Aufwärmens liegt bei 20 Minuten, wobei die Leistungsreserven in dieser Phase – beispielsweise durch zu hohe Intensitäten – noch nicht in Anspruch genommen werden dürfen. Probleme in der Aufwärmphase treten dann auf, wenn das Programm zu kurz oder zu intensiv absolviert wird. Die dadurch entstehenden Fehler wirken sich negativ auf die Leistung des Sportlers/Patienten aus. Er kommt zu schnell in eine anaerobe Belastungsphase und in der Folge in ein vorübergehendes Leistungstief. Die Muskulatur ermüdet, der Sportler wirkt psychisch instabil, reaktionsgehemmt und unkonzentriert.

Abwärmen (Cool-down) – Übergang zur aktiven Regeneration

Das Abwärmen schließt sich unmittelbar an ein Training oder an einen Wettkampf an. Massage, Sauna und Entmüdungsbecken gehören dabei zu den bevorzugten passiven Maßnahmen. Aktive Möglichkeiten sind beispielsweise das Auslaufen, Gymnastik oder Ausschwimmen. Ebenso geeignet ist eine Kombination aus aktiven und passiven Maßnahmen.

Mit dem Abwärmen wird das Ziel verfolgt, die beanspruchte Muskulatur und den Organismus mit Hilfe von Entspannungstechniken zu entmüden. Die sich während der Belastung anhäufenden Stoffwechselendprodukte werden schneller abgebaut und teilweise beseitigt. Der Sportler soll so schnell wie möglich aus einer katabolen Stoffwechsellage (energiereiche Verbindungen werden abgebaut) gebracht werden. Die Körperfunktionen können in kürzester Zeit regenerieren, und der Übergang zur nächsten Trainingseinheit wird optimal vorbereitet.

Während des aktiven Abwärmens beginnt der Erholungs- und Entspannungsprozeß. Die Glykogen- und Triglyceridspeicher in den Muskel-, Leber- und Fettzellen werden wieder aufgefüllt. Ohne Abwärmen kommt es zu einer verminderten regenerativen Anpassung. Das bedeutet, daß das körperliche Funktionssystem partiellen Störungen unterliegt. Eine Verkürzung der Wiederherstellungszeit wird dadurch nicht erreicht.
Der psychische Effekt des Abwärmens liegt im Bereich der mentalen Regeneration. Hierbei können unter anderem Verfahren eingesetzt werden, die den Überaktivierungszustand auf ein normales Maß zurückführen.

Übertragen auf die medizinische Trainingstherapie bedeutet Abwärmen, daß nach dem Hauptteil einer Therapieeinheit die Abwärmphase beginnt.

Wir unterscheiden dabei in
– allgemeines Abwärmen
– individuelles spezifisches Abwärmen und
– passives Abwärmen

Allgemeines Abwärmen
Das allgemeine Abwärmen umfaßt Dehnungsübungen und Ganzkörperübungen mit niedrigsten Intensitäten (Pulsfrequenz 100 bis 120 Schläge/min). Die Übungsfolgen werden vorgegeben und richten sich nach den absolvierten Therapieschwerpunkten. Die Übungsinhalte werden so festgelegt, daß viele Muskeln und Muskelgruppen einbezogen werden. Das allgemeine Abwärmen wird aktiv durchgeführt und dauert 10 bis 20 Minuten.

Individuelles spezifisches Abwärmen
Das individuelle spezifische Abwärmen orientiert sich an funktionell-anatomischen Gegebenheiten, wobei spezifische Dehntechniken überwiegen. Der Muskeltonus wird reduziert und gleichzeitig die Bewegungsamplitude positiv verändert. Das extensive Dehnungsprogramm zur Lockerung sollte aber nicht unmittelbar nach einer intensiven Belastung durchgeführt werden, da zu diesem Zeitpunkt die Muskulatur eine reflektorische Abwehrspannung entwickelt. Im Rahmen des individuellen spezifischen Abwärmens eignen sich vorgegebene Programme mit verschiedenen Übungsmustern. Nicht zu vergessen ist in diesem Zusammenhang auch die psychische Regeneration.

Passives Abwärmen
Mit passivem Abwärmen sind in erster Linie physikalische Maßnahmen wie Massagen, Wechselduschen, Sauna- und Entmüdungsbäder gemeint. Ein weiterer wesentlicher Bestandteil der passiven Erholung sind regenerative Pausen zwischen den Therapieeinheiten und ausreichender Schlaf.

Die Grundlagen

Aquatherapie

Unter Aquatherapie verstehen wir bewegungstherapeutische Maßnahmen, die im Wasser durchgeführt werden. Hierzu gehören Aquajogging, Schwimmen und Gymnastik. In den letzten Jahren gewann die Aquatherapie besonders bei orthopädischen Verletzungsmustern immer mehr an Bedeutung. Diese Therapieform gestattet es, frühfunktionelle Behandlungen durchzuführen, da bei der Bewegungstherapie im Wasser der Stütz- und Bewegungsapparat entlastet wird. Die besonderen Elemente der Aquatherapie sind der Wasserwiderstand, -auftrieb, -druck und die sehr hohe Wärmeleitfähigkeit. Diese Eigenschaften müssen bei der Planung der Therapie berücksichtigt und der Patient speziell auf diese Therapie vorbereitet werden.

Der Wasserwiderstand bewirkt langsamere Bewegungen bei gleichem Krafteinsatz (wie an Land). Dadurch ist es möglich, Bewegungsabläufe und -variationen strukturorientiert zu kontrollieren, um darüber hinaus die Bewegungswahrnehmung zu schulen. Weiterhin trägt der Wasserwiderstand zur Kräftigung der Muskulatur bei und verbessert zusätzlich die Kraftausdauer. Der Wasserwiderstand paßt sich der eingesetzten Muskelkraft an. Somit ist ein dosiertes, an die jeweilige Verletzung angepaßtes Training möglich.

Die Auftriebskraft führt zu einer Entlastung des Stütz- und Bewegungsapparats. Dies bedeutet, daß der Patient unter differenzierten Bewegungs- und Belastungsmöglichkeiten optimal therapiert werden kann. Gegenüber den Bewegungen an Land, die gegen die Schwerkraft ausgeführt werden müssen, ist durch die Auftriebskraft im Wasser eine größere Bewegungsvielfalt möglich. Allerdings erfordert dies bei den vorgegebenen Übungsmustern eine entsprechende Körperstabilisierung (Position/Lage).

Durch den Wasserdruck wird der venöse Rücktransport des Bluts verbessert und dient somit gleichzeitig der Thromboseprophylaxe.

Bei Anwendung der Aquatherapie gilt deshalb, daß die Übungsintensität an die Wasser- und Umgebungstemperaturen angepaßt werden muß. Beispielsweise bieten sich bei Wassertemperaturen von 28 bis 30 Grad Celsius Maßnahmen zur Mobilisation oder Regeneration an.

Aufbau einer Therapieeinheit

Die Therapieeinheit gliedert sich in 3 Schwerpunkte:
▸ Wassergewöhnung, Schaffen der richtigen Therapie- und Trainingsposition, Wechsel verschiedener Körperpositionen entsprechend der Aufgabenstellung
▸ Hauptteil
– Festlegung des Therapieschwerpunkts anhand der Verletzung oder Verletzungsmuster
– Die Belastungsintensität ist abhängig von der aktuellen Leistungsfähigkeit des Patienten. Dabei erfolgt die Steuerung der Belastung über die Herzfrequenz und die eingesetzten Hilfsmittel.
▸ Cool-down (Entspannungsphase)
– Reduktion der Herzfrequenz
– Dehnungs- und Entspannungsübungen im Wasser
– Ausschwimmen

Indikationen

Die Aquatherapie wenden wir in erster Linie bei orthopädisch-traumatologischen Verletzungen an. Die Zielsetzung besteht darin, frühfunktionell die allgemeine Leistungsfähigkeit zu erhalten und die Reduktion der Leistungsfähigkeit (Herz-Kreislauf, Atrophie der Muskulatur) zu minimieren.

Info – Richtige Körperlage

Die korrekte Körperlage im Wasser ist beim Aquajogging enorm wichtig

Tab. 9 Die Aquatherapie in der medizinischen Trainingstherapie

Phase	Trainingsschwerpunkte	Zeit
Mobilisationstraining (1. Phase)	▸ Schulung der intermuskulären Koordination ▸ Anbahnung von Bewegungsmustern in verschiedenen Geschwindigkeiten unter Berücksichtigung des Medium Wassers ▸ Mobilisationsübungen kombiniert mit Entspannungsübungen ▸ angepaßte Herz-Kreislauf-Belastung durch Ganzkörperbelastungen ▸ Entlastung des Stütz- und Bewegungsapparats	40 min.
Stabilisationstraining (2. Phase)	▸ Verbesserung der Stabilität unter funktionellen muskulären Aspekten (Verletzungsmuster), Ausnutzung des Wasserwiderstandes ▸ Koordinationsschulung, Bewegungstraining ▸ Training der Muskelausdauer ▸ Orientierungstraining ▸ Training zur Verbesserung der allgemeinen aeroben Ausdauer unter Entlastung des Stütz- und Bewegungsapparats	40 min.
Funktionelles Muskeltraining (3. Phase)	▸ Trainieren gegen den Wasserwiderstand durch Einsatz von Hilfsmitteln (Pads für die Extremitäten) zur Verbesserung der Muskelstrukturen (Kraftausdauer) ▸ Intensivierung der Koordinationsübungen ▸ Weitere Verbesserung der Stabilisation (Rumpf, Schulter, Hüfte) ▸ Training der allgemeinen aeroben Ausdauer	40 min.

Allgemeine Bemerkungen:
Die Herzfrequenz bei Durchführung der Aquatherapie liegt 30 bis 40 Schläge unterhalb der einer Belastung an Land. Dies trifft auf die hier aufgeführten Phasen innerhalb der Rehabilitation zu. Im Rahmen des Präventiven Funktionstraining (PFT) kann die Aquatherapie als Regenerationstraining mit präventiven Schwerpunkten absolviert werden. Hierbei stehen Aquajogging und Aquagymnastik mit dem Ziel „Verbesserung der Beweglichkeit, Koordination und Muskelkraft" im Vordergrund. Die Wassertemperatur sollte 27 bis 29 Grad betragen. Die Therapie wird unter Kontrolle eines Reha-Trainers oder Therapeuten durchgeführt, um eine entsprechende Effektivität zu garantieren.

Ein weiterer Schwerpunkt ist die Wiedergewinnung koordinativer Bewegungsmuster unter Berücksichtigung der Auftriebskraft des Wassers. Dadurch ist es möglich, die Schmerzsymptomatik zu reduzieren, die Beweglichkeit und Koordination zu verbessern und ein Sicherheitsgefühl für die Bewegungsausführung einzelner Übungen zu schaffen. Diese Situation ermöglicht es dem Patienten, die Übergänge für die Therapie unter Schwerkraftbedingungen besser zu kontrollieren und somit den Heilungsverlauf zu beschleunigen. Die Aquatherapie stellt für uns ein ergänzendes Element des gesamten Therapieangebotes dar, dessen Anwendung im Laufe des Rehabilitationsprozesses reduziert wird.

Kontraindikationen

Kontraindikationen sind angezeigt bei Infekten, offenen Wunden, Schwimmunsicherheit sowie bei Verletzungsbildern, die die Gefahr einer erneuten Verletzung (z.B. Seitenbandrupturen) nach sich ziehen können.

Die Grundlagen

Prävention

Präventionsmaßnahmen erfüllen nicht nur im Sport eine wichtige Funktion. Hierbei sind berufliche Alltagsbelastungen ebenso eingeschlossen wie alle Bereiche des Sports, der Sporttherapie sowie die medizinische Trainingstherapie im Rahmen der Rehabilitation. Mit dem Auskurieren der Verletzung und dem Erreichen der uneingeschränkten Belastungsfähigkeit beginnt der Patient/Sportler, sich spezifischen Belastungsformen des Alltags zuzuwenden. Um darüber hinaus das zukünftige Verletzungsrisiko weiter zu minimieren, gilt es unter präventiven Aspekten individuelle Programme zu entwickeln und diese in der Praxis als Kontrollinstrument einzusetzen. Somit ist es möglich, über ein „Call back-System" den Patienten/Sportler individuell weiter zu betreuen und bei negativen Belastungsveränderungen sofort einzugreifen zu können.

Die Anlagen und Funktionen des Menschen sind auf Bewegungen sowie körperliche Aktivität ausgerichtet. Bewegungsmangel zieht körperliche Funktionsdefizite nach sich. In der Sportmedizin ist Bewegungsmangel definiert als körperliche Beanspruchung chronisch unterhalb einer Reizschwelle, deren Überschreitung zum Erhalt oder zur Vergrößerung der funktionellen zellulären Kapazität notwendig ist. Das bedeutet für die kardiopulmonale Kapazität und die Muskelkraft, daß die Reizschwelle bei untrainierten Personen bei 30 Prozent des maximalen Leistungsvermögens liegt (HOLLMANN 1987). Bleibt die organische Beanspruchung unter dieser Schwelle, so ergeben sich funktionelle Defizite verbunden mit einer Inaktivitätsatrophie. Die einzige Therapie, die diesem Funktionsdefizit entgegenwirken kann, besteht in einem quantitativ und qualitativ richtig abgestimmten und dosierten körperlichen Funktionstraining. Denn auch hier gilt die biologische Grundregel, daß die Struktur und Funktion eines Organs von der Qualität und Quantität seiner Beanspruchung bestimmt wird. Dies bedeutet, daß zu geringe oder falsche körperliche Beanspruchung Funktions- und Belastungsdefizite verursacht. Diese wirken sich besonders nachteilig bei Kindern und Jugendlichen aus, deren Organe sich noch in der Entwicklung befinden. In den letzten Jahren wurde die Bedeutung des Bewegungsmangels für Funktionsstörungen und Organschäden des Haltungs- und Bewegungsapparats bei Kindern, Jugendlichen und Erwachsenen hinreichend erkannt. Jeder nicht belastete und beanspruchte Muskel atrophiert und verändert die Körperfunktion und -haltung. Weist beispielsweise die Rumpfmuskulatur Dysbalancen auf (mehrstündiges Sitzen), so kann sie ihre Aufgaben im Bereich der Haltefunktion nicht mehr erfüllen. Dabei kommt es zu vorzeitigen Ermüdungserscheinungen, einer andauernden Haltungsschwäche und schließlich zu Haltungsfehlern. Durch eine zunehmende Fehlbelastung entwickeln sich dann frühzeitige Abnutzungserscheinungen an der Wirbelsäule und den Gelenken der unteren Extremitäten.

Gerade die Komplexität der Körperhaltung in Verbindung mit vorbeugenden Maßnahmen gegen Haltungsschäden bei Kindern und Jugendlichen im Alltag erfordert eine differenzierte Vorgehensweise, die alle Funktionsebenen von präventiven Maßnahmen berücksichtigt. Wir unterscheiden dabei verschiedene Bereiche: das Funktionstraining, das Verhaltenstraining, das Entspannungstraining und das Körperwahrnehmungstraining

Dabei beinhaltet das Funktionstraining
– Motorische Tests,
– Bewegungsanalysen,
– die Schulung des Gleichgewichts im Rahmen der Koordination,
– die Kräftigung des funktionellen Muskelsystems,
– den Abbau von Dysbalancen.

Inhaltlich wird das Verhaltenstraining durch die Ökonomisierung von Bewegungsabläufen bestimmt.
Das Entspannungstraining umfaßt Techniken und Verfahren zur progressiven Muskelentspannung, die Anwendung und Durchführung von autogenem Training in Verbindung mit spezifischen Atemtechniken.
Das Körperwahrnehmungstraining sensibilisiert den Körper für eine zielgerichtete Funktionsausübung im Rahmen von Bewegungsmustern.
Darüber hinaus besteht das Ziel, individuelle Präventivprogramme zu entwickeln, die praxisorientiert und nachvollziehbar realisiert werden können.
Weiterhin wirkt sich Bewegungsmangel auch auf die inneren Organe negativ aus. Es ist bekannt, daß durch wochenlange Inaktivität die Leistungsfähigkeit

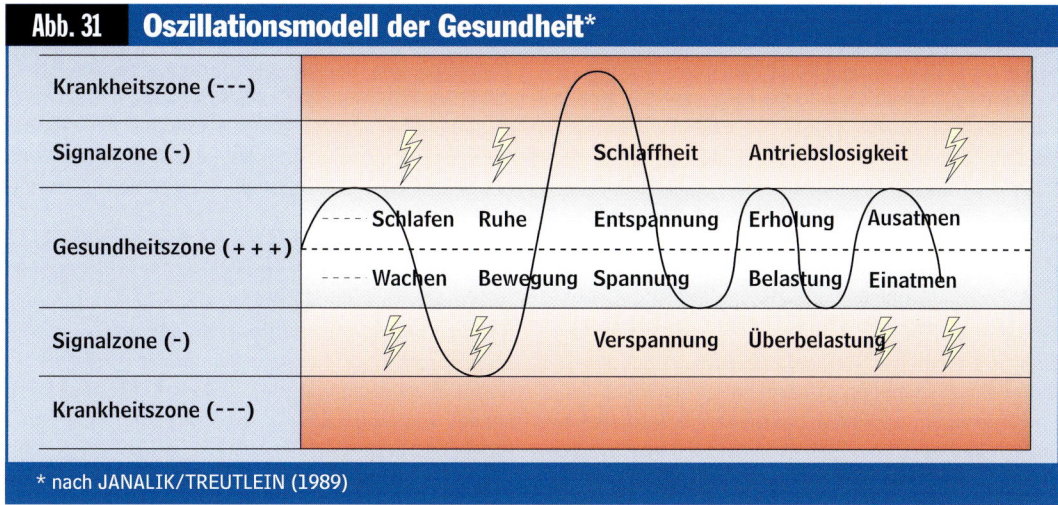

Abb. 31 Oszillationsmodell der Gesundheit*

* nach JANALIK/TREUTLEIN (1989)

des Organismus geschwächt wird. Besonders deutlich werden diese Störungen am Herz-Kreislaufsystem. Die Belastbarkeit ist deutlich reduziert. Die geforderte Leistung wird in erster Linie über eine Pulsfrequenzsteigerung und weniger über eine ökonomisierte Schlagvolumenvergrößerung geregelt. Die Diastole ist verkürzt und somit die Durchblutung und Sauerstoffversorgungsphase des Herzmuskels. Gleichzeitig liegen Einschränkungen der Sauerstoff-Koronarreserve vor.

Zudem führt der Mangel an Bewegung zu einer schwächeren Atemfunktion. Die Vitalkapazität, das maximale Atem-Minuten-Volumen sowie die maximale Sauerstoffaufnahmekapazität sinken.

Aus den daraus resultierenden Gesundheitsstörungen entwickelt sich wiederum ein Inaktivitätskomplex mit häufig parallel dazu auftretenden Gewichtsproblemen. Auch auf die Drüsen wirkt sich der Bewegungsmangel negativ aus. So ist beispielsweise die Hormonproduktion durch die Nebenniere reduziert. Dadurch wird die Anpassungsmöglichkeit deutlich minimiert. Weiterhin tritt bei Bewegungsmangel eine verminderte Streßregulation mit erhöhter vegetativer Reizbarkeit auf. Typische Symptome dafür sind Herzbeschwerden oder Schlafstörungen. Für den Menschen ist daher die aktive Bewegung mit unterschiedlichen Belastungen eine biologische Notwendigkeit, um dem Bewegungsmangelsyndrom entgegenzuwirken.

Nur durch ein frühzeitig einsetzendes funktionelles Präventivtraining ist es möglich, bereits im jugendlichen Alter durch inhaltlich richtige Abstimmung und eine entsprechende Dosierung die physischen Komponenten optimal zu entwickeln. In der zweiten Lebenshälfte soll das Training dazu dienen, die körperliche Leistungsfähigkeit so lange wie möglich zu erhalten. Daraus ist jedoch nicht abzuleiten, daß durch ein im mittleren Alter begonnenes Training keine effektiven Ergebnisse mehr erzielt werden könnten.

Versteht man unter Gesundheit einen dynamischen Zustand körperlichen Wohlbefindens, so muß es das oberste Ziel sein, diesen Zustand zu erhalten und zu stabilisieren. Das gilt für den physischen und psychischen Bereich ebenso wie für das soziale Umfeld. Voraussetzung für eine solche Vorgehensweise ist die Entwicklung eines individuellen körperlichen Bewußtseins in Verbindung mit direkter körperlicher Wahrnehmung. Dabei bildet der Körper die Basis für das Wohlbefinden des Subjekts. Am „Prinzip der Oszillation" erläutern JANALIK/TREUTLEIN (1989) eine gesunde Lebensführung. Danach ist Leben abhängig von aufeinander bezogenen Polaritäten, wie Bewegung – Ruhe, Anspannung – Entspannung oder Einatmen – Ausatmen. Ein kontinuierliches und regelmäßiges Pendeln zwischen den Polen ist die Ausgangsbasis für das gesundheitliche Wohlbefinden.

Die Aufgabe der Prävention besteht also darin, körperlichen Anfälligkeiten vorzubeugen und negativen Entwicklungen durch gezielte präventive Funktionsprogramme entgegenzuwirken. Entscheidend für den Erfolg ist dabei die Kontinuität und die Realisierung der vorgegebenen Programme.

Die Grundlagen

NÜSSEL (1994) definiert die Prävention im Rahmen einer gesamtgesellschaftlichen Aufgabenstellung und unterteilt sie in zwei Bereiche:
- „Primäre Prävention – Verhütung eines erstmalig auftretenden Zustands,
- Sekundäre Prävention – Wendet sich gegen das erneute Auftreten eines Zustands"

Für beide Bereiche wird angenommen, daß bestimmte Verhaltensweisen Hauptursachen für die Zunahme von Zivilisationskrankheiten (z. B. Rückenschmerzen) sind und daß durch Änderung eines solchen Verhaltens Krankheiten vermieden werden können.
Daher ist es notwendig, nach entsprechender Diagnose darauf hinzuwirken, das bisherige Verhalten zu ändern und durch ein aktives individuell orientiertes präventives Funktionstraining die gesundheitliche Basis zu stabilisieren.

Präventives Funktionstraining

Definition des Präventiven Funktionstrainings:
Das präventive Funktionstraining ist ein spezielles vorbeugendes Training für solche Personen, die nach einer Verletzung eine Rehabilitation abgeschlossen haben.
Das wesentliche Ziel besteht darin, die Belastungsfähigkeit zu erhalten, Muskelfunktionen zu stabilisieren und die Voraussetzungen für Leistungssteigerungen im Training zu schaffen.
Das präventive Funktionstraining berücksichtigt zielorientiert und strukturell die konditionellen Grundeigenschaften der jeweiligen Sportart. Dem Anforderungsprofil entsprechend werden die einzelnen Komponenten unterschiedlich trainiert und dem erforderlichen Leistungsprofil angepaßt.

Einordnung des Präventiven Funktionstrainings in den Therapieprozeß
Mit Beendigung der 4. Phase des funktionellen Muskelbelastungstrainings im Rahmen der medizinischen Trainingstherapie und dem Übergang zur uneingeschränkten Belastungsfähigkeit ist die Rehabilitation bezogen auf das jeweilige Verletzungsmuster abgeschlossen. Die funktions- und leistungsdiagnostischen Abschlußtests geben einen gesicherten Überblick über den aktuellen Leistungsstand und die individuelle Belastungsfähigkeit.
Trainings- und Belastungsprogramme werden dem Patienten oder Sportler als Empfehlungen und Orientierungshilfen an die Hand gegeben. Gleichzeitig wird ein präventives Funktionstrainingsprogramm erstellt, das unmittelbar nach der Rehabilitation umgesetzt wird.
Je nach Schweregrad der auskurierten Verletzung unterzieht sich der Patient/Sportler in regelmäßigen Abständen und in einem zeitlich begrenzten Rahmen diesem speziell angepaßten Trainingsprogramm, um mögliche noch vorhandene Funktionsdefizite zu reduzieren oder die vollständige Leistungsfähigkeit so schnell wie möglich zurückzugewinnen. Dabei bildet das funktionelle muskuläre Gleichgewicht die Grundlage für einen kontinuierlichen Leistungsanstieg bis hin zur sportlichen Höchstform. Dem Anforderungsprofil der jeweiligen Sportart entsprechend werden die konditionellen Grundeigenschaften sportartspezifisch trainiert und der Belastungsgrad individuell festgelegt. Hierbei ist darauf zu achten, daß die Normwerte der konditionellen Grundeigenschaften bezogen auf die jeweilige Sportart die Grundlage zur Beurteilung des aktuellen Leistungsstandes bilden. Noch vorhandene Defizite müssen den Normwerten der jeweiligen Sportart in einem vorgegebenen Zeitraum angeglichen werden, um das vorgegebene Trainingsprogramm ohne Einschränkungen absolvieren zu können.
Das präventive Funktionstraining hat folgende Therapieziele:
- Erhaltung und Stabilisierung der uneingeschränkten körperlichen Belastungsfähigkeit,
- Beseitigung von Funktionsschwächen und muskulären Dysbalancen,
- Verringerung der Verletzungsanfälligkeit und Vorbeugung vor Verletzungen,
- Schaffung der Voraussetzungen zur Durchführung individueller Trainingspläne,
- Selbstmotivation,
- Karriereplanung.

Die strukturelle Gliederung des präventiven Funktionstrainings erfaßt entsprechend der Zielorientierung die konditionellen Grundeigenschaften (Ausdauer, Kraft, Schnelligkeit, Koordination, Beweglichkeit) in einem prozentual festgelegtem Rahmen bezogen auf den Belastungsumfang. Die Berechnungsgrundlage dieser Anteile und der entsprechenden Belastungsdosierung bilden die erreichten Werte der leistungsdiagnostischen Untersuchung. Sie sind Ausgangsbasis für alle weiteren trainingsmethodischen Überlegungen. Dabei ist darauf zu achten, daß der ehemals verletzte Bereich um etwa 30 Prozent mehr in den Einzelkomponenten Kraft und Schnelligkeit trainiert werden muß als der nichtverletzte Bereich. Die Komponenten Koordination und Beweglichkeit werden dagegen in beiden Bereichen gleichwertig trainiert.

Nach Beendigung des präventiven Funktionstrainings ist im Rahmen eines komplexen Betreuungssystems eine in regelmäßigen Abständen durchzuführende komplexe Leistungsdiagnostik zur Patientenkontrolle und zur Eigenmotivation im Rahmen der sportlichen Betätigung angebracht.

Der Sinn einer solchen Maßnahme ist die Erhaltung der psychischen Stabilität und der uneingeschränkten beruflichen und sportlichen Leistungsfähigkeit sowie das Hinführen zu Höchstleistungen und zu einer optimalen Leistungsbereitschaft.

Qualitätssicherung und Kontrolle von Präventivmaßnahmen

Die Qualitätssicherung und Kontrolle aller Präventivmaßnahmen bildet die Grundlage für die Realisierung entsprechender Funktionsprogramme. Zur Optimierung dieses Prozesses unterscheiden wir drei Bereiche:
- Programmstandardisierung,
- Qualitätskontrolle,
- Ergebnisobjektivierung.

1. Programmstandardisierung

Die Programme überprüfen die konditionellen Grundeigenschaften, Ausdauer, Schnelligkeit, Kraft und Sprungkraft, wobei die Tests standardisiert sind und praxisnahe Anwendung finden. Ausgangspunkt hierfür sind nicht unterschiedliche Leistungsklassen, sondern wir analysieren das individuelle aktuelle Leistungsniveau. Das bedeutet aber nicht, daß es keine Unterschiede bezüglich der Leistungsklassen gäbe. Im Gegenteil: der Leistungsstandard steht in einem engen Zusammenhang zur jeweiligen Sportart, der Spielklasse und auch der speziellen Spielposition. Die entsprechenden Tests kommen wie folgt zur Anwendung:

▶ Ausdauer:
Die Überprüfung der Ausdauer wird im Rahmen eines Labor- bzw. Feldstufentests durchgeführt. Grundlage zur Klassifizierung der individuellen Ausdauerleistungsfähigkeit bildet der erzielte Laktatwert. Diese Tests sind für die jeweiligen Sportarten standardisiert und können in bestimmten Zeitabständen wiederholt werden. Sie dienen als Leistungskontrolle und sichern gleichzeitig die Zielerreichung durch (eventuell notwendig angepaßte) neue Trainings- und Leistungsvorgaben. Dieser Prozeß ist nachvollziehbar, und die erzielten Werte bilden die Grundlage für prognostische Aussagen.

▶ Schnelligkeit:
Die Überprüfung der Schnelligkeit wird mit Hilfe eines Feldstufentests durchgeführt. Hierbei kommen Lichtschrankensysteme zur Anwendung, um einen Linearsprint oder Richtungswechselläufe durchführen zu können. Dabei dient das Lichtschrankensystem zur objektiven Erfassung von Teilzeiten im Bereich von

Die Grundlagen

5 m, 10 m, 15 m, 20 m, 25 m und 30 m Streckenlänge. Anhand der erzielten Zeiten werden Rückschlüsse auf das individuelle Beschleunigungsverhalten gezogen.

Richtungswechselläufe orientieren sich inhaltlich an sportartspezifischen Laufwegen in Verbindung mit komplexen Bewegungsverhalten. Die erzielten Ergebnisse geben Hinweise auf muskuläre Funktionsdefizite verbunden mit Koordinationseinschränkungen des Bewegungsapparates.

▶ Sprungkraft:
Die Sprungkraft wird sowohl mit Hilfe eines Feldtests als auch mit einem Labortest überprüft. Eine spezielle Variante ist dabei der Standard-Sprungkraft-Test. Hieraus entnehmen wir zwei unterschiedliche Sprungformen zur Beurteilung des reaktiven Bewegungsverhaltens. Die erzielten Werte lassen Rückschlüsse auf das Schnellkraftverhalten der Beinstrecker zu. Die Analysen werden im Rechts-Links-Vergleich durchgeführt, um eventuell auftretende Dysbalancen sofort ausgleichen zu können. Die Testergebnisse bilden die Basis zur Ableitung entsprechender Trainingsprogramme und der damit verbundenen Sprungformen.

▶ Kraft:
Die Kraft wird in einer geschlossenen kinematischen Kette für die unteren und oberen Extremitäten überprüft. Grundlage hierfür sind standardisierte Labortests. Eventuell auftretende muskuläre Dysbalancen im Rechts-Links-Vergleich werden sofort erkannt und können durch entsprechende Trainingsprogramme ausgeglichen und beseitigt werden.
Aus den Kraft-Zeit-Verlaufskurven lassen sich Ableitungen bezüglich der auszuwählenden Trainingsinhalte ziehen. Ist das Maximalkraftniveau zu niedrig, erfolgt unmittelbar ein hypertrophieorientiertes funktionelles muskuläres Aufbautraining. Besteht dagegen ein hohes Maximalkraftniveau, werden trainingsmethodische Akzente im Bereich des Schnellkrafttrainings ausgewählt.

2. Qualitätskontrolle

Zur Sicherung und Erhaltung der individuellen Leistungsfähigkeit wird ein „Call back-System" installiert. Somit ist eine sofortiger Datenaustausch bezogen auf die aktuelle Leistungsfähigkeit möglich. Die durchgeführten standardisierten Tests und das objektive Datenmaterial (Messungen) bilden die Grundlage zur Beurteilung der individuellen Leistungsfähigkeit. Hierbei können sowohl positive als auch negative Leistungsentwicklungen erkannt und der Steuerungsprozeß gegebenenfalls korrigiert werden. Diese Möglichkeit bildet die Grundlage der Qualitätssicherung.

3. Ergebnisobjektivierung

Die erzielten objektiven Ergebnisse der standardisierten Leistungstest im Rahmen von Präventivmaßnahmen sind frei von jeglicher subjektiver Beurteilung. Sie lassen Rückschlüsse auf Trends und aktuelle Leistungstendenzen in den jeweiligen Sportarten zu.

Die hier aufgeführten Bereiche sind eng miteinander verbunden und bilden die Grundlage zur Effektivierung von Normwerten und einer damit verbundenen Reflexion dieses Prozesses.

Sprungkraftmessung

Beispiel für ein präventives Trainingsprogramm

Die Diagnose

▶ Zustand nach Operation im rechten Kniegelenk, Patellasehnenersatzplastik, 4 Monate postoperativ
▶ Sportart: Fußball
▶ Leistungsniveau: Regionalliga

Der Spieler befindet sich im Übergang zum Mannschaftstraining. Die im sportartspezifischen Training auftretenden Anpassungsreaktionen (z.B. starke organische und muskuläre Ermüdungserscheinungen) müssen im Rahmen des präventiven Funktionstrainings Berücksichtigung finden, um inhaltlich ein optimales Belastungsprofil zu erstellen.

Die Ausgangswerte

▶ Kraft
– Oberschenkel
   -20% muskuläres Streckerdefizit der verletzten rechten Seite im Vergleich zur gesunden linken Seite
   - 4%ige laterale Differenz der Kniegelenkflexoren
– Unterschenkel
   -17% muskuläres Streckerdefizit der verletzten rechten Seite im Vergleich zu gesunden Seite
   -7%ige laterale Differenz der Sprunggelenksflexoren

▶ Schnelligkeit
– laterale Schnellkraftdefizite der rechten Beinstreckerkette von 6 cm bei Tiefsprüngen aus 24cm Kastenhöhe
– Antrittsvermögen 1,15 s auf 5m

▶ Ausdauer
– Ausdauerwerte nach Laktattest bei 3,6 m/s vLa_4

Trainingsempfehlungen

Anhand der Ausgangswerte des Rehabilitationsprogrammes werden für das Funktionstraining folgende Trainingsempfehlungen für den Sportler weitergegeben. Entsprechend der Verletzung wird für die Phase des präventiven Funktionstrainings ein Zeitraum von 3 bis 4 Monaten vorgegeben. In dieser Zeit wird zusätzlich zum Übergangs- bzw. Mannschaftstraining 1x pro Woche ein gezieltes präventives Training absolviert:

Blockbildung:
– 2 Wochen Schnellkraft (SK)
– 4 Wochen Maximalkraft (MX)
– 1 Woche Schnellkraft (SK)
– 4 Wochen Maximalkraft (MX)
– 1 Woche Schnellkraft (SK)

Mit dem Schnellkrafttraining soll eine möglichst optimale neuronale Anpassung erreicht werden.

Trainingsinhalte des Schnellkrafttrainings:
– 4 x 15 Tiefsprünge (alle 6 s) aus einer Optimalhöhe (3 min. Pause);
– 3x 5 bis 6 Wiederholungen explosive, einbeinige Krafteinsätze der Beinstrecker in einer geschlossenen Kette bei 100% maximal möglicher Last (Beinpresse liegend);
– 4 bis 5 Bergabläufe bis zur maximal möglichen Frequenz, bei 20% Gefälle sollte die Streckenlänge 40 bis 60 m betragen – bei zunehmenden Gefälle reduziert sich die Streckenlänge.

Trainingsinhalte des Maximalkrafttrainings:
Mit dem Maximalkrafttraining wird das Ziel verfolgt, einen maximalen Hypertrophiereiz auf die Muskelstrukturen zu übertragen:
– 4 x 10 Wiederholungen der Oberschenkelstrecker bei 80 bis 90% Last in einer offenen Kette (Beincurl-rotatorische Komponente-isokinetisch)
– 4 x 10 Wiederholungen für die Wadenmuskulatur bei 80 bis 90% Last in einer offenen Kette
– 4 x 10 Wiederholungen der Beinstreckerkette bei 80 bis 90% Last in einer geschlossenen Kette (Beinpresse-translatorische Komponente-isokinetisch)
– 4 x 10 Wiederholungen der Wadenmuskulatur bei 80 bis 90% Last in einer geschlossenen Kette

Die Grundlagen

– Erhalt der Grundlagenausdauer durch Regulations- bzw. Kompensationstraining

Zeitdauer: 20 bis 30 min., unter 2 mmol; Herzfrequenz: 120
Tab. 10 zeigt Übergänge zur sportartspezifischen Belastung.

Das Auf- und Abwärmen vor und nach jedem Mannschaftstraining

Das Aufwärmen
Das Aufwärmen zur Vorbereitung einer Trainingseinheit sollte etwa 30 min. dauern.
▶ Laufen bei mittlerer Geschwindigkeit im aeroben/anaeroben Bereich 2-4 mmol, Herzfrequenz 130 bis 150
▶ Sportartspezifische Dehnungsübungen (je 20s Dauer):
– Wadenmuskulatur
– Vordere und hintere Oberschenkelmuskulatur
– Adduktoren
– Hüftbeuger
– Rumpf (Seitneigung und Rotation)
– Brustmuskulatur
– Halswirbelsäulen-Gymnastik
▶ Sportartspezifische Belastungen in Verbindung mit Ballarbeit
– Antritte
– Stop-, Dreh- und Seitwärtsbewegungen
– Sprünge, Kopfbälle

Das Abwärmprogramm (cool-down)
Die Nachbereitung einer Trainingseinheit in Form eines gezielten Abwärmens sollte ebenfalls ca. 30 min. betragen. Die Schwerpunkte dieser Einheit werden in zwei Komplexe festgelegt:
▶ Laufen bei niedriger Geschwindigkeit (regenerativer Bereich, aerobe Belastung, Herzfrequenz unter 120, 15 min.)
▶ Dehnungsgymnastik der im Training besonders beanspruchten Muskelgruppen zur Vermeidung von Kontraktionsrückständen insbesondere bei Kraft- und Schnellkrafteinheiten. Die Dehnphasen sollten mindestens 30 s. betragen:
– Wadenmuskulatur
– Vordere und hintere Oberschenkelmuskulatur

Tab. 10 Übergänge zu einer sportartspezifischen Belastung				
Patiententyp	**Muskelgruppe Position**			
Männer				
	Hüfte			
	Flexion Neutral-Null	Extension Neutral-Null	Adduktoren Neutral-Null	Abduktoren Neutral-Null
Sportler	<400	<500	<400	<460
Sportlich Aktiver	330	410	320	410
Normal	270	320	270	330
Krank	>220	>250	>220	>270
Frauen				
Sportlerin	<280	<330	<320	<350
Sportlich Aktive	230	270	270	310
Normal	180	190	210	240
Krank	>130	>90	>160	>190

Darstellung der Normwerte verschiedener Muskelgruppen als Grenzwerte zum Übergang des präventiven Funktionstrainings.

- Adduktoren
- Hüftbeuger
- Brust- und Schultermuskulatur in Verbindung mit Halswirbelsäulen-Gymnastik

Das Auf- und Abwärmen vor und nach jedem Spiel

Zur Vorbereitung auf den Wettkampf am Spieltag sollten für die direkte Vorbereitung ebenfalls ca. 30 min. eingeplant werden.

Das Aufwärmprogramm
Das Aufwärmprogramm sollte dabei zwei Schwerpunkte berücksichtigen:
▶ Einlaufen mit kurzen Dehnungsphasen für die im Spiel beanspruchte Muskulatur bei höherem Lauftempo aerob/anaerob Herzfrequenz 130 bis 150; Zeitdauer: 15 min.
▶ Sportartspezifische Vorbereitung mit Ball (Dauer: 15 min.):
- kurze Antritte mit Richtungswechsel nach Kurzpaßspiel
- Stop-, Dreh- und Seitwärtsbewegungen zur Ballannahme
- Sprünge, Kopfbälle
- Innen-, Außen- und Vollspannstöße

Das Abwärmprogramm
Das Abwärmprogramm nach dem Spiel hat ebenfalls eine große Bedeutung. Es dient der physischen sowie der psychischen Regeneration und hat gleichzeitig präventiven Funktionscharakter. Das Abwärmprogramm wird in zwei Komplexe unterteilt:
▶ Laufen bei niedriger Geschwindigkeit im regenerativen Bereich unter 2 mmol/Laktat, Herzfrequenz unter 120
▶ Dehnungsgymnastik der im Spiel besonders beanspruchten Muskelgruppen zur Vermeidung von Kontraktionsrückständen (mindestens 30s pro Übung, Dauer des Komplexes insgesamt: 20 min.)
- Wadenmuskulatur
- Vordere und hinter Oberschenkelmuskulatur
- Adduktoren
- Hüftbeuger
- Rumpf

Hinweis: Einzelne Elemente sind auch auf Individualsportarten übertragbar.

Muskelgruppe Position				Muskelgruppe Positon			
Knie				Schulter			
Flexion 135 Grad	Extension 90 Grad	Adduktoren Neutral-Null	Abduktoren Neutral-Null		Anteversion Neutral-Null	Retroversion Neutral-Null	
<350	<300	<280	<290		<200	<200	
290	240	240	250		180	180	
240	170	200	210		150	150	
>170	>120	>140	>150		>120	>120	
<250	<220	<200	<200		<160	<160	
200	170	160	160		130	130	
160	140	130	130		110	110	
>110	>100	>90	>90		>75	>75	

Messung der isometrischen Maximalkraft unter definierter Gelenkwinkelstellung (Meßwerte in Newton [N]). Die Werte gelten für Sportler/Patienten im Altersbereich zwischen 20 und 30 Jahren (gemessen mit SPOREG-ASYS-System).

Die Grundlagen

Behandlungserfahrungen im Übergang von der Rehabilitation zur uneingeschränkten Belastung und die Integration in das Vereinstraining

Ein entscheidendes Kriterium für das Erreichen der uneingeschränkten Belastungsfähigkeit für die jeweilige Sportart nach Verletzung ist der kontrollierte Übergang von der Rehabilitation zur sportlichen Belastung (Training/Wettkampf). Das bedeutet, daß die leistungsbestimmenden Faktoren und deren Gewichtung für die jeweilige Sportart bekannt sein müssen. Am Beispiel der Sportart Fußball wurden vom Rehazentrum SPOREG Normwerte anhand leistungsdiagnostischer Tests entwickelt, die eine Klassifizierung verschiedener Leistungsebenen (1. und 2. Bundesliga, Regionalliga sowie Oberliga) ermöglichen (vgl. Tab. 11 und 12).

Entsprechend dieser Vorgaben muß in der Endphase der Rehabilitation (4. Phase – Funktionelles Muskelbelastungstraining/5. Phase präventives Funktionstraining) therapiert und unter dem Aspekt des Aufbautrainings trainiert werden. Die in diesem Zeitraum durchgeführten leistungsdiagnostischen Tests bilden die Grundlage zur Beurteilung der aktuellen Leistungsfähigkeit und sind somit Steuerungselement für den Übergang zum Training und Wettkampf. Anhand der durch den Sportler erzielten Werte wird die Trainingsbelastung mit entsprechender Dosierung abgestimmt und der Übergang zur uneingeschränkten Belastungsfähigkeit optimal vorbereitet. Das während der Übergangsphase kombinierte Training (individuelles sportartspezifisches Vereinstraining, Mannschaft/Präventives Funktionstraining) dient einer schnelleren Anpassung und ist zugleich Regulator einer stabilen sportlichen Form. Mit Beginn der 5. Phase (Präventives Funktionstraining) ist der Gesamtkomplex der Rehabilitation beendet.

Praktische Erfahrungen

So idealtypisch und logisch dieses Konzept erscheint, gibt es in der praktischen Umsetzung doch Probleme. Diese liegen beispielsweise darin begründet, daß:
– der Sportler durch den Verein zu früh aus dem Reha-Prozeß herausgenommen wird,
– der Leistungsdruck auf den Sportler durch Vertragssituation und Prämiensystem so hoch ist, daß dieser gegen alle Vernunft sofort wieder spielen möchte,
– ein Mannschaftskader durch Verletzungen reduziert ist und dadurch der Übergang des ehemals verletzten Spielers nicht in der abgesprochenen Form dosiert wird,
– eine Mannschaft durch die aktuelle Tabellensituation (Abstiegsplatz) dringend auf den Spieler angewiesen ist,
– Verletzungsbild und Dauer des Heilungsverlaufs seitens des Trainers nicht angemessen berücksichtigt werden,
– Abstimmungsprobleme mit dem Trainer bei der Gestaltung der Trainings- und Wettkampfbelastung auftreten.

Es ist daher unumgänglich, ein Anforderungsprofil für ein modernes Betreuungssystem zu entwickeln und diese Vorstellungen in der Praxis zu realisieren. Der dafür infrage kommende Personenkreis (vgl. Abb. 32) setzt sich beispielsweise in der Sportart Fußball wie folgt zusammen.
– Trainer
– Co-Trainer
– Torwart-Trainer
– Reha-Trainer
– Mannschaftsarzt/Spezialist
– Physiotherapeut(en)

Tab. 11　SPOREG-Index I

Fähigkeit	Kriterium	Bedeutung	Normwerte
Ausdauer	Geschwindigkeit an der anaeroben Schwelle	hoch	1. BL: 4,1 bis 4,4 m/s 2. BL: 3,8 bis 4,3 m/s RL: 3,7 bis 4,2 m/s OL: 3,6 bis 4,0
Schnelligkeit	30 m-Linearsprint	sehr hoch	1. BL: 3,85 s 2. BL: 3,91 s RL: 3,98 s OL: 4,15 s
Sprungkraft	Counter-Movement-Jump (beidbeinig)*	hoch	1. BL: 44 cm (26 cm) 2. BL: 42 cm (25 cm) RL: 39 cm (23 cm) OL: 36 cm (21 cm)
	Drop-Jump (beidbeinig)*	hoch	1. BL:　44 cm bei 160-175 ms 　　　　(27 cm bei 190-205 ms) 2. BL:　42 cm bei 170-180 ms 　　　　(26 cm bei 200-215 ms) RL:　　39 cm bei 175-185 ms 　　　　(24 cm bei 210-225 ms) OL:　　36 cm bei 190-215 ms 　　　　(22 cm bei 220-235 ms)
Kraft	dynamisch, offen, rotatorisch (60 Grad/s)	sehr hoch	1. BL: 3,4 Nm/kg 2. BL: 3,2 Nm/kg RL: 2,9 Nm/kg OL: 2,5 Nm/kg
	statisch, geschlossen, translatorisch (isometrisch 120 Grad Kniegelenkwinkel)	sehr hoch	1. BL: 4200 bis 4400 N 2. BL: 4000 bis 4300 N RL: 3800 bis 4200 N OL: 3400 bis 3900 N

Bedeutung und Normwerte der fußballspezifischen Komponenten der konditionellen Leistungsfähigkeit
Legende: BL = Bundesliga, RL = Regionalliga, OL = Oberliga; * Angaben für einbeinige Ausführung in Klammern

Die Grundlagen

Tab. 12 SPOREG-Index II

Fähigkeit	Kriterium	Fußball Bedeutung	Normwerte	Handball Bedeutung
Ausdauer	Geschwindigkeit an der anaeroben Schwelle	hoch	1. BL: 4,3 - 4,5 m/s 2. BL: 3,9 - 4,4 m/s RL: 3,7 - 4,2 m/s OL: 3,6 - 4,0 m/s	mittel
Schnelligkeit	30 m-Linearsprint	sehr hoch	1. BL: 3,85 s 2. BL: 3,91 s RL: 3,98 s OL: 4,15 s	hoch
Sprungkraft	Counter-Movement-Jump	hoch	1. BL: 44 cm 2. BL: 42 cm RL: 39 cm OL: 36 cm	hoch
Kraft	dynamisch, offen, rotatorisch (60 Grad/s)	sehr hoch	1. BL: 3,4 Nm/kg 2. BL: 3,2 Nm/kg RL: 2,9 Nm/kg OL: 2,5 Nm/kg	hoch
	statisch, geschlossen translatorisch (isometrisch 120 Grad Kniegelenkwinkel)	sehr hoch	1. BL: 4200 - 4400 N 2. BL: 4000 - 4300 N RL: 3800 - 4200 N OL: 3400 - 3900 N	hoch

Von den Autoren ermittelte leistungsdiagnostische Normwerte im Vergleich ausgewählter Sportarten

Dieses Team benötigt unter Einbeziehung des verletzten Sportlers einen ständigen Informationsaustausch über dessen aktuellen Gesundheitszustand. Hierbei besteht allerdings die Gefahr, den Sportler mit einer Vielzahl von Informationen zu verunsichern und den Heilungsprozeß damit eventuell zu stören. Daher erscheint es notwendig, über eine Zentralisierung der Informationen nachzudenken und für den Sportler die entscheidende Bezugsperson festzulegen (Mannschaftsarzt/Trainer).

Unsere Erfahrungen der letzten Jahre bestätigen diese Überlegungen und zeigen im Ergebnis optimale Heilungsverläufe und eine kontinuierliche Eingliederung des Sportlers in den Trainings- und Wettkampfprozeß. Weiterhin sollten innerhalb dieses Integrationsprozesses leistungsdiagnostische Begleituntersuchungen und Tests durchgeführt werden, um dem Sportler den jeweiligen aktuellen Stand seiner Leistungsfähigkeit zu verdeutlichen. Somit werden die Voraussetzungen geschaffen, seine psychische Belastbarkeit zu stabilisieren und zusätzlich motivationale Anregungen für eine professionelle Einstellung zu liefern. Sollte das Betreuungssystem diese Aufgabenstellung nicht erfüllen, entsteht von außen eine enorme Unruhe in bezug auf den Sportler, die Störungsprozesse für den Reha-Verlauf nach sich ziehen kann.

Daher ist es ratsam, solche Komponenten von Beginn der einsetzenden Rehabilitation an auszuschließen und den Sportler dahingehend zu betreuen, daß er zentral geführt wird. Je mehr Personen am Reha-Prozeß Anteil haben, um so höher ist das Risiko einer Fehlkommunikation.

Aus einer solchen Konstellation ergibt sich ein vorprogrammiertes Chaos mit widersprüchlichen Aussagen und unterschiedlichen Meinungen.

rmwerte	Eishockey Bedeutung	Normwerte	Triathlon Bedeutung	Normwerte
L: 4,1 - 4,3 m/s L: 3,8 - 4,1 m/s 3,6 - 4,0 m/s	gering	DEL: 3,5 - 4,0 W/kg	sehr hoch	4,6 - 5,1 m/s 4,4 - 4,8 m/s
L: 3,85 s L: 3,98 s 4,08 s	sehr hoch	DEL: 3,86 s	gering	
L: 46 cm L: 43 cm 40 cm	hoch	DEL: 40 cm		
L: 3,2 Nm/kg L: 3,1 Nm/kg 2,7 Nm/kg	hoch	DEL: 3,4 Nm/kg	gering	
L: 3500 - 4000 N L: 3400 - 3800 N 3200 - 3600 N	hoch	DEL: 3800 - 4200 N		

Tab. 13 Übergänge zu einer sportartspezifischen Belastung

Sportart	Verletzung	Therapiephase	Phasendauer/Übergang sportartspez.	Mannschaftstraining
Fußball	Sprunggelenkdistorsion	4	3 Wochen	1 Woche
Handball	Sprunggelenkdistorsion	4	4 Wochen	1 Woche
Basketball	Sprunggelenkdistorsion	4	4 Wochen	1 Woche
Volleyball	Sprunggelenkdistorsion	4	3 Wochen	1 Woche
Eishockey	Sprunggelenkdistorsion	3	2 Wochen	2 Wochen

Die Grundlagen

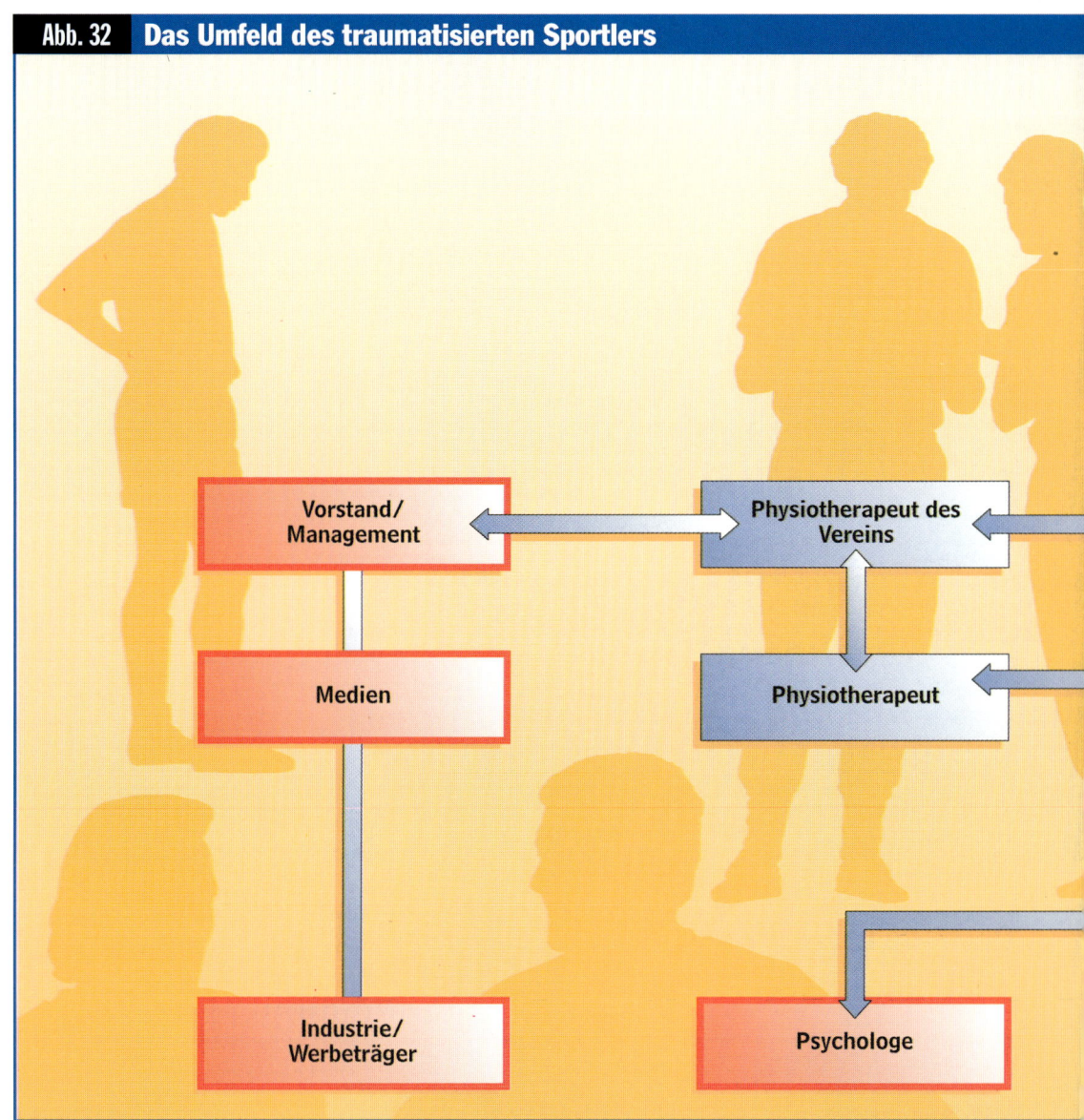

Abb. 32 Das Umfeld des traumatisierten Sportlers

Fazit

Der Erfolg der Rehabilitation ist eng verbunden mit einer straffen Organisation des Rehaprozesses und der Kompetenz der an diesem Prozeß beteiligten Personen. Hierbei ist zu berücksichtigen, daß nur solche Informationen an den Sportler weitergegeben werden sollten, die ihn nicht negativ beeinflussen.

Eine weitere entscheidende Komponente ist die Qualitätssicherung des Rehaprozesses sowie die damit verbundene planbare schnelle Integration des Spielers in den Trainings- und Wettkampfprozeß. Dabei ist unbedingt zu beachten, daß die einzelnen Sportarten sehr unterschiedliche Anforderungsprofile aufweisen und deswegen die Belastungsübergänge bezogen auf die Phasenstruktur ebenfalls unterschiedlich erfolgen. Aus diesem Grund kann es vorkommen,

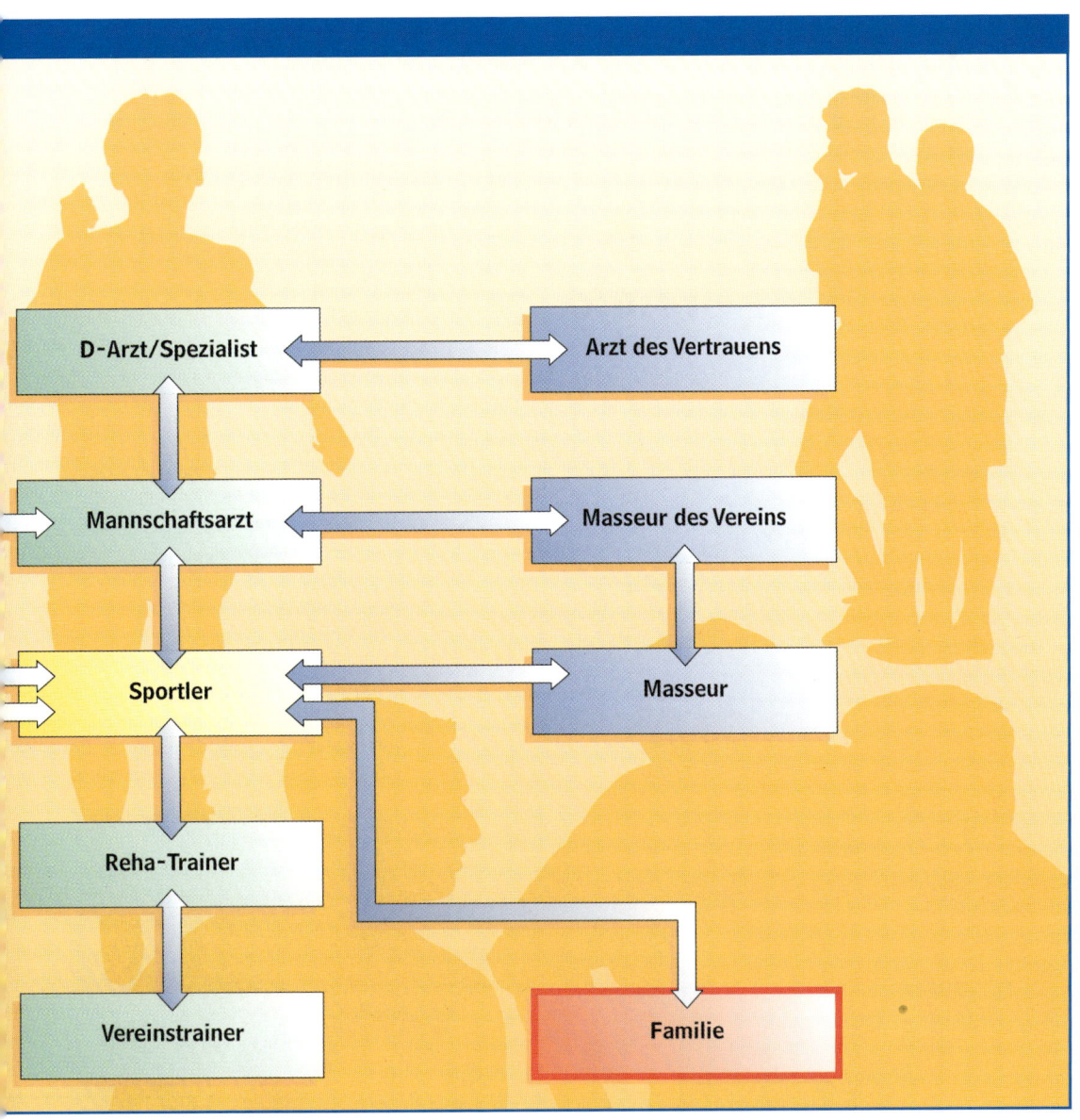

daß etwa bei einem Bänderriß im Sprunggelenk ein Eishockeyspieler (Eishockeystiefel stützt den Fuß, der Fuß gleitet auf dem Eis) mit sportartspezifischen Belastungen früher beginnen kann als zum Beispiel ein Fußballer oder ein Handballspieler (vgl. Tab. 13). Diese Zusammenhänge haben auch Veränderungen in der Therapieplanung und Änderungen im Trainingsaufbau zur Folge. Hierbei handelt es sich um die Übergänge von der Rehabilitation (4. Phase) zum sportartspezifischen Training. Grundlage dafür sind die leistungsdiagnostischen Testergebnisse, die bezogen auf die jeweilige Sportart mit den vorliegenden Normwerten verglichen werden.

Die Grundlagen

Regulationsmechanismen für eine erfolgreiche Rehabilitation – die Zusammenhänge von physischen und psychischen Beeinflussungsfaktoren und sozialem Umfeld

Die traditionelle Heilbehandlung nach Sportverletzungen

Unsere Erfahrungen aus dem Hochleistungssport haben uns gezeigt, daß vor über 20 Jahren (Beginn 1979) Defizite in der Nachbehandlung nach Verletzungen deutlich zu erkennen waren.
Traditionelle Behandlungsmethoden standen dabei im Vordergrund und hatten ihre Schwerpunkte im Bereich physikalischer Therapien. Dabei wurde vergessen, daß das gesamte körperliche Funktionssystem und das Training im Spitzensport mit dem Ziel, Höchstleistungen zu erreichen, einer ständigen Ausweitung des Trainingsprozesses unterlag. Damit verbunden waren trainingsmethodische Veränderungen und Anpassungsprozesse an intensive und umfangreiche Trainings- und Wettkampfbelastungen. Kam es dann zu einer Verletzung, reichten die bisherigen Behandlungsmethoden nicht mehr aus, den verletzten Sportler so schnell wie möglich an das alte Belastungs- und Leistungsniveau wieder heranzuführen. Ursachen dafür waren:

– Es fehlte ein durchgängiges Behandlungskonzept für das Erreichen des Status quo vor der Verlet-

Das Ziel, auf das alle hinarbeiten: die Rückkehr und vollständige Integration in die Mannschaft

zung, um den Anforderungen des Hochleistungssports wieder gerecht zu werden.
- Es wurde lediglich eine isolierte, auf den verletzten Bereich bezogene Behandlung vorgenommen.
- Traditionelle krankengymnastische Methoden mit zu kurzen Zeitintervallen in den einzelnen Belastungsstufen wurden angewandt.

Dies führte zu unterschwelligen Belastungsreizen und war für Hochleistungssportler (Profis) in der Endphase der Rehabilitation ungeeignet.

Unser neues Konzept des funktionellen muskulären Aufbautrainings nach Sportverletzungen

Aufgrund dieser Erkenntnisse entwickelten wir ein neues Segment für den Rehaprozeß. Der Schwerpunkt sollte darin bestehen, die körperliche Belastungs- und Leistungsfähigkeit durch ein **gezieltes angepaßtes individuelles muskuläres funktionelles Aufbautraining und Ausdauerbelastungstraining** so zu trainieren und zu steuern, daß ein schneller Übergang in den sportartspezifischen Trainings- und Wettkampfprozeß möglich war.
Von der Trainingswissenschaft haben wir dabei die Grundstrukturen der Periodisierung übernommen, diese spezifiziert und auf die medizinische Trainingstherapie im Rahmen des Rehaprozesses übertragen. Davon abgeleitet wurde eine **5-Phasen-Struktur**, die auf alle Verletzungsbilder übertragbar ist. Diese bildet den Rahmenplan für eine zeitlich exakt festgelegte Prognose.
Das qualitativ Neue an dieser Struktur ist, daß das gesamtkörperliche Funktionssystem mit den einzelnen Schwerpunkten wieder so auftrainiert werden kann, daß bei Einstieg in das sportartspezifische Training die Muskel- und Muskelkraftdefizite deutlich reduziert bzw. an den nicht verletzten Bereich angeglichen sind. Die Bezeichnung **funktionelles muskuläres Aufbautraining nach Verletzungen** kennzeichnet die Inhalte dieser Methode. Mit Einbeziehung physikalischer und krankengymnastischer Maßnahmen entstand somit ein neues komplexes Behandlungskonzept.

Dabei verschieben sich die Behandlungsanteile und Zeitintervalle anhand des Verletzungsbildes so, daß am Ende einer Rehamaßnahme der Schwerpunkt im funktionellen körperlichen Belastungstraining zu sehen ist. Als Kontrollinstrument dient dabei das Präventive Funktionstraining zur Erhaltung der körperlichen Leistungsfähigkeit.
Die Zeitverläufe bei Verletzungen – angefangen vom Eintreten der Verletzung bis hin zur Wiederherstellung der uneingeschränkten Belastungsfähigkeit – wurden dabei deutlich verkürzt. Ursachen dafür sind u.a.:
- eine verbesserte medizinische Diagnostik (z.B. Computertomographie (CT), Magnetresonanztomographie (MRT), Ultraschall, arthroskopische Verfahren),
- die Anwendung verfeinerter Operationstechniken durch Einsatz modernster Systeme (verstärkt arthroskopische Operationsmethoden, Reduktion von Gelenköffnungen (Arthronomie),
- ein verstärkter Trend zur Durchführung konservativer Behandlungsmethoden und -formen,
- die Abkehr von operativen Eingriffen bei verschiedenen Verletzungsbildern (z.B. Seitenbandverletzungen im Kniegelenk innen und außen, Bandverletzungen im Sprunggelenk),
- der frühzeitige Beginn mit einer Komplexrehabilitation (z.B. EAP)

Die Schwerpunkte dabei sind:
▶ Differenzierung der Behandlungsinhalte unter Einbeziehung des gesamten funktionellen Körpersystems (nicht nur isolierte Verletzungsbehandlung!).
▶ Einsatz modernster Gerätetechnologien, die gezielt für die Rehabilitation entwickelt wurden.
▶ Frühzeitiger Einsatz von spezifischen Meßsystemen für unterschiedliche Verletzungsbilder zum Zweck der funktions- und leistungsdiagnostischen Untersuchungen mit dem Ziel der Steuerung eines optimalen Rehaprozesses.
▶ Ein hochqualifiziertes Reha-Team mit unterschiedlichen Aufgabenstellungen im komplexen Rehaprozeß mit fachübergreifenden Kenntnissen (Arzt, Physiotherapeut, Masseur, Ergotherapeut, Reha-Trainer [Dipl.-Sportlehrer, Sportwissenschaftler]).
▶ Geeignete Räumlichkeiten mit umfangreicher Geräte-Ausstattung.
▶ Zentrale Organisation für die einzelnen Fachabteilungen zwecks enger fachlicher Abstimmung individueller Therapiekonzepte.

Die Grundlagen

▸ Realisierung eines vorgegebenen strukturierten Behandlungsplans (5-Phasen-Struktur), der auf die Verletzung des Patienten/Sportlers abgestimmt ist.

Mit Beginn der von uns in den 80er Jahren neu entwickelten Behandlungsstruktur in Form des funktionellen muskulären Aufbautrainings nach Verletzungen wurden wir immer wieder von seiten der Operateure bei gleichen Verletzungsbildern mit unterschiedlichen postoperativen Vorgaben konfrontiert. Entweder handelte es sich bis zu diesem Zeitpunkt fast ausschließlich um lange Gelenkruhigstellungen (8 bis 10 Wochen Gips nach Kreuzbandoperationen), oder es wurden bereits frühfunktionelle aggressive Behandlungsstrategien realisiert (z.B. einige Tage nach der Operation Einsatz einer Motorschiene zur passiven Gelenkbewegung)

Die Ergebnisse der Immobilisation (lange Ruhigstellungen) waren:
- Starke Muskelatrophie (z.B. bei Spitzensportlern mehr als 10 cm Muskelumfangsdifferenz zum nicht verletzen Bereich)
- Bewegungseinschränkungen durch Verklebungen, Verwachsungen innerhalb des Gelenks
- Koordinative Funktionsdefizite (Propriozeption)
- Durch einseitig vorgegebene Hinweise (Schwerpunkt: Verletzungsbereich) für die Therapie wurde vergessen, daß der Patient/Sportler ein auf körperliche Höchstleistung ausgerichtetes Funktionssystem besitzt. Eine längere Zeit der Ruhigstellung verschiedener Gelenkfunktionen und die Inaktivität des nichtverletzten Bereichs bedeuteten einen enormen Leistungsabfall einzelner Körperfunktionen (z.B. Ausdauer, Muskelkraft) im gesamten Funktionssystem.

Passive Maßnahmen oder Operation?

Mit Beendigung der Ruhigstellung gab es unterschiedliche Auffassungen für die sich anschließende Weiterbehandlung. Einerseits lag der Schwerpunkt ausschließlich in passiven Maßnahmen, andererseits galt die Kombination zwischen passiver Therapie und aktiven Belastungsformen als großer Fortschritt. Diese Kombination hat sich in der Praxis bewährt und findet aufgrund der schnellen Heilungserfolge bis zum heutigen Zeitpunkt ihre Anwendung.
Allerdings gibt es auch heute noch bei gleicher Indikation und ähnlichen Operationstechniken unterschiedliche Therapie und Belastungsvorgaben. Bei einer **vorderen Kreuzbandruptur** (Riß) zum Beispiel sind, bezogen auf die zur Zeit oft angewandten Operationstechniken mit körpereigenem Material (Patelasehnenplastik, Semitendinosus-, Gracilissehnen- und Quadrizepssehnenplastiken), die prognostizierten Vorgaben bei derselben Operationstechnik sehr unterschiedlich. Das kann zu Irritationen zwischen Patient und Therapeuten führen.
So passiert es häufig, daß es bei einer Semitendinosusplastik zwischen einer Belastungsvorgabe durch den Operateur von 3 Tagen (Gangvollbelastung) und einer stufenweisen Teilbelastung (Orthesenstabilisierung, Gehstützen) bis hin zur Vollbelastung bis zu 6 Wochen liegen.
Die **Achillessehnenruptur** (Riß) mit der sich anschließenden Nachbehandlung liefern ein weiteres Beispiel: Hier haben wir es einerseits nach wie vor mit Gipsruhigstellungen bis zu 6 Wochen und andererseits mit frühfunktionellen Übergängen mit verschiedenen Therapieformen inklusive der medizinischen Trainingstherapie zu tun. Bei letzterer werden bereits Hilfsmittel (z.B. der Adimed-Schuh) als Stabilisationselement für das Gehen eingesetzt, um das Gangbild frühzeitig in koordinative Bewegungsformen mit einzubeziehen.
Oftmals findet allerdings auch heute noch nach einer solchen Verletzung kaum eine Nachbehandlung statt, getreu dem Motto: „Es regelt sich von selbst". Trotz verbesserter Operationstechniken und Methoden werden die Übergänge bis zur Vollbelastung nicht kontrolliert, und in vielen Fällen ist mit dem Schließen der Operationswunde die Behandlung abgeschlossen.

Dem gegenüber ist seit einigen Jahren zu beobachten, daß bei bestimmten Verletzungen die bisher in den meisten Fällen operativ versorgt wurden, konservative Behandlungsstrategien (keine Operationen) favorisiert werden. Hierbei muß in der Einzelentscheidung auch die körperliche Konstitution des verletzten Patienten/Sportlers berücksichtigt werden.
Bei **Seitenbandverletzungen** (Rupturen des Knieinnenbandes) wie auch lateralen Mehrfachbandrupturen im Sprunggelenk ist aus unserer Sicht und

nach den gemachten Erfahrungen eine konservative Nachbehandlung zu bevorzugen. Im Vergleich zu den operativen Eingriffen sind die Heilungsverläufe fast identisch. Der Vorteil einer solchen Behandlung liegt jedoch in der Reduktion verschiedener Risikofaktoren, die durch Operationen entstehen können (Infektionen, Narbenprobleme, Ergußbildung, Verklebungen etc.).

Bei **Kreuzbandverletzungen** (Ruptur des vorderen Kreuzbandes) beobachten wir seit ca. 15 Jahren anhand eigener Erfahrungswerte, daß für bestimmte Sportarten (z.B. Fußball, Handball, Basketball) die konservative Behandlungsmethode keine optimalen Behandlungserfolge bringt. Der Hochleistungssportler empfindet bei hochfrequenten sportartspezifischen Bewegungsabläufen ein Unsicherheitsgefühl. Das betrifft u.a. Zweikampfsituationen, in denen die aktive Muskelkontrolle über die passive Instabilität des Gelenks (fehlendes Kreuzband) verloren geht. Dadurch entstehen permanent Streßsituationen, und es kommt gleichzeitig zu vermehrten Verschleißerscheinungen im Gelenksystem.

In zyklischen Sportarten wie z.B. Radsport und Laufen können aus unserer Sicht, selbst wenn das vordere Kreuzband fehlt, mit einem optimalen Muskelfunktionssystem dennoch Höchstleistungen erzielt werden. Bei der relativ selten auftretenden **hinteren Kreuzbandruptur** (Riß) ist der konservative Behandlungsweg erfolgversprechender, da die Operationsergebnisse aufgrund der Lage und Funktion des Kreuzbandes nicht den Vorstellungen der Operateure entsprechen.

Auch bei **Schulterverletzungen** werden mittlerweile konservative Behandlungsmethoden bevorzugt (z.B. Tossy I bis III). Was bisher bei einer diagnostizierten Tossy III-Verletzung als eindeutiger Operationsbefund zu sehen war, wird mittlerweile in bestimmten Fällen auch durch konservative Behandlungsstrategien behoben. Ausschlaggebend für den Behandlungserfolg ist das individuelle, besonders stark ausgeprägte Muskelsystem im Bereich des Schultergürtels, das für die postoperative Behandlungsphase eine entscheidende Voraussetzung ist.

Bei **Muskelrupturen** z.B. gibt es kein einheitliches Behandlungskonzept der Entscheidung zwischen operativer und konservativer Behandlungsmethode. Neueste Erkenntnisse favorisieren bei Hauptbelastungsmuskeln für sportartspezifische Höchstbelastungen (z.B. Gewichtheben, Judo) eine operative Versorgung. Dadurch werden die Voraussetzungen geschaffen, den verletzten Muskelbereich wieder so aufzutrainieren, daß er die Voraussetzung erfüllt, Höchstleistungen bezogen auf die jeweilige Sportart zu erbringen.

Letztlich ist die Entscheidung zwischen operativen und konservativen Behandlungen abhängig
▸ von einer exakten Diagnostik der individuellen Voraussetzungen des Patienten/Sportlers sowie
▸ von der Karriereplanung verbunden mit der sportlichen Perspektive.

Die Rehabilitation beeinflussende Faktoren

Ein entscheidender Faktor im Rahmen der Wiederherstellung, ob nach einer operativen oder konservativen Versorgung, ist das exakte Einhalten von individuell vorgegebenen Behandlungsplänen innerhalb der einzelnen Phasen (5-Phasen-Struktur) und deren Überprüfung auf das prognostizierte Ziel.

Neben der physischen Wiederherstellung nach Verletzungen spielt die psychische Wiederbelastung ebenfalls eine große Rolle im komplexen Rehabilitationsprozeß. In diesem Zusammenhang ist der jeweilige Schweregrad der Verletzung von großer Bedeutung. Entscheidend sind weiterhin der Zeitpunkt (Saison, Vorbereitung u.a.) sowie das Zustandekommen der Verletzung. Ereignet sich eine Verletzung in der entscheidenden Phase zur Meisterschaft (Liga) oder vor einem Wettkampfhöhepunkt (Weltmeisterschaft, Europameisterschaft u.a.), wird diese Verletzung vom Sportler mit einem wesentlich höheren Frustrationsgrad aufgenommen. Untersuchungen von KERR/MINDEN (1988) zeigen, daß 27 Prozent aller Verletzungen unmittelbar vor einem wichtigen sportlichen Ereignis auftreten. Wird dann die Wettkampftätigkeit unterbrochen, sind realistische Zielsetzungen zum Auskurieren der Verletzung von großer Bedeutung. Nach der medizinischen Diagnostik erfolgen danach funktions- und leistungsdiagnostische Untersuchungen bzw. Tests, die prognostische Aussagen zum Auskurieren der Verletzung zulassen. Dabei orientieren sich die Werte am Profil der leistungsbestimmenden Faktoren der jeweiligen Sportart (z.B. Normwerte für einzelne Spielklassen) und werden mit dem aktuellen individuellen Leistungsniveau verglichen. Danach wird ein individueller Stu-

Die Grundlagen

Tab. 14	Kritische Faktoren für die uneingeschränkte Belastungsfähigkeit
Personenabhängige Faktoren	**Personenunabhängige Faktoren**
Gesamtbefindlichkeit (physisch, psychisch)	Rehabilitationsmöglichkeiten
Aktuelle Leistungsfähigkeit	Reha-Team (Arzt, Physiotherapeut, Reha-Trainer)
Genesungsproß	Kontrolle des Rehaprozesses
Persönlichkeitsstruktur	(Heilungsverlauf, Belastungsprofil)
	Betreuungssystem
Faktoren zur Wiederherstellung der uneingeschränkten Belastungsfähigkeit	

fenplan im Rahmen unserer 5-Phasen-Struktur erstellt. Dieser beinhaltet Teilziele mit gezielten Übergängen veränderter progressiver Belastungsstufen. Zum Erreichen des Ziels „Wiederherstellung der uneingeschränkten Belastungsfähigkeit" müssen dabei personenabhängige und -unabhängige Faktoren Berücksichtigung finden (vgl. Tab. 14). Mit Kenntnis dieser Faktoren wird eine mit dem Verletzten abgesprochene Behandlungsstrategie entwickelt, die die Zielstellung, den Zeitverlauf sowie die Übergänge zum sportartspezifischen Training bis hin zum Wettkampf plant.

Dabei wird mit Erreichen der Zwischenziele und deren objektiver Kontrolle ein Motivationsschub beim Verletzten ausgelöst, der den Rehabilitationsverlauf mit beeinflußt. So kann beispielsweise der zu einem bestimmten Zeitpunkt erreichte Beugewinkel im verletzten Kniegelenk oder die Dauer von Schmerzfreiheit bei Belastungen zu einer deutlich verbesserten emotionalen Stabilität führen.

Am Ende des Rehabilitationsprozesses steht der Übergang zum sportartspezifischen Training und das Interesse, den Wettkampf wieder aufzunehmen (Ligaspiele, Turniere u.a.).

Neben der physischen Wiedergenesung wird auch die Vermittlung von Kompetenzerwartung und Selbstsicherheit angesehen (HERMANN 1994). Denn selbst bei physischer Belastungsstabilität existieren durchaus Angstmechanismen, die alte Leistungsfähigkeit nicht wiederzuerlangen. Bei entsprechender Ausprägung hat dies Auswirkungen auf die Resultate im Wettkampf (Spiel).

Andererseits kann ebenso ein Leistungsverlust aufgrund mangelnden Selbstvertrauens auftreten. Das Selbstvertrauen ist angeschlagen, ein erfolgreiches Comeback verzögert sich, und der Zufall bestimmt letztendlich das Ergebnis.

Der Spieler ist nach einer längeren Rehabilitationszeit nicht in der Lage, sofort und übergangslos sportartspezifische Belastungen körperlich voll zu verkraften. Neben den Grundlagenkomponenten des Trainings wie Ausdauer, Kraft, Schnelligkeit, Sprungkraft u.a. stehen spezifische Trainingsformen im Mittelpunkt. Da es sich in einer solchen Situation um einen Neuaufbau (Verhältnis Training/Wettkampf [Spiele]) handelt, ist die Pausengestaltung und Belastungsdosierung ein wichtiges Instrument der Trainings- und Wettkampfsteuerung. Viele Trainer sind der Meinung, daß der sofortige Übergang in das „normale Training" den Anpassungsprozeß verkürze. Jedoch liegen hier die größten Steuerungsprobleme hinsichtlich der körperlichen Leistungsfähigkeit. Oftmals treten Folgeverletzungen auf (z.B. muskuläre Überlastungen), und der Trainingsprozeß wird wieder unterbrochen. Dann lauten die ersten Reaktionen des Trainers: „Der Spieler ist noch nicht fit".

Deshalb ist es aus unserer Sicht notwendig, die Übergänge von der Rehabilitation zum Training bzw. Wettkampf mit allen Beteiligten (Arzt, Trainer, Physiotherapeut, Reha-Team, Spieler) im Detail abzustimmen. Dieses komplexe Teamwork hilft dem Verletzten, sehr schnell in den Alltag des Trainings zurückzufinden und durch eigene Leistungsbestätigung den Anpassungsprozeß so kurz wie möglich zu gestalten. Das in dieser Situation neu zu entwickelnde Selbstbewußtsein ist ein entscheidender Faktor für die weitere Belastungsfähigkeit und Wettkampfhärte.

Wurde bereits im Aufbautraining (Übergang von der 4. zur 5. Phase Muskelbelastungstraining – sportartspezifisches Training – Präventives Funktionstraining) das Selbstbewußtsein und die Kompetenzerwartung des Sportlers gestärkt, sind nach unseren Erfahrungen im Übergang zum Wettkampf geringere

Schwierigkeiten zu erwarten. Probleme können allerdings auch bei Wiedereintritt in das Wettkampfgeschehen bei „verletzungserfahrenen" Sportlern auftreten. Aus unserer Sicht hat das verschiedene Gründe:
- Sportler sind nach erlittener Verletzung teilweise in ihren Handlungen beeinträchtigt, weil sie noch oft über ihre Verletzung nachdenken.
- Die Übergänge vom Training zum Wettkampf (Spiel) sind von der Belastungsstruktur nicht optimal (z.B. zu wenige Regenerationsmaßnahmen während des Trainings).

Die Zeitdauer von Verletzungen

Aus unserer Sicht und den gemachten Erfahrungen muß unbedingt die Zeitdauer der Verletzung berücksichtigt werden. Dabei unterscheiden wir in
- leichte Verletzungen: ca. 1 bis 2 Wochen Dauer
- Kurzzeitverletzungen: ca. 2 bis 4 Wochen Dauer
- Mittelzeitverletzungen: ca. 4 bis 12 Wochen Dauer
- Langzeitverletzungen: über 12 Wochen Dauer

▶ **Leichte Verletzungen**
Bei leichten Verletzungen (z.B. Zerrungen, Prellungen) wird der Sportler kurzfristig aus dem Trainingsprozeß herausgenommen und schwerpunktmäßig nebenher medizinisch und medikamentös behandelt sowie durch physikalische Rehamaßnahmen versorgt. In der Regel erfolgt keine Ausgliederung aus dem Mannschaftskader. Der Spieler wird mit einer geringen Belastungsdosierung im Training weiter belastet (z.B. in der Sportart Basketball: Korbwürfe; im Fußball mit dem Schwerpunkt Techniktraining und Regenerationsläufen). Das sich anschließende sportartspezifische uneingeschränkte Belastungstraining wird ohne Anpassungsprozeß absolviert.

▶ **Kurzzeitverletzungen**
Bei Kurzzeitverletzungen (z.B. Muskelfaserriß, leichte Bänderdehnung, Sehnenreizungen) wird der Sportler aus dem sportartspezifischen Training herausgenommen und absolviert entsprechend der Verletzung ein gezieltes Rehabilitationsprogramm. Grundlage dafür bildet die von uns entwickelte 5-Phasen-Struktur, wobei die Phasendauer sehr unterschiedlich sein kann. Hierbei ist es nicht ungewöhnlich, daß eine Phase auf nur 2 bis 3 Tage begrenzt ist. Unabhängig von der zeitlichen Dauer müssen die Übergänge zum sportartspezifischen Training vorbereitet werden. Dabei werden Bewegungsabläufe sportartspezifisch simuliert, um die Bewegungssicherheit weiter zu stabilisieren. Aus unserer Sicht ist bei solchen Verletzungen eine Anpassungsphase zur sportartspezifischen Belastung notwendig, um die gezielten Übergänge zum Wettkampf optimal zu steuern. Unsere Erfahrungen bei Kurzzeitverletzungen zeigen, daß mindestens 1 bis 2 Wochen notwendig sind, um ein akzeptables Leistungsniveau zu erreichen. Die Anpassungsphase muß so strukturiert sein, daß der Sportler in seiner Euphorie, schmerzfrei zu trainieren, gebremst wird, um einer Überlastung vorzubeugen. Diese Aufgabe obliegt in erster Linie dem Trainer als verantwortlichen Regulator für die Belastungssteuerung.

▶ **Mittelzeitverletzungen**
Bei Mittelzeitverletzungen (z.B. Seitenbandverletzungen im Kniegelenk, Meniskus, Muskelrisse, Bandverletzungen im Sprunggelenk) ist aufgrund des Schweregrades der Verletzung eine Ausgliederung aus dem Trainingsprozeß notwendig. Entsprechend der Phasenstruktur wird die Rehabilitation durchgeführt, wobei die Zeitverläufe abhängig sind von der Schmerzfreiheit und dem aktuellen Belastungsgrad. Die Übergänge zum sportartspezifischem Training werden anhand leistungsdiagnostischer Untersuchungen nach Tests vorbereitet. Dabei werden die erreichten Werte zwischen der Leistungsnorm der Sportart (vgl. Normensystem SPOREG) sowie dem individuellem Leistungsniveau analysiert, und bei entsprechender Angleichung wird der Sportler für das Training freigegeben. Hier müssen die sportartspezifischen Aspekte Berücksichtigung finden (siehe dazu die Tab. 15 bis 18).
Die Übergangsphase dauert nach unseren Erfahrungen für solche Verletzungen 3 bis 4 Wochen, um eine sportartspezifische Vollbelastung und ein stabiles hohes Leistungsniveau wieder zu erreichen. Die 4. Phase (Muskelbelastungstraining) wird durch die Übergänge eines teilsportartspezifischen Trainings mitbestimmt. So werden bereits in dieser Phase je nach Heilungsgrad und Sportart (Disziplin) die Funktionsdefizite der Verletzung reduziert (Muskelkraft) und andererseits sportartspezifische Elemente trainiert. Das Verhältnis von Rehabilitation und sport-

Die Grundlagen

Tab. 15 SPOREG-Index – Beispiel Fußball

Konditionelle Eigenschaft	Parameter	Norm 1. Bundesliga	Ende Reha/Übergang 4. zu 5. Phase*
Muskelkraft	Maximaler isokinetischer Kraftwert der Kniegelenkstrecker	3,4 Nm/kg	-10 %
Schnelligkeit	30 m-Linearsprint	3,85 s	-10 %
Sprungkraft (beidbeinig)	Sprunghöhe	44 cm	-10 %
Ausdauer	Laufgeschwindigkeit an der anaeroben Schwelle	4,3 – 4,5 m/s	-10 % bis -15 %

*Leistungsunterschied zur Norm

artspezifischem Training richtet sich nach der Dynamisierung des Heilungsprozesses, beträgt zu Beginn der 4. Phase ca. 80 Prozent „Rehabilitation" zu 20 Prozent „sportartspezifischem Training" und endet im umgekehrtem Verhältnis von ca. 20 zu 80 Prozent bei vollständiger Integration in den Trainings- und Wettkampfprozeß. An dieser Stelle möchten wir nochmals darauf hinweisen, daß der ca. 20prozentige Anteil in der 5. Phase (Präventives Funktionstraining) zur weiteren Stabilisierung des ehemals verletzten Bereiches erhalten bleibt.

▶ Langzeitverletzungen

Bei Langzeitverletzungen (z.B. Ruptur [Riß] des vorderen Kreuzbandes im Kniegelenk, komplexe Knieverletzungen, Achillessehnenruptur, Kombinations-

Tab. 16 SPOREG-Index – Beispiel Handball

Konditionelle Eigenschaft	Parameter	Norm 1. Bundesliga	Ende Reha/Übergang 4. zu 5. Phase*
Muskelkraft	Maximaler isokinetischer Kraftwert der Kniegelenkstrecker	3,2 Nm/kg	-10 %
Schnelligkeit	30 m-Linearsprint	3,85 s	-10 %
Sprungkraft (beidbeinig)	Sprunghöhe	46 cm	-10 %
Ausdauer	Laufgeschwindigkeit an der anaeroben Schwelle	4,1 – 4,3 m/s	-15 % bis -20 %

*Leistungsunterschied zur Norm

Tab. 17 SPOREG-Index – Beispiel Basketball

Konditionelle Eigenschaft	Parameter	Norm 1. Bundesliga	Ende Reha/Übergang 4. zu 5. Phase*
Muskelkraft	Maximaler isokinetischer Kraftwert der Kniegelenkstrecker	3,2 Nm/kg	- 10 %
Schnelligkeit	30 m-Linearsprint	3,9 s	- 5 bis - 10 %
Sprungkraft (beidbeinig)	Sprunghöhe	47 cm	- 10 %
Ausdauer	Laufgeschwindigkeit an der anaeroben Schwelle	4,1 – 4,3 m/s	- 15 % bis - 20 %

* Leistungsunterschied zur Norm

frakturen der großen Röhrenknochen [Schien- und Wadenbein]) kann logischerweise der Verletzte über einen längeren Zeitraum nicht sportartspezifisch trainieren. Das kann auch Einfluß auf die enge Bindung zur Mannschaft oder zur Trainingsgruppe haben.

Bei Langzeitverletzungen haben wir es zudem mit einer besonderen Problematik zu tun. Einerseits muß der Verletzte vollständig rehabilitiert werden, um diese schwierige Situation in seiner sportlichen Karriere zu überwinden, und andererseits muß er gleichzeitig im Sinne seiner weiteren Karriereplanung durch eine zeitlich realistische Zielvergabe motiviert werden. Entscheidende Erfolgserlebnisse sind das schmerzfreie Gehen ohne Hilfen (Gehstützen) oder der erste schmerzfreie 1- bis 2-Minuten-Lauf auf ei-

Tab. 18 SPOREG-Index – Beispiel Eishockey

Konditionelle Eigenschaft	Parameter	Norm 1. Bundesliga	Ende Reha/Übergang 4. zu 5. Phase*
Muskelkraft	Maximaler isokinetischer Kraftwert der Kniegelenkstrecker	3,4 Nm/kg	- 10 %
Schnelligkeit	30 m-Linearsprint	3,86 s	- 5 %
Sprungkraft (beidbeinig)	Sprunghöhe	40 cm	- 10 %
Ausdauer	Laufgeschwindigkeit an der anaeroben Schwelle	3,8 – 4,0 m/s	- 20 %

* Leistungsunterschied zur Norm

Die Grundlagen

ner Weichbodenanlage oder der erste Ausdauerlauf im Freien sowie das Einbeziehen sportartspezifischer Trainingsgeräte (z.B. Ball). In der 4. Phase (Muskelbelastungstraining) werden die Übergänge zum sportartspezifischen Training geplant und haben einen ähnlichen prozentualen Verlauf wie bei Mittelzeitverletzungen. Da aufgrund des Schweregrades der Verletzung jedoch die einzelnen Phasen zeitlich länger sind, ist der sportartspezifische Anpassungszyklus anders zu dosieren. Neben den sportartspezifischen Belastungen wird eine neue Trainingsgrundlage mit dem Schwerpunkt Training der konditionellen Grundeigenschaften geschaffen. Daraus entwickeln sich sportartspezifische Trainingsbelastungen, die die Grundlage für den Wiedereinstieg in die Sportart/Disziplin bilden.

So muß beispielsweise bei einer Verletzung des vorderen Kreuzbandes eine Differenzierung bei einzelnen Sportarten vorgenommen werden. In der Sportart Fußball z.B. wird bei ansteigender muskulärer Stabilität der Schwerpunkt im Lauftraining gesehen, während z.B. in der Sportart Eishockey ohne größere läuferische Anpassung das Training durch Gleiten auf dem Eis wieder aufgenommen werden kann.

In den Sportarten Tennis und Basketball wird die Grundlagenausdauer über läuferische Trainingsformen zurück gewonnen, wobei die Gelenkstabilität und die Hebelverhältnisse entscheidende Faktoren sind. Beim American Football muß innerhalb der Sportart differenziert werden. Entscheidend dabei sind die Spielpositionen und das Körpergewicht. Während schwergewichtige Defensivspieler ihre Grundlagenausdauer hauptsächlich mit dem Fahrradergometer trainieren, sind Offensivspieler mit leichterem Körpergewicht mit verschiedenen Laufformen zu belasten.

Fazit

Das größte Problem, ob Kurz- oder Langzeitverletzung, besteht nach unserer Erfahrung darin, daß die Übergänge von Rehabilitation und sportartspezifischem Training unter einem Abstimmungsmißverhältnis zwischen Trainer, Betreuungssystem Verein–Spieler–Reha-Team und den Spezialisten leidet. Einerseits werden Trainings- und Belastungsempfehlungen mißachtet, andererseits gibt es Interpretationsprobleme bei entsprechenden Vorgaben. Dadurch besteht die Gefahr, den Sportler zu hoch zu belasten, wobei Negativreaktionen im Anpassungsprozeß hervorgerufen werden. So kann es z.B. nach überstandenen Muskelverletzungen zu erneuten Muskelfunktionsstörungen kommen. Bei Verletzungen des vorderen Kreuzbandes im Kniegelenk kann es zu erneuten Reaktionen (Erguß, Schmerzen) kommen, die einem harmonischen Trainingsaufbau und dem damit verbundenem Ziel des ersten Spieleinsatzes kontraproduktiv entgegenwirken. Hierbei muß man wissen, daß nach einer Kreuzbandverletzung trotz modernster Diagnostik, Operationstechniken und optimaler Rehamethoden die Rückgewinnung der Muskelkraft im Verletzungsbereich der Oberschenkelstrecker (Quadrizeps) mindestens 12 Monate benötigt werden, um eine vollständige Muskelbalance im Vergleich zum nichtverletzten Bereich herzustellen. Davon abgeleitet lassen sich immer wieder auftretende Formschwankungen erklären. Wir gehen davon aus, daß eine Kreuzbandverletzung mit fünfmonatiger Rehabilitationszeit und optimalem Abschlußergebnis für den Einstieg in den sportartspezifischen Trainingsprozeß etwa die gleiche Zeit benötigt wird, um die Stabilisierung der Topform zu erreichen. Kommt es in der Übergangsphase zum Training aufgrund falscher Trainingsbelastungen zu einer Überlastungsreaktion, so ist darauf hinzuweisen, daß sich die Entwicklung zur Topform mindestens um den Ausfallzeitraum verschiebt. Um in Zukunft die Fehlerquelle besonders im Übergang zur Schnittstelle Training zu minimieren, ist es aus unserer Sicht notwendig, daß sich alle am Reha- und Trainingsprozeß beteiligten Personen als Team begreifen und sich bewußt werden, daß ein ständiger Erfahrungsaustausch im Sinne einer optimalen Sportrehabilitation geführt werden muß. Hierbei geht es nicht um gegenseitige Belehrungen, sondern um die Verantwortung gegenüber dem Sportler, ihn durch ein professionelles Qualitätsmanagement in dieser schwierigen Phase seiner sportlichen Karriere optimal zu betreuen.

Trainerverhalten

Während der gesamten Rehabilitation hat das Trainerverhalten einen besonderen Stellenwert: unmittelbar nach der Verletzung als Vertrauensbeweis im Binnenverhältnis zwischen Trainer und Sportler. Trainer sind somit eine entscheidende Komponente im Genesungsprozeß und üben durch ihr Interesse und ihr gezieltes Nachfragen einen positiven Einfluß auf den Sportler aus. Das Gegenteil tritt ein, wenn während einer solchen Situation keinerlei Interesse gezeigt wird oder nur in der Anfangsphase Aufmerksamkeit von seiten des Trainers besteht. Hier spielt auch die räumliche Nähe eine besondere Rolle (Reha-Zentrum; Krankenhaus u.a.).

Das Sportler-Trainer-Verhältnis ist ebenfalls ein entscheidendes Motiv zur schnelleren Genesung. Dabei geht es weniger um das Vertrauen des Sportlers in den Trainer, den Mannschaftsplatz bzw. die Position zu sichern, sondern vielmehr um den zwischenmenschlichen Aspekt.

Nur die Trainer, denen es gelingt, das Vertrauen des Sportlers in dieser hochsensiblen Phase zu gewinnen, sind in der Lage, die psycho-physische Rehabilitation in vollem Umfang zu unterstützen. Dies ist aber nur dann möglich, wenn bereits im sportlichen Alltag Vertrauen aufgebaut und gefördert worden ist. Oftmals ist zu beobachten, daß das Trainer-Sportler-Verhalten während der Rehabilitation auch maßgeb-

Nicht erst nach Rückkehr aus einer Rehabilitation sollte der Trainer das Gespräch mit dem Sportler suchen!

Die Grundlagen

lich das Verhältnis in der Folgezeit der weiteren sportlichen Karriere beeinflußt. Zwischenmenschliche Beziehungen und Vertrauen in einer solchen Situation sind keine Einbahnstraße. Nicht nur der Sportler muß das Gefühl haben, wieder gebraucht zu werden, sondern auch umgekehrt muß der Trainer seinem Sportler vertrauen, gemeinsam das Leistungsziel wieder zu erreichen.

Bei einer Langzeitverletzung und eventuellen Rückschlägen sollte von seiten des Trainers immer der erste Schritt ausgehen, indem er engen Kontakt zum Verletzten sucht. Vertrauensfördernde Maßnahmen wie z.B. die Rücksprache mit dem Arzt und Reha-Team leisten einen wesentlichen Beitrag zur Motivation und weiteren Genesung. Auch Besuche im Reha-Zentrum sind von Bedeutung, solange der Sportler nicht selbständig zum Trainingsgelände kommen kann. Hier setzt der Trainer ein Zeichen von Kontakt und Hilfsbereitschaft.

Neben positiven Momenten und einem optimalen Heilungsverlauf gibt es aber auch negative Reaktionen (z.B. bei Rückschlägen in der Rehabilitation). Hier ist dann das gesamte betreuende Umfeld gefordert, dem sofort entgegen zu wirken („Mach Dir keine Sorgen; wir werden sofort alles Notwendige unternehmen!").

Treten weiter Probleme auf z.B. bei Krisenbewältigung, zu hoher Kompetenzerwartung oder Selbstzweifel, sollte erwogen werden, ein psychologisches Training in bestimmte Rehaphasen mit einzubeziehen. Der Sportler muß dies selbst wollen und gleichzeitig die einzelnen Maßnahmen sehr ernsthaft durchführen. Vorhandene Möglichkeiten sind dabei die Anwendung mentaler Regulationstechniken wie z.B. autogenes Training, progressive Muskelentspannung, Atementspannungsübungen und das Biofeedback.

Für das Trainer-Sportler-Verhältnis nach Verletzungen sind folgende Punkte von großer Bedeutung:
▸ In allen Phasen der Rehabilitation können Trainer den Verletzten positiv beeinflussen und motivieren.
▸ Voraussetzung dafür ist das bestehende Vertrauen und die gegenseitige Akzeptanz sowie Kontakt- und Hilfsbereitschaft.
▸ Trainer sollten die Ergebnisse der einzelnen Rehaphasen mit den Verletzten diskutieren und eine gemeinsame Standortbestimmung vornehmen.
▸ Selbstvertrauen und Sicherheit beim Übergang in den sportartspezifischen Trainingsprozeß sollten durch den Trainer jederzeit unterstützt werden.
▸ Bei Bedarf sollten Trainer ein psychologisches Aufbautraining mit initiieren und fördern.

Soziales Umfeld

Eigene praktische Erfahrungen mit verletzten Sportlern zeigen, daß ein positiver Rückhalt durch andere Personen für die Gesundung eine hohe Bedeutung besitzt. Diese Personen können aus dem familiären, schulischen Umfeld wie auch aus dem betreuenden Rehabilitationsbereich stammen. Das Verhalten von Kontaktpersonen kann sowohl positive als auch negative Auswirkungen haben. Schwierig und meistens für alle Seiten enttäuschend gestaltet sich die Unterstützung, wenn zu Beginn hilfsbereite Personen ihr Verhalten ändern. Insbesondere dann, wenn das Interesse der unterstützenden Personen nachläßt und der Verletzte gleichzeitig das Gefühl hat, daß sich sein Zustand nicht verbessert oder stagniert. Dann sind die negativen psychischen Folgeeffekte schwieriger zu verarbeiten als die eigentliche Verletzungsproblematik. Bei prominenten Sportlern sind solche Verhaltensweisen häufig zu beobachten. Mit Eintreten einer Verletzung besteht enormes Interesse z.B. durch Medienberichterstattung. Von allen möglichen und teilweise unerwünschten Stellen erfahren sie große Aufmerksamkeit und Unterstützung. Mit zunehmender Rehabilitationsdauer geht jedoch das Interesse deutlich zurück. Gerade aber bei Langzeitverletzungen sind Sportler besonders auf Unterstützung angewiesen. Letztlich reduziert sich die Anzahl der aktiv unterstützenden Personen auf den Familienkreis, den engeren Freundeskreis sowie auf die im Reha-Alltag tätigen Personen. Diese Zusammenhänge lassen es sinnvoll erscheinen, daß Verletzte auch von sich aus die Initiative ergreifen. Vernachlässigte Kontakte sollten neu belebt und angebotene Unterstützungen angenommen werden.

Die Erwartungen daran dürfen jedoch nicht zu hoch sein, da bei Ausbleiben bestimmter Vorstellungen sonst Frustration und Selbstzweifel die Folge sein können.

Unmittelbar nach einer Verletzung ist das Medieninteresse noch groß, aber je länger die Verletzung dauert, desto mehr gerät der Sportler in Vergessenheit.

Ausblick

Die Komplexität des Rehaprozesses spiegelt sich nicht nur in einer differenzierten Phasenstruktur wider. Ein interdisziplinäres Vorgehen scheint aus unserer Sicht notwendig, um dem Anforderungsprofil einer optimalen Rehabilitation Rechnung zu tragen. Dazu gehört ein entsprechendes Teamwork verschiedener Spezialisten bzw. dem kompletten Reha-Team. Entscheidend für den Rehaerfolg sind aus unserer Sicht folgende Faktoren:
▶ Eine sofortige Diagnostik nach Auftreten einer Verletzung
▶ Die Planung von Therapie – Realisierung – Prognose
▶ Das Festlegen eines Zeitplans mit entsprechenden Zwischenzielen
▶ Die Kontrolle des Rehaverlaufes
▶ Eine optimale Betreuung aller am Rehaprozeß beteiligten Personen
▶ Das Verhältnis Sportler-Trainer-Verein
▶ Die Eigenmotivation des Verletzten (Sportlers)
▶ Die Disziplin während des Rehaprozesses
▶ Konsultation verschiedener Spezialisten, wenn notwendig
▶ Der Informationsaustausch der am Rehaprozeß beteiligten Personen
▶ Die Bewältigung von Krisensituationen während der Rehabilitation (z.B. Stagnation, Rückschläge, private Probleme)

Abb. 33 stellt nochmals zusammenfassend den komplexen Rehabilitationsprozeß und die gegenseitige Beeinflussung verschiedener Faktoren (Physis, Psyche und soziales Umfeld) dar.

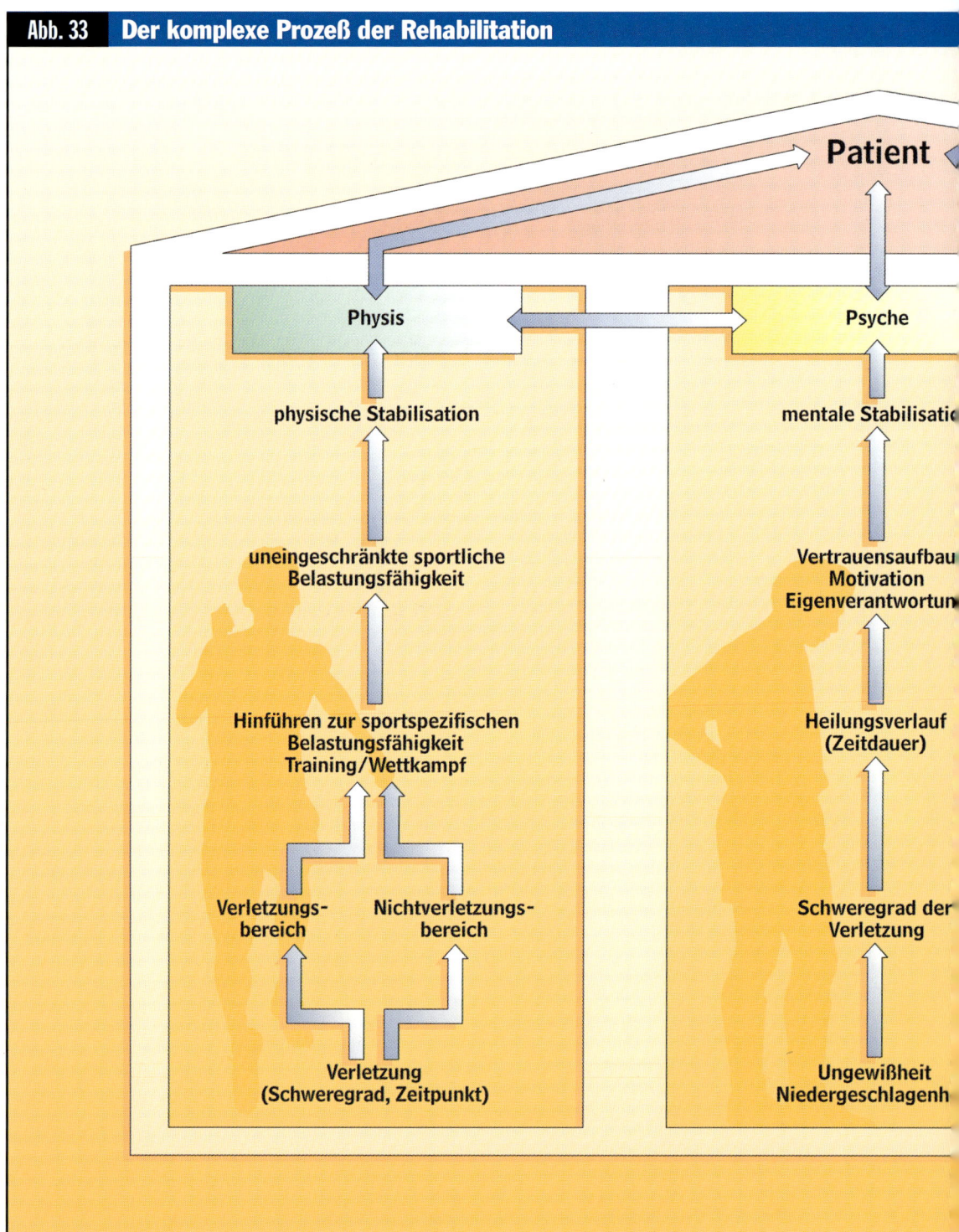

Abb. 33 Der komplexe Prozeß der Rehabilitation

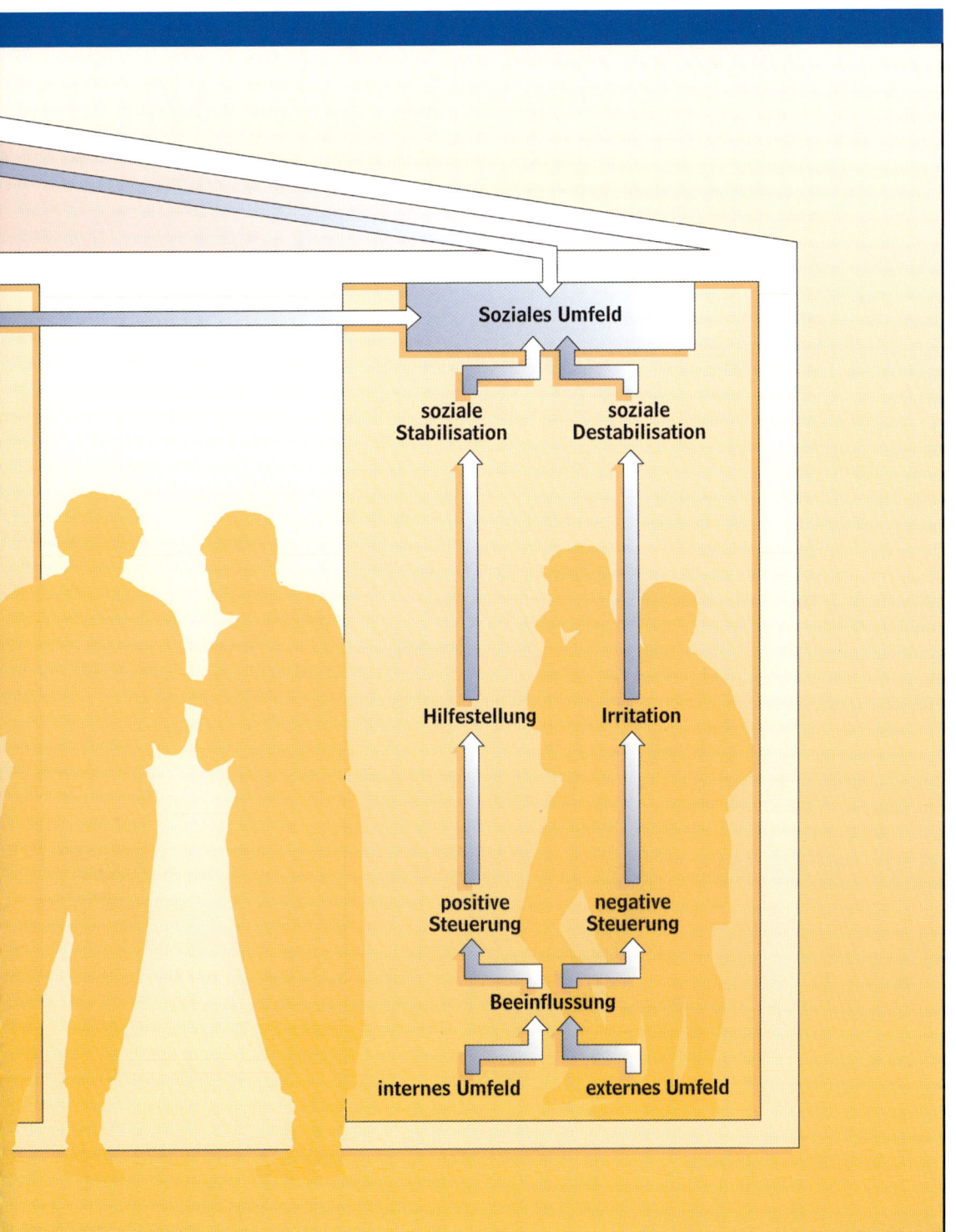

DOPPELT HEILT BESSER!

Langanhaltende Schwellung in einem traumatisierten Gelenk verzögert den Heilungsverlauf. Eine neue Studie des Bundeswehrkrankenhauses Ulm zeigt die Überlegenheit des Aircast-Duplex-Systems im Vergleich zu einkammerigen Auskleidungen von Sprunggelenksorthesen.

Schon nach 3 Tagen der statistisch signifikante Unterschied:

SCHWELLUNGSABBAU

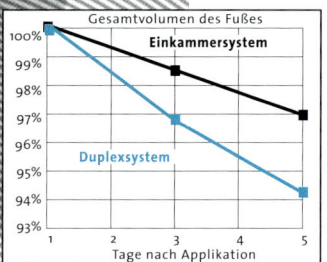
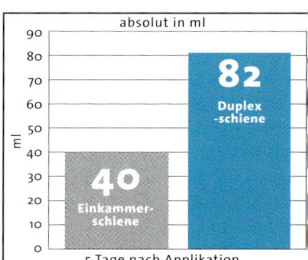

AIRCAST-DUPLEX™-SYSTEM*

Während des Gehens bringen Körpergewicht und Muskelkontraktion die Luftzellen zu einem rhythmischen Pulsieren.

Die **integrierte** Duplexkammer bewirkt einen höheren distalen Druck (40 - 80 mmHg), der **nahtlos** nach proximal abnimmt (25 - 45 mmHg).

*Europäisches Patent 0252121

AIRCAST Europa GmbH · Georg-Wiesböck-Ring 12 · D-83115 Neubeuern · Tel. nat.: 0800 085 24 33 · Tel. int.: 00800 00 85 24 33
Fax nat.: 0800 085 40 15 · Fax. int.: 00800 00 85 40 15 · E-Mail: Info@aircast.de

Die Therapie-Praxis

Die Trainingstherapie nach Knieverletzungen

Anatomische Grundlagen von Kniegelenk, Oberschenkel und Hüfte

Das Kniegelenk ist das am meisten belastete Körpergelenk. Es ist ein aus mehreren Knochen zusammengesetztes Gelenk und besteht aus:
– Oberschenkelknochen (Femur)
– Schienbein (Tibia)
– Kniescheibe (Patella)

Das Endstück des Oberschenkelknochens besteht aus zwei abgerundeten Knorren (Kondylen), die eine vergrößerte Knochenfläche am Ende des Femurs bilden. Der im Kniegelenk eingeschlossene Teil des Oberschenkelknochens ist größer als die gegenüberliegende Oberfläche des Schienbeins. Der dazwischen liegende Gelenkspalt ist mit Flüssigkeit gefüllt. Kniescheibe und Oberschenkelknochen bilden ein gesondertes, aber von der Funktion dazugehöriges Gelenk innerhalb des gesamten Gefüges.

Die Kniescheibe ist ein loser Knochen, der im unteren Teil der Muskelgruppe des Oberschenkelstreckers (Quadrizeps) liegt. Die Rückfläche der Kniescheibe ist in ihrer Form den Oberflächen der Oberschenkelknochenkondylen angepaßt, über die sie sich bei Aktionen im Kniegelenk bewegt. Die Knochenoberflächen sind mit einer Knorpelschicht bedeckt. Der Knorpel ist dabei als funktioneller Teil der Knochenstruktur zu verstehen, unterscheidet sich aber von den Menisken, die weiche und dämpfende Funktionen ausüben. Als größtes Scharniergelenk des Körpers ist das Kniegelenk in der Lage, das Bein zu beugen und zu strecken sowie in der Beugestellung mit dem Unterschenkel eine Einwärtsdrehung von 5 bis 10 Grad sowie eine Auswärtsdrehung von 40 bis 50 Grad auszuführen. Das Knie läßt sich nur in gebeugter Position aktiv und gezielt drehen. Wird es gegen einen Widerstand gebeugt, spannt sich die Muskulatur an der Knierückseite an, um die Bewegung auszuführen. Die ischiocruralen Muskelgruppen verrichten die Hauptarbeit bei der Bewegung des Kniegelenks. Dabei werden sie von den Sehnen des M. gastrocnemius unterstützt.

Der funktionelle Aufbau des Kniegelenks wirkt sich in zweifacher Weise aus. Erstens ist das Knie aufgrund des straffen Bandapparats und der dazugehörigen Muskulatur ein sehr stabiles Gelenk. Zweitens hat es einen großen Bewegungsspielraum, da die Knochen wegen ihrer Form nicht in einem engen Verbundsystem stehen. Eine seiner wesentlichen Funktionen besteht darin, beim Stehen, Gehen, Laufen oder Springen den Körper aufrecht zu halten. Es übt eine stoßdämpfende Funktion aus, wie etwa nach einem Sprung aus unterschiedlicher Höhe und ermöglicht verschiedene Ausgangspositionen wie den Hockstand oder den Kniestand.

Bänder und Knorpel

Die Bänder, die Gelenkkapsel und der Gelenkknorpel dienen als Steuerungs- und Stabilisierungshilfen für das Kniegelenk. Im Vergleich zum Schultergelenk mit seiner muskulären Sicherung wird das Kniegelenk durch den Bandapparat gesichert. Die Bänder umhüllen den vorderen und hinteren Bereich der Gelenkkapsel. Die Endsehne des vierköpfigen Schenkelstreckers verstärkt die vordere Gelenkkapselschicht, während der hintere Kapselbereich durch die Sehnen des Zwillingswadenmuskels, des Plattsehnenmuskels und des Kniekehlenmuskels stabilisiert wird. Die Innen- und Außenseite des Kniegelenks wird durch die jeweiligen Seitenbänder stabilisiert. Außerdem erhält das Gelenk durch das vordere und hintere Kreuzband eine zusätzliche Sicherung.

Die größte Stabilität weist das Knie in der Streckposition auf. Die Seitenbänder sichern die Scharnierbewegungen des Kniegelenks in der Streckung gegen seitliche Verschiebungen, wie sie bei sportlichen Belastungen auftreten können. In der Bewegung stabilisieren die Kreuzbänder das Gelenk, indem sie bremsend wirken.

Unterschieden wird in ein vorderes breites kurzes und schräggestelltes und in ein hinteres kurzes und steilgestelltes Kreuzband. Beide verhindern in der instabilen Beugestellung, in der die Seitenbänder erschlaffen, unkontrollierte Bewegungen.

Die Gelenkkapsel besteht aus einer festen äußeren Gewebeschicht und einer inneren dünnen Haut (Synovialhaut), die die Gelenkflüssigkeit absondert. Die

Gelenkflüssigkeit vermindert Reibungen und Abnutzungserscheinungen im Kniegelenk. Bei extremen Belastungen reagiert die Gelenkkapsel sehr empfindlich, hierbei wird vermehrt Gelenkflüssigkeit abgegeben. Die Folge ist ein Gelenkerguß bzw. ein Reizzustand. Da das Kniegelenk eine komplexe Struktur aufweist, bildet die Kapsel anders als bei anderen Gelenken des Körpers keine einfache Umhüllung. Die Kniescheibe wird nicht von ihr eingeschlossen. Über der Kniescheibe bildet die Synovialhaut eine eigene Ausbuchtung, und auch dort findet sich keine Kapselhülle.

Obwohl die Kniekapsel an beiden Teilen der Kniescheibe befestigt ist, hat das Femoropatellargelenk keine Bänder, um Bewegungen kontrollieren zu können. Die Patellasehne, die die Kniescheibe mit dem Schienbein verbindet, wird oftmals als Kniescheibenband bezeichnet. Es handelt sich jedoch funktionell um eine Sehne, da sie den Endabschnitt einer Muskelgruppe bildet. Sie ist die einzige Sehne an der Knievorderseite und wird bei der Streckung des Knies aktiv angespannt.

Der Gelenkknorpel bedeckt mit seiner glatten elastischen Oberfläche die Knochenenden. In der Gelenkhöhle befindet sich zwischen den Gelenkknorpeln die sogenannte Gelenkschmiere. Durch mangelnde Bewegung wird der Knorpel dünn, weich und anfällig. Körperliche Aktivität dagegen trägt zur Festigung des Knorpels bei. Die größte Belastungsfähigkeit liegt im Bereich der zentralen Gelenkflächen, die äußeren Bereiche sollten möglichst geschont werden.

Die äußeren und inneren Menisken bestehen aus halbmondförmigen Knorpelscheiben, die zwischen Oberschenkel und Schienbein liegen. Der äußere (laterale) Meniskus liegt frei, dagegen ist der innere (mediale) Meniskus mit dem inneren Seitenband verwachsen. Sie haben eine Stoßdämpferfunktion und wirken somit als weitere Stabilisationsmechanismen. Die Menisken passen sich schalenförmig der kegelartigen Form des Oberschenkels an. Zur Vorbeugung von Reibungsverlusten schiebt sich bei Bewegung und Streckung des Gelenks im Bereich der Patellasehne (Kniescheibenband) ein keilförmiger Fettkörper zwischen Patellasehne und Gelenkhöhle. Die vorwiegend im Bereich der Vorderwand liegenden Schleimbeutel verhindern ein Abscheuern der Haut wie auch der Oberschenkelfaszie gegen die knöchernen Bereiche (vgl. Abb. 34).

Ein wichtiger, aber immer wieder unterschätzter Aktivposten zur Sicherung der Gelenkstabilität bei unterschiedlichen Belastungen ist die Oberschenkel-

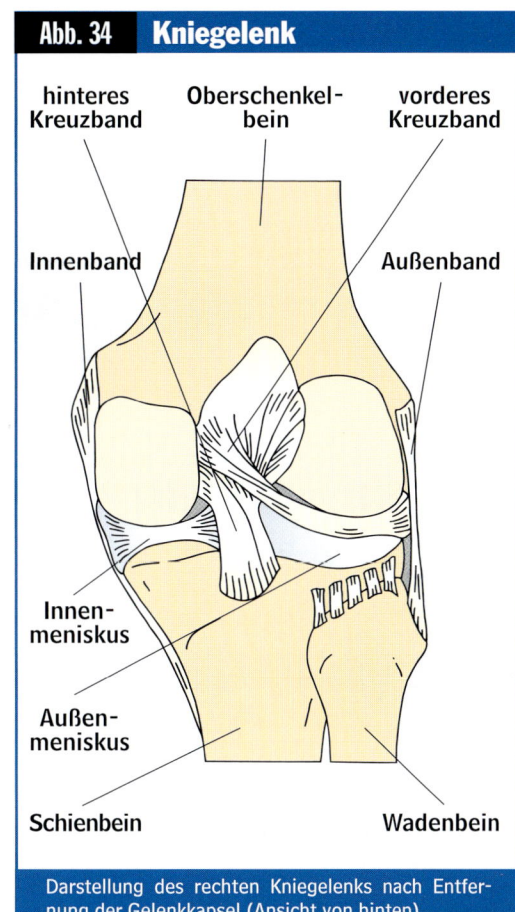

Abb. 34 Kniegelenk

Darstellung des rechten Kniegelenks nach Entfernung der Gelenkkapsel (Ansicht von hinten)

muskulatur. Der funktionellen Beschaffenheit der vorderen, hinteren und inneren Schenkel der Hüft-, Rücken- und Bauchmuskulatur kommt ebenfalls eine große Bedeutung zu. Eine gut trainierte, funktionelle Muskulatur und ein intakter Mechanismus des Gelenkapparats sind die Voraussetzungen für eine normale und belastungsfähige Gelenkfunktion.

Die vordere Oberschenkelmuskulatur

Die Muskeln an der Vorderseite des Oberschenkels werden von der Quadrizeps-Gruppe gebildet. Diese

1 Die Trainingstherapie nach Knieverletzungen

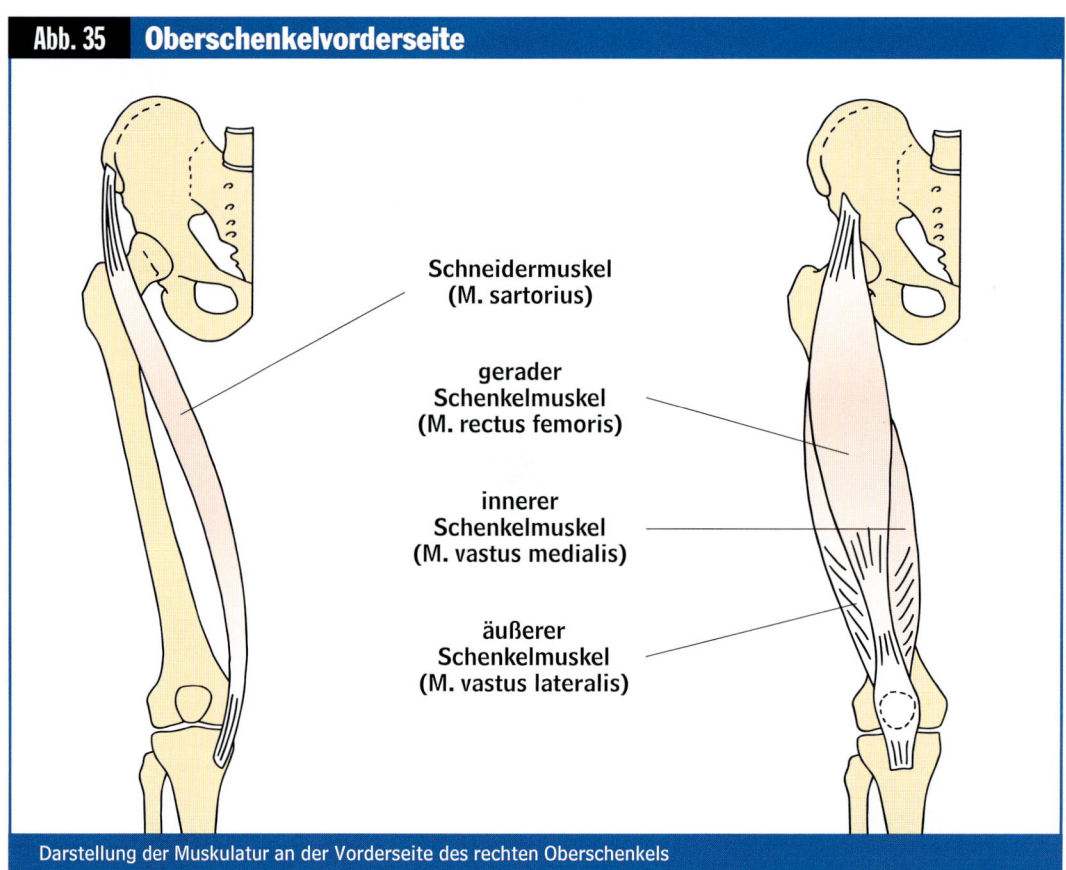

Abb. 35 Oberschenkelvorderseite

Darstellung der Muskulatur an der Vorderseite des rechten Oberschenkels

besteht aus vier funktionell untereinander verbundenen Muskeln (Abb. 35):
– dem M. rectus femoris (gerader Schenkelmuskel)
– dem M. vastus medialis (innerer Schenkelmuskel)
– dem M. vastus intermedius (mittlerer Schenkelmuskel)
– dem M. vastus lateralis (äußerer Schenkelmuskel).

Der M. rectus femoris ist der einzige Muskel der Quadrizepsgruppe, der am Becken anschließt. Er liegt am Hüftknochen direkt unter dem Schneidermuskel. Der M. vastus medialis erstreckt sich über die Oberschenkelinnenseite, der M. vastus intermedius und M. vastus lateralis verlaufen an der Oberschenkelaußenseite.

Der Schneidermuskel ist der längste Muskel des Körpers und verläuft diagonal über den Oberschenkel, entlang der Knieinnenseite bis zur Spitze der Schienbeininnenseite.

Die vier Quadrizepsmuskeln treffen an der Kniescheibe zusammen. Die gemeinsame Sehne (Patellasehne) erstreckt sich zur Tuberositas tibiae an der Vorderseite des Schienbeins. Die Quadrizeps-Gruppe streckt das Knie gegen einen Widerstand und kontrolliert die entgegengesetzte Bewegung der Kniebeugung. Der gerade Schenkelmuskel und der Schneidermuskel unterstützen die Hüftbewegung.

Der Schneidermuskel hat aufgrund seiner diagonalen Zuglinie komplexe Aufgaben. Neben der Unterstützung von Drehungen des Oberschenkels zieht er das Bein nach innen in Richtung des anderen Beins. Der Plattensehnenmuskel und der Halbsehnenmuskel übernehmen wichtige Funktionen für die Innenrotation des Unterschenkels. Beide fungieren außerdem anteilig als Unterschenkelbeuger im Kniegelenk und als Adduktor und Strecker des Oberschenkels im Hüftgelenk.

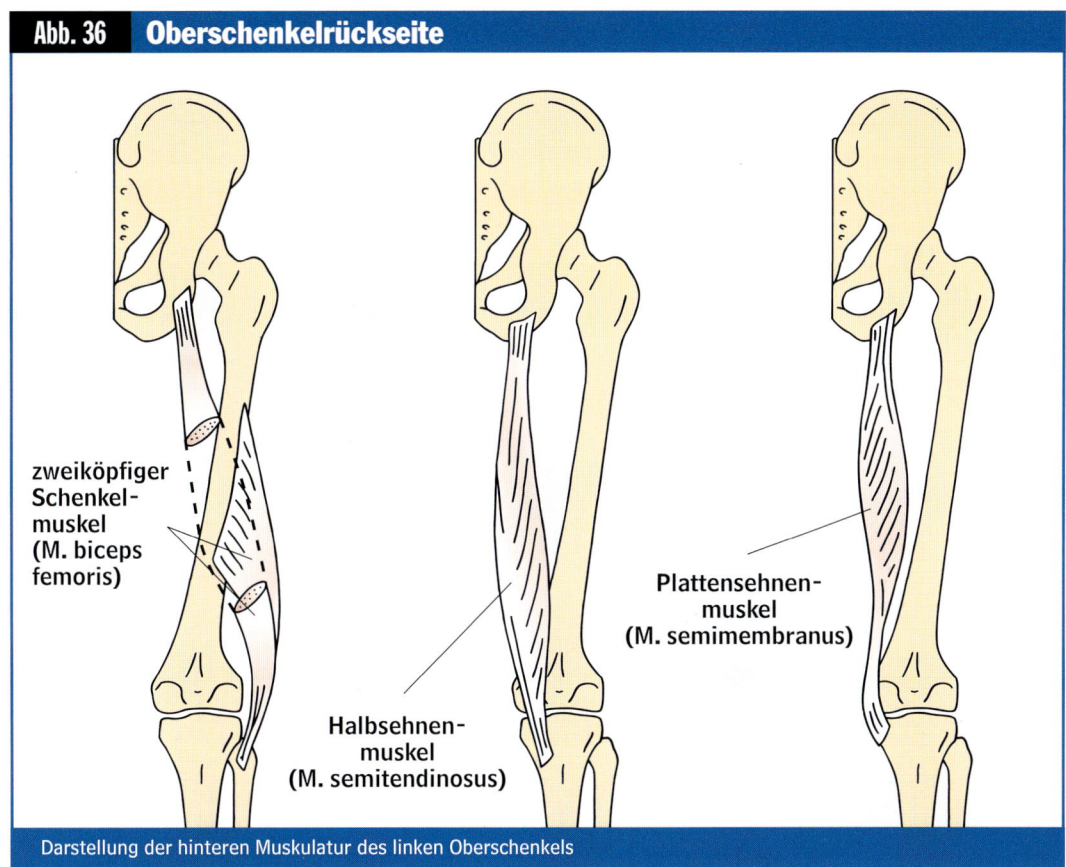

Abb. 36 Oberschenkelrückseite

zweiköpfiger Schenkelmuskel (M. biceps femoris)

Halbsehnenmuskel (M. semitendinosus)

Plattensehnenmuskel (M. semimembranus)

Darstellung der hinteren Muskulatur des linken Oberschenkels

Die hintere Oberschenkelmuskulatur

Die ischiocrurale Muskelgruppe setzt sich aus drei Muskeln zusammen (Abb. 36): dem Halbsehnenmuskel, dem Plattenmuskel und dem zweiköpfigen Schenkelmuskel.
Diese Muskeln bilden eigene Stränge an der Oberschenkelrückseite. Der Halbsehnenmuskel hat eine sehr lange Sehne, der Plattensehnenmuskel liegt darunter. Der zweiköpfige Schenkelmuskel setzt mit seiner Sehne an der Knieaußenseite an.
Alle drei Muskeln kreuzen sowohl die Hüfte als auch das Kniegelenk und haben somit auf diese Bereiche eine entsprechende Wirkung. Als Haltemuskel unterstützt die ischiocrurale Gruppe die Stabilität und die Bewegungsfunktion. Da diese Muskelgruppe wegen ihrer straffen und langsamen Sehnen weniger elastisch ist, sollte sie vor einer Belastung besonders gedehnt werden.

Die innere Oberschenkelmuskulatur

Die wichtigsten Muskeln an der Oberschenkelinnenseite sind die Adduktoren (Abb. 37):
– M. adductor longus (langer Oberschenkelanzieher)
– M. adductor brevis (kurzer Oberschenkelanzieher)
– M. adductor magnus (großer Oberschenkelanzieher)

Die Adduktoren sind nicht so auffallend wie die Muskeln an der Vorder- und Rückseite des Oberschenkels. Im Kontraktionszustand sind sie gut tastbar. Die Adduktoren ziehen den Oberschenkelknochen von

1 Die Trainingstherapie nach Knieverletzungen

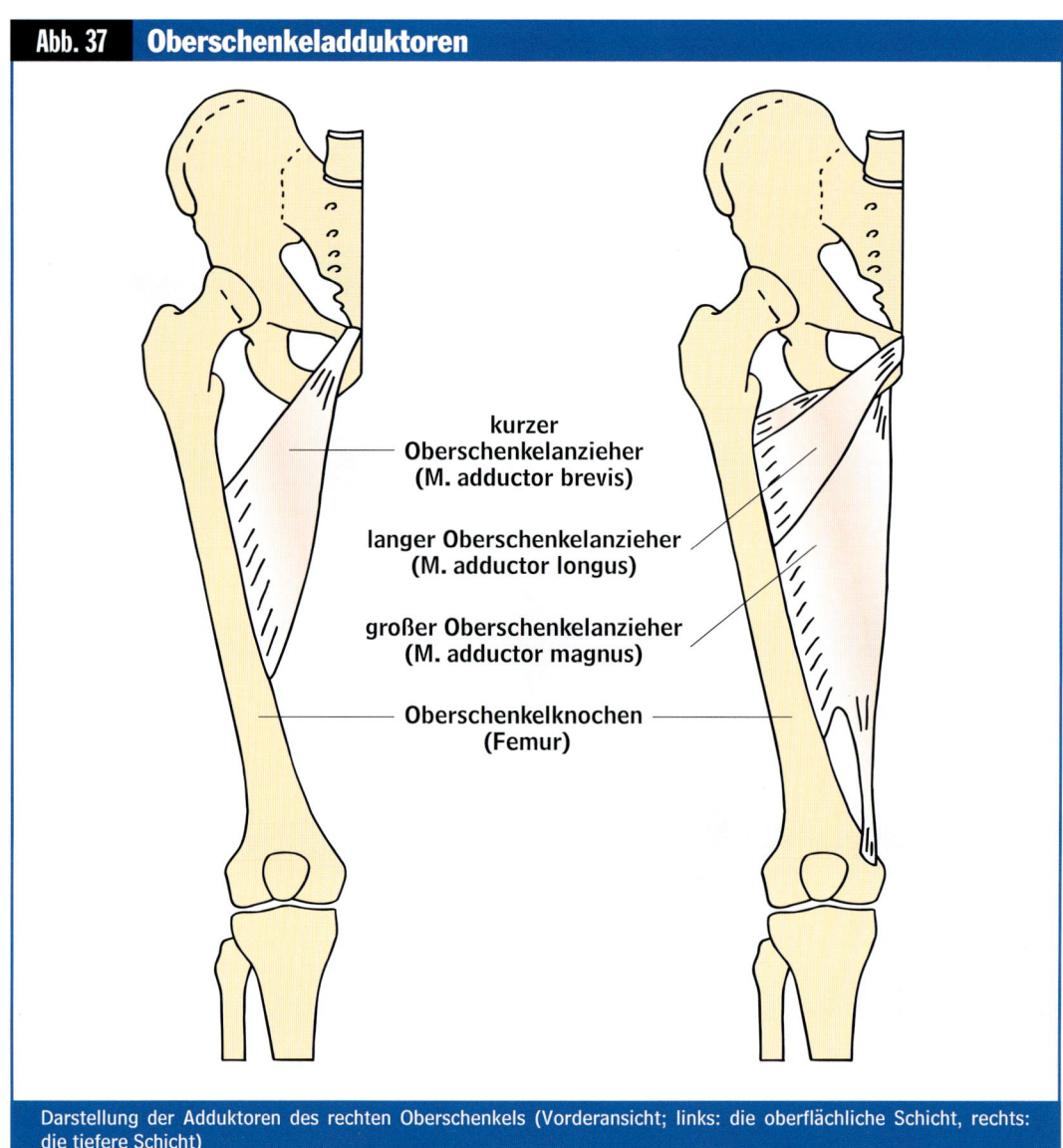

Abb. 37 Oberschenkeladduktoren

- kurzer Oberschenkelanzieher (M. adductor brevis)
- langer Oberschenkelanzieher (M. adductor longus)
- großer Oberschenkelanzieher (M. adductor magnus)
- Oberschenkelknochen (Femur)

Darstellung der Adduktoren des rechten Oberschenkels (Vorderansicht; links: die oberflächliche Schicht, rechts: die tiefere Schicht)

der Hüfte ausgehend nach innen zum anderen Bein. Für die vielfältigen Bewegungen der Beine sind die Adduktoren, die sich auf der Innenseite des Oberschenkels befinden, von großer Bedeutung. Eine ihrer Aufgaben besteht darin, das abgespreizte Bein zur Körpermitte zu führen. Außerdem sind sie in der Lage, im Wechselspiel mit den äußeren Hüftmuskeln des Standbeins das Becken in unterschiedlichen Bewegungssituationen zu balancieren. Für typische Handlungen in den einzelnen Sportarten übernehmen sie wichtige Bewegungs- und Stabilisierungsfunktionen. Erfahrungsgemäß sind aber gerade diese Muskelgruppen nicht ausreichend belastungsfähig und gut trainiert, so daß die Verletzungsanfälligkeit deutlich erhöht ist.

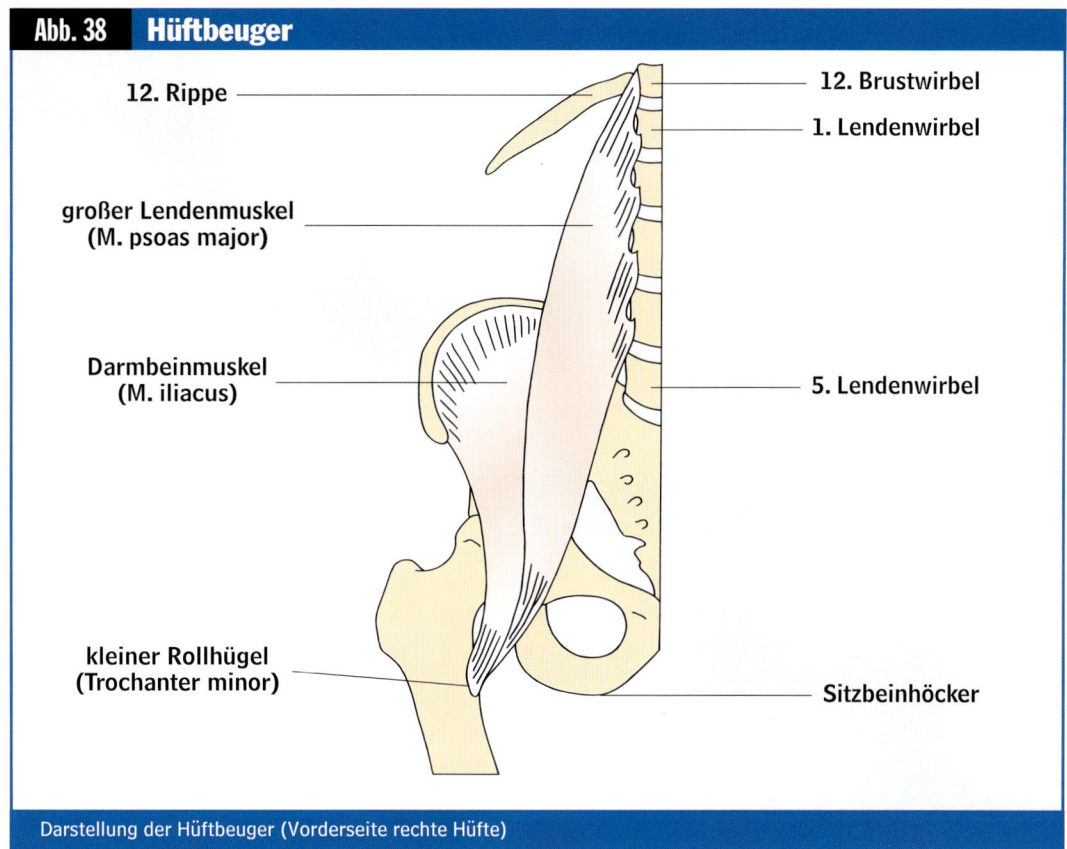

Abb. 38 Hüftbeuger

Darstellung der Hüftbeuger (Vorderseite rechte Hüfte)

Die Muskelgruppen der Hüfte

Die das Hüftgelenk umschließenden inneren und äußeren Hüftmuskeln haben einen unmittelbaren Einfluß auf die Bewegungen der Beine.

Die Muskeln, die den Oberschenkelknochen an der Hüfte nach vorn ziehen, bezeichnet man als Hüftbeuger (Abb. 38). Die beiden wichtigsten sind der M. iliacus (Darmbeinmuskel) und der M. psoas major (großer Lendenmuskel). Obwohl getrennte Muskeln tragen sie zusammen den Namen M. iliopsoas (Hüftlendenmuskel). Die Hüftbeuger sind nur schwer tastbar. Sie heben den Oberschenkel gegen die Hüfte nach oben und werden beim Gehen, Laufen und Springen intensiv beansprucht. Von ebenso großer Bedeutung für Beinbewegungen ist der große Gesäßmuskel, der die Streckung des Beins im Hüftgelenk bewirkt und bei unterschiedlichen Bewegungen in den Kampfsportarten sehr wichtig ist. Sind die Hüftbeuger aufgrund des Körperbaus oder wegen einer Verletzung verkürzt, neigt die Lendenwirbelsäule dazu, sich stärker zu biegen. Dabei entsteht das sogenannte Hohlkreuz und nachfolgend treten Rückenprobleme auf.

Fazit: Die Konstruktion und die biomechanischen Voraussetzungen des Kniegelenks in Verbindung mit dem Bandmechanismus sind für Belastungen im Hochleistungssport nicht ideal. Daher müssen die Führungsstrukturen über einen intakten Bandapparat und eine gut trainierte Oberschenkelmuskulatur stabilisiert werden. Nur die exakt aufeinander abgestimmten Funktionen garantieren eine uneingeschränkte Belastungsfähigkeit des Kniegelenks bei sportlichen Belastungen.

Auf der folgenden Doppelseite sind in Tab. 19 sportartspezifische Knieverletzungen nach ihrer Art, Ursache und Häufigkeit aufgeführt.

1 Die Trainingstherapie nach Knieverletzungen

Tab. 19 Zusammenfassung sportartspezifischer Knieverletzungen

Sportart	Art der Verletzung	Ursachen	Häufigkeit
Basketball	Mehr Meniskus- als Bandverletzungen	Rotationsbewegungen bei belastetem Kniegelenk	Kniegelenk ist die meist verletzte Körperregion
Badminton	Meniskusschäden, degenerative Meniskuserkrankungen, Überlastungsschäden	Ständige Belastung des Kniegelenks, permanente Traumatisierung	Überlastungsschäden durch ständige typische Ausfallschritte; dadurch sehr häufig Kniegelenkverletzungen
Eiskunstlauf	Überdehnungen, Anriß oder Ausriß des Bandapparats, Überlastungsschäden	Landungen nach Sprüngen	Häufigste Verletzung der Sportart
Eisschnellauf	Überlastungsschäden	Im Trockentraining Simulation der eisspezifischen Bewegungen mit Zusatzgewichten	Mit die häufigste Verletzungsart im Trockentraining
Eishockey	Knieband- und Meniskusverletzungen – Schwerpunkt: Rupturen (Risse des medialen Seiten-, vorderen Kreuzbandes und Innenmeniskus)	Besonders gefährdet sind Feldspieler	Ca. 13 Prozent aller Eishockeyverletzungen
Fechten	Kombinierte Meniskus-Bandverletzungen	Angriffs- und Verteidigungsaktionen	Sportartspezifische Häufung
Fußball	Kaum isolierte Meniskus-, Seitenband- oder Kreuzbandverletzungen; fast immer kombinierte Meniskus-Bandverletzungen	Verdrehungen des Kniegelenks in gebeugter Stellung bei gleichzeitiger Blockierung des Fußes; Knieverletzungen sind fußballtypisch; fußballspezifische Rotationstraumen	56 Prozent beziehen sich auf die unteren Extremitäten

nach WEINECK 1988

Sportart	Art der Verletzung	Ursachen	Häufigkeit
Handball	Meniskusverletzungen, Kapsel-Bandverletzungen	Zweikampfsituationen, Wurfsituationen	Keine besonders sportartspezifische Häufung
Hockey	Kapsel-Bandverletzungen	Speziell der Torwart ist gefährdet, Zusammenprall mit dem Gegner	Bei Feldspielern weniger häufig
Judo	Band- und Meniskusverletzungen, meistens Distorsionen	Bodenkampfsituationen	Etwa 10 Prozent aller Judoverletzungen
Kunstturnen	Meniskusrisse, Kapselrisse, Seitenbandabrisse und -einrisse	Verdrehte Landungen in Weichböden, harte Landungen oder Landungen bei unvollständig ausgedrehter Körperlängsachsendrehung, Absprungbewegung	Keine besonders sportartspezifische Häufung, aber überdurchschnittliche Gefährdung beim Absprung- und Landeverhalten
Ringen	Meniskusrisse, komplexe Meniskus-Bandverletzungen bzw. Kapselverletzungen	Arm-, Beinhebel, Standbeinbelastungen oder verbotene Griffausführungen im Bodenkampf	Ein Viertel aller Verletzungen bezieht sich auf das Kniegelenk, 30 Prozent davon sind Meniskusrisse, 15 Prozent komplexe Band-Meniskus- bzw. Kapselverletzungen
Ski alpin	Kapselverletzungen, Bandverletzungen, Meniskusverletzungen	Überbelastungen, Unebenheiten des Untergrunds, Stürze	Zwei Drittel aller Skiverletzungen beziehen sich auf den Bereich der unteren Extremitäten
Skilanglauf	Komplexe Bandrupturen	Stürze	25 Prozent aller Verletzungen im Bereich der unteren Extremitäten
Volleyball	vorwiegend Meniskusverletzungen	Sprünge, Landungen	60 Prozent aller Verletzungen im Bereich der unteren Extremitäten

Die Trainingstherapie nach Knieverletzungen

Bandverletzungen

Das Kniegelenk wird von einer Gelenkkapsel und Bändern zusammengehalten. Für die seitliche Stabilität sorgen die Seitenbänder (Innen- und Außenband), für Stabilitätsmechanismen nach vorn und hinten sind die Kreuzbänder (vorderes und hinteres Kreuzband) verantwortlich. Bandverletzungen führen zur Instabilität im Kniegelenk, weil sich Ober- und Unterschenkelknochen verschieben. Besonders problematisch ist dabei die Ruptur (Riß) des vorderen Kreuzbandes. Als Folge entwickelt sich die sogenannte Rotationsinstabilität. In dieser Situation kommt es oft zu einem schmerzhaften Ausrasten des Gelenks. Häufig wird die Diagnose nach solchen Verletzungen nicht oder zu spät gestellt. Durch die in unterschiedlichen Zeiträumen auftretenden „Ausraster" werden der Gelenkknorpel, die Menisken sowie die Bänder geschädigt, so daß es zu einer Arthrosebildung im Kniegelenk kommt.

Oftmals wird davon ausgegangen, daß die Instabilität durch ein Muskelfunktionstraining kompensiert werden kann. Erfahrungen mit der Behandlung solcher Verletzungen zeigen jedoch, daß trotz eines intensiven Muskeltrainings keine zuverlässige Stabilität des Gelenks erreicht wird. Bei erhöhter Trainingsbelastung, Ermüdungserscheinungen sowie nachlassender Konzentration treten trotz optimalen Trainingszustands immer wieder Unsicherheiten bei den unterschiedlichen Belastungen auf. Daher gilt es, das Gelenk so früh wie möglich zu stabilisieren und wenn nötig einen operativen Eingriff – beispielsweise mit Hilfe der Arthroskopie – vorzunehmen. Durch einen solchen Eingriff wird das Gelenk praktisch nicht geschädigt und unmittelbar danach erfolgt auch keine Schädigung durch Ruhigstellung. Dieses ausgesprochen schonende Operationsverfahren verkürzt den Heilungsverlauf enorm.

Seitenbandverletzungen

Beide Seitenbänder dienen durch maximale Spannung der Sicherung des Kniegelenks in der Streckposition. Sehr häufig treten Seitenbandverletzungen durch Gewalteinwirkung bei gestrecktem Bein wie etwa bei Zweikämpfen im Fußball auf. Ein charakteristischer Verletzungsmechanismus für Außenbandverletzungen ist ein starker Druck auf die Innenseite des Kniegelenks bei gleichzeitiger Beugefunktion. Dabei wird das Knie nach außen gedrückt und der Unterschenkel im Verhältnis zum Oberschenkel nach innen gedreht.

Bedeutend häufiger zu beobachten ist eine Gewalteinwirkung auf die Außenseite des Kniegelenks, bei der der Fuß nach außen gedrückt wird. In diesem Fall können der innere Meniskus oder das innere Seitenband in Mitleidenschaft gezogen werden.

Ein auffälliges Symptom für Seitenbandverletzungen ist der akute Schmerz, der sich bei Bewegungen im Kniegelenk noch verstärkt. In den meisten Fällen ist bei Seitenbandverletzungen ein operativer Eingriff unumgänglich. Isolierte Seitenbandverletzungen werden ausschließlich konservativ behandelt. Ist dagegen der Meniskus bei der Seitenbandverletzung beschädigt, wird ein operativer Eingriff vorgenommen.

Der Beginn der Rehabilitation ist in beiden Fällen etwa gleich.

Meniskusverletzungen

Meniskusverletzungen entstehen durch extreme Gewalteinwirkungen auf das Kniegelenk. Der Innenmeniskus wird 20mal häufiger verletzt als der Außenmeniskus (vgl. Abb. 39), da er traumatischen Einwirkungen wegen seiner Verwachsung mit der Gelenkkapsel und dem inneren Seitenband weniger gut ausweichen kann (vgl. WEINECK 1988). Eine der häufigsten Ursachen von Meniskusverletzungen besteht darin, daß bei feststehendem Fuß das gebeugte Knie nach innen oder nach außen verdreht wird. Die Folge kann ein Meniskuseinriß oder -abriß sein. Die dabei auftretenden Symptome sind stechender Schmerz, Streckhemmung, zunehmender Gelenkerguß bei Meniskuseinklemmung. Der entstehende Druckschmerz ist über den Gelenkspalt tastbar, wobei sich durch Bewegungen des Kniegelenks der Schmerz verändert.

Meniskusverletzungen gehen häufig mehrere unbeachtete Bagatellverletzungen, Zerrungen oder Stauchungen voraus, die zu einer Vorschädigung des Meniskus führen können. Liegen chronische Menis-

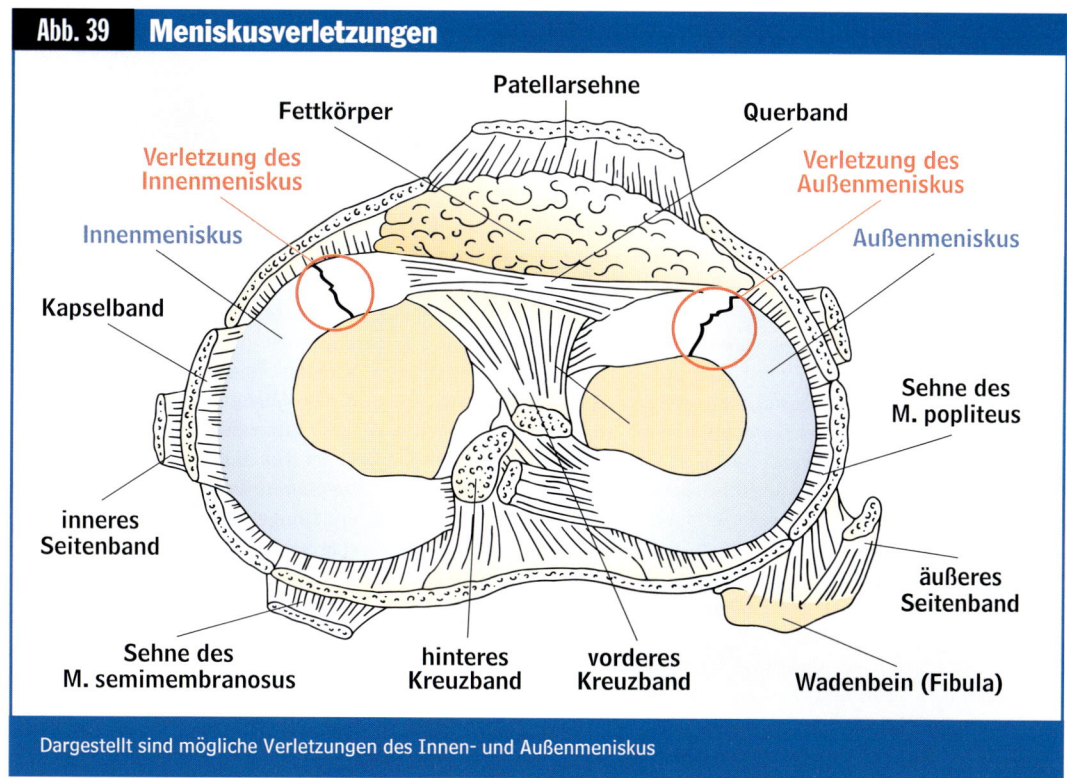

Abb. 39 Meniskusverletzungen

Dargestellt sind mögliche Verletzungen des Innen- und Außenmeniskus

kusschädigungen vor, ist eine deutliche Muskelatrophie am Oberschenkels des verletzten Beins sichtbar. Meniskusverletzungen erzwingen in jedem Fall einen operativen Eingriff, weil es bisher kein Indiz für eine selbständige Heilung von Menisken gibt. Im Gegenteil, es besteht die Notwendigkeit, die verletzte Stelle operativ zu versorgen, um dem Patienten/Sportler wieder die Möglichkeit zu geben, in seiner Sportart das uneingeschränkte Leistungstraining wieder aufnehmen zu können.

Auf den Folgeseiten stellen wir nun anhand von in unserem Rehabilitationszentrum durchgeführten Behandlungen konkrete Fallbeispiele einer medizinischen Trainingstherapie nach einer Seitenbandverletzung, nach einer Meniskusverletzung sowie einer Kreuzbandruptur vor.

Verletzung des medialen Seitenbandes des Kniegelenks

Neben kombinierten Kniegelenksverletzungen ereignen sich im Hochleistungs-, Leistungs- und Freizeitsport häufig isolierte Seitenbandverletzungen – hier besonders Rupturen des medialen Seitenbandes. In Sportspielen mit Körperkontakt wie Fußball, Handball und Eishockey oder in Kampfsportarten wie Judo, Karate und Ringen sind aufgrund des spezifischen Bewegungsablaufs mediale Knieverletzungen möglich. Durch gegnerische Einwirkung können die hochfrequenten sportartspezifischen Bewegungsabläufe gewaltsam unterbrochen werden. Eine extreme und ruckartige Bewegungsblockade, etwa durch einen Tritt, Schlag, Sturz, oder ein unkontrollierter Richtungswechsel mit einer im Valgus-Sinne (nach außen) gewaltsam einwirkenden Kraft auf das Kniegelenk führt zur Zerreißung oder Schädigung des medialen Bandes. Die dadurch hervorgerufenen Dysfunktionen der aktiven und passiven anatomischen Strukturen reduzieren drastisch die notwendige Stabilität des Kniegelenks. Kommt es zum medialen Seitenbandriß, ist dieser in der Anfangsphase oft sehr schmerzhaft, wobei die starken Schmerzsymptome nach wenigen Minuten nachlassen.

Als erste Maßnahme sollte eine möglichst schmerzlindernde Lagerung des verletzten Knies erfolgen. Gegen die in Verbindung mit einem massivem Druckgefühl häufig auftretende nachfolgende Schwellung ist es ratsam, das Kniegelenk zu kühlen, wobei allerdings die Gefahr der Unterkühlung beachtet werden sollte.

Seit Beginn der 90er Jahre ist bei der Indikation „Isolierte Seitenbandruptur" hinsichtlich der medizinischen Versorgung eine Trendwende festzustellen. Bis zu diesem Zeitpunkt wurde fast ausschließlich die operative Bandrekonstruktion angestrebt, während heute die mediale Seitenbandruptur zunehmend konservativ behandelt wird.

Nach einer Seitenbandruptur besteht eine der wichtigsten Zielsetzungen darin, daß in den ersten 10 bis 14 Tagen die stressfreie Belastung des Kniegelenks gewährleistet wird, um den Heilungsprozeß der zerissenen Bandstrukturen nicht zu unterbrechen. Dies gelingt nur über die Ruhigstellung des verletzten Bereichs mit einer Knieschiene (Brace) oder in besonderen Fällen auch mit Gips, damit erste Verklebungen der Bandstrukturen in optimaler Funktion und Winkelstellung erfolgen können.

Ein zentraler Aspekt der trainingstherapeutischen Behandlung der medialen Knie-Instabilität ist die aktive Stabilisierung des Kniegelenks durch Verbesserung der muskulären Leistungsfähigkeit. Die Rehabilitation muß möglichst früh einsetzen, damit nach einer differenzierten Anamnese und Befunderhebung sowie möglicher Funktionsdiagnostik keine wertvolle Zeit für die Therapie verloren geht. Die Inhalte und Zielsetzungen der nachfolgenden Therapie müssen den individuellen Leistungsvoraussetzungen des Patienten angepaßt werden. „Normalverbraucher" sind selbstredend anders zu behandeln als Hochleistungssportler. Neue Erkenntnisse wie auch eigene Erfahrungswerte mit der konservativen Therapie nach Seitenbandruptur gehen bei der Zielsetzung „Erreichung der vollen Belastungsfähigkeit" von einer Behandlungsdauer von 10 bis 12 Wochen aus. Besonders bei Hochleistungssportlern besteht die Gefahr, daß die vorher festgelegten Strukturen der Therapie aufgeweicht werden und – unter dem Druck einer möglichst schnellen Wiedereingliederung in den Trainings- und Wettkampfprozeß – dann in der Therapie überdosiert wird. Die Belastungsnormative sind meist zu hoch angesetzt. Eine volle Wiederherstellung bis zur nächsten Anpassung der Belastungswerte ist nicht gegeben. Übertrainingssyndrome sind die Folge.

Bei Hochleistungssportlern ist in der Phase der Wiederaufnahme des sportartspezifischen Trainings darauf zu achten, daß ausreichende regenerative Maßnahmen durchgeführt werden.

Besonders problematisch ist im Zusammenhang mit dem oben aufgeführten Verletzungsmuster das Aquajogging. Wie und wann ist es einsetzbar, und was erwarte ich als Behandlungsresultat durch diese hochintensive Trainingsmaßnahme? In den ersten 4 bis 6 Wochen ist es kontraindiziert, da die verletzte Bandstruktur ohne Beeinträchtigung verkleben soll. Eine Fehlbelastung während der Wasserarbeit kann zu Rerupturen führen. Wenn dann der Heilungsprozeß fortgeschritten ist, so daß das Aquajogging ohne Einschränkungen durchgeführt werden könnte (ca. 6 Wochen), passen die Bewegungs- und Belastungsstruktur (Zeit-Kraftverlauf der Bewegung) sowie die koordinative Struktur des Aquajoggings nicht mehr in das funktionelle Aufbautraining. In dieser Phase müssen Elemente in den Behandlungsprozeß des funktionellen Aufbautrainings integriert werden, die von der koordinativen Substanz und auch von der Belastungs- und Bewegungsstruktur geeignete Voraussetzungen für die spätere Umsetzung des sportartspezifischen Trainings schaffen. Dies hat uneingeschränkte Gültigkeit für Hochleistungssportler, die in der Rehabilitation unter besonderem Zeitdruck stehen. Von ihnen wird erwartet, nach Beendigung der Rehaphase innerhalb kürzester Zeit ein volles sportartspezifisches Leistungsniveau umzusetzen. Soll dies erreicht werden, so muß auch im Reha-Trainingsprozeß nach trainingswissenschaflichen Gesetzmäßigkeiten gearbeitet werden. Im Gegensatz dazu ist für den Normalverbraucher mit der Zielsetzung „Wiederherstellung von möglichst viel Muskelkraft" das Aquajogging etwa ab der sechsten Woche angezeigt.

Ein weiteres Problem ist das Bekämpfen der Atrophie und des Kraftverlusts in den frühen Phasen der Behandlung. Besonders in der ersten Phase, in der das Kniegelenk nicht unter Belastungsstress gesetzt werden darf, aber auch in der frühen zweiten Phase, ist es äußerst schwierig, durch die fast ausschließlich isometrischen Belastungen die vorhandene Atrophiedynamik und den Kraftverlust zu verringern. Eine weitere Ursache dafür ist die Schonhaltung, die Entlastung des verletzten Bereichs und die damit verbundene überproportionale Belastung des gesunden Bereiches der nicht verletzten Seite im Tagesverlauf. Wir haben festgestellt, daß es erst ab der 4. Woche möglich ist, durch erweiterte spezifische Reize in Verbindung mit einem größeren Belastungumfang einen muskulären Aufbau zu bewirken. Bis dahin kann die Atrophie lediglich gebremst werden. Die Hauptaufgabe der ersten vier Wochen besteht darin, diesen enormen Kraftverlust (bis zu 30 Prozent für die Extensoren) möglichst gering zu halten. Allein deshalb ist ein funktionelles Aufbautraining indiziert und es sollte nicht – wie oft empfohlen – nur mit ausschließlich schmerzlindernden Maßnahmen therapiert werden. Im Hochleistungssport und im Profisport wie auch in vielen anderen bewegungsaktiven Berufsgruppen ist der Zeitfaktor (Wiederherstellungsprozeß) und der damit verbundene Ausfall der Arbeitskraft eng miteinander verbunden. Logischerweise sollten die Voraussetzungen dafür geschaffen werden, den enormen Kraftverlust schnell und effizient zu kompensieren, um in möglichst kurzer Frist mit intensivem Rehabilitationstraining einen optimalen Therapieerfolg zu erreichen.

In Sportspielen mit Körperkontakt sind mediale Knieverletzungen möglich, denn durch Gegnereinwirkung können Bewegungen gewaltsam unterbrochen werden.

Fallbeispiel: Trainingstherapie nach Seiten[...]

Die Verletzung

Ruptur des medialen Seitenbandes im rechten Kniegelenk

Bei einer Zweikampfsituation im Bundesligaspiel am 6.7.96 wollte Thomas Dooley gegen den harten Körpereinsatz eines Gegenspielers den Ball zu einem Mitspieler passen. Bei dieser Aktion stürzten beide zu Boden. Während des Sturzes blockierte der Gegenspieler mit seinem Körper das rechte Kniegelenk auf der lateralen Seite. Die Wucht des Sturzes, die zusätzliche unglückliche Verankerung des Nockenschuhs im Rasen und die extreme Blockierung des Knies führten zu einem sofortigen stark stechenden Schmerz an der Knie-Innenseite. Die nach diesem Zusammenprall vom Mannschaftsarzt durchgeführte Diagnose ergab einen Verdacht auf Riß des medialen Seitenbandes. Dieses wurde einen Tag später durch eine MRT (Magnetresonanztomographie) bestätigt

Verlauf der Rehabilitation (konservative Behandlung)

▶ 6.7.96: medizinische und physiotherapeutische Sofortbehandlung; Anfertigung einer speziellen Orthese zur Stabilisierung des rechten Kniegelenks

▶ 8.7.-16.7.96: Beginn der erweiterten ambulanten Physiotherapie (EAP) mit dem Schwerpunkt: physikalische Maßnahmen; 1. Phase Mobilisationstraining

▶ 17.7.-25.7.96: 2. Phase Stabilisationstraining

▶ 26.7.-15.8.96: 3. Phase Funktionelles Muskeltraining

▶ 14.8.-18.8.96: 4. Phase Funktionelles Muskelbelastungstraining

Beginn des Übergangs zum sportartspezifischen Vereinstraining

▶ 11.9.96: Testspiel (70 Minuten Spielzeit)
▶ 21.9.96: Länderspiel für die USA (uneingeschränkte Belastungsfähigkeit ohne Negativreaktionen)

▶ 19.8.-18.11.96: 5. Phase Präventives Funktionstraining

Das präventive Funktionstraining wurde extern durchgeführt (Verein/Nationalmannschaft). In dieser Situation mußte nach gemeinsamer Absprache so verfahren werden, da der Spieler unter starkem Termindruck stand (siehe kommentierter Phasenverlauf).

ruptur (medial)

1 Mobilisationstraining

Therapieziele

- Abbau der Schwellung
- Schmerzreduktion
- Erhalt des Muskelstatus
- Wiedergewinnung der neuronalen Steuerungsfähigkeit
- Steuerung der Herz-Kreislaufbelastungen unter Einbeziehung der nichtverletzten Bereiche
- Angstreduktion

Therapiemethoden

- Physikalische Therapie: Lymphdrainage, Manuelle Therapie, Elektrotherapie, Kryotherapie Medikamente
- Isometrie (in offener und geschlossener Funktionskette)
- Propriozeption und koordinatives Funktionstraining
- Ausdauertraining
- Funktionsdiagnostik

Therapieinhalte

- Isometrische Funktionsübungen (isoliert und komplex)
- Handfixierung
- Komplexe Funktionsübungen zur Entwicklung von Koordination und Beweglichkeit
- Trainingsformen zu Erhaltung der allgemeinen konditionellen Grundeigenschaften der nichtverletzten Bereiche
- Eingangstest, Messungen

Trainingstherapiemittel

- SPOREG-Rehamatte
- Therapiekreisel
- Airex-Matte
- Seilzug
- Ergometer für die oberen Extremitäten (Handkurbel u.a.)
- Orthese
- Meß- und Diagnosesystem (SPOREG-ASYS-System)

Therapie-/Trainingszeit

- Hochleistungssportler: Therapiezeit: 2 x 60 Minuten täglich; Trainingszeit: 2 x 60 Minuten täglich

Verhältnis Therapie zu Training: 1:1

Fallbeispiel: Trainingstherapie nach Seitenb...

2 Stabilisationstraining

Therapieziele

- Erreichen von Schmerzfreiheit
- Schwellungsfreier Zustand
- Mobilisation
- Stabilisation der neuronalen Steuerungsfähigkeit
- Entwicklung des Muskelstatus
- Angepaßte Belastungssteuerung der allgemeinen konditionellen Grundeigenschaften

Therapiemethoden

- Physikalische Therapie: Lymphdrainage, Manuelle Therapie, Elektrotherapie, Kryotherapie, PNF
- Isometrie in offener und geschlossener Funktionskette
- Propriozeption, funktionelles, koordinatives Funktionstraining
- Ausdauertraining
- Funktionsdiagnostik

Therapieinhalte

- Isometrische Funktionsübungen (isoliert, komplex), Erhöhung des Widerstandes
- Handfixierung
- Isolierte und komplexe Koordinationsschulung
- Trainingsformen zur Erhaltung der allgemeinen konditionellen Grundeigenschaften nichtverletzter Bereiche
- Trainingsformen zur Verbesserung der lokalen Muskelausdauer im eingeschränkten Bewegungsbereich
- Tests, Messungen

Trainingstherapiemittel

- SPOREG-Rehamatte
- Therapiekreisel, Airex-Matte, Thera-Band, SPOREG-Pointrunner, Pedalo, Fahrradergometer mit Pedalausgleich
- Handkurbelergometer
- Kurzhanteln
- Seilzug
- Orthese
- Meß- und Diagnosesystem SPOREG-ASYS-System, isokinetische Meßsysteme

Therapie-/Trainingszeit

- Hochleistungssportler: Therapiezeit: 2 x 60' täglich; Trainingszeit: 2 x 90' täglich
Verhältnis Therapie zu Training: 1:1,5

3 Funktionelles Muskeltraining

Therapieziele

- Schmerzfreie Belastung
- Aktive Belastung
- Optimierung von Kraft, Ausdauer, Koordination und Beweglichkeit
- Verbesserung der neuronalen Steuerungsfähigkeit
- Psychische Vorbereitung auf Belastungen des verletzten Bereichs

Therapiemethoden

- Physikalische Therapie: Manuelle Therapie, PNF, Elektrotherapie, Kryotherapie, Massagen
- Isometrie in offener und geschlossener Funktionskette (konzentrisch, exzentrisch)
- Dynamisches konzentrisches funktionelles Muskeltraining in offener und geschlossener Funktionskette
- Sportartspezifisches Technik- und Simulationstraining
- Stretching
- Ausdauertraining (zyklisch/azyklisch)
- Circuittraining
- Leistungsdiagnostik

Therapieinhalte

- Funktionelle Muskelübungen
- Übungen zur Verbesserung der Kraftausdauer des verletzten Bereichs
- Sportartspezifische Bewegungsübungen mit Softball
- Dehnungsübungen mit statischen und dynamischen Versionen
- Optimierung der konditionellen Grundeigenschaften
- Tests, Messungen

Trainingstherapiemittel

- SPOREG-Reha-Matte, Laufband, Indoor-Laufbahn, Stepper, Weichboden, Therapiekreisel, Fahrradergometer, Seilzug
- Sequenztrainingsgeräte für die offene und geschlossene Funktionskette (ohne Bewegungseinschränkung)
- Hantelsysteme
- Meß- und Diagnosesysteme, SPOREG-ASYS-System, isokinetische Meßsysteme

Therapie-/Trainingszeit

- Hochleistungssportler: Therapiezeit: 2 x 60' täglich; Trainingszeit: 2 x 120' täglich

Verhältnis Therapie zu Training: 1:2

Fallbeispiel: Trainingstherapie nach Seitenb[...]

4 Funktionelles Muskelbelastungstraining

Therapieziele

- Uneingeschränktes Belastungstraining
- Funktionsausgleich noch vorhandener muskulärer Dysbalancen
- Optimierung der allgemeinen und sportartspezifischen Eigenschaften
- Automatisierung sportartspezifischer Bewegungsabläufe
- Übergang zum Mannschaftstraining
- Psychische Stabilität während der Belastungen

Therapiemethoden

- Physikalische Therapie: Massage, Kryotherapie, Laser, Elektrotherapie
- Dynamisches Training mit hohen Lasten in offener und geschlossener Kette (konzentrisch, exzentrisch)
- Ausdauertraining
- Stretching
- Sportartspezifisches Training
- Koordinationstraining
- Reaktives Sprungkrafttraining
- Leistungsdiagnostik

Therapieinhalte

- Ganzkörperliches funktionelles Belastungstraining
- Sportartspezifisches Techniktraining
- Antritts-, Dreh- und Sprungkombinationen
- Widerstandläufe, Niedersprünge
- Schnelligkeitskomplex
- Übungen mit und ohne Ball oder kombinierte Spielformen mit und ohne Körpereinsatz
- Dehnungsübungen
- Abschlußtests

Trainingstherapiemittel

- Sportartspezifische Trainingsmittel
- Sequenztrainingsgeräte für die offene und geschlossene Funktionskette
- SPOREG-Rehamatte
- Sportplatz, Halle, Laufbahn, Laufkeile
- Koordinatives Trainingsset
- Leistungsdiagnostische Meß- und Diagnosesysteme, SPOREG-ASYS-System, isokinetische Meßsysteme

Therapie-/Trainingszeit

- Hochleistungssportler: Therapiezeit: 1 x 60' täglich; Trainingszeit: 2 x 120' täglich
- 3 x pro Woche eine Trainingseinheit als Mannschaftstraining

Verhältnis Therapie zu Training: 1:4

5 Präventives Funktionstraining

Therapieziele

- Erhaltung und Stabilisierung der uneingeschränkten körperlichen Belastungsfähigkeit
- Erhaltung des muskulären Gleichgewichts
- Verringerung der Verletzungsanfälligkeit
- Durchführung individueller Trainingsprogramme
- Angleichung an das Mannschaftsniveau
- Selbstmotivation

Therapiemethoden

- Dehnen und Ausgleichsgymnastik
- Sportartspezifisches Konditionstraining
- Ergänzendes Ausdauertraining
- Regenerationstraining
- Leistungsdiagnostik

Therapieinhalte

- Individuell abgestimmte Belastungsprogramme (Kraft, Ausdauer, Schnelligkeit)
- Individuelle sportartspezifische Trainingsprogramme
- Test (bei Bedarf)

Trainingstherapiemittel

- Sportartspezifische Trainingsmittel
- Sequenztrainingsgeräte
- Sportplatz, Laufbahn

Therapie-/Trainingszeit

- Hochleistungssportler: Therapiezeit: bei Bedarf; Trainingszeit: 2 x 60-90' pro Woche als Zusatztraining zum Vereinstraining für die Dauer von 2 Monaten

Fallbeispiel: Trainingstherapie nach Seitenb...

Kommentierter Phasenverlauf

1 Mobilisationstraining — 8.7.-16.7.96

Unmittelbar nach der Verletzung wurde eine speziell angefertigte Orthese im Verletzungsbereich angelegt, die gewährleistete, daß sofort mit dem Rehabilitationsprogramm begonnen werden konnte. Die vorhandenen Schwellungen im linken Kniegelenk wurden durch physiotherapeutische Maßnahmen minimiert, so daß die Muskelkontraktion mit Hilfe isometrischer Übungen verbessert werden konnte. Während der Übungen wurde die Orthese getragen.

2 Stabilisationstraining — 17.7.-25.7.96

Die Orthese wurde während der Belastung abgelegt, so daß Übungsfolgen zur Verbesserung der neuromuskulären Steuerung durchgeführt werden konnten. Das Kniegelenk war reizfrei, der Belastungsgrad konnte deshalb gesteigert werden. Das Muskelfunktionssystem hat sich besonders im Kraftausdauerbereich deutlich verbessert.

3 Funktionelles Muskeltraining — 26.7.-13.8.96

Es wurde ein dynamisches Muskelbelastungstraining absolviert. Die Einbeziehung des verletzten Bereichs in komplexe technische Bewegungsfertigkeiten gestaltete sich anfangs wegen vorhandener Unsicherheiten (psychische Hemmschwelle) schwierig. Im Verlauf dieser Phase verbesserten sich diese Fertigkeiten bis zur uneingeschränkten Belastungsfähigkeit.

4 Funktionelles Muskelbelastungstraining — 14.8-18.8.96

Weil T. Dooley vom Verein aufgefordert wurde, zum Vereinstraining zurückzukehren, war diese Phase sehr kurz und entsprach nicht einer normalen Abschlußphase. Hier werden Probleme deutlich, die häufig am Ende einer Rehabilitation bei Hochleistungssportlern auftreten. Es besteht eine Diskrepanz zwischen den Vereins- und Sportlerinteressen (abgeschlossene Rehabilitation mit Leistungszertifikat).
Es bestehen noch geringe Leistungsdefizite (siehe Testergebnisse).

5 Präventives Funktionstraining — 19.8.-18.11.96

Durch die Verkürzung der Phase 4 wurde das präventive Funktionstraining intensiv gestaltet, da es außerhalb des Rehazentrums durchgeführt wurde. Die Einhaltung der vorgegebenen Belastungsparameter und der inhaltlichen Absprachen verlief problemlos, da der Spieler diszipliniert und engagiert an sich arbeitete. Am 21.9.96 konnte er in einem Länderspiel für die USA sein Leistungspotential voll entfalten. Das restliche präventive Trainingsprogramm wurde bis zur vollständigen Stabilität des gesamten Bewegungssystems ohne Einschränkungen absolviert.

Abschließende Leistungsbeurteilung

Leistungsentwicklung des Hochleistungssportlers Thomas Dooley anhand relevanter Parameter nach Ruptur des medialen Seitenbandes im rechten Knie

Bereich	Beginn Rehabilitation 8.7.96			Zwischentest 4.8.96			Ende Rehabilitation 18.8.96		
	re	li	Diff.	re	li	Diff.	re	li	Diff.
Beweglichkeit (Neigungssensor, Grad)									
Flexion	142	115	**27**	144	133	**11**	142	137	**5**
Extension	-5	10	**15**	-5	0	**5**	-5	-3	**2**
Kraft									
Isometrisch (N)									
Adduktion	460	276	**-40 %**	488	432	**11 %**	495	471	**5 %**
Abduktion	484	322	**-33 %**	496	439	**11 %**	504	470	**7 %**
Isokinetisch (Nm)									
Flexion	138	–		129	131	**11 %**	148	146	**1 %**
Extension	235	–		229	199	**13 %**	247	226	**9 %**
Ausdauer (Laufband)									
Stufentest (4x5 min)	Entfällt	Entfällt		v_{La4} = 3,88 m/s					
Schnelligkeit									
5m-Antritt (s) (Lichtschranke)	Entfällt			Entfällt			1,22		
CMJ (cm) (Kontaktmatte)	Entfällt			26	18	**8 cm**	27	23	**4 cm**

Auswertung	Zuwächse im verletzten Bereich		Mannschaftsnorm
Beweglichkeit			
▶ Flexion	+ 22 Grad		normgerecht
▶ Extension	+ 13 Grad		normgerecht
Kraft			
▶ CYBEX (isokinetisch)	Flexion +11 %	Extension + 14 %	innerhalb der Norm
▶ ASYS (isometrisch)	Abduktion +46 %	Adduktion + 71 %	innerhalb der Norm
Ausdauer			
▶	v_{La4} 3,88 m/s		unterhalb der Norm
Schnelligkeit			
▶	5m-Antritte 1,22 s		unterhalb der Norm
▶	Sprünge + 28 %		unterhalb der Norm

Fallbeispiel: Trainingstherapie nach Menisk...

Die Verletzung

Meniskusverletzung

Während eines Punktspiels am 1.8.98 erlitt der Fußball-Oberligaspieler Michael T. durch ein gegnerisches Foul nach 30 Minuten Spielzeit eine Knieverletzung. Sein subjektives Gefühl nach dem Foul äußerte er wie folgt: "Ich spürte im rechtem Knie einen stechenden Schmerz und hatte Probleme, das Kniegelenk zu strecken". Der Vereinsarzt diagnostizierte eine Verletzung des Außenmeniskus. Eine sofortige Eisbehandlung konnte den Schmerz lindern, trotzdem zeigte die Gelenkkapsel eine Schwellung.

Unmittelbar am nächsten Tag wurde eine kernspintomographische Untersuchung durchgeführt, um die Erstdiagnose zu bestätigen. Der Sportler wurde daraufhin am 3.8.98 arthroskopisch operiert und ein Teil des Meniskus wurde entfernt. Dieses ausgesprochen schonende Operationsverfahren verkürzt die Erholungszeit des Patienten enorm. Der Sportler wurde am gleichen Tag entlassen und begann am 4.8.98 bereits mit krankengymnastischen Übungsbehandlungen.

Verlauf der Rehabilitation

▶ 3.8.98: Operation (Teilentfernung des Außenmeniskus im rechten Kniegelenk), Entlassung aus dem Krankenhaus

▶ 4.8.98: Beginn der krankengymnastischen Behandlung und Teilbelastung (leichte Kapselschwellung im Kniegelenk lag vor)

▶ 7.8.98: Beginn der erweiterten ambulanten Physiotherapie (EAP)

▶ 7.9.98: Ende der Reha-Maßnahmen (Erreichen der uneingeschränkten Belastungsfähigkeit)

▶ 13.9.98: erster Punktspieleinsatz (Spielzeit 70 Minuten)

▶ 12.10.98: Ende des präventiven Funktionstrainings

Entscheidende Faktoren für die schnelle Wiedereingliederung in den Trainings- und Wettkampfprozeß

▶ Ein qualifizierter Orthopäde (Kniespezialist) führte die Operation mit Hilfe der arthroskopischen Methode durch.

▶ Krankengymnastische Übungsbehandlungen begannen bereits am ersten Tag nach dem operativen Eingriff.

▶ Mit der EAP-Behandlung wurde bereits 4 Tage nach der Operation begonnen.

▶ Während der Rehabilitation gab es keinerlei Komplikationen im Heilungsprozeß. Psychologische Regulationsmechanismen beeinflußten die Phasenübergänge positiv.

▶ Es bestand ständiger Kontakt zwischen Arzt, Physiotherapeut und Reha-Trainer.

▶ Begleitende Maßnahmen wie regenerative Maßnahmen während und zwischen den Behandlungen und eine abgestimmte Ernährung waren Grundlage für die Realisierung des Therapieprogramms.

▶ Der nahtlose Übergang in das Vereinstraining unter Erhaltung von Absprachen zwischen Trainer und Reha-Trainer hinsichtlich der Trainingsformen mit Belastungsdosierung war gewährleistet.

1 Mobilisationstraining

Therapieziele

- Schmerzreduktion, Schwellungsabbau, Mobilisation
- Abbau der Muskelatrophie, Verbesserung der Beweglichkeit
- Aufbau von Muskelkraft
- Entwicklung der Koordination
- Wiedergewinnung der neuronalen Steuerungsfähigkeit
- Steuerung der Herz-Kreislaufbelastungen durch Beanspruchung nichtverletzter Bereiche
- Abbau der psychischen Hemmschwelle

Therapiemethoden

- Physikalische Therapie: Lymphdrainage, manuelle Therapie, Elektro-, Kryotherapie
- Isometrie (in offener und geschlossener Kette)
- Ausdauertraining
- Stretching
- Funktionsdiagnostik

Therapieinhalte

- Isometrische Funktionsübungen
- Handfixierung
- Komplexübungen zur Entwicklung der Koordination und Beweglichkeit
- Statische Dehnungsübungen
- Trainingsformen zur Erhaltung der konditionellen Grundeigenschaften auch unter Einbeziehung der nichtverletzten Bereiche
- Eingangstest
- Messungen

Trainingstherapiemittel

- SPOREG-Rehamatte (mit Elastikschlaufen)
- Ergometer für verschiedene Extremitäten (Fahrrad, Handkurbel)
- Thera-Band
- Therapiekreisel, SPOREG-Point-Runner
- Airex-Matte
- Kippbrett, Seilzug
- Trainingsgeräte für die geschlossene Belastungskette, Gehbarren
- Meß- und Diagnose-Systeme, SPOREG-ASYS-System

Therapie-/Trainingszeit

- Leistungssportler: Therapiezeit 2 x 45' täglich, Trainingszeit 2 x 90' täglich
- Verhältnis Therapie zu Training: 1:2

Fallbeispiel: Trainingstherapie nach Menisk

2 Stabilisationstraining

Therapieziele

- ▶ Erreichen von Schmerzfreiheit und schwellungsfreiem Zustand
- ▶ Übergang zur aktiven Mobilisation
- ▶ Stabilisierung der Muskelfunktionen
- ▶ Verbesserung der Koordination
- ▶ Abbau muskulärer Dysbalancen
- ▶ Steuerung der Herz-Kreislaufbelastungen
- ▶ Angepaßte Trainingsbelastung nichtverletzter Körperbereiche

Therapiemethoden

- ▶ Physikalische Therapie: Lymphdrainage, manuelle Therapie, Elektro-, Kryotherapie, PNF
- ▶ Isometrie (in offener und geschlossener Kette); dynamisches Training in geschlossener Kette
- ▶ Ausdauertraining
- ▶ Wiederholungs- und Intervalltraining
- ▶ Stretching
- ▶ Funktionsdiagnostik

Therapieinhalte

- ▶ Komplexe isometrische Funktionsübungen
- ▶ Handfixierung
- ▶ Funktionelles Stabilisationstraining
- ▶ Aquajogging, Circuittraining, komplexe Übungen zur Weiterentwicklung der Koordination, Dehnungsübungen in statischen und dynamischen Versionen
- ▶ Verbesserung der konditionellen Grundeigenschaften auch unter Einbeziehung der nichtverletzten Bereiche
- ▶ Test, Messungen

Trainingstherapiemittel

- ▶ SPOREG-Rehamatte, Ergometer für verschiedene Extremitäten (Fahrrad, Handkurbel u.a.)
- ▶ Trainingsgeräte für die geschlossene Funktionskette mit beweglichen Funktionsteilen (z.B. Beinpresse)
- ▶ Therapiekreisel, Kippbrett, Airex-Matte, Seilzug, Therapiekeile, Indoor-Laufbahn, Laufband, Pedalo, Schwimmbad
- ▶ SPOREG ASYS-Systeme, isokinetische Meßsysteme

Therapie-/Trainingszeit

- ▶ Leistungssportler: Therapiezeit: 2 x 45' täglich, Trainingszeit: 2 x 120' täglich;
- ▶ Verhältnis Therapie zu Training: 1 : 3,5

3 Funktionelles Muskeltraining

Therapieziele

- Schmerzfreie Belastung
- Optimierung von Kraft, Ausdauer, Koordination und Beweglichkeit
- Programmierung von Bewegungsabläufen für die Alltags- und Sportmotorik
- Aufbau der Funktionsschnelligkeit
- Psychische Vorbereitung auf Belastungen des verletzten Bereichs
- Steigerung der Trainingsbelastung unter Einbeziehung des nichtverletzten Körperbereichs

Therapiemethoden

- Physikalische Therapie: PNF, Elektro-, Kryotherapie, Massagen
- Dynamisches Training in offener und geschlossener Kette (konzentrisch/exzentrisch)
- Ausdauertraining (zyklisch, azyklisch)
- Sportartspezifische Technik- und Simulationsabläufe
- Intervalltraining
- Stretching
- Leistungsdiagnostik

Therapieinhalte

- Funktionelles Muskeltraining
- Circuittraining, gezieltes Hypertrophietraining zum Aufbau von Muskelkraft
- Sportartspezifische Bewegungsübungen
- Dehnungsübungen mit statischen und dynamischen Versionen
- Optimierung der konditionellen Grundeigenschaften
- Tests

Trainingstherapiemittel

- SPOREG-Rehamatte
- Fahrradergometer, Stepper, Laufband, Indoor-Laufbahn, Therapiekreisel, Seilzug, Sequenztrainingsgeräte für offene und geschlossene Kette
- Hantelsysteme
- Meß- und Diagnosesysteme (u.a. SPOREG-ASYS-System, SPOREG-Recovery-System)

Therapie-/Trainingszeit

- Leistungssportler: Therapiezeit: 2 x 30' täglich, Trainingszeit: 2 x 120' täglich;
- Verhältnis Therapie zu Training: 1 : 4

Fallbeispiel: Trainingstherapie nach Menisk...

4 Funktionelles Muskelbelastungstraining

Therapieziele

- Uneingeschränktes Belastungstraining
- Beseitigung muskulärer Dysbalancen
- Optimierung der Kraft, Schnelligkeit, Ausdauer
- Optimierung der Koordination unter sportartspezifischen Aspekten
- Automatisierung sportartspezifischer Bewegungsabläufe und Übergang zu sportartspezifischem Training
- Psychische Stabilität während der Belastungen

Therapiemethoden

- Physikalische Therapie: Massagen, Elektro-, Kryotherapie, Laser
- Dynamisches Training in offener und geschlossener Kette (konzentrisch/exzentrisch)
- Reaktives Sprungkrafttraining
- Ausdauertraining, Schnelligkeitstraining, Koordinationstraining
- Sportartspezifisches Training
- Stretching
- Leistungsdiagnostik

Therapieinhalte

- Komplettes funktionelles Belastungstraining mit spezifischen Übungsmustern
- Balltraining
- Antritt-, Dreh- und Sprungkombinationen
- Widerstandsläufe
- Niedersprünge
- Techniktraining, Spielformen
- Abschlußtests

Trainingstherapiemittel

- SPOREG–Rehamatte
- Sportartspezifische Trainingsmittel, Sequenztrainingsgeräte für offene und geschlossene Kette
- Koordinatives Trainingsset
- Sportplatz, Halle
- Leistungsdiagnostische Meß- und Diagnosesysteme (SPOREG-ASYS-System, Cybex u.a.), Lichtschrankensystem, Kontaktmatte

Therapie-/Trainingszeit

- Leistungssportler: Therapiezeit 1 x 45' täglich; Trainingszeit inkl. Mannschaftstrainings: 2 x 90' täglich
- Verhältnis Therapie zu Training: 1 : 4

5 Präventives Funktionstraining

Therapieziele

- Erhaltung und Stabilisierung der uneingeschränkten körperlichen Leistungsfähigkeit
- Verringerung der Verletzungsanfälligkeit
- Erhaltung des muskulären Gleichgewichts
- Schaffen der Voraussetzung zur Durchführung individueller Trainingsprogramme
- Selbstmotivation

Therapiemethoden

- Dehnen, Ausgleichsgymnastik
- Ergänzendes Ausdauertraining
- Regenerationstraining
- Sportartspezifisches Schnelligkeits- und Krafttraining
- Leistungsdiagnostik

Therapieinhalte

- Individuelle Belastungsprogramme (Ausdauer, Schnelligkeit, Kraft)
- Individuelle sportartspezifische Trainingsprogramme
- Tests (nach Bedarf)

Trainingstherapiemittel

- SPOREG-Rehamatte
- Waldboden, Sportplatz
- Sequenztrainingsgeräte
- Sportartspezifische Trainingsmittel

Therapie-/Trainingszeit

- Leistungssportler: Therapie bei Bedarf; 1 x 60 - 90' pro Woche als Spezialtrainingseinheit über einen Zeitraum von 3 Monaten

Fallbeispiel: Trainingstherapie nach Menisk

Kommentierter Phasenverlauf

1 Mobilisationstraining — 8. - 13.8.98

Die 1. Phase des Mobilisationstrainings verlief komplikationslos. Das Kniegelenk war reizfrei, die Muskelfunktionen des rechten Oberschenkels waren stabil. Koordinativ und in der Beweglichkeit waren Defizite feststellbar (siehe Test).

2 Stabilisationstraining — 14. - 20.8.98

Kennzeichnend waren Anpassungsreaktionen im gesamten Belastungsprofil. Während des funktionellen Stabilisationstrainings (Handfixierung, Serientraining) traten muskuläre Ermüdungen auf, so daß die Pausengestaltung während der Trainingstherapie ein wichtiges Steuerungselement des Therapieprozesses darstellte. Die einzelnen Übungen wurden präzise und konzentriert durchgeführt.

3 Funktionelles Muskeltraining — 21. - 28.8.98

Diese Phase war entscheidend für die Übergänge zur Simulation sportartspezifischer Bewegungsabläufe. Das rechte Kniegelenk hatte sich weiter stabilisiert, so daß der Übergang zum Lauftraining erfolgen konnte. Der Muskelumfang war im Links/rechts-Vergleich ausgeglichen. Ein sportartspezifisches Krafttraining zur Verbesserung der Muskelkraftausdauer wurde durchgeführt.

4 Funktionelles Muskelbelastungstraining — 29.8. - 7.9.98

Der Schwerpunkt lag im Übergang zum sportartspezifischen Belastungstraining auf dem Aspekt der uneingeschränkten Belastungsfähigkeit. Deshalb wurde in dieser Phase ein leistungsdiagnostischer Check-up der Ausdauer, Schnelligkeit und Sprungkraft durchgeführt. Die Werte waren ausschlaggebend für die Prognose des ersten Spieleinsatzes. Michael T. absolvierte diese Phase ohne jegliche Belastungseinschränkungen und nahm am 7.9. das Vereinstraining auf.

5 Präventives Funktionstraining — 7.9. - 12.10.98

Das präventive Funktionstraining wurde in der trainingsfreien Zeit einmal pro Woche absolviert. Es diente dazu, die Leistungsfähigkeit weiter zu verbessern und das muskuläre Funktionsgleichgewicht zu erhalten. Die Trainingsinhalte und Belastungsparameter ergaben sich aus erzielten Testwerten im Rahmen der leistungsdiagnostischen Untersuchungen.

Abschließende Leistungsbeurteilung

Leistungsentwicklung des Sportlers Michael T. anhand relevanter Parameter nach Teilresektion des Außenmeniskus im rechten Kniegelenk

Bereich	Beginn Rehabilitation 7.8.98			Ende Rehabilitation 4.9.98			Ende PFT 12.10.98		
	re	li	%Diff.	re	li	%Diff.	re	li	%Diff.
Beweglichkeit (Neigungssensor, Grad)									
Flexion	90	135	**33**	125	135	**7**	135	145	**11**
Extension	10	-5	**15 Grad**	0	-5	**5 Grad**	-5	-5	**0 Grad**
Kraft (isometrisch [Flexion], isokinetisch [Extension], Nm)									
Flexion	147	318	**54**	289	330	**12**	315	335	**6**
Extension	96	241	**60**	188	255	**26**	248	260	**5**
Ausdauer (Laufband)									
Stufentest Laufband (4-6 x 5 min)	Entfällt			V_{La4} = 2,9 m/s bei Puls 165			V_{La4} = 3,24 m/s bei Puls 166		
Stufentest Fahrrad (4-6 x 5 min)	Entfällt			V_{La4} = 2,9 m/s bei Puls 165			V_{La4} = 3,24 m/s bei Puls 166		
Schnelligkeit (Sprintschnelligkeit, Sprungkraft)									
25 m-Sprint (Lichtschranke)	Entfällt			3,646 s			3,599 s		
Sprungkraft (Kontaktmatte)	Entfällt			36 cm			39 cm		

Auswertung

Beweglichkeit
▶ + 45 Grad Flexion (innerhalb der Mannschaftsnorm)
▶ + 15 Grad Extension (innerhalb der Mannschaftsnorm)

Kraft
▶ + 53 % Flexion (innerhalb der Mannschaftsnorm)
▶ + 61 % Extension (innerhalb der Mannschaftsnorm)

Ausdauer
▶ + 8 % Leistungsverbesserung (15 % unterhalb der Mannschaftsnorm)

Schnelligkeit
▶ + 119 ms schnellere 25 m-Zeit (8 % unterhalb der Mannschaftsnorm)
▶ + 8 % höhere Sprungleistung (39 % unterhalb der Mannschaftsnorm)

Fallbeispiel: Trainingstherapie nach Kreuzba

Die Verletzung

Verletzung des vorderen Kreuzbandes

Bereits 1992 wurde der koreanische Fußball-Nationalspieler Sun-Hong Hwang nach einem Trainingsunfall am vorderen Kreuzband des rechten Kniegelenks operiert. Nach erneuten Problemen war 1993 eine weitere Kreuzbandoperation mit Teilresektion des medialen Meniskus notwendig. 1994 nahm er mit der Nationalmannschaft Südkoreas an der Fußball-Weltmeisterschaft teil. Anfang 1997 traten erneut Probleme auf:
— Während spezifischer Belastungen traten starke Schmerzen auf.
— Das Gelenk zeigte sich zunehmend instabiler.
— Es entwickelte sich eine sich ständig vergrößernde Muskelatrophie, insbesondere im Bereich des rechten Oberschenkelstreckers.
— Ein chronisches Reizknie entstand.
— Die durchgeführte Physiotherapie erzielte keine positiven Veränderungen.

Ab Februar 1997 bestand ein Trainings- und Spielverbot.

Verlauf der Rehabilitation

▶ 15.5.97: Operation (ambulant), OP-Technik: Patellasehnenplastik rechtes Kniegelenk
▶ 16.5.97: Beginn der Rehabilitation mit verstärkt physiotherapeutischen Behandlungsschwerpunkten
▶ 19.5.97: Beginn der Komplextherapie bestehend aus Physiotherapie und Trainingstherapie mit zwei Behandlungseinheiten pro Tag
▶ 19.6.97: 1. Lauf mit kleinen kontrollierten Schritten über 15 m auf einer speziellen schaumstoffgepolsterten Laufbahn
▶ 10.7.97: 1. Lauf auf weichem Waldboden
▶ 23.7.97: 1. Laktattest auf dem Fahrradergometer
▶ 30.7.97: 1. Fußballtechnik-Trainingseinheit
▶ 8.8.97: 1. isokinetischer Krafttest
▶ 24.9.97: Umfangreiche Leistungsdiagnostik (Kraft, Sprint); nachmittags 2 Trainingseinheiten mit einer Oberliga-Mannschaft über 70 Minuten, Trainingsspiel
▶ 25.9.97: Ende der Reha-Maßnahme in Deutschland. Erreichen einer subjektiv uneingeschränkten Belastungsfähigkeit. Nach objektiven Testkriterien bestanden noch Defizite in verschiedenen Meßparametern (siehe Seite 149)
▶ 26.9.97: Rückflug nach Südkorea
▶ 20.10.97: Beginn des präventiven Funktionstrainings (PFT) und Weiterführung des sportartspezifischen Trainings. Im Oktober erfolgte der erste Spieleinsatz über 45 Minuten.

Bemerkung

Wie der abschließenden Leistungsbeurteilung zu entnehmen ist, wurde bereits postoperativ am 19.5.97 mit dem SPOREG-ASYS-System eine Muskelkraftfunktionsmessung im Bereich Abduktion und Adduktion im Rechts-Links-Vergleich durchgeführt. Diese Messung und die folgenden funktionsdiagnostischen Tests bestimmten den weiteren Therapieverlauf.
Vier Monate und 10 Tage nach der OP wurde in einer nach subjektiven Kriterien sehr schnellen Zeit die fußballspezifische Belastungsfähigkeit erarbeitet und die Spielfähigkeit zurückgewonnen. Die durchgeführten objektiven Messungen belegen, daß der Quadrizeps des operierten Beins im Rechts-Links-Vergleich erhebliche Defizite aufweist.
Anhand dieses Fallbeispiels ist zu folgern, daß die Muskelkraft der Oberschenkelstrecker postoperativ mindestens 6 bis 8 Monate gezielt und systematisch entwickelt werden muß, um die bestehenden muskulären Dysbalancen weitestgehend abzubauen. Dies ist deshalb notwendig, weil über eine Schonhaltung Überlastungssyndrome entstehen und Folgeverletzungen auftreten können.
Deshalb wurde für Sun-Hong Hwang zur Fortführung der 4. und 5. Phase unter Einbeziehung der landesspezifischen Trainingssituation ein gezieltes Reha- und Präventivprogramm erarbeitet und mitgegeben.

1 Mobilisationstraining

Therapieziele

- Schmerzreduktion, Gegenmaßnahmen zur operationsbedingten Gelenkschwellung
- Verbesserung der postoperativen Gelenkbeweglichkeit (passiv und aktiv)
- Stabilisierung der aktiven Streckung
- Begrenzung der Muskelatrophie
- Wiedergewinnung der neuronalen Steuerungsfähigkeit
- Steuerung der Herz-Kreislaufbelastungen unter Einbeziehung der nichtverletzten Bereiche
- Abbau der Bewegungs- und Belastungsangst
- Leistungsniveauerhaltung des nichtverletzten Bereichs

Therapiemethoden

- Physikalische Therapie: Lymphdrainage, Manuelle Therapie, Elektrotherapie, Kryotherapie, Medikamente
- Isometrie (in offener und geschlossener Funktionskette)
- Ausdauertraining
- Komplextraining
- Dynamisches Funktionstraining
- Funktionsdiagnostik

Therapieinhalte

- Lymphdrainage
- Eisbehandlung
- Elektrotherapie
- PNF
- Manuelle Therapie
- Massage
- Handfixierung
- Komplexe Funktionsübungen zur Entwicklung von Koordination und Beweglichkeit
- Dehnungsübungen
- Trainingsformen zu Erhaltung der konditionellen Grundeigenschaften der nichtverletzten Bereiche
- Eingangstest, Messungen (Umfang, Winkel, Kraft, Abduktion, Adduktion; nichtverletzter Bereich: Extension, Flexion)

Trainingstherapiemittel

- SPOREG-Reha-Matte
- Behandlungsbänke
- Apparate für Physiotherapie und Physikalische Therapie
- Kippbrett
- Seilzug
- Ergometer für verschiedene Extremitäten (Fahrrad mit Pedalverstellung, Handkurbel u.a.)
- Meß- und Diagnosesystem (SPOREG-ASYS-System)

Therapie-/Trainingszeit

- Hochleistungssportler: Therapiezeit: 2 x 60' täglich; Trainingszeit: 2 x 60' täglich

Verhältnis Therapie zu Training: 1:1

Fallbeispiel: Trainingstherapie nach Kreuzba

2 Stabilisationstraining

Therapieziele

- Schwellungsfreier Zustand
- Erreichen von Schmerzfreiheit bei ersten Belastungen
- Verbesserung und nahezu Optimierung der Gelenkbeweglichkeit (Extension und Flexion)
- Übergang zur aktiven Mobilisation
- Beendigung der Atrophiedynamik
- Reduzierung muskulärer Dysbalancen
- Stabilisation der neuromuskulären Fähigkeiten
- Leistungsniveauerhaltung des nichtverletzten Bereichs
- Steuerung von Herz-Kreislaufbelastung

Therapiemethoden

- Physikalische Therapie
- Physiotherapie
- Isometrie in offener und geschlossener Funktionskette
- Dynamisches Muskeltraining in geschlossener Kette
- Komplexes Koordinationstraining
- Ausdauertraining (biofeedback)
- Funktionelles Muskeltraining
- Psychologische Begleitmaßnahmen

Therapieinhalte

- Manuelle Therapie
- Isometrische Funktionsübungen
- Handfixierung/PNF
- Elektrotherapie
- Funktionelle Stabilisationsübungen
- Konzentrisches Wiederholungstraining (mittlere Belastung)
- Funktionsübungen mit unterschiedlichem Kraft-Zeit-Verlauf
- Dehnungsübungen (statisch, dynamisch)
- Trainingsformen zur Erhaltung der konditionellen Grundeigenschaften des nichtverletzten Bereichs
- Tests, Messungen

Trainingstherapiemittel

- SPOREG-Reha-Matte
- Behandlungsbänke
- Apparate für die Physiotherapie und Physikalische Therapie
- Therapiekreisel, Airex-Matte, Thera-Band, SPOREG Pointrunner, Zugapparat, Gehbarren, Pedalo
- Laufband
- Sequenztrainingsgeräte für die offene und geschlossene Funktionskette
- Ergometer
- Stepper
- Weichboden
- Laufkeile

Therapie-/Trainingszeit

- Hochleistungssportler: Therapiezeit: 2 x 60' täglich; Trainingszeit: 2 x 90' täglich
Verhältnis Therapie zu Training: 1:1,5

3 Funktionelles Muskeltraining

Therapieziele

- Schmerzfreie Trainingsbelastung
- Aufbau der atrophierten Muskulatur
- Weitere Reduzierung muskulärer Dysbalancen
- Programme von Bewegungsabläufen für die Alltags- und Sportmotorik
- Intensivierung von Herz-Kreislaufbelastungen
- Volle Laufbelastung
- Psychische Vorbereitung auf steigende Belastungen des verletzten Bereichs

Therapiemethoden

- Physikalische Therapie
- Physiotherapie
- Dynamisches konzentrisches funktionelles Muskeltraining in offener und geschlossener Funktionskette
- Teil-sportartspezifisches Technik- und Simulationstraining
- Stretching
- Circuittraining
- Komplexes Koordinationstraining (allgemein, spezifisch)
- Leistungsdiagnostik

Therapieinhalte

- Elektrotherapie, Kryotherapie
- Massage
- Funktionelles Muskeltraining
- Gezieltes Hypertrophietraining (konzentrisch, exzentrisch) zum Aufbau der Muskelkraft des verletzten Bereichs
- Intensive Dehnungsübungen mit statischen und dynamischen Versionen
- Ständige Verbesserung der konditionellen Grundeigenschaften
- Lauftraining mit Bewegungsvariationen
- Sportartspezifische Bewegungsübungen mit Softball
- Tests, Messungen

Trainingstherapiemittel

- SPOREG-Reha-Matte, Indoor-Laufbahn, Stepper, Therapiekreisel, Fahrradergometer, Seilzug, Steps
- SPOREG-Pointrunner, Weichboden, Laufkeile, Wald- und Rasengelände
- Sequenztrainingsgeräte für die offene und geschlossene Funktionskette
- Hantelsysteme
- Meß- und Diagnosesysteme, SPOREG-ASYS-System, ASYS-Koo, isokinetische Meßsysteme

Therapie-/Trainingszeit

- Hochleistungssportler: Therapiezeit: 2 x 45-60' täglich; Trainingszeit: 2 x 90-120' täglich

Verhältnis Therapie zu Training: 1:2

Fallbeispiel: Trainingstherapie nach Kreuzba

4 Funktionelles Muskelbelastungstraining

Therapieziele

- Uneingeschränktes allgemeines und sportartspezifisches Belastungstraining
- Funktionsausgleich eventuell noch vorhandener muskulärer Dysbalancen
- Automatisierung sportartspezifischer Bewegungsabläufe
- Übergang zum sportartspezifischen Training
- Psychische Stabilität während der Belastungen

Therapiemethoden

- Physikalische Therapie
- Physiotherapie
- Dynamisches Training mit erhöhten Lasten in offener und geschlossener Kette
- Ausdauertraining
- Dehnen/Stretching
- Sportartspezifisches Training
- Koordinationstraining
- Reaktives Sprungkrafttraining
- Ganzkörperliches funktionelles Belastungstraining
- Leistungsdiagnostik

Therapieinhalte

- Elektrotherapie, Kryotherapie, Lasertherapie, Dehnen, Massage
- Antritte, Drehungen, Sprungkombinationen
- Widerstandläufe, dosierte Niedersprünge, Einbeinsprünge
- Spielformen mit und ohne Körperkontakt
- Techniktraining (einzeln, mit der Mannschaft): Paß-, Schußvariationen (keine langen Serien)
- Abschlußtests

Trainingstherapiemittel

- Sportartspezifische Trainingsmittel
- Sequenztrainingsgeräte für die offene und geschlossene Funktionskette
- SPOREG-Reha-Matte
- Sportplatz, Halle, Laufbahn, Laufkeile
- Koordinatives Trainingsset
- Leistungsdiagnostische Meß- und Diagnosesysteme, SPOREG-ASYS-System, isokinetische Meßsysteme

Therapie-/Trainingszeit

- Hochleistungssportler: Therapiezeit: 1 x 60' täglich; Trainingszeit: 2 x 120' täglich
- 2 x pro Woche eine Trainingseinheit als Mannschaftstraining

Verhältnis Therapie zu Training: 1:4

5 Präventives Funktionstraining

Therapieziele

- Erhaltung und Stabilisierung der uneingeschränkten körperlichen Belastungsfähigkeit
- Erhaltung des muskulären Gleichgewichts
- Verringerung der Verletzungsanfälligkeit
- Durchführung individueller Trainingsprogramme
- Angleichung an das Mannschaftsniveau
- Selbstmotivation

Therapiemethoden

- Dehnen und Ausgleichsgymnastik
- Sportartspezifisches Konditionstraining
- Ergänzendes Ausdauertraining
- Regenerationstraining
- Leistungsdiagnostik

Therapieinhalte

- Individuell abgestimmte Belastungsprogramme (Kraft, Ausdauer, Schnelligkeit)
- Individuelle sportartspezifische Trainingsprogramme mit Rücksicht auf die Spielposition
- Test (bei Bedarf)

Trainingstherapiemittel

- Sportartspezifische Trainingsmittel
- Sequenztrainingsgeräte
- Sportplatz, Laufbahn

Therapie-/Trainingszeit

- Hochleistungssportler: Therapiezeit: bei Bedarf; Trainingszeit: 1 x 60-90' pro Woche als Zusatztraining für die Dauer von 3 Monaten

Fallbeispiel: Trainingstherapie nach Kreuzba

Kommentierter Phasenverlauf

1 Mobilisationstraining   19.5.-11.6.97

Nach der Operation wurde auf eine Orthese verzichtet, um das Muskelsystem so schnell wie möglich zu aktivieren. Das Kniegelenk war während der Trainingstherapie teilweise bandagiert, um die Gelenkfunktion zu stabilisieren. Gehstützen wurden zu Beginn der Rehabilitation benutzt (14 Tage). Die Schwellung im Knie nahm in dieser Phase deutlich ab, so daß der Belastungsgrad gesteigert werden konnte. Komplikationen traten nicht auf.

2 Stabilisationstraining   12.6.-7.7.97

Die Endstreckung wurde im Übergang zu dieser Phase erreicht. Damit verbunden war ein besseres Gangbild und eine deutlich sichtbare Stabilisation der gesamten rechten unteren Extremität. Die Bewegungsfunktion des Kniegelenks erweiterte sich kontinuierlich von 80 auf 120 Grad. Die Muskelatrophie wurde gestoppt und das Muskelsystem in seiner Funktion verbessert.

3 Funktionelles Muskeltraining   8.7.-15.8.97

Es fand ein Funktionsausgleich der Muskulatur statt. Durch die schmerzfreie Belastung war es möglich, den Belastungsgrad progressiv zu steigern. Die Bewegungsabläufe (Simulation) wurden sicherer und die Reaktionszeiten verkürzten sich. Dadurch wurde der Sportler psychisch stabiler, was sich positiv auf die weiteren Belastungen auswirkte. Das Knie zeigte keine Negativreaktionen.

4 Funktionelles Muskelbelastungstraining   16.9-20.10.97

Durch die Wiederherstellung der uneingeschränkten Belastungsfähigkeit konnten sportartspezifische Bewegungsmuster wieder sicher durchgeführt werden, was sich auf den Übergang zum Mannschaftstraining positiv auswirkte. Die leistungsdiagnostischen Tests waren in dieser Phase ein entscheidendes Instrument zur Steuerung der einzelnen Belastungsabschnitte. Am Ende dieser Phase bestand noch ein Leistungsunterschied im Bereich der Muskelkraft im Rechts-Links-Vergleich von 32 Prozent (Normwert (10 bis 15 Prozent).

5 Präventives Funktionstraining   ab 20.10.97

Das präventive Funktionstraining wurde in Korea durchgeführt. Der anhand der leistungsdiagnostischen Daten erstellte Trainingsplan wurde wöchentlich kontrolliert und teilweise korrigiert. Dadurch konnte der Übergang zum Vereinstraining optimal gesteuert und die Anpassung an das Mannschaftstraining optimal abgestimmt werden. Das rechte Kniegelenk zeigte nach den sportartspezifischen Belastungen keine Negativreaktionen, so daß das komplette Trainings- und Wettkampfprogramm uneingeschränkt absolviert werden konnte.

Abschließende Leistungsbeurteilung

Leistungsentwicklung des Hochleistungssportlers Sun-Hong Hwang anhand relevanter Parameter nach Ruptur des vorderen Kreuzbandes im rechten Knie

Bereich	Beginn Rehabilitation 19.5.97			Zwischentest 16.7.97			Ende Rehabilitation 25.9.97		
	re	li	Diff.	re	li	Diff.	re	li	Diff.
Beweglichkeit (Neigungssensor, Grad)									
Flexion	80	140	**60 Grad**	120	140	**20 Grad**	135	140	**5 Grad**
Extension	10	-5	**15 Grad**	0	-5	**5 Grad**	0	-5	**5 Grad**
Kraft									
Isometrisch (N)									
Adduktion	326	459	**41 %**	471	485	**3 %**	505	510	**1 %**
Abduktion	384	460	**20 %**	580	570	**+ 2 %**	605	600	**1 %**
Isokinetisch (Nm)									
Flexion	Entfällt	138		118	159	**34 %**	140	163	**16 %**
Extension	Entfällt	235		148	246	**66 %**	168	223	**32 %**
Ausdauer (Laufband)									
Stufentest (4x5 min)	Entfällt			V_{La4} = 3,60 m/s			V_{La4} = 3,72 m/s		
Schnelligkeit									
5m-Antritt (s) (Lichtschranke)	Entfällt			Entfällt			1,10 s		
CMJ (cm) (Kontaktmatte)	Entfällt			Entfällt			30,5	21,9	28,2

Auswertung	Zuwächse im verletzten Bereich		Mannschaftsnorm
Beweglichkeit			
▶ Flexion	+ 55 Grad		normgerecht
▶ Extension	+ 10 Grad		normgerecht
Kraft			
▶ CYBEX (isokinetisch)	Flexion +19 %	Extension + 14 %	22 % unter Norm
▶ ASYS (isometrisch)	Abduktion +58 %	Adduktion + 55 %	innerhalb der Norm
Ausdauer			
▶	vLa4 + 0,12 m/s		10 % unter Norm
Schnelligkeit			
▶	5m-Antritte		5 % unter Norm
▶	Sprünge + 18 %		15 % unter Norm

Hinweis: Die Normen beziehen sich auf die Werte gesunder Erstligaspieler.

2 Die Trainingstherapie nach Fußverletzungen

Anatomische Grundlagen: Fuß und Sprunggelenk

Knochen und Muskulatur des Fußes sind wie ein Gewölbe konstruiert (Abb. 40), das sich dem Körpergewicht funktionell anpassen kann. Bei den Fußknochen unterscheidet man:
- die Fußwurzel (Tarsus),
- den Mittelfuß (Metatarsus) und
- die Zehen (Phalanges).

Der größte Fußwurzelknochen ist das Fersenbein. Die Fußknochen bilden einen medialen und lateralen Fußstrahl und übertragen die durch die Muskulatur erzeugte Kraft auf den Boden. Das Sprunggelenk ist in der Lage, sowohl erste Belastungen als auch Bodenunebenheiten durch kleine Seitbewegungen zu kompensieren. Beim Gehen erfolgt zunächst eine Pronation (Einwärtskippen) und anschließend eine Supination (Auswärtskippen). Hierdurch wird der Druck gleichmäßig auf die Gelenkfläche verlagert. Beim Laufen dagegen sind diese Seitbewegungen geringer, da das Körpergewicht direkt auf den Fußballen übertragen wird. Die damit verbundene Vorwärtsbewegung wird durch das Sprunggelenk in Verbindung mit Bewegungen der Zehen ermöglicht. Durch die Fußgelenke erhält der Fuß einen Bewegungsspielraum, der Drehungen und Richtungswechsel in Verbindung mit Anpassungsreaktionen an unterschiedliche Bodenstrukturen erlaubt.

Dabei bezeichnet man die Einwärtsdrehung als Inversion, die Auswärtsdrehung als Eversion. Unter Pronation versteht man, den Fuß nach innen abzurollen und das mediale Gewölbe nach unten zu drücken, während bei der Supination die Ferse am Boden bleibt und das mediale Gewölbe angehoben wird.

Die Fußstrukturen sind sehr anpassungsfähig, wobei die Eigenempfindung (Propriozeption) die Ausgangsbasis für eine uneingeschränkte Bewegungsfunktion bildet. Diese Funktion wird beeinträchtigt, wenn eine Verletzung im Fußbereich vorliegt und die Koordination mit anderen Gelenken eingeschränkt ist. Die Fußknochen werden von mehreren Bändern zusammengehalten und stabilisiert. So erfolgt beispielsweise die passive Verspannung des Fußgewölbes durch drei Bänder:
- die Plantaraponeurose (Oberflächlich)
- das lange Sohlenband (lig. plantare longum)
- und das Pfannenband (lig. calcaneonaviculare)

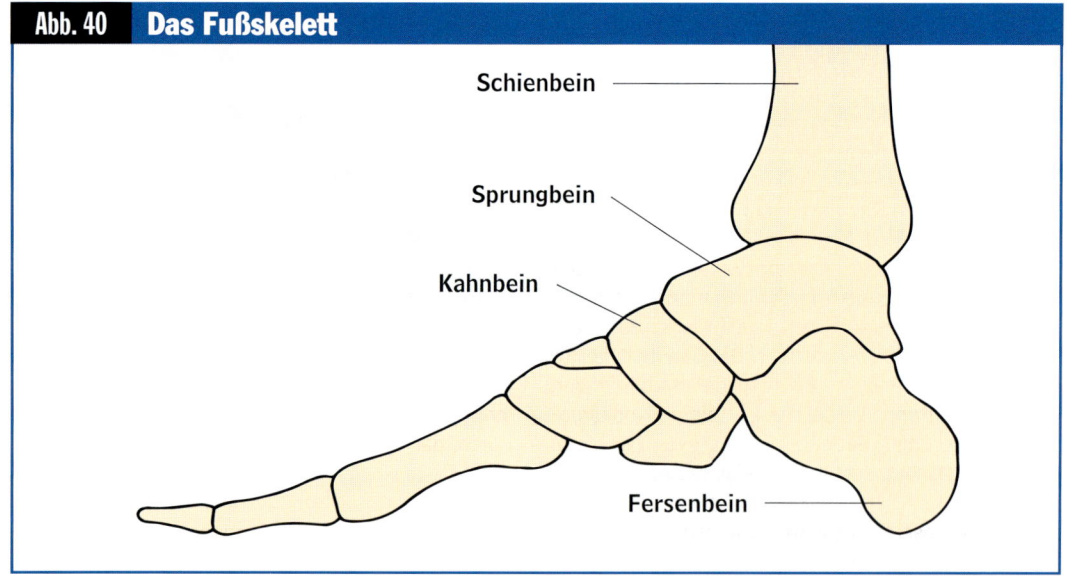

Abb. 40 Das Fußskelett

Abb. 41 Seitenbänder

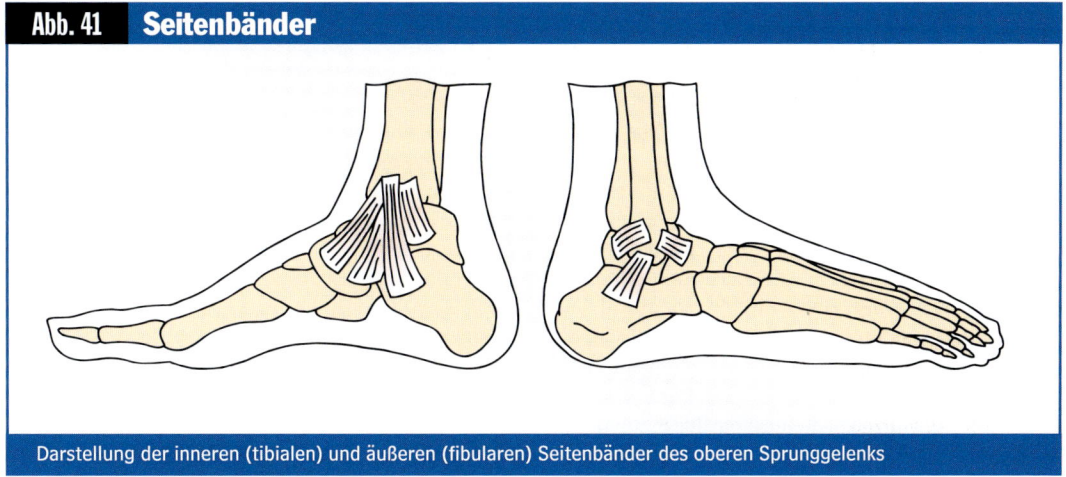

Darstellung der inneren (tibialen) und äußeren (fibularen) Seitenbänder des oberen Sprunggelenks

Die aktive Verspannung erfolgt dagegen über die Fußsohlenmuskulatur, wobei dem auftretenden Spannungsdruck entsprechend eine Veränderung der Zug- und Kontraktionsstärke der beteiligten Muskeln auftritt. Dies ist der Grund dafür, daß langes Stehen oftmals ermüdender ist als Gehen oder Laufen.

Im Bereich des Fußes wird zwischen dem oberen und dem unteren Sprunggelenk unterschieden. Das obere Sprunggelenk wird vom Schienbein (Tibia), dem Wadenbein (Fibula) und der Gelenkrolle des Sprungbeins (Trochlea tali) gebildet.

Schien- und Wadenbein umfassen dabei die Gelenkrolle des Sprungbeins zangenförmig und bilden die sogenannte „Malleolengabel". Dem Sprungbein kommt bei entsprechender Lastaufnahme und deren Verteilung eine wichtige Funktion zu. Die Lastverteilung erfolgt durch aktive und passive Stabilisation nach hinten zum Fersenbeinhöcker (Tuber calcanei) und nach vorn zum Mittelfußköpfchen (Capita metatarsalia). Beide Unterschenkelknochen werden dabei durch eine Bandhaft (Syndesmosis tibiofibularis) fixiert. Die Syndesmose geht vorn in das lig. tibiofibulare anterius und hinten in das lig. tibiofibulare posterius über und stellt die distale Fortsetzung der Zwischenknochenmembran dar. Die Bandhaft ist für die Gelenkmechanik im Rahmen der Stabilität von großer Bedeutung, da bereits bei einer Syndesmosenverbreiterung („Gabelsprengung") von nur 1 mm die Kontaktflächen des Sprungbeins (Talus) etwa um die Hälfte minimiert sind (WEBER, B. 1983, 26)

Die Gelenkkapsel umschließt das gesamte Sprunggelenk unter Ausschluß des Außen- und Innenknöchels.

Führungs- und Haltebänder unterstützen die Kapselwand seitlich (vgl. Abb. 41). An der äußeren (fibularen) Seite befindet sich das Außenband, das wiederum aus drei Bändern besteht:
– dem lig. fibulotalare anterius (Anspannung bei Plantarflexion),
– dem lig. fibulotalare posterius (Anspannung bei Dorsalextension),
– dem lig. fibulocalcaneare (supinationshemmend, sorgt für feste Bindung von Sprungbein und Fersenbein).

An der inneren (fibularen) Seite befindet sich das vierteilige Innenband (lig. deltoideum) bestehend aus
– dem pars tibiotalaris posterior,
– dem pars calcanearis,
– dem pars tibiotalaris anterior,
– dem pars tibionavicularis,

das die Pronationsbewegung des Fußes bremst. Die Bänder sind in ihrer Verlaufsstruktur gefächert, so daß unabhängig von der Gelenkstellung jeweils ein Teil des Bandes angespannt ist.

Das untere Sprunggelenk wird von zwei voneinander abgegrenzten, funktionell aber eng zusammenwirkenden Gelenken gebildet. Das vordere Sprunggelenk unterscheidet sich vom hinteren unteren dadurch, daß das Sprungbein auf dem Fersenbein aufliegt. Der erweiterte Bewegungsspielraum im unteren Sprunggelenk ermöglicht Drehbewegungen um eine von lateral hinten unten nach medial vorne oben gerichtete durch die Fußwurzel verlaufende Schräg-

2 Die Trainingstherapie nach Fußverletzungen

achse. Dabei wird das Anheben das inneren Fußrandes als Supination bezeichnet.

Beide Bewegungsformen dienen dazu, den Fuß mit einer größtmöglichen Auflagefläche den unterschiedlichen Bodenbeschaffenheiten anzupassen und so ein Höchstmaß an Stabilität zu erzielen.

Ist von Fußschwächen die Rede, so muß an dieser Stelle auf eine wichtige Besonderheit beim vorderen unteren Sprunggelenk hingewiesen werden: einen Spalt zwischen den Gelenkflächen des Kahn- und Fersenbeins. Dieser wird durch das Pfannenband (lig. calcaneonaviculare plantare) geschlossen. Bei Überlastung kann es zu einer Bandüberdehnung kommen, die dann zu einer Senkung des Fußgelenkgewölbes führt und erste Anzeichen eines Plattfußes nach sich ziehen kann.

Die Bewegungen im unteren Sprunggelenk ergeben sich vor allem aus Pronation (Einwärtskippung), Dorsalextension (Anheben des Fußes) sowie Abduktion (Seitanheben nach außen), andererseits kommen sie über Supination (Auswärtskippung), Plantarflexion (Strecken des Fußes) und Adduktion (Seitanheben nach innen) zustande.

Oberes und unteres Sprunggelenk sind funktionell eng miteinander verbunden. Das untere Sprunggelenk kann sehr komplexe Bewegungen durchführen und erweitert so den Bewegungsspielraum im oberen Sprunggelenk.

Die Sprunggelenke haben außerdem eine „Stoßdämpferfunktion". Wenn man z.B. bei Sprüngen über oder von Hindernissen aufkommt, geben die Sprunggelenke nach und vermindern dadurch die Stoßwirkung auf den Rumpf und besonders auf die Wirbelsäule. Darüber hinaus sind die Sprunggelenke für die Steuerung des Gleichgewichts von Bedeutung. Sie sind von Nervenbahnen durchzogen und werden durch das Eigenempfinden (Propriozeption) bei den Bewegungen automatisch gesteuert und korrigiert, wenn es zu Gleichgewichtsdysbalancen kommt.

Das obere Sprunggelenk ist ein Scharniergelenk, das nur Beuge- und Streckbewegungen zuläßt. Es weist im Bau der Gelenkrolle des Sprungbeins eine Besonderheit auf, die beim Abrollen des Fußes über das Standbein erkennbar wird. Die Malleolengabel wird durch die sich verbreiternde Gelenkrolle des Sprungbeins eingeklemmt und fixiert. Damit sichert der angehobene gebeugte Fuß einen stabilen Gelenkschluß wie er z.B. bei Starts, beim Springen und beim Gewichtheben (Hockposition) von großer Bedeutung ist.

Bei der Plantarflexion erhält das Gelenk einen erweiterten Bewegungsspielraum, weil der kleinere hintere Durchmesser der Sprungbeinrolle in die Malleolengabel eintritt.

Die Sprungbeinrolle weist in seitlicher Ansicht eine Kreisform auf, während in der medialen Ansicht ein gekrümmter Radius erkennbar ist. Dies führt bei Dorsalextension zu einer Pronations- und bei Plantarflexion zu einer Supinationsbewegung (TITTEL 1982, 5-6). Bedingt durch die Hebelverhältnisse (Verhältnis Vorfuß zu Rückfuß: 2,5 zu 1) (WEINECK 1988, 158) treten bei der Plantarflexion hohe Belastungen des oberen Sprunggelenks auf. Beim Gehen betragen die Kompressionskräfte im Fußgelenk etwa das 3,5fache des Körpergewichts. Horizontale Gelenkkräfte (Schubkräfte) werden von den Bändern kompensiert und betragen etwa 10 Prozent des Körpergewichts (GROH 1977, 37).

Aufbau, Funktion und biomechanische Faktoren der Achillessehne

Die Achillessehne wird vom Zwillingsmuskel (M. Gastrocnemius) und dem Schollenmuskel (M. soleus) gebildet. Sie ist die stärkste Sehne des Körpers und kann vom unteren Drittel der Wade bis zum Fersenbein getastet werden. Die Achillessehne ist 6 cm breit und verjüngt sich bis zu einer Breite von 3 cm über dem Ansatz. Sie strahlt fächerförmig in den Fersenbeinhöcker (Tuber calcanei). Die Achillessehne hat keine Sehnenscheide, sondern ein nur aus Bindegewebe bestehendes Gleitlager (Paratenon). Bezogen auf ihre Versorgung verfügt sie über ein extra- und ein intradinöses Gefäßsystem. Die Durchblutung ist jedoch im Vergleich zum Muskel- bzw. Fettgewebe geringer und bereits ab dem 30. Lebensjahr nimmt die Durchblutung im Sehneninneren ab. Folglich steigt die Verletzungsanfälligkeit.

Die Rißfestigkeit einer normalen Achillessehne bei statischer Belastung liegt bei 400 bis 680 kg (STUCKE 1968), bei dynamischen Belastungen bei maximal 930 kg. Dabei wurde festgestellt, daß die Belastbarkeit der Achillessehne in einem direkten Zusammenhang zum Sehnenquerschnitt steht. Beispielsweise wurde beim Bodenturnen (Arabersprung) eine dynamische Belastung von 535 kg gemessen, die sich

Top-Weitspringer wie Mike Powell müssen an ihren Achillessehnen Belastungsspitzen von bis zu 1.500 kg tolerieren!

durch unkontrolliertes Landen auf 835 kg erhöhen kann. Bei kurzzeitigen dynamischen Belastungen kann die Achillessehne also höheren und unterschiedlichen Krafteinwirkungen widerstehen.

Beispiele:
- Turnen:
  Handstandüberschlag seitwärts mit 1/4 Drehung für die Zeit von 0,005 s wirkt das 25fache des Körpergewichts
  bei 72 kg Körpergewicht = Belastung 1870 kg
– Leichtathletik:
- Weitsprung Weite 8,40m
  bei 72 kg Körpergewicht = Belastung 1500 kg
- Hochsprung
  Höhe 2,30m
  bei 72 kg Körpergewicht = Belastung 1200 kg
- Ski Alpin:
  Sturz bei sich nicht öffnender Skibindung
  bei 72 kg Körpergewicht = Belastung 1300 kg

Die Beispiele verdeutlichen, wie extrem die Achillessehne in diesen Sportarten belastet wird. Sie zeigen aber auch, daß es über die hochdynamischen Belastungsformen zu Überforderungen und ausgeprägten Beschwerdebildern kommen kann.

2 Die Trainingstherapie nach Fußverletzungen

Die Muskulatur des Fußes

Entsprechend der Funktion des Fußes unterscheidet man Muskeln, die in erster Linie für statische Aufgaben in Frage kommen (Verspannung von Längs- und Quergewölbe), und solche, die der Fortbewegung dienen. Für den Fuß sind schwerpunktmäßig folgende Muskeln von Bedeutung:

Muskeln der Unterschenkelrückseite (Abb. 42)

▸ **Dreiköpfiger Wadenmuskel (M. triceps surae)**
Dieser setzt sich aus dem Zwillingswadenmuskel (M. gastrocnemius) und dem Schollenmuskel (M. soleus) zusammen. Der Zwillingswadenmuskel ist an der Plantarflexion beteiligt und hat eine große Bedeutung für das Laufen und Springen. Dieser Muskel hebt die Ferse vom Boden ab und sorgt für einen kräftigen Abdruck aus dem Fußgelenk. Der Schollenmuskel hat ebenso wie der Zwillingswadenmuskel eine fußstreckende Funktion. Er entwickelt allerdings im Vergleich zum Zwillingswadenmuskel eine geringere Kontraktionskraft. Er besteht aus langsamen ST-Fasern und spielt bei Schnellkraftdisziplinen eine untergeordnete Rolle.

▸ **Langer Zehenbeuger (M. flexor digitorun longus)**
Dieser Muskel bewegt die Zehen, im oberen Sprunggelenk unterstützt er die Plantarflexion, im unteren Sprunggelenk ist er an der Supination (Heben des inneren Fußrandes) beteiligt. Des weiteren stützt und stabilisiert er das Längsgewölbe des Fußes.

▸ **Hinterer Schienbeinmuskel (M. tibialis posterior)**
Im oberen Sprunggelenk unterstützt dieser Muskel die Plantarflexion, im unteren Sprunggelenk die Supination. Er ist für die Stabilisierung des Längsgewölbes des Fußes von Bedeutung. Sein Ansatz liegt am höchsten Punkt des Fußgewölbes und er verhindert sein Absinken.

▸ **Langer Großzehenbeuger (M. flexor hallucis longus)**
Wie sein Name schon verrät beugt dieser Muskel die Großzehe und ist im oberen Sprunggelenk an der Plantarflexion beteiligt. Weiterhin wirkt er stabilisierend auf das Längsgewölbe, da er sich unter dem Knochenvorsprung des Sprungbeins hindurchzieht.

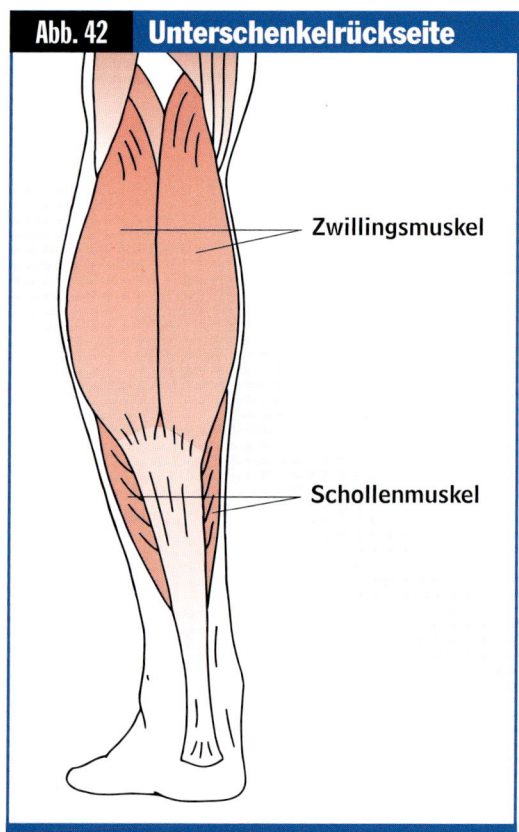

Abb. 42 Unterschenkelrückseite

Darstellung der Muskulatur der Unterschenkelrückseite (hinterer Schienbeinmuskel und Zehenstrecker liegen unter den dargestellten Muskeln)

Somit stabilisiert er das Fersenbein und verhindert ein Abknicken nach innen.

Muskeln der Unterschenkelvorderseite (Abb. 43)

▸ **Vorderer Schienbeinmuskel (M. tibialis anterior)**
Durch den vorderen Schienbeinmuskel wird der Fuß dorsal geführt und der innere Fußrand angehoben. Beim Gehen und Skilanglauf wird dieser Muskel intensiv beansprucht. Darüber hinaus unterstützt er das Fußgewölbe und dessen Statik und hat in Verbindung mit dem Wadenbeinmuskel eine fixierende Funktion (z.B. in Form eines Steigbügels).

▸ **Langer Zehenstrecker (M. extensor digitorum longus)**

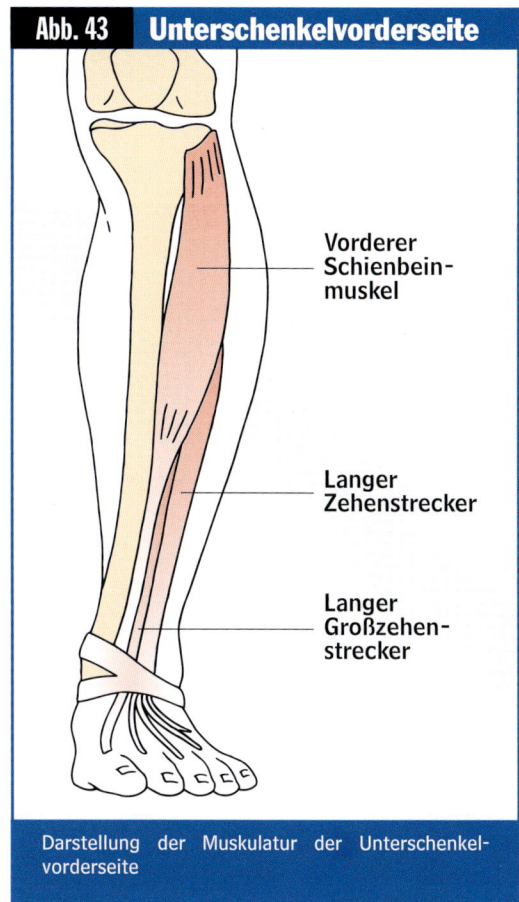

Darstellung der Muskulatur der Unterschenkelvorderseite

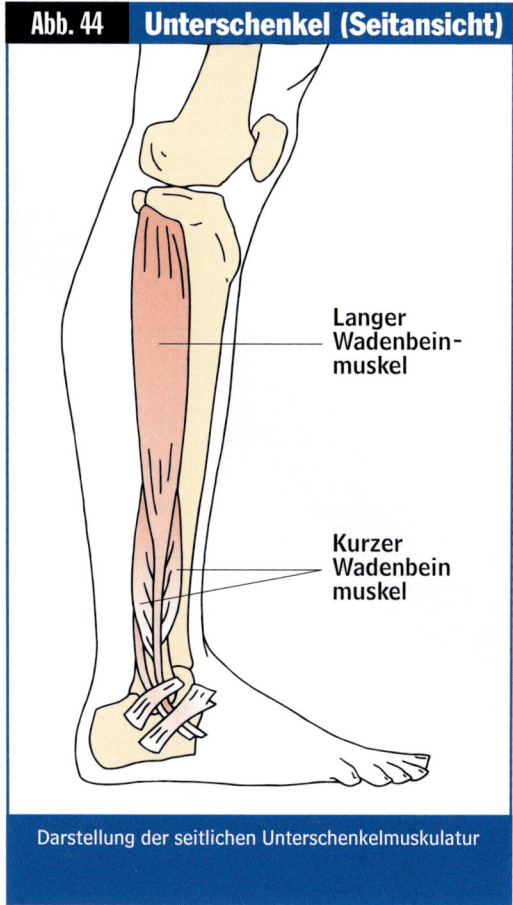

Darstellung der seitlichen Unterschenkelmuskulatur

Im unteren Sprunggelenk unterstützt er die Pronation des Fußes (Anheben des äußeren Fußrandes) sowie die Dorsalextension und die Streckung der Zehen.

▶ Langer Großzehenstrecker (M. extensor hallucis longus)
Dieser Muskel ist für die Streckung der Großzehen und die Dorsalextension des Fußes verantwortlich. Bei fixiertem Fuß unterstützt er den Abstoß des Fußes durch Heranziehen des Unterschenkels zum Fuß.

Als Fazit läßt sich feststellen, daß die Muskeln der Unterschenkelvorderseite im oberen Sprunggelenk an der Dorsalextension, im unteren Sprunggelenk zum größten Teil an der Pronation beteiligt sind.

Seitliche Unterschenkelmuskeln (Abb. 44)

▶ Langer Wadenbeinmuskel (M. peroneus longus)
Sein Ursprung liegt an der Außenseite des Wadenbeins, sein Ansatz am ersten Mittelfußknochen. Dieser Muskel hat im oberen Sprunggelenk plantarflektierende und im unteren Sprunggelenk pronierende Wirkung.

▶ Kurzer Wadenbeinmuskel (M. peroneus brevis)
Sein Ursprung liegt an der Außenseite des Wadenbeins, sein Ansatz am fünften Mittelfußknochen. Der kurze Wadenbeinmuskel übt die gleichen Funktionen wie der lange Wadenbeinmuskel aus.

2 Die Trainingstherapie nach Fußverletzungen

Zusammenfassung

Die Ausführung verschiedener Bewegungen in den Sprunggelenken erfordert einen uneingeschränkt funktions- und belastungsfähigen Kapsel-Band-Apparat. Voraussetzung dafür ist ein kräftiger, aber zugleich auch dehnungsfähiger Bewegungsapparat, zumal die Belastbarkeit der Sprunggelenke einschließlich des Fußes in erheblichem Maße von der Muskelfunktion und Muskelleistung der unteren Extremitäten abhängig ist. Funktionell wirken die Muskelstrukturen stabilisierend und dynamisierend. Aufgrund der komplexen Bewegungen, die das Sprunggelenk ausführt, findet ein Wechselspiel in den verschiedenen Muskelgruppen statt. Ein Teil dient dabei der Zugkraft der mehrgelenkigen Muskeln, der gegenseitigen aktiven Verspannung der Knochen und ihrer Verbindungen, während der andere Teil für die Bewegungsausführung verantwortlich ist.

Von praktischer Bedeutung ist das Zusammenwirken des Sprunggelenks mit dem Kniegelenk – wird dieses gebeugt, kann der Ad- und Abduktionsvorgang der Fußseite erweitert werden – sowie mit dem Hüftgelenk, wobei bei gleichzeitig gestrecktem Kniegelenk durch Drehung des Beines die Fußspitze eine Außen- oder Innenrotation durchführen kann. Hierbei sind alle Muskelgruppen im Einsatz. Mit zunehmender Streckung des Kniegelenks verstärkt sich der Einfluß des Zwillingswadenmuskels (M. gastrocnemius) auf das obere Sprunggelenk im Sinne einer Plantarflexion. Befindet sich dagegen das Kniegelenk in einer Spitzwinkelstellung wird die Plantarflexion vom Schollenmuskel (M. soleus) übernommen.

Wenn man berücksichtigt, daß die Plantarflexoren gegenüber den Dorsalflexoren einen größeren physiologischen Muskelquerschnitt aufweisen, dann wird das Auftreten muskulärer Dysbalancen deutlich. Der dreiköpfige Wadenmuskel (M. triceps surae) neigt bei einseitiger Belastung und damit verbundener Kraftentwicklung und Vernachlässigung spezieller Dehnungsübungen zu Verkürzung. Wird sein Antagonist, der vordere Schienbeinmuskel (M. tibialis anterior) ebenfalls geschwächt, führt dies zwangsläufig zu Störungen des arthromuskulären Gleichgewichts im Bereich des Sprunggelenks.

Diese Zusammenhänge verdeutlichen, daß das Sprunggelenk einer ständigen gegenseitigen Abstimmung seines sensibel reagierenden funktionellen Systems von Knochen, Bändern und Muskeln bedarf.

Dann können auch hohe Belastungen wie sie beispielsweise im Hochleistungssport vorkommen toleriert werden und die Verletzungsanfälligkeit sinkt.

Die Achillessehnen dieses Turners werden im Zeitpunkt der Landung mit ca. dem 25fachen seines Körpergewichts belastet!

Sprunggelenkverletzungen

Vorbemerkungen

Sportliche Höchstleistungen basieren auf modernen Trainingsmethoden und ganz besonders auf der Erhöhung des Belastungsumfangs und der Belastungsintensität. Training und Wettkampf stellen sehr hohe Anforderungen an den Stütz- und Bewegungsapparat und an das organische Leistungssystem. Schwerpunktmäßig sind die unteren Extremitäten betroffen, insbesondere das an der Bewegungskoordination beteiligte kompliziert aufgebaute Sprunggelenk. Es nimmt Stoß- und Druckbelastungen auf und stabilisiert die Bewegungsabläufe. Überlastungen und eine nicht optimal ausgebildete Muskulatur können in dieser Region Weichteiltraumatisierungen hervorrufen, die eine längere Trainingsunterbrechung notwendig machen. Die akuten Traumatisierungen der Sprunggelenke sind von der betriebenen Sportart und deren spezifischen Bewegungssituationen abhängig. Oftmals führen Supinationstraumen infolge starker Überdehnung der Bänder bei feststehendem Fuß oder aber plötzliches Umknicken über dem lateralen Fußrand zu Verletzungen im Sprunggelenk. Dabei treten Schädigungen unterschiedlicher Ausprägung auf, die von der Fußstellung und den einwirkenden Kräften abhängen.

Weitere Ursachen für die Überschreitung der individuellen physiologischen Belastungsgrenze des Sprunggelenks liegen in einer nochmals gesteigerten Trainingsbelastung (sowohl hinsichtlich des Umfangs als auch der Intensität), in der Auseinandersetzung

Volleyballspieler sind am häufigsten von Kapsel-Bandverletzungen im Sprunggelenk betroffen.

2 Die Trainingstherapie nach Fußverletzungen

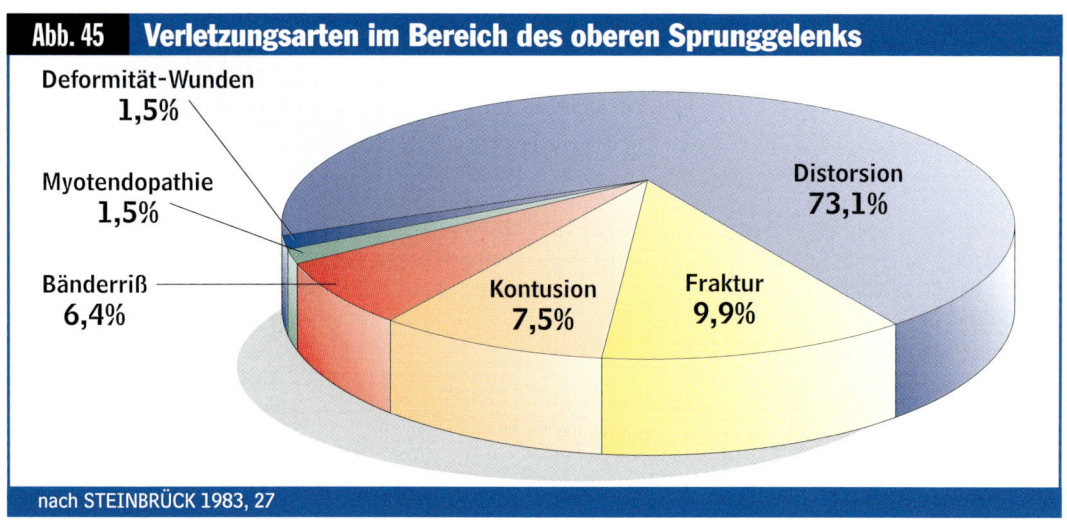

Abb. 45 Verletzungsarten im Bereich des oberen Sprunggelenks
- Deformität-Wunden 1,5%
- Myotendopathie 1,5%
- Bänderriß 6,4%
- Kontusion 7,5%
- Fraktur 9,9%
- Distorsion 73,1%

nach STEINBRÜCK 1983, 27

mit dem Gegner (Zweikampfverhalten) und in einer erhöhten Risikobereitschaft. Andererseits gibt es natürlich auch personenabhängige Ursachen für Verletzungen: muskuläre Defizite (Dysbalancen), eingeschränkte Bewegungskoordination, Defizite in der Reaktionsfähigkeit und der Geschicklichkeit sowie fehlende technische Voraussetzungen. Auch psychische Überforderungen und mit diesen verbundene Konzentrationsschwächen können Sprunggelenksverletzungen begünstigen. So schränkt beispielsweise eine ungenügende Trainings- und Wettkampfvorbereitung die feinmotorische Konzentration ein. Die dadurch eingeschränkte Körperbeherrschung mit der sich verringernden Reaktionsfähigkeit kann zu kritischen Situationen führen und somit die Verletzungsgefahr erhöhen. Ebenso hat ein nicht gezielter oder falsch dosierter Trainingsaufbau zu Saisonbeginn vor allem in den Sportspielen (Bundesliga, Beginn der Wettkampfsaison) ähnliche Auswirkungen, da dann bei den Spielern erhebliche konditionelle Defizite auftreten.

Tab. 20 Kapsel-Bandverletzungen

Ursache	Anzahl	Prozentuale Angabe
Wettkämpfe	18	10
Sportartspezifisches Training	40	23
Ausgleichstraining (z.B. Fußball)	119	67

Ursachen von Kapsel-Bandverletzungen

Tab. 21 Kapsel-Bandoperationen

Sportart	Anzahl	Prozentuale Angabe
Leichtathletik	35	19,8
Volleyball	35	19,8
Rudern	21	11,9
Fußball	14	7,9
Handball	12	6,8
Turnen	9	5,1
Eishockey, Ringen, Boxen, Fechten, Eiskunstlauf u.a.	8	< 5,0

Verteilung von Kapsel-Bandoperationen im Bereich des Sprunggelenks nach Sportarten

Alle diese Punkte zeigen, wie notwendig es ist, für eine optimale Vorbereitung auf die Wettkampfsaison zu sorgen und dem Sportler die Möglichkeit zu geben, neben dem Trainings- und Wettkampfprogramm entsprechende Regenerationsprogramme als Präventionsmaßnahme zu absolvieren.

Verletzungsarten

Die Verletzungen im Bereich des oberen Sprunggelenks gehören neben den Verletzungen im Kniegelenk zu den am häufigsten auftretenden Sportverletzungen, wobei etwa ein 20 Prozent diese Region betrifft (STEINBRÜCK 1983; vgl. Abb. 45). Am häufigsten treten dabei Bandverletzungen auf (Distorsionen und Bänderrisse). An dieser Stelle sei auf den Unterschied zwischen Distorsion und Bänderriß hingewiesen. Bei der Distorsion handelt es sich nicht um eine „Zerreißung", sondern um Teilrisse oder auch um einen Riß innerhalb der Bandstrukturen.

97 Prozent aller Bandverletzungen des oberen Sprunggelenks betreffen den lateralen Bandapparat, wobei wiederum zu 70 Prozent eine isolierte Ruptur des lig. fibulotalare anterior vorliegt. Analysiert man diese Verletzungen differenziert nach einzelnen Sportarten, so sind Volleyballspieler mit 29,6 Prozent und Basketballspieler mit 28,7 Prozent am häufigsten betroffen, gefolgt von Handballspielern mit 16,0 Prozent und Fußballspielern mit 15,4 Prozent (siehe dazu nochmals die Abb. 11 auf Seite 38)

Eine zusätzliche Zerreißung des lig. fibulocalcaneare liegt in 25 Prozent vor, eine Verletzung aller drei lateralen Bänder kommt in 5 Prozent aller Bandverletzungen im Sprunggelenk vor (FRANKE 1983, 43).

Das mediale Seitenband wird dagegen relativ selten verletzt. Dies ist damit zu erklären, daß es bei stabilen Gelenkschluß im Moment der Dorsalextension vornehmlich in der Pronationsstellung belastet wird.

Zusammenfassung

Eine Ursache für Kapsel-Bandverletzungen liegt in der unzureichenden Ausbildung technischer Fertigkeiten bei sportlichen Bewegungsabläufen. Die Tendenz in Richtung einer zu frühen Spezialisierung auf eine Sportart und die damit verbundene Vernachlässigung der allgemeinen und vielseitigen athletischen Ausbildung tun hier ihr übriges, denn deren wichtigster Funktion, der gezielten Ausbildung des Muskelfunktionssystems zum Schutz der Gelenkfunktionen bei Belastungen, wird so nur teilweise Rechnung getragen (vgl. Tab. 20 und 21).

Besonders beim Sprungkrafttraining ist zu beobachten, daß durch verschiedene Serien mit unterschiedlichen Zielen Ermüdungserscheinungen auftreten. Deshalb ist es besonders wichtig, ein kompaktes, funktionelles Muskelsystem der Extremitäten zu entwickeln und so Verschleißerscheinungen und Verletzungsanfälligkeiten zu reduzieren.

Fallbeispiel: Trainingstherapie nach Sprung

Die Verletzung

Sprunggelenksdistorsion linker Fuß

Während eines Handball-Bundesligaspiels erlitt Stefan S. am 20.6.98 nach 40 Minuten Spielzeit durch ein gegnerisches Foulspiel im Zweikampf eine Verletzung im linken Sprunggelenk. Unmittelbar nach dem Foul konnte er trotz sofortiger Kältetherapie nicht mehr laufen. Sein subjektives Gefühl beschrieb er wie folgt: "Ich spürte im linken Sprunggelenk einen starken Schmerz und konnte beim Gehen nicht richtig auftreten".

Der Vereinsarzt diagnostizierte eine Distorsion im linken Sprunggelenk. Die sofort eingeleitete Erstbehandlung durch Kältetherapie und funktionellen Stützverband konnte den Schmerz sowie eine starke Schwellung in dieser Region lindern. Am nächsten Tag wurde eine kernspintomographische Untersuchung durchgeführt. Dabei wurde die Erstdiagnose bestätigt und der Behandlungsplan im Team besprochen.

Verlauf der Rehabilitation:

▶ 20.6.98 Bundesligaspiel (Handball): Sportunfall durch Zweikampf im Spiel; Erstdiagnose

▶ 21.6.98 Kernspintomographische Untersuchung: Bestätigung der Diagnose, Besprechung der physiotherapeutischen Behandlung und Erstellung des Behandlungsplans

▶ 22.6.98 Beginn der physiotherapeutischen Behandlung

▶ 29.6.98 Beginn der erweiterten ambulanten Physiotherapie

▶ 31.7.98 Ende der Rehamaßnahmen, Erlangung der uneingeschränkten sportlichen Belastungsfähigkeit

▶ 13.9.98 1. Bundesligaspiel

enksdistorsion

1 Mobilisationstraining

Therapieziele

- Schmerzreduktion
- Vorbeugung eines Entlastungssyndroms
- Mobilisation
- Abbau der Muskelatrophie
- Aufbau von Muskelkraft
- Verbesserung der Beweglichkeit
- Funktionsstabilisierung
- Entwicklung der Koordination
- Steuerung der Herz-Kreislaufbelastung
- Abbau der psychischen Hemmschwelle

Therapiemethoden

- Physikalische Therapie: PNF, Manuelle Therapie, Ultraschall, Elektrotherapie, Kryotherapie, Lymphdrainage, Laser
- Isometrie
- Koordinationstraining
- Ausdauertraining
- Funktionsdiagnostik

Therapieinhalte

- Isometrische Anspannungs- und Funktionsübungen
- Handfixierung
- Übungen zur Entwicklung der Koordination, Funktionsstabilisierung und Beweglichkeit, Gangschulung
- Trainingsformen zur Erhaltung der konditionellen Grundeigenschaften auch unter Einbeziehung des nichtverletzten Bereichs
- Eingangstest
- Messungen

Trainingstherapiemittel

- SPOREG-Rehamatte
- Laufband
- Therapiekreisel
- Kippbrett
- Kurzhanteln
- Zugapparat
- Hüftmaschine
- Ergometer für verschiedene Extremitäten (Fahrrad, Handkurbel u.a.)
- Meß- und Diagnosesystem SPOREG-ASYS

Therapie-/Trainingszeit

Hochleistungssportler:
- Therapiezeit: 2 x 60' pro Tag
- Trainingszeit: 2x 90' pro Tag
- Verhältnis Therapie zu Training: 1:1,5

Fallbeispiel: Trainingstherapie nach Sprung

2 Stabilisationstraining

Therapieziele

- Schmerzfreie Belastung
- Aktive Mobilisation
- Stabilisierung der Muskelfunktionen
- Aufbau von Muskelkraft
- Abbau muskulärer Dysbalancen
- Verbesserung der Beweglichkeit und Koordination
- Angepaßte Herz-Kreislaufbelastungen
- Angepaßte Trainingsbelastung nichtverletzter Körperbereiche

Therapiemethoden

- Physikalische Therapie: PNF, Manuelle Therapie, Lymphdrainage, Ultraschall, Elektrotherapie, Kryotherapie, Magnetfeld, Querfriktionen
- Isometrie
- Dynamisches Funktionstraining (konzentrisch)
- Wiederholungstraining
- Ausdauertraining
- Koordinationstraining
- Stretching
- Aquatherapie
- Funktionsdiagnostik

Therapieinhalte

- Isometrische Anspannungs- und Funktionsübungen
- Handfixierung
- Isolierte achsengerechte Funktionsübungen (Extension/Flexion), Gangschulung
- Ein-/beidbeiniges Funktionstraining
- Übungen zur Verbesserung der Koordination (Propriozeption)
- Dehnungsübungen
- Aquajogging
- Trainingsformen zur Erhaltung der konditionellen Grundeigenschaften auch unter Einbeziehung des nichtverletzten Bereichs
- Tests, Messungen

Trainingstherapiemittel

- SPOREG-Rehamatte
- 3-D-Trainer (Widerstandsgrad 1-3 Extension/Flexion, 20-30 Wiederholungen, 4-6 Serien, Serienpause 1'
- Beinpresse (geschlossenes System) 10-30 kg, 20-30 Wiederholungen, 4-6 Serien, Serienpause 2'
- Trampolin, Therapiekreisel, Laufband, Schwimmbad (Auftriebsweste, Herzfrequenzmesser)
- Ergometer für verschiedene Extremitäten (Fahrrad, Handkurbel)
- Meß- und Diagnosesystem SPOREG-ASYS

Therapie-/Trainingszeit

Hochleistungssportler:
- Therapiezeit: 2 x 60' täglich
- Trainingszeit: 2 x 120' täglich;
- Verhältnis Therapie zu Training 1:2

3 Funktionelles Muskeltraining

Therapieziele

- Schmerzfreie Belastung
- Stabilisierung von Bewegungsabläufen
- Übergang Gehen – Traben – Laufen
- Optimierung von Koordination, Kraft, Beweglichkeit
- Abbau muskulärer Dysbalancen
- Angepaßte Herz-Kreislaufbelastungen
- Angepaßte Trainingsbelastung nicht-verletzter Körperbereiche

Therapiemethoden

- Physikalische Therapie: Manuelle Therapie, Querfriktionen, Massage, Elektrotherapie, Kryotherapie
- Isometrie
- Dynamisches Funktionstraining (konzentrisch/exzentrisch)
- Wiederholungstraining
- Serientraining
- Koordinationtraining
- Ausdauertraining
- Stretching
- Leistungsdiagnostik

Therapieinhalte

- Isometrische Anspannungs- und Belastungsübungen
- Kombinierte Funktionsübungen in zwei Ebenen (Extension/Flexion, Supination/Pronation)
- Traben, Laufen (Weichboden)
- Übungen zur Verbesserung der Koordination (Propriozeption)
- Trainingsformen zur Erhaltung der konditionellen Grundeigenschaften auch unter Einbeziehung des nichtverletzten Bereichs
- Dehnungsübungen
- Tests, Messungen

Trainingstherapiemittel

- SPOREG-Rehamatte,
- 3-D-Trainer (Widerstandsgrad 4-6 Innen- und Außenrotation, 20-30 Wiederholungen, 4-6 Serien, Serienpause 1'
- Beinpresse (geschlossenes System) 20-40 kg, 20-40 Wiederholungen, 5-8 Serien, Serienpause 2'
- Laufband, Weichboden, Therapiekreisel, Kippbrett, Curler, Seilzug
- Ergometer für verschiedene Extremitäten (Fahrrad, Handkurbel u.a.)
- Meß- und Diagnosesystem SPOREG-ASYS

Therapie-/Trainingszeit

Hochleistungssportler:
- Therapiezeit: 2 x 45' täglich
- Trainingszeit: 2 x 120' täglich
- Verhältnis Therapie zu Training 1:3

Fallbeispiel: Trainingstherapie nach Sprung...

4 Funktionelles Muskelbelastungstraining

Therapieziele

- Volle Belastungsfähigkeit
- Optimierung von Koordination, Beweglichkeit, Kraft, Ausdauer
- Beseitigung muskulärer Dysbalancen
- Übergang zum sportartspezifischen Training
- Uneingeschränkte sportartspezifische Belastungsfähigkeit
- Psychische Stabilität während der Belastung

Therapiemethoden

- Physikalische Therapie: Massage, Elektrotherapie, Magnetfeldtherapie, Kryotherapie, PNF
- Dynamisches Funktionstraining (konzentrisch/exzentrisch, isokinetisch)
- Koordinationstraining
- Wiederholungstraining
- Serientraining
- Ausdauertraining
- Schnelligkeitstraining
- Simulationstraining
- Sportartspezifisches Training
- Handballspezifisches Sprungkrafttraining
- Leistungsdiagnostik

Therapieinhalte

- Funktionsübungen zur Verbesserung der Muskelkraft und Körperstatik
- Übungen zur Verbesserung der Koordination unter Einbeziehung sportartspezifischer Trainingsmittel
- Allgemeines und sportartspezifisches Ausdauertraining
- Übungen zur Verbesserung der Sprungkraft
- Reaktives Sprungkrafttraining
- Abschlußtests, Messungen

Trainingstherapiemittel

- SPOREG-Rehamatte, SPOREG-Pointrunner, Curler
- 3-D-Trainer (Widerstandsgrad 5-7, diagonale Komplexbewegungen, 15-25 Wiederholungen, 5-7 Serien, Serienpause 1')
- Beinpresse 60-80 kg bis max. Eigengewicht, 15-20 Wiederholungen, 4-6 Serien, Serienpause 3'
- Isokinetische Trainingsgeräte, Trampolin, Therapiekreisel, Kippbrett, Seilzug
- Waldboden, Halle, Lichtschrankensysteme, Trainingsgelände (Halle)
- Sportartspezifische Trainingsmittel
- SPOREG-Jump-System
- Meß- und Diagnosesystem SPOREG-ASYS

Therapie-/Trainingszeit

Hochleistungssportler:
- Therapiezeit: 2 x 45' pro Tag
- Trainingszeit: 2 x 120' pro Tag, in Abstimmung mit dem sportartspezifischem Training (im Verein);
- Verhältnis Therapie zu Training 1:2,7

5 Präventives Funktionstraining

Therapieziele

- Erhaltung und Stabilisierung der uneingeschränkten Belastungsfähigkeit
- Erhaltung des muskulären Gleichgewichts
- Verringerung der Verletzungsanfälligkeit
- Durchführung individueller Trainingsprogramme
- Selbstmotivation

Therapiemethoden

- Physikalische Therapie: u.a. Massage nach Bedarf
- Ausdauertraining
- Spezifisches Krafttraining, Schnelligkeitstraining
- Funktionelles Muskelerhaltungstraining
- Sportartspezifisches Belastungstraining

Therapieinhalte

- Individuelle Belastungsprogramme (Ausdauer, Kraft, Schnelligkeit)
- Individuelle sportartspezifische Trainingsprogramme
- Spezielles Ausdauertraining im Sinne der Kompensation zum Mannschaftstraining
- Angepaßte Trainingsformen zur Ergänzung des Trainingsprozesses
- Übungen zum Erhalt des muskulären Gleichgewichts
- Handballspezifische Übungen, Trainingsschwerpunkt in Absprache mit dem Trainer
- Tests nach Bedarf

Trainingstherapiemittel

- Waldboden, Trainingsgelände
- Spezielle Trainingsgeräte u.a. für Sequenztraining
- Sportartspezifische Trainingsmittel
- Lichtschrankensystem
- SPOREG-Jump-System
- Meß- und Diagnosesysteme, SPOREG-ASYS-System

Therapie-/Trainingszeit

Hochleistungssportler:
- Therapiezeit: 30-45' nach Bedarf
- Trainingszeit: 1 x 90' pro Woche als Zusatztraining zum Vereinstraining über einen Zeitraum von 3 Monaten

Fallbeispiel: Trainingstherapie nach Sprung

Kommentierter Phasenverlauf

1 Mobilisationstraining — 29.6.-7.7.98

Die 1. Phase des Mobilisationstrainings verlief komplikationslos. Die Schwellung im linken Sprunggelenk ging deutlich zurück. Die Beweglichkeit und Stabilität im Sprunggelenk hatte zugenommen, so daß der Belastungsgrad gesteigert werden konnte.

2 Stabilisationstraining — 8.-13.7.98

Diese Phase war gekennzeichnet durch positive Reaktionen im verletzten Bereich (Kapselschwellung nicht mehr vorhanden, koordinative Verbesserung). Der Belastungsgrad stieg weiter an, und das durchgeführte Sequenztraining zeigte optimale Reaktionen der linken Wade.

3 Funktionelles Muskeltraining — 14.-22.7.98

Hier wurden die Übergänge vom Gehen zum Traben und Laufen kombiniert. Wichtig war in diesem Zusammenhang der Wechsel mit vorgegebenen Bewegungsmustern unter Einbeziehung koordinativer Elemente. Muskuläre Dysbalancen (Wadenprofil) lagen nicht mehr vor. Es wurde mit sportartspezifischem Krafttraining begonnen.

4 Funktionelles Muskelbelastungstraining — 23.-31.7.98

Die Übergänge vom Simulations- zum sportartspezifischen Training wurden geschaffen. Die Ergebnisse der leistungsdiagnostischen Tests zeigten gute Voraussetzungen im Übergang zum Mannschaftstraining unter dem Aspekt eines kontinuierlichen Trainingsaufbaus.

5 Präventives Funktionstraining — 3.8.-29.10.98

Das präventive Funktionstraining wurde über einen Zeitraum von 3 Monaten wöchentlich einmal als Zusatztraining zum Vereinstraining durchgeführt. Es diente dazu, die körperliche Leistungsfähigkeit weiter zu verbessern und noch vorhandene Funktionsdefizite auszugleichen. Darüber hinaus diente das präventive Funktionstraining als Steuerungselement für den gesamten Trainingsprozeß.

Abschließende Leistungsbeurteilung

Leistungsentwicklung des Hochleistungssportlers Stefan S. anhand relevanter Parameter nach Sprunggelenksdistorsion links

Bereich	Beginn Rehabilitation 29.6..98			Ende Rehabilitation 31.7.98			Ende PFT 29.10.98		
	re	li	%Diff.	re	li	%Diff.	re	li	%Diff.
Beweglichkeit (Neigungssensor, Grad)									
Dorsalextension	23	18	**40**	23	22	**4**	23	22	**4**
Plantarflexion	44	35	**20**	46	44	**4**	45	44	**2**
Kraft (isokinetisch, Nm)									
Dorsalextension	30	–		60	43	**39**	62	58	**6**
Plantarflexion	110	–		124	95	**30**	132	114	**15**
Schnellkraft									
Einbeinsprünge									
Sprunghöhe (cm)	21,8	–		26,1	19,7		26,2	23,4	
Stützzeit (ms)	275	–		245	256		245	240	
Leistungsindex	79	–		107	77	**39**	107	97	**11**
Ausdauer (Feldstufentest, m/s bei 4 mmol/l Laktat)									
Stufentest (5x1600 m)	Entfällt			V_{La4} = 3,49 m/s bei Puls 169			V_{La4} = 3,76 m/s bei Puls 172		

Auswertung

Beweglichkeit
▶ + 22 % Dorsalextension (= innerhalb der Mannschaftsnorm)
▶ + 20% Plantarflexion

Kraft
▶ + 61 % Dorsalextension (= innerhalb der Mannschaftsnorm)
▶ + 41% Plantarflexion

Schnellkraft
▶ + 162 % Leistungsindex (= innerhalb der Mannschaftsnorm)

Ausdauer (allgemein)
▶ + 8 % Leistungsverbesserung (8 % unterhalb der Mannschaftsnorm)

Bemerkungen
Mit Beendigung des Präventiven Funktionstrainings (PFT) erreicht der Spieler Stefan S. das Leistungsniveau seiner Mannschaft. Die Ausdauerleistungsfähigkeit muß aber noch gesteigert werden, um die Formstabilität zu gewährleisten. Das am 13.9.98 absolvierte erste Bundesligaspiel nach der Verletzung bestätigte die uneingeschränkte Belastungsfähigkeit.

2 Die Trainingstherapie nach Fußverletzungen

Achillessehnenverletzungen

Ursachen

Durch sportliche Betätigung können im Bereich der Achillessehne Verletzungen auftreten (Abb. 46). Kontusionen (Prellungen) der Achillessehne und der Wadenmuskulatur ereignen sich in den Sportspielen oft bei Zweikämpfen. Fußball ist hierfür ein Paradebeispiel.
Solche Prellungen sind in den meisten Fällen mit kurzfristigen Beschwerden verbunden, die sofort nach dem Unfall mit Kälteumschlägen behandelt werden müssen. Sollten die Schmerzen jedoch länger andauern (2 bis 3 Tage), ist eine umgehende Untersuchung unumgänglich. Eventuell können Teilrisse oder Hämatome im Gleitlager der Achillessehne die Ursachen sein.
Zu früh einsetzende Belastungen müssen daher wegen der Gefahr chronischer Entzündungen vermieden werden.
Ein weiteres wiederum bei Fußballern, aber auch bei den Leichtathleten (Läufer, Hoch- und Weitspringer) häufig auftretendes Verletzungsbild im Bereich der Achillessehne ist die sogenannte Achillodynie (paratenonitis achillea). Hier liegen Entzündungen im Endotenium, Peritenonium und im peritendinösen Gleitgewebe vor. Eine falsche Trainingsmethodik, sportmedizinische Einflußgrößen sowie personenabhängige Bedingungen sind ihre Ursachen (vgl. die folgende Auflistung).

Fehler in der Trainingsmethodik:
– Fehlendes gezieltes Muskelfunktionstraining der Waden- und Schienbeinmuskulatur
– Ungenügende Erwärmung vor Training und Wettkampf (Dehnungsübungen, Koordinationselemente)
– Sprunghafte Steigerung der Trainingsbelastung und Nichteinhaltung regenerativer Maßnahmen
– Training auf zu hartem Boden oder vereisten Plätzen in den Wintermonaten
– Fehlendes Kompensationstraining

Sportmedizinische Einflußgrößen:
– Anatomische Prädispositionen (z.B. Beckenschiefstand, Bandinsuffizienz am Sprunggelenk)
– Nichtbeachten vorhandener Mikrotraumen im Bereich der Achillessehne
– Verschleißerscheinungen im Sprunggelenk
– Fehlbelastungen durch muskuläre Dysbalancen
– Unzureichende Physioprophylaxe
– Nichtbeachtung von infektiösen Allgemeinkrankheiten

Personenabhängige Einflußfaktoren
– ungeeignetes Schuhmaterial (Einlagenversorgung, biomechanische Ganganalyse)
– mangelhafte Sportbekleidung
– Unterkühlung im Unterschenkelbereich

Abb. 46 Unterschenkelmuskulatur
- Zwillingsmuskel
- Schollenmuskel
- Achillessehne

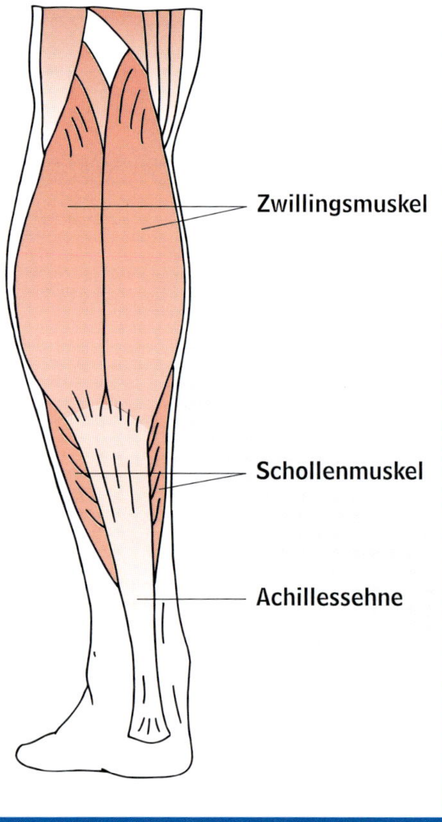

Darstellung der Muskulatur des Unterschenkels (Rückseite) mit der Achillessehne

Symptomatik

Erste Beschwerden treten beim Einlaufen auf, wobei der Fuß in seiner Abrollbewegung behindert wird. Nach entsprechender Erwärmung in Verbindung mit koordinativen Stabilisationselementen klingen die Schmerzen langsam ab. Bei zunehmender Trainingsbelastung treten die Schmerzen wieder auf, so daß das Training reduziert oder unterbrochen werden muß. Muskelschmerzen und Myogelosen des betroffenen Beines sind weitere Folgen.

Therapie

In den meisten Fällen wird die Achillodynie konservativ behandelt (Ruhigstellung, medikamentöse Behandlung, Physiotherapie). Für den Sportler empfiehlt sich in dieser Phase keine absolute Ruhigstellung, da eine längere Trainingspause zu Rückbildungen am Gefäßnetz der Achillessehne führen kann.
Der Sportler sollte besser ein Ausgleichstraining absolvieren und zum Erhalt der Ausdauerleistungsfähigkeit auf dem Fahrradergometer trainieren, ohne den verletzten Bereich zu belasten. Vor einer dosiert einsetzenden Trainingsbelastung sollte der Sportler unbedingt schmerzfrei sein. Es ist in einem solchen Fall ratsam, mit einem funktionellen Muskeltraining in der betroffenen Region zu beginnen, um Anpassungsreaktionen sofort beeinflussen zu können. Diese Stabilisierungsphase sollte etwa 8 bis 10 Tage dauern. Das Training ist individuell zu gestalten, wobei Laufübungen auf weichem Boden (Waldboden, Rasen) durchgeführt werden sollten. Für die Plantarflexion sind alle Übungen, die hohe Belastungen aufweisen, zu untersagen.
Therapieresistente Fälle sollten ohne größere Verzögerung operativ versorgt werden.

Achillessehnenrupturen

Die Achillessehnenruptur ist eine typische Sportverletzung, obwohl etwa 30 Prozent aller Fälle im Alltagsleben auftreten. (Ansetzen von zu schnellen Schritten, Unebenheit des Geländes). In einer statistischen Untersuchung ermittelte RIEDEL (1972) unter 2274 Achillessehnenrupturen zu 72 Prozent Sportunfälle als Ursache. Am häufigsten treten diese Verletzungen in den folgenden Sportarten auf (vgl. Tab. 22):

Achillessehnenrupturen ereignen sich meistens in der Endphase einer sportlichen Belastung, so z.B. beim Sprung, im Lauf oder bei einem schnellen Antritt mit Richtungswechsel. Der Betroffene spürt dabei einen Schlag „gegen die Wade". Es handelt sich in diesem Moment um den Rißvorgang, der auch als dumpfer Knall zu hören sein kann. Im Fußball treten zwischen dem 30. und 40. Lebensjahr 76 Prozent aller Achillessehnenrupturen auf.
Im folgenden werden einige typische Unfallsituationen für Achillessehnenrupturen beschrieben.
▸ Beim Skilaufen mit starker Oberkörpervorlage befindet sich die Achillessehne bei fest fixierter Ferse im Schuh in einer maximalen Anspannung. Bei einem Frontalaufprall kommt es zu einer Überdehnung mit nachfolgender Ruptur.
▸ Ein starker Schlag (Tritt des Gegenspielers) beim Fußball führt in den meisten Fällen zu einer Querverletzung, während eine ruckartige Überbeanspruchung einen Riß der Achillessehne zur Folge haben kann. Ohne direktes Trauma reißt die Achillessehne meistens in einem Gebiet vermehrter degenerativer Veränderungen.
▸ Der beim Absprung maximal angespannte Muskel wird beim Landungsvorgang passiv überdehnt, wenn der Fuß unkontrolliert dorsalreflektiert wird (FRANKE 1986, 370; u.a. im Handball, Fußball, Basketball, Volleyball und in einigen leichtathletischen Disziplinen).

Tab. 22 Achillessehnenrupturen		
Sportart	Anzahl	Prozentuale Angabe
Ski-Alpin (Abfahrt)	528	43,8
Fußball	251	20,9
Leichtathletik	217	18,2
Turnen	84	7,0
Handball	47	3,9
Tennis	35	2,9

Häufigkeit und prozentuale Verteilung von Achillessehnenrupturen nach Sportarten

2 Die Trainingstherapie nach Fußverletzungen

Diagnose

Bei einer Achillessehnenruptur ist es möglich, die entstandene Lücke zu tasten. Allerdings kann diese auch durch die vorhandene Schwellung verdeckt sein, wenn nicht unmittelbar nach der Verletzung die notwendige Untersuchung durchgeführt wird.

Um die Funktionalität des Zwillings- und Schollenmuskel zu prüfen, sollte sich der Verletzte in Bauchlage befinden. Dabei wird die Wade angespannt, um festzustellen inwieweit eine Bewegung des Fußes (Plantarflexion) möglich ist. Handelt es sich um eine Achillessehnenruptur, ist eine Bewegung nicht mehr möglich (vgl. Abb. 47).

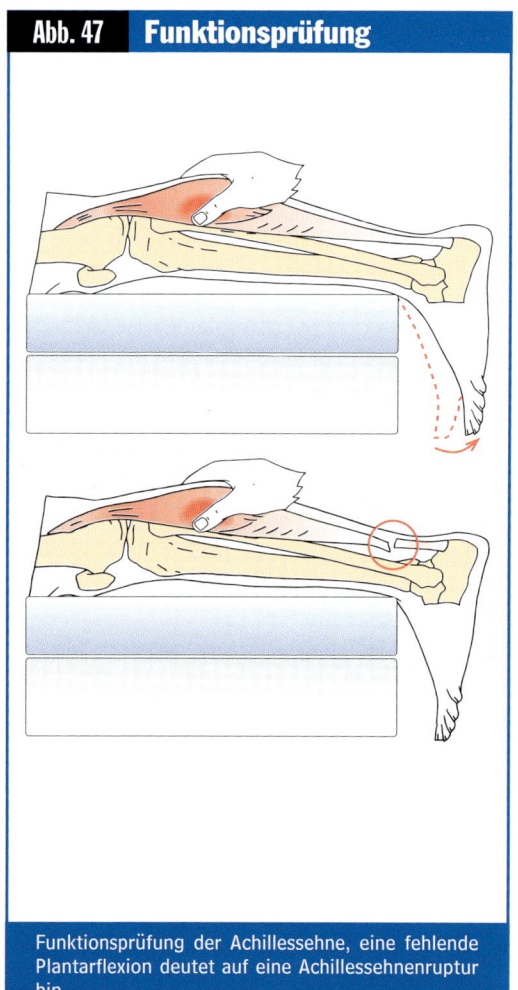

Abb. 47 Funktionsprüfung

Funktionsprüfung der Achillessehne, eine fehlende Plantarflexion deutet auf eine Achillessehnenruptur hin

Die Bedeutung der posttraumatischen bzw. postoperativen Ruhigstellung (Immobilisation)

Verschiedene Autoren (Dustmann, Fessel, Matthias u.a.) haben nachgewiesen, daß eine zu lange Immobilisation (Ruhigstellung) nicht zu einer Gelenkschonung, sondern zu einer Gelenkschädigung führen kann. Die durch das Hämatom bzw. die synoviale Ergußbildung auftretenden Schäden werden durch die Immobilisation des betreffenden Gelenks verstärkt. Für den Gelenkknorpel sowie die Bandstrukturen bedeutet dies:
– Die Aufnahme von Nährstoffen wird durch fehlende Walkbewegungen behindert.
– Stoffwechselprodukte werden abgebaut, und oberflächliche Knorpelfibrillen werden freigelegt.
– Die Knorpeldicke nimmt ab, der Wasserhaushalt sinkt. Traumen werden nicht mehr gedämpft abgefangen.
– Die Durchblutung der Gelenkkapsel verschlechtert sich, was zu Schrumpfungen führen kann.
– Der Bandapparat kann erschlaffen.
– Das Ausrichten der Kollagenfasern verzögert sich und das Einsprossen von Kapillaren wird behindert (AHRENDT 1982).

Die Bedeutung der Immobilisation für die Muskulatur

Die Atrophie der Muskulatur ist von der Immobilisationszeit abhängig. Nach einer Gipsruhigstellung kommt es bereits nach 2 Wochen zu einem Kraftverlust von einem Fünftel der Maximalkraft. Dabei geht der Kraftverlust viermal schneller vor sich wie der anschließende trainierbare Kraftzugewinn (HETTINGER 1983). Bereits zwei Wochen nach Ruhigstellung sind alle Fasern verändert, teilweise sogar degeneriert. Dies wurde von COOPER (1978) elektromikroskopisch nachgewiesen. Auch die Relaxation nimmt zu und die Erschlaffungszeit wird verlängert. Diese Veränderungen im Bereich der Muskulatur werden

Tab. 23	Kraftentwicklung nach Verletzungen bzw. Operationen		
Bereich	Medizinische Trainingstherapie	Ende des Aufbautrainings	Kraftzuwachs (%)
Operierte Seite	1048	1387	32,3
Gesunde Seite	1370	1515	10,6

Kraft der Plantarflexion (N) bei 75 Sportlern nach operativer Versorgung (p.o.) von Bandrupturen im Sprunggelenk (Meßposition: 90 Grad Sprunggelenk, isometrische Maximalkraft)

als Immobilisationsfolgen oder -schäden bezeichnet. Auch Koordinationsstörungen innerhalb ganzer Muskelgruppen können die Folge sein. Hier ist nicht allein die Ruhigstellung ausschlaggebend, sondern vielmehr auch das in dieser Zeit fehlende Training. Die plötzlich auftretenden vegetativen Reaktionen werden als Entlastungssyndrom bezeichnet.

Durch eine frühzeitige Mobilisation in Verbindung mit einem funktionellen Muskelaufbautraining gelingt es, die genannten Störungen und Schädigungen zu minimieren oder völlig auszuschalten.

Frühzeitige Mobilisation bewirkt eine verbesserte Durchblutung der Gelenkkapsel, hilft, den Erguß schneller zu resorbieren und den Gelenkknorpel durch die Walkbewegung besser zu ernähren. Gesunde Bänder erhalten ihre uneingeschränkte Funktion, und die einzelnen Strukturelemente werden entlang der Zugrichtungen ausgerichtet. Die Bewegungstherapie kann bereits während der Ruhigstellung durch isometrisches Kontraktionstraining beginnen.

Entwicklung der Muskelkraft während der Muskelfunktionstherapie im Rahmen des Aufbautrainings

Nach Verletzungen und Operationen stellt sich die Frage nach dem entstandenen Kraftverlust und der sich anschließenden Kraftentwicklung.

Nach unseren Erfahrungen ist es unbestritten, daß die Muskelkraft – und die mit ihr verbundene Ausbildung der Muskulatur – ein entscheidendes Kriterium für die Funktionalität des betreffenden Gelenks ist. Erst wenn annähernd ein Muskelkraftausgleich zwischen der gesunden und der verletzten Seite vorliegt, ist das Ziel im Rahmen des Wiederherstellungsprozesses erreicht.

Umfangmessungen oder manuelle Prüfverfahren des muskulären Zustands erlauben nur einen ungenauen Rückschluß auf das aktuelle Kraftniveau. Deshalb ist es notwendig, während eines Rehabilitationsprozesses Geräte einzusetzen, die objektive Daten liefern. Solche Geräte sind beispielsweise die isokinetischen Diagnose- und Trainingsgeräte und das ASYS-Diagnose- und Therapiegerät. Hier werden bereits in der postoperativen Phase erste Muskelkraftmessungen durchgeführt, um den Kraftverlust innerhalb des verletzten Bereichs zu registrieren (Tab. 23).

Dieser Test gilt als entscheidendes Kriterium für die Erstellung des Therapieplans und die Auswahl der Übungen. Die Messungen werden innerhalb des Rehabilitationsprozesses nach etwa 8 bis 10 Tagen wiederholt, um einerseits den Leistungsfortschritt des Patienten festzustellen und andererseits den Belastungsgrad anhand objektiver Kriterien zu steuern. Nur so ist es aus unserer Sicht möglich, optimale Abschlußergebnisse zu erzielen.

Fallbeispiel: Trainingstherapie nach Achilles

Die Verletzung

Achillessehnenruptur rechts

Während eines Lauftreffs am 18.1.98 erlitt die Freizeitsportlerin Brigitte E. nach einer bereits absolvierten Strecke von 4,5 km eine Achillessehnenruptur. Ihr subjektives Gefühl nach dieser Verletzung äußerte sie wie folgt: "Ich spürte einen 'Schlag' in der Wade und dachte, daß eine andere Läuferin mir in die Ferse getreten hat. Mit dem rechten Fuß hatte ich daraufhin Probleme beim Abrollen. Durch einen Helfer wurde ich zum Start zurückgefahren und dort sofort von einem anwesenden Arzt untersucht. Dieser stellte fest, daß eine Plantarflexion des Fußes nicht mehr möglich war. Die gestellte Diagnose deutete zu meinem Entsetzen auf eine Achillessehnenruptur hin".

Verlauf der Rehabilitation

▶ 18.1.98: Sportunfall

▶ 20.1.98: Operation

▶ 28.1.98: Entlassung aus dem Krankenhaus

▶ 5.2.98: Beginn der physiotherapeutischen Behandlung

▶ 16.2.98: Beginn der erweiterten ambulanten Physiotherapie

▶ 4.6.98: Ende der Rehabilitation

▶ 15.6.98: Beginn des präventiven Funktionstrainings

▶ 14.9.98: Ende des präventiven Funktionstrainings (Erreichen der vollen Belastungsfähigkeit)

1 Mobilisationstraining

Therapieziele

- Schmerzreduktion
- Mobilisation
- Verbesserung von Beweglichkeit und Muskelkraft
- Entwicklung der Koordination
- Erlernen von Stabilisationsmechanismen
- Steuerung der Herz-Kreislauf-belastungen
- Abbau der psychischen Hemmschwelle

Therapiemethoden

- Physikalische Therapie: Manuelle Therapie, Querfriktionen, Elektrotherapie, Laser, Dehnungsübungen, Massage, Kryotherapie
- Isometrie
- Koordinationstraining
- Ausdauertraining
- Funktionsdiagnostik

Therapieinhalte

- Isometrische Anspannungs- und Funktionsübungen
- Handfixierung
- Übungen zur Entwicklung von Koordination und Beweglichkeit
- Trainingsformen zu Erhaltung der konditionellen Grundeigenschaften auch unter Einbeziehung des nichtverletzten Bereichs
- Eingangstest, Messungen

Trainingstherapiemittel

- SPOREG-Rehamatte, SPOREG-Pointrunner
- Airex-Matte
- Pezziball
- Sprossenwand
- Seilzug
- Ergometer für verschiedene Extremitäten (Fahrrad, Handkurbel)
- Meß- und Diagnosesystem (SPOREG-ASYS-System)

Therapie-/Trainingszeit

Freizeitsportler:
- Therapiezeit: 3 x 45 Minuten pro Woche
- Trainingszeit: 3 x 90' pro Woche
- Verhältnis Therapie zu Training: 1:2

Fallbeispiel: Trainingstherapie nach Achilles

2 Stabilisationstraining

Therapieziele

- Schmerzfreie Belastung
- Übergang zur aktiven Mobilisation
- Stabilisation der Muskelfunktionen
- Aufbau der Muskelkraft
- Verbesserung der Koordination und Beweglichkeit
- Angepaßte Herz-Kreislaufbelastungen
- Angepaßte Trainingsbelastung nichtverletzter Bereich
- Abbau der psychischen Hemmschwelle

Therapiemethoden

- Physikalische Therapie: Manuelle Therapie, Querfriktionen, PNF, Massage, Ultraschall, Laser, Elektrotherapie, Kryotherapie, Dehnungsübungen
- Isometrie
- Dynamisches Funktionstraining
- Funktionelles Stabilisationstraining
- Koordinationstraining
- Ausdauertraining
- Allgemeines Konditionstraining
- Funktionsdiagnostik

Therapieinhalte

- Isometrische Anspannungs- und Funktionsübungen
- Handfixierung
- Isolierte achsengerichtete Funktionsübungen (Extension, Flexion)
- Gangschulung mit vorgegebener Geschwindigkeit
- Übungen zur Verbesserung der Koordination (Propriozeption)
- Dehnungsübungen bei verschiedenen Ausgangspositionen
- Ein- und beidbeinige Funktionsübungen
- Trainingsformen zur Erhaltung der konditionellen Grundeigenschaften
- Tests, Messungen

Trainingstherapiemittel

- SPOREG-Rehamatte, SPOREG-Pointrunner
- Laufband
- Airex-Matte
- Kippbrett, Sprossenwand, Therapiekreisel, Seilzug
- 3-D-Trainer (Widerstandsgrad 1-3,

15-20 Wiederholungen, 4-6 Serien, Serienpausen: 1')
- Ergometer für verschiedene Extremitäten (Fahrrad, Handkurbel)
- Meß- und Diagnosesystem SPOREG-ASYS-System

Therapie-/Trainingszeit

Freizeitsportler:
- Therapiezeit: 4 x 45' pro Woche
- Trainingszeit: 4 x 90' pro Woche;
- Verhältnis Therapie zu Training 1:2

3 Funktionelles Muskeltraining

Therapieziele

- Schmerzfreie Belastung bei steigendem Belastungsgrad
- Optimierung von Koordination, Kraft, Beweglichkeit und Ausdauer
- Automatisierung von Bewegungsabläufen
- Funktioneller Muskelaufbau
- Angepaßte Trainingsbelastung nichtverletzter Körperbereiche
- Psychische Stabilisation während der Belastung

Therapiemethoden

- Physikalische Therapie: PNF, Massage, Elektrotherapie, Querfriktionen, Kryotherapie
- Dynamisches funktionelles Muskeltraining (konzentrisch, exzentrisch)
- Wiederholungstraining
- Serientraining
- Koordinationstraining
- Allgemeines Konditionstraining
- Stretching
- Leistungsdiagnostik

Therapieinhalte

- Kombinierte Funktionsübungen (Extension, Flexion, Supination, Pronation)
- Funktionelles Muskeltraining
- Gehen, Traben, Laufen
- Übungen zur weiteren Verbesserung der Koordination (Propriozeption)
- Dehnungsübungen bei verschiedenen Ausgangspositionen
- Ein- und beidbeinige Funktionsübungen, Treppauf-/Treppabsteigen
- Trainingsformen zur Verbesserung der konditionellen Grundeigenschaften des nichtverletzten Bereichs
- Tests, Messungen

Trainingstherapiemittel

- SPOREG-Reha-Matte
- SPOREG-Pointrunner, Therapiekreisel, Treppensteigsystem, Seilzug, Trampolin, Kurzhantelsysteme, Laufband, Weichboden
- 3-D-Trainer (Widerstandsgrad 4-6, 20-25 Wiederholungen, 6-8 Serien, Serienpause: 2')
- Beinpresse (geschlossenes System): 20-30 kg, 15-20 Wiederholungen beid- und einbeinig, 3-5 Serien, Serienpause: 1'
- Ergometer für verschiedene Extremitäten (Fahrrad, Handkurbel)
- SPOREG-ASYS-System, isokinetische Meßsysteme

Therapie-/Trainingszeit

Freizeitsportler:
- Therapiezeit: 4 x 45' pro Woche
- Trainingszeit: 4 x 90' pro Woche
- Verhältnis Therapie zu Training 1:2

Fallbeispiel: Trainingstherapie nach Achilles...

4 Funktionelles Muskelbelastungstraining

Therapieziele

- Uneingeschränkte schmerzfreie Belastungsfähigkeit
- Optimierung von Koordination, Kraft, Beweglichkeit, Ausdauer
- Beseitigung muskulärer Dysbalancen
- Übergang zum sportartspezifischen Training
- Uneingeschränkte sportartspezifische Belastungsfähigkeit
- Psychische Stabilität während der Belastung

Therapiemethoden

- Physikalische Therapie: Massage, Elektrotherapie, Kryotherapie
- Dynamisches funktionelles Muskelbelastungstraining (konzentrisch, exzentrisch, isokinetisch)
- Koordinationstraining
- Wiederholungstraining
- Serientraining
- Ausdauertraining
- Simulationstraining für die Alltagsmotorik
- Sportorientiertes Belastungstraining
- Leistungsdiagnostik

Therapieinhalte

- Funktionsübungen zur Verbesserung von Muskelkraft und Körperstatik
- Laufen mit gleichmäßiger Geschwindigkeit, auch unter Einbeziehung von Steigerungen, Fahrtspiel
- Komplexe Trainingsformen für die Koordination
- Trainingsformen zur Verbesserung der Grundlagenausdauer
- Abschlußtests, Messungen

Trainingstherapiemittel

- SPOREG-Rehamatte, SPOREG-Pointrunner
- Laufband, Laufkeil, Weichboden/Waldboden, Sportplatz
- 3-D-Trainer (komplexe Bewegungen in drei Ebenen, Widerstandsgrad 6-8, 20-25 Wiederholungen, 6-8 Serien, Serienpause: 1')
- Beinpresse (geschlossenes System; 30 kg bis eigenes Körpergewicht, beidund einbeinig, 10-20 Wiederholungen, 5-7 Serien, Serienpause: 2')
- Ergometer für verschiedene Extremitäten (Fahrrad, Handkurbel)
- Leistungsdiagnostische Meß- und Diagnosesysteme, SPOREG-ASYS-System, isokinetische Meßsysteme

Therapie-/Trainingszeit

Freizeitsportler:
- Therapiezeit: 3-5 x 30' pro Woche
- Trainingszeit: 3-5 x 90' pro Woche;

- Verhältnis Therapie zu Training: 1:3

5 Präventives Funktionstraining

Therapieziele

- Erhaltung und Stabilisierung der uneingeschränkten körperlichen Belastungs- und Leistungsfähigkeit
- Erhaltung des muskulären Gleichgewichts
- Verringerung der Verletzungsanfälligkeit
- Durchführung individueller Trainingsprogramme
- Selbstmotivation

Therapiemethoden

- Physikalische Therapie: Massage, Elektrotherapie bei Bedarf
- Dynamisches funktionelles Muskelbelastungstraining (konzentrisch, exzentrisch, isokinetisch)
- Koordinationstraining
- Stretching
- Individuelle Laufprogramme
- Leistungsdiagnostik

Therapieinhalte

- Funktionsübungen zur Kontrolle von Körperstatik und Muskelkraft
- Dehnungsübungen
- Laufen mit unterschiedlichen Geschwindigkeiten
- Erhaltung der Flexibilität
- Tests

Trainingstherapiemittel

- SPOREG-Rehamatte
- Weichboden, Waldboden, Laufband, Laufbahn, Spezielle Sequenztrainingsgeräte
- Sportartspezifische Trainingsmittel

Therapie-/Trainingszeit

Freizeitsportler:
- Therapiezeit: bei Bedarf
- Trainingszeit: 4 x 60-90' pro Woche über einen Zeitraum von 3 Monaten

Fallbeispiel: Trainingstherapie nach Achilles

Kommentierter Phasenverlauf

1 Mobilisationstraining — 16.2.-23.3.98

Das Mobilisationstraining verlief komplikationslos. Die Achillessehne war noch leicht geschwollen. Die Muskelumfangsdifferenz im Rechts-Links-Vergleich 15 cm unterhalb des inneren Gelenkspalts (Knie) beträgt 2,5 cm. Es liegen koordinative und Beweglichkeitsdefizite (OSG – 10 Grad) vor.

2 Stabilisationstraining — 24.3.-16.4.98

Das Stabilisationstraining war gekennzeichnet durch positive Anpassungsreaktionen im Bereich der Achillessehne. Die vorhandene Muskeldysbalance im Links-Rechts-Vergleich wurde reduziert (-1,5 cm). Die Wadenmuskulatur des rechten Unterschenkels zeigte optimale Reaktionen.

3 Funktionelles Muskeltraining — 17.4.15.5.98

In der 3. Phase wurden die Übergänge Gehen, Laufen, Traben realisiert. Die Beweglichkeit im rechten Sprunggelenk hatte sich deutlich verbessert, die Wadenmuskulatur hatte sich im Rechts-Links-Vergleich weiter angenähert (-1 cm). Es wurde ein sportartgerechtes Krafttraining absolviert.

4 Funktionelles Muskelbelastungstraining — 18.5.-4.6.98

In dieser Phase lag der Schwerpunkt von Therapie und Training in der Schaffung der Grundlagen im Übergang zu sportartspezifischen Belastungen. Die Ergebnisse der leistungsdiagnostischen Tests zeigten ein gutes Belastungsprofil, die Basiskraft in Relation zum Körpergewicht war gut.

5 Präventives Funktionstraining — 15.6.-14.9.98

Das präventive Funktionstraining wurde über 3 Monate viermal pro Woche absolviert. Es diente dazu, die körperliche Leistungsfähigkeit weiter zu verbessern, noch vorhandene Funktionsdefizite auszugleichen und das muskuläre Gleichgewicht zu erhalten. Die Trainingsinhalte und die daraus abgeleiteten Belastungsparameter ergaben sich aus der leistungsdiagnostischen Untersuchung.

Abschließende Leistungsbeurteilung

Leistungsentwicklung der Freizeitsportlerin Brigitte E. anhand relevanter Parameter nach Ruptur der rechten Achillessehne

Bereich	Beginn Rehabilitation 16.2.98			Ende Rehabilitation 4.6.98			Ende PFT 14.9.98		
	re	li	%Diff.	re	li	%Diff.	re	li	%Diff.
Beweglichkeit (Neigungssensor, Grad)									
Plantarflexion	25	45	**44**	35	45	**22**	40	45	**11**
Dorsalextension	0	10	**100**	5	10	**50**	7	11	**36**
Kraft (isokinetisch, Nm)									
Plantarflexion	21	69	**70**	70	74	**5**	79	81	**2,5**
Dorsalextension	41	33	**−20**	38	36	**−5**	40	39	**−2,5**
Ausdauer (Laufband)									
Stufentest (4x5 min)	Entfällt			V_{La4} = 2,9 m/s bei Puls 165			V_{La4} = 3,24 m/s bei Puls 166		
Schnelligkeit (Sprungkraft, links/rechts, Kontaktmatte)									
	Entfällt			12 cm/8 cm rechts			13 cm/11 cm rechts		

Auswertung

Beweglichkeit
▶ + 38 % Plantarflexion
▶ + 100 % Dorsalextension

Kraft
▶ + 71% Plantarflexion
▶ − 3 % Dorsalextension

Ausdauer
▶ + 10 % Leistungsverbesserung (mittleres Niveau von Freizeitsportlern)

Schnelligkeit
▶ + 27 % höhere Sprungleistung

3 Die Trainingstherapie nach Muskelverletzunge

Vorbemerkungen

Verletzungen im Bereich der Skelettmuskulatur werden in ihrer Bedeutung und ihren Auswirkungen oftmals unterschätzt oder falsch behandelt. Muskelverletzungen gehören zu den häufigsten Schädigungen des Bewegungsapparats. Sie entstehen bei plötzlicher Unterbrechung einer dynamischen Bewegung, wobei die reflektorische Muskelkraft den Widerstand im Muskelgewebe im Sinne einer Selbstzerreißung übersteigt. Die dadurch entstehende Muskelschädigung hat ihre Ursache in einer direkten oder indirekten Gewalteinwirkung oder in einer Überlastung.
Für das Auftreten von Muskelverletzungen sind verschiedene Faktoren ausschlaggebend:

– unzureichende Vorbereitung auf das Training oder den Wettkampf, kein gezieltes Aufwärmprogramm,
– nicht wahrgenommene Mikrotraumen im Muskel,
– Muskeldysbalancen und Koordinationsstörungen im Muskel-Sehnenbereich,
– Extrembelastungen mit Ermüdungserscheinungen,
– Einschränkungen in der Beweglichkeit durch einen veränderten Muskeltonus,
– Muskelunterkühlung,
– Ausfall der Muskelreflexe,
– ernährungsphysiologische Defizite,
– äußere Faktoren wie z.B. Bodenbeschaffenheit, Witterung, Zweikampfsituationen, Schuhwerk, Sportgeräte u.a.

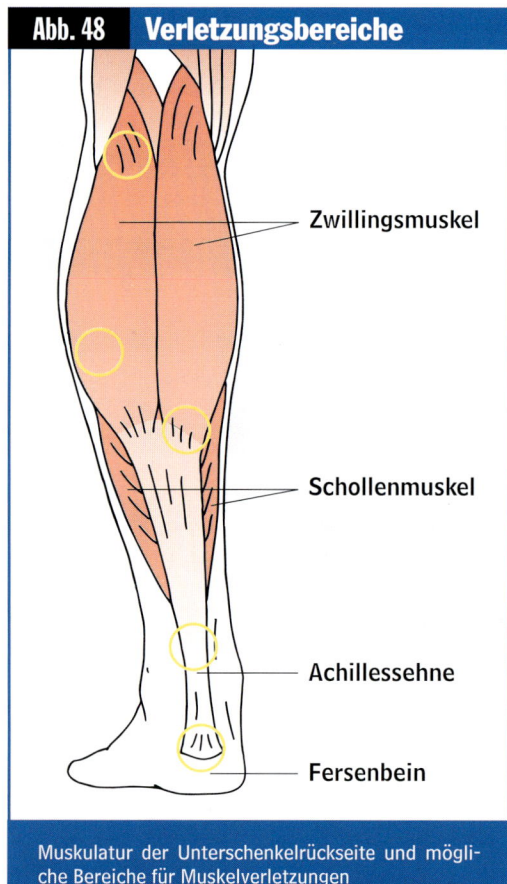

Abb. 48 Verletzungsbereiche

Zwillingsmuskel
Schollenmuskel
Achillessehne
Fersenbein

Muskulatur der Unterschenkelrückseite und mögliche Bereiche für Muskelverletzungen

Verletzungen dieser Art (vgl. auch Abb. 48) können auftreten im Bereich
– des Muskelursprungs,
– des Übergangs vom Muskel zur Sehne,
– der Sehne,
– des knöchernen Sehnenansatzes.

Je nach Sportart machen Muskelverletzungen etwa 10 bis 55 Prozent aller Sportverletzungen aus (FRANKE 1986, SANDELIN 1988). In Abhängigkeit von der Schädigung treten sie in unterschiedlichen Formen auf als Quetschungen, Zerrungen und als Muskelzerreißung (MILLAR 1979).
Eine häufige Verletzungsform ist die Muskelprellung (Kontusion) als eine Folge der Einwirkung von Kompressionskräften. Diese tritt in erster Linie bei Kontaktsportarten auf. Muskelzerrungen oder -dehnungen sind häufige Verletzungen bei Sprints und Sprüngen. Betroffen sind hier unter anderem der M. rectus femoris (gerader Oberschenkelmuskel, Vorderseite), der M. semitendinosus (Halbsehnenmuskel, Oberschenkelrückseite, unterstützt den Oberschenkelstrecker) und der M. gastrocnemius (Zwillingswadenmuskel). Die Muskelzerrung führt selten zu einem kompletten Muskelriß oder zu partiellen Muskelfaserrissen oder Rissen im Muskel-Sehnen-Bereich. Für die Entstehung einer Muskelzerrung ist neben der von außen einwirkenden Dehnungskraft der innere Dehnungswiderstand des Muskels ausschlaggebend. Dieser ist bei einem kontrahierten Muskel höher als in einem entspannten Muskel. Ein kontrahierter Mus-

kel wird daher erst bei höheren Einflußkräften reißen als ein erschlaffter Muskel.

Klassifikation von Muskelverletzungen

Die Diagnostik und Klassifikation einer Muskelverletzung erfordert die Beurteilung durch einen Arzt, der klinische Erfahrungen auf dem Gebiet von Verletzungen und Überlastungssyndromen des Bewegungsapparats hat. Die Diagnosestellung beruht auf der Grundlage klinischer Kriterien wie Anamnese, Inspektion, Palpation, Muskelfunktionstests sowie Bewegungs-und Palpationsschmerzen. Muskelverletzungen werden entsprechend ihres Schweregrads eingeteilt (nach RYAN 1969, vgl. auch Abb. 49):
– Grad I:
   Riß einiger weniger Fasern bei intakter Faszie
– Grad II:
   Riß einer größeren Anzahl an Muskelfasern bei intakter Faszie (lokales Hämatom)
– Grad III:
   Riß einer großen Anzahl von Fasern mit partiellem Riß der Faszie (diffuse Blutung in den Muskel bzw. unter die Haut)
– Grad IV:
   Kompletter Riß des Muskels mit seiner Faszie

Bei unklarer Diagnosestellung sowie Unsicherheit über das Ausmaß der Verletzung ist die Zuhilfenahme von bildgebenden Verfahren (Sonographie, Kernspintomographie) notwendig. Die Sonographie ermöglicht außerdem bei Bedarf eine ultraschallgezielte Punktion des Hämatoms.

Diagnostik von Muskelverletzungen

Die klinische Untersuchung beginnt mit einer Analyse der Verletzungsursache. Anschließend erfolgt die genaue Untersuchung (Tastuntersuchung) des betroffenen Muskels. Hierbei gilt als entscheidendes Kriterium der Funktionstest mit und ohne Widerstand.
Die Diagnose eines Muskelfaserrisses oder eines Hämatoms (vgl. Abb. 50) läßt sich bei einer eindeutigen Anamnese mit einem akuten traumatischen Ereignis in Verbindung mit Schmerz, Schwellung und Hautblutung unterhalb einer Verletzung relativ einfach stellen. Komplizierter kann die Diagnose werden,

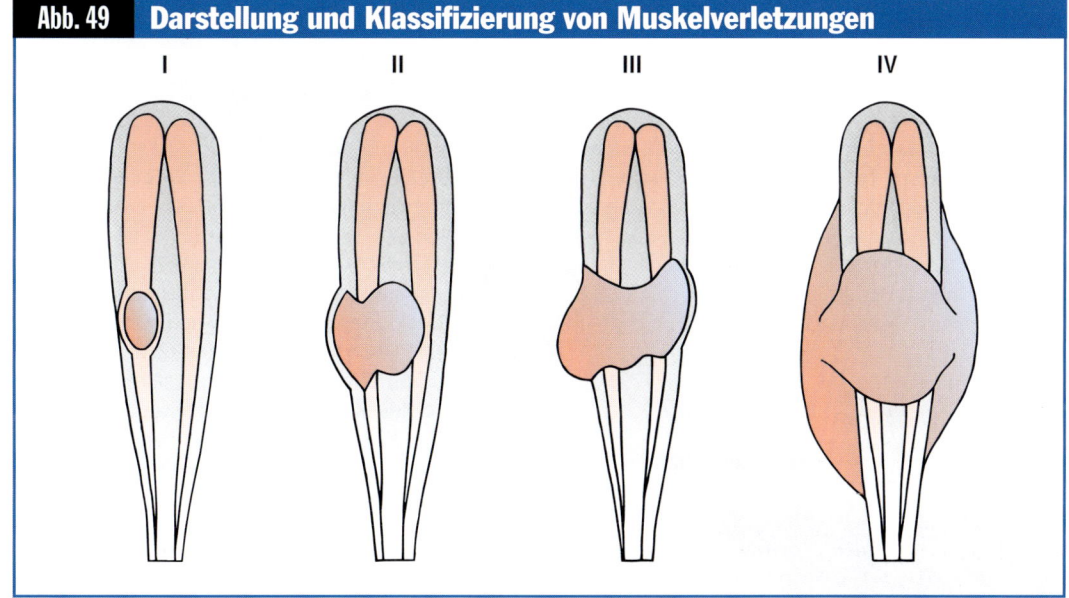

Abb. 49 Darstellung und Klassifizierung von Muskelverletzungen

3 Die Trainingstherapie nach Muskelverletzungen

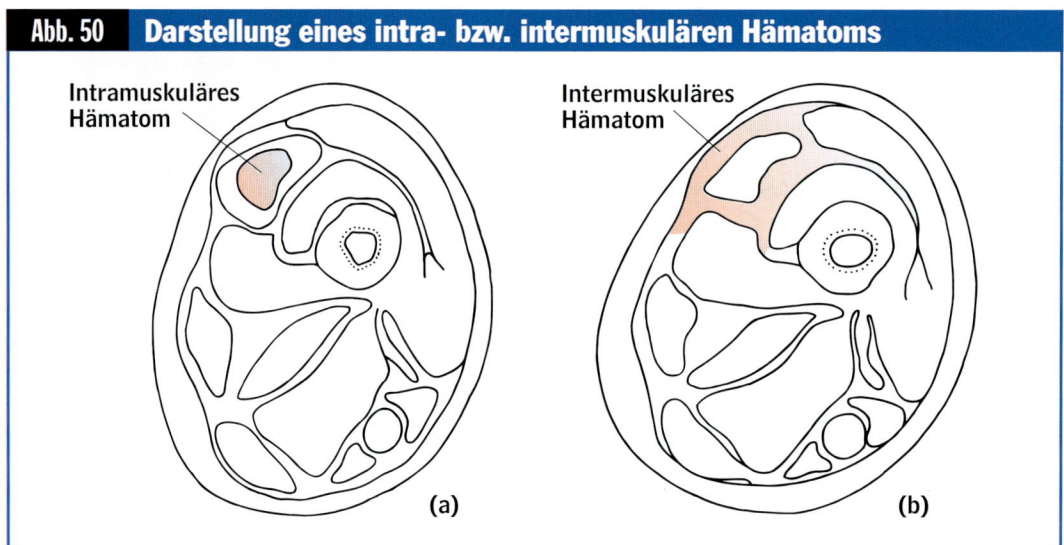

Abb. 50 Darstellung eines intra- bzw. intermuskulären Hämatoms

wenn es sich um eine kleine, in der Tiefe gelegene Blutung handelt. Hier können zur genauen Diagnostik apparative Verfahren wie Ultraschall, Computertomographie (CT) oder die Nukleare magnetische Resonanz-Darstellung (NMR) weiterhelfen.

Bei Muskelblutungen lassen sich zwei Formen unterscheiden; das intra –und das intermuskuläre Hämatom. Diese Unterscheidung ist deshalb von Bedeutung, weil sich hieraus wichtige therapeutische und prognostische Ableitungen ergeben.

Intramuskuläre Hämatome können durch eine Muskelzerrung oder -quetschung verursacht werden. Das Ausmaß der Blutung wird vom Grad der Beteiligung der Faszie bestimmt, was zu einem Anstieg des intramuskulären Drucks führt, der das Hämatom komprimiert und einengt. Typisch sind langandauernde Beschwerden sowie ein Verlust der Funktionsfähigkeit.

Intermuskuläre Hämatome breiten sich in den Faszien und Muskelzwischenräumen aus, wenn die Blutgefäße des Muskels und der Faszie verletzt sind. Dabei kommt es nicht zu einem Druckanstieg innerhalb des Muskels.

Bei der Muskelprellung sind vor allem die tieferliegenden Muskelfasern in Knochennähe betroffen. Die auf die Muskeloberfläche einwirkende Kraft wird wellenförmig in die Tiefe des Muskels übertragen und schädigt dort die Muskelfasern. Liegt allerdings zu diesem Zeitpunkt eine Muskelkontraktion vor, tritt die Schädigung mehr im Oberflächenbereich des Muskels auf.

Wiederherstellung und Heilungsprozeß nach Muskelverletzungen

Die Frühmobilisierung ist eine der wichtigsten Voraussetzungen für eine erfolgreiche Therapie nach Muskelverletzungen, um Komplikationen und funktionelle Einschränkungen so gering wie möglich zu halten. Entsprechende Untersuchungen zeigten eine schnellere Muskelregeneration, ein besseres Einwachsen des Kapillarnetzes, eine deutlich ausgeprägte Bildung von neueren Gewebestrukturen und Narbengewebe und eine funktionsgerechtere Strukturbildung der Muskulatur.

Durch die Frühmobilisierung wird eine schnellere Regeneration des Dehnungswiderstands des verletzten Muskels erreicht. Bei Immobilisation tritt dagegen eine verlangsamte Wiedererringung der sensiblen sowie der kontraktilen Funktion des Muskels ein (JÄRVINEN 1997)

Ruhigstellung führt zu einer geringeren Ausbildung von Bindegewebe im verletzten Bereich, die Ausrichtung der Muskelfasern ist weniger funktionell im Vergleich zum frühmobilisierten Muskel. Die Konsequenzen, die sich daraus für die Therapie ergeben, kann man wie folgt ableiten:

Generell zeichnet sich der Skelettmuskel durch eine schnelle Wiederherstellung mit guten Heilungsten-

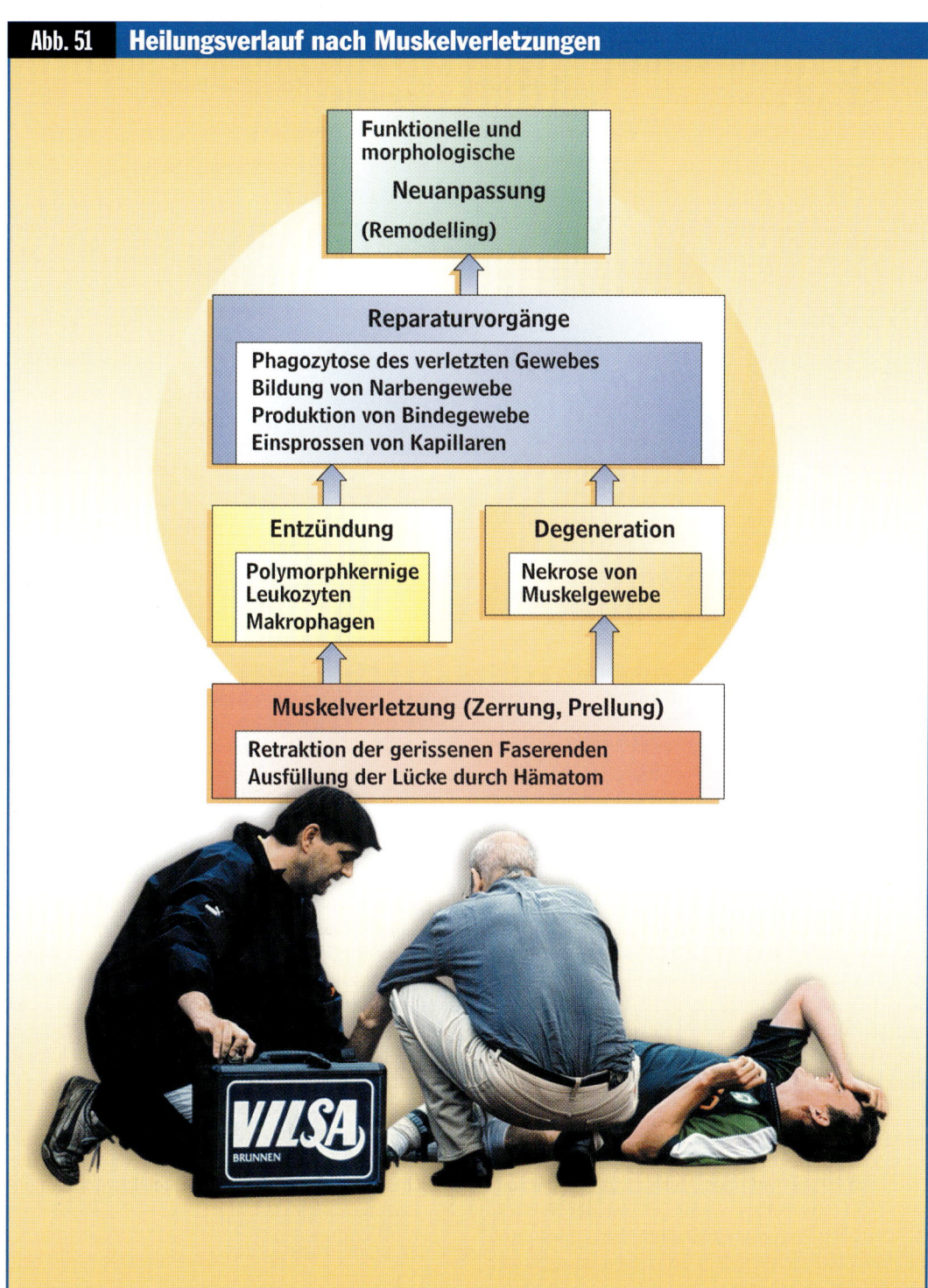

Abb. 51 Heilungsverlauf nach Muskelverletzungen

3 Die Trainingstherapie nach Muskelverletzungen

Tab. 24	Mobilisation oder Ruhigstellung nach Muskelverletzungen?	
Phase Zeitraum	Mobilisierung	Ruhigstellung
Entzündliche Zellreaktion 1.-2. Tag	Intensiv	Mild
Zahl der Muskelschläuche 3.-5. Tag	Zahlreich	Selten
Kapillares Wachstum 5.- 14. Tag	Schnell und intensiv	Verzögert
Narbenbildung 5.-14. Tag	Beginn leicht verzögert, aber mit hoher Intensität	Ungestörter Beginn, gleichmäßige Zunahme mit mäßiger Geschwindigkeit
Wiederherstellung der tensilen Kraft 7.-42. Tag	Komplette oder beinahe Normalisierung	Langsam, das frühere Ausmaß wird nicht erreicht

Auswirkungen von Mobilisation oder Ruhigstellung auf den Heilungsverlauf nach Muskelverletzungen (vgl. LETHO/JÄRVINEN 1991)

denzen aus. So können bereits innerhalb von 2 bis 3 Tagen morphologische Veränderungen beobachtet werden. Bei Prellungen oder Quetschungen sind die Muskelfasern partiell oder total zerrissen. Innerhalb des Reparationsprozesses sind dabei die folgenden Phasen zu unterscheiden (vgl. auch Abb. 51):
▶ 1. Entzündungsphase:
Hämatombildung, Gewebeveränderung, Gewebedegeneration, entzündliche Zellreaktion
▶ 2. Reparaturphase:
Abbau von Resten des geschädigten Gewebes, Regeneration der quergestreiften Muskelfasern, bindegewebsstrukturierte Narbenbildung
▶ 3. „Remodelling":
– Phase der morphologischen und funktionellen Wiederanpassung des neu gebildeten Gewebes
– Regeneration des Muskels und seiner kontraktilen Funktion in Verbindung mit der Reorganisation des Narbengewebes

Etwa 7 bis 8 Tage nach einer Verletzung sind die kontraktilen Eigenschaften des Muskels wieder feststellbar. Jede der neuen Muskelfasern weist annähernd die normalen funktionellen Eigenschaften auf. Der Heilungsprozeß schließt auch die Bildung von neuen Gewebestrukturen sowie die nichtkontraktilen Fasern mit ein. Muskeln regenerieren sich nicht unmittelbar im Narbenbereich, eine funktionelle Kontinuität liegt aus diesem Grund nicht vor. Der Anteil des Muskels, der von der motorischen Struktur isoliert ist, verliert die Fähigkeit, Spannung zu erzeugen. Das bedeutet, daß die aktive Funktion nur im Verhältnis zu einer intakten Nervenversorgung aufrechterhalten werden kann im Sinne einer Inselfunktion.
Die maximale Leistungsfähigkeit des Muskels in Verbindung mit der Muskelkraft hängt nicht nur von der Leistung des kontraktilen Bestandteils, der Sauerstoffversorgung und dem Stoffwechsel ab, sondern auch von der Elastizität des Muskels.
Die Wiederherstellung der ursprünglichen Relation wird frühestens 6 Wochen nach Auftreten der Verletzung erreicht. Dies hat zur Folge, daß die Regeneration des vollen Dehnungswiderstands etwa den gleichen Zeitraum in Anspruch nimmt (LETHO 1985).
Die Tab. 24 listet die Auswirkungen von Ruhigstellung bzw. Mobilisation auf den Heilungsverlauf nach Muskelverletzungen auf.

Behandlung von Muskelverletzungen

Mit der Erstversorgung und Therapie von Muskel- und Weichteilverletzungen sollte umgehend begonnen werden. Unabhängig vom Ausmaß der Verletzung kommt der Qualität der Erstversorgung entscheidende Bedeutung für den weiteren Verlauf des Heilungsprozesses zu. Entsprechende Maßnahmen sind: Kältetherapie; Entlastung, Hochlagerung; Kompression, Kompressionsverband, funktionelle Verbände. Ziele der Erstversorgung sind:
- frühzeitiges Stoppen der auftretenden Gewebeblutung.
- sofortige Schmerzbekämpfung (Schmerzreduktion).
- Reduktion der Schwellung.
- Verhinderung weiterer eventueller Schäden.

Eine Ruhigstellung sollte für 1 bis 3 Tage erfolgen. In schwereren Fällen können anti-entzündliche Medikamente verabreicht werden. Massagen sind in dieser Phase kontraindiziert.

Über die weitere Vorgehensweise entscheidet das Untersuchungsergebnis nach einer weiteren Überprüfung der Muskelfunktion nach 2 bis 3 Tagen, bei der folgende Fragen beantwortet werden müssen:
▶ Ist die Schwellung rückläufig? Ist das nicht der Fall, so handelt es sich wahrscheinlich um ein intramuskuläres Hämatom.
▶ Hat sich das Hämatom ausgeweitet und zu einer Verfärbung der Haut unterhalb der Verletzungsstelle geführt? Liegt eine solche Veränderung nicht vor, spricht dies für ein intramuskuläres Hämatom.
▶ Kann der Muskel wieder kontrahiert werden? Wenn nicht, so sind dies Anzeichen für ein intramuskuläres Hämatom.
▶ Liegt durch das Hämatom ein kompletter oder inkompletter Muskelriß vor?

Behandlung durch Mobilisation

2 bis 3 Tage nach der Verletzung liegt in der Regel eine endgültige Diagnose vor, so daß mit der aktiven Behandlung begonnen werden kann. Eingeschlossen sind dabei solche Verletzungsbilder wie Muskelzerrung 1. und 2. Grades, intermuskuläre Hämatome sowie kleine intramuskuläre Hämatome. Die durchzuführende konservative Therapie besteht aus einer frühzeitigen Mobilisation sowie spezifischen Übungen für den verletzten Bereich. Die aktive Behandlung umfaßt nach unseren Erfahrungen folgende Schwerpunkte:

▶ 1. Isometrisches Training zur frühfunktionellen Stabilisierung (ohne Lasten, nicht im Schmerzbereich),
▶ 2. Dynamisches-konzentrisches Training (ohne Lasten), geschlossene Muskelkette,
▶ 3. Training der Propriozeption mit standardisierten Übungen,
▶ 4. Training zur Flexibilität und Dehnungsfähigkeit
Dieser Therapieschwerpunkt ist ein wesentlicher Bestandteil der Rehabilitation. Bei Muskelzerrungen von Grad I und Grad II kann frühzeitig mit einem solchen Training begonnen werden. Bei Verletzungsbildern mit Grad III und Grad IV ist eine frühzeitige Belastung in diesem Rahmen nicht möglich. Passives und aktives Stretching sollte vorsichtig bis zur Schmerzgrenze ausgeführt werden. Es zielt darauf ab, das Narbengewebe aufzudehnen. Dieses Aufdehnen muß schmerzfrei erfolgen. Die Dehnungsphasen dauern 10 bis 15 Sekunden und werden bis auf eine Minute verlängert.
▶ 5. Dynamisch konzentrisches/exzentrisches Training
Dieser Trainingsabschnitt ist gekennzeichnet durch die Veränderung von Muskeltonus und -struktur. Unter dem Aspekt eines erhöhten koordinativen Anforderungsprofils erfährt der Muskel eine Funktionsstabilisierung. Somit findet der gezielte Übergang auf die nächste Belastungsstufe im Bereich der offenen Muskelkette statt.
▶ 6. Dynamisches isokinetisches Training (offene Muskelkette)
Diese Trainingsform sollte erst bei völliger Schmerzfreiheit absolviert werden. Der verletzte Muskel muß auf solche Belastungen vorbereitet sein und über geeignete Meßsysteme (SPOREG ASYS-System) vorher getestet werden. Liegt im Vergleich zwischen nichtverletztem Bereich und verletztem Bereich noch ein Leistungsunterschied von über 30 Prozent vor, kann ein solches Training noch nicht absolviert werden.

Die Trainingstherapie nach Muskelverletzungen

▶ 7. Simulations- und sportartspezifisches Training
Der Übergang zum sportartspezifischen Training erfolgt über ein vorgeschaltetes Simulationstraining. Dabei werden sportartspezifische Bewegungsmuster automatisiert und über Kontrollmechanismen korrigiert. Der verletzte Sportler/Patient wird schrittweise über Aufbaustufen zu Komplexbewegungen geführt. Die zeitlichen Intervalle werden dann bei den Übergängen einzelner Übungsformen verkürzt, so daß mit der Aufnahme des sportartspezifischen Trainings ohne Risiko begonnen werden kann. Ein wichtiges Entscheidungskriterium bilden hierbei die Ergebnisse leistungsdiagnostischer Tests zur Überprüfung der Belastungsfähigkeit des ehemals verletzten Muskels. Haben sich die Werte im Vergleich verletzter/nichtverletzter Bereich bis auf 10 Prozent Leistungsunterschied angenähert, kann das sportartspezifische Training unbedenklich aufgenommen werden.

▶ 8. Regeneratives Muskelfunktionstraining
Das regenerative Muskelfunktionstraining hat das Ziel, die Muskulatur in einen Entspannungszustand zu führen. Es ist gleichzeitig ein Lockerungs- und Ausgleichstraining nach Belastungen. Auch passive Maßnahmen wie Massage und Wärmebehandlungen finden in diesem Rahmen Anwendung.

▶ 9. Präventives Funktionstraining
Das präventive Funktionstraining sollte über einen Zeitraum von 3 bis 4 Monaten einmal pro Woche als Zusatz- bzw. Ausgleichstraining absolviert werden. Der Schwerpunkt dieses Trainings liegt in folgenden Bereichen:
– gezieltes individuelles Aufwärmen durch Dehn- und Stretchingprogramme:
  Durch gezieltes Aufwärmen wird die muskuläre Viskosität vermindert, was zu einer gleichmäßigeren Muskelkraftentwicklung beiträgt. Das Einbeziehen von Dehnungsübungen in das Aufwärmprogramm steigert die muskuläre Elastizität und das Kraftpotential. Jedem Stretching sollten gezielte Aufwärmübungen vorausgehen, um die Flexibilität und Dehnbarkeit des Muskels zu erhöhen und gleichzeitig die Verletzungsanfälligkeit zu reduzieren. Die Stretching-Übungen müssen langsam ausgeführt werden. Die Grenze der Belastung liegt dabei im Gefühl für den Widerstand, den der Muskel vorgibt.
– gezieltes Muskelfunktions- und Belastungstraining
– gezielte Muskelkräftigungsprogramme

Bei diesen Programmen ist besonders sorgfältig auf die Balance zwischen der Kraft von Agonisten und Antagonisten zu achten. Eine überproportionale Steigerung der Kraft unter maximaler Belastung führt beispielsweise zu einem erhöhten Dehnungsrisiko für die hintere Oberschenkelmuskulatur.
Ein verletzter Muskel ist nur dann vollständig auskuriert, wenn er ohne Einschränkung kontraktionsfähig ist und bei intensiven Belastungen schmerzfrei reagiert. Wird jedoch der verletzte Muskel zu früh belastet (Lauftraining), weil scheinbar Schmerzfreiheit vorliegt, kann es zu erneuten Folgeverletzungen mit einem größeren Schweregrad kommen. Deshalb ist es wichtig, den Heilungsverlauf nicht zu forcieren und die Verletzung vollständig auszukurieren. Muskelzerrungen ersten Grades benötigen nach unseren Erfahrungen zur vollständigen Ausheilung zwischen 2 und 3 Wochen, Muskelrupturen zweiten Grades zwischen 4 und 6 Wochen, Muskelrupturen dritten Grades zwischen 6 und 8 Wochen, ein kompletter Riß vierten Grades 8 bis 12 Wochen. Für den individuellen Heilungsverlauf spielen die Lokalisation der Verletzung und die Bindegewebsstruktur eine wichtige Rolle.
Sportler sind von diesen Gesetzmäßigkeiten nicht ausgenommen, auch wenn beispielsweise im Profibereich der Leistungsdruck eine große Rolle spielt.

Chirurgische Behandlung

In den meisten Fällen heilt ein verletzter Skelettmuskel komplikationslos, auch wenn dies mit der Bildung von Narbengewebe verbunden ist. Es gibt jedoch Situationen, in denen eine chirurgische Versorgung überlegt werden muß.
Bei den folgenden Verletzungsbildern kommt dies in Betracht:
▶ große intramuskuläre Hämatome mit ständigen Beschwerden,
▶ Muskelrupturen des Grades II oder totale Muskelrupturen
Dies betrifft Muskeln, die nur einige oder keine Synergisten haben; wie den Abriß M. pectoralis major im Bereich des Ansatzes am Humerus; in den Sportarten Gewichtheben, Ringen, Judo
▶ Muskelzerrungen Grad II bei denen mehr als 50 Prozent des Muskelbauchs betroffen sind.

Entscheidend ist dabei immer, inwieweit operierte Sportler wieder ihre sportartspezifische Leistungsfähigkeit im Vergleich zum nichtverletzten Stadium erreichen.

Ein echter Gewinn für die *Kraft*!

HEIKE DRECHSLER
WEITSPRUNG-PROFI

Mehr Power im Training!

Der neue Weg...

Der Compex-Sport ist ein Muskelstimulator von höchster Präzision, eine unverzichtbare Ergänzung für das Training. Seine Technologie und Programmierung ermöglichen es, **Ihre Leistung beträchtlich zu verbessern**. Während einer Stimulation mit dem Compex-Sport arbeitet der Muskel mehr und besser als bei einer willentlichen Kontraktion, und dabei ohne Belastung für Sehnen und Gelenke.

600 Kniebeugen?

- Eine Stimulation des Quadrizeps mit dem Kraftprogramm entspricht der Leistung von **600 Kniebeugen innerhalb von nur 20 Minuten**.
- Qualität und Quantität, die **Ihre Muskelleistung rasant wachsen lässt**.
- Sie trainieren **mehr, wann immer** und **wo immer** Sie wollen.
- Sie ermöglichen Ihren Muskeln **schnelle Erholung**.

...für alle Sportler

Zahlreiche Sportler in Europa haben bereits den Compex-Sport fest in ihr Trainingsprogramm aufgenommen, vom Weltmeister bis zum Amateur. **Und Sie**?

INFORMIEREN SIE SICH!

Rufen Sie unsere Info-Hotline an **01805-26 67 39**
(Buchstabentastatur: 01805-Compex), 0,24 DM/Minute

Internet: www.compex-medical.de
eMail: info@compex-medical.de

Kraft, Schnellkraft, anaerobe und aerobe Ausdauer, aktive Erholung...

Compex-Sport, eine echte Trainingseinheit!

DIE NEUE DIMENSION IM TRAINING

Fallbeispiel: Trainingstherapie nach Muskel...

Die Verletzung

Muskelfaserriß M. biceps femoris, rechter Oberschenkel

Während einer Oberligabegegnung am 2.8.98 erlitt der Fußballspieler und ehemalige Profi Peter R. ohne gegnerische Fouleinwirkung nach 70 Minuten Spielzeit eine Verletzung im rechten Oberschenkel. In seiner zehnjährigen Profilaufbahn hatte er bereits mehrere Muskelverletzungen erlitten. In seinem Verein ist er jetzt als Spielertrainer tätig und absolviert gleichzeitig eine Berufsausbildung. Durch diese Doppelbelastung kam es immer wieder zu Abstimmungsproblemen zwischen Training und Beruf.

Unmittelbar nach der Verletzung äußerte er sich wie folgt: "Ich spürte ein starkes Ziehen im hinteren Teil des Oberschenkels in Verbindung mit einer Verkrampfung. Das rechte Bein konnte ich nicht mehr anbeugen, und während der Laufbewegung verstärkten sich die Schmerzen. Ich ging sofort vom Spielfeld und wurde mit einer Kältetherapie behandelt."

Der anwesende Mannschaftsarzt stellte bei der Erstdiagnose eine Dellbildung im Bereich des M. biceps femoris fest. Eine am 3.8.98 durchgeführte Computertomographie und die Auswertung ergaben einen Muskelfaserriß mit erheblicher Hämatombildung.

Am 11.8.98 stellte sich Peter R. im Rehazentrum vor und begann mit der Therapie.

Verlauf der Rehabilitation:

▶ 2.8.98: Verletzung im Spiel ohne gegnerische Einwirkung
▶ 3.8.98: Computertomographie und Besprechung des Therapieplans
▶ 11.08.98: Beginn der Rehabilitation und Funktionsdiagnostik
Schwerpunkt der Behandlung für die ersten 10 Tage: physikalische Therapie und funktionelles Belastungstraining für den nichtverletzten Bereich
▶ 24.8.98: Beginn der erweiterten ambulanten Physiotherapie mit dem Schwerpunkt "Funktioneller Muskelaufbau und spezifische Dehnungsübungen (Reizsimulation)"
▶ 8.9.98: Ende der Rehamaßnahmen; Schmerzfreiheit beim Lauftraining und Übergang zu sportartspezifischen Belastungen; Leistungsdiagnostik (Abschlußtests zur Rehamaßnahme); Erstellung des Therapieplans zum präventiven Funktionstraining
▶ 15.9. bis 6.11.98: Präventives Funktionstraining mit den Schwerpunkten: Reduktion des Kraftdefizits, Verbesserung der Beweglichkeit; 27.9.98: Erstes Punktspiel (Einsatzzeit: 45 Minuten)

Leistungsbeurteilung:

Mit Abschluß der Rehabilitation am 8.9.98 begann Peter R. mit dem Übergang zum sportartspezifischen Training. Im Vordergrund standen dabei balltechnische Übungen, Antritts-, Stopp- und Drehbewegungen. Innerhalb dieses Belastungszyklus traten keinerlei Schmerzreaktionen auf, so daß der Trainingsumfang gesteigert werden konnte. Begleitend zum Mannschaftstraining wurde für die Dauer von 2 Monaten das präventive Funktionstraining absolviert. Die zwischenzeitlichen Spieleinsätze bestätigten neben einer Stabilisierung der Leistungsfähigkeit einen kontinuierlichen Formanstieg. Am 6.11.98 beendete Peter R. das zusätzlich durchgeführte präventive Funktionstraining (PFT).

1 Mobilisationstraining

Therapieziele

- Schmerzreduktion
- Vorbeugung eines Entlastungssyndroms
- Mobilisation
- Funktionsstabilisierung
- Steuerung von Herz-Kreislaufbelastungen
- Abbau der psychischen Hemmschwelle

Therapiemethoden

- Physikalische Therapie: Lymphdrainage, Querfriktionen (nach Cyrax), Dehnungen, Elektrotherapie, Wärmetherapie
- Isometrie
- Training der Propriozeption mit standardisierten Übungen (individuell)
- Statisches Dehnen
- Funktionsdiagnostik

Therapieinhalte

- Isometrische Anspannungs- und Funktionsübungen
- Handfixierung mit geringen Widerständen
- Übungen zur Funktionsstabilisierung
- Trainingsformen zur Erhaltung der konditionellen Grundeigenschaften der nicht verletzten Bereiche
- Eingangstest
- Messungen

Trainingstherapiemittel

- SPOREG-Reha-Matte
- Schlingentisch
- Therapiekreisel
- Kippbrett
- Zugapparat
- Sprossenwand
- Ergometer für verschiedene Extremitäten (Fahrrad, Handkurbel, u.a.)
- Meß- und Diagnosesysteme: SPOREG ASYS-System

Therapie-/Trainingszeit

Leistungssportler:
- Therapiezeit: 60' täglich
- Trainingszeit: 90' täglich
- Verhältnis Therapie zu Training: 1:1,5

Fallbeispiel: Trainingstherapie nach Muskel

2 Stabilisationstraining

Therapieziele

- Erreichen von Schmerzfreiheit mit und ohne Widerstand
- Verbesserung der Elastizität der Narbe
- Stabilisierung der Muskelfunktionen
- Aufbau von Muskelkraft verbunden mit dem Abbau muskulärer Dysbalancen
- Integration des verletzten Bereichs in die Funktionskette bei aktiven Bewegungen
- Steuerung von Herz-Kreislaufbelastungen nichtverletzter Körperbereiche

Therapiemethoden

- Physikalische Therapie: Lymphdrainage, Querfriktionen (n. Cyrax), Dehnungsübungen, Elektrotherapie, Wärmetherapie, Laserbehandlung
- Isometrie
- Dynamisches Muskeltraining in offener und geschlossener Kette mit geringem Widerstand
- Training der Propriozeption mit standardisierten Übungsmustern
- Ausdauertraining, Koordinationstraining
- Wiederholungstraining
- Koordinationstraining
- Stretching
- Funktionsdiagnostik

Therapieinhalte

- Isometrische Funktionsübungen
- Handfixierung mit Widerstand
- Funktionsübungen zur Verbesserung der Muskelkraft, Beweglichkeit, Koordination und Ausdauer
- Dehnungsübungen (statisch, funktionell)
- Trainingsformen zur Erhaltung der konditionellen Grundeigenschaften auch unter Einbeziehung der nichtverletzten Bereiche
- Tests, Messungen

Trainingstherapiemittel

- SPOREG-Reha-Matte,
- Schlingentisch
- Therapiekreisel
- Zugapparat
- Elastikbänder, Pedalo
- Trainingsgeräte für das geschlossene System (z.B. Beinpresse)
- Laufband
- Ergometer für verschiedene Extremitäten (Fahrrad, Handkurbel, u.a.)
- Meß- und Diagnosesysteme, SPOREG-ASYS

Therapie-/Trainingszeit

Leistungssportler:
- Therapiezeit 60' täglich
- Trainingszeit: 120' täglich
- Verhältnis Therapie zu Training: 1:2

3 Funktionelles Muskeltraining

Therapieziele

- Schmerzfreie Belastung mit Widerstand
- Funktioneller Muskelaufbau und Verbesserung der Muskelkraft des nichtverletzten Bereichs
- Optimierung von Kraft, Ausdauer, Koordination und Beweglichkeit
- Minimierung muskulärer Dysbalancen
- Angepaßte Herz-Kreislaufbelastungen
- Steigerung der Trainingsbelastung unter Einbeziehung des nichtverletzten Bereichs
- Psychische Vorbereitung auf Belastungen des verletzten Bereichs

Therapiemethoden

- Physikalische Therapie: PNF, Querfriktionen, Ultraschall, Laser, Elektrotherapie, Wärmetherapie, Dehnungsübungen
- Dynamisches funktionelles Muskeltraining in offener und geschlossener Kette
- Gezieltes Hypertrophietraining zum Aufbau der Muskelkraft
- Simulationstraining
- Ausdauertraining, Intervalltraining
- Stretching
- Leistungsdiagnostik

Therapieinhalte

- Dynamische Funktionsübungen zur Verbesserung der Muskelkraft, Beweglichkeit und Koordination
- Simulationsübungen mit sportartspezifischen Bewegungsmustern
- Ausdauer- und Wiederholungsläufe
- Dehnungsübungen
- Trainingsformen zur Steigerung der konditionellen Grundeigenschaften der komplexen Körperfunktionen
- Tests, Messungen

Trainingstherapiemittel

- SPOREG-Reha-Matte
- Therapiekreisel
- Zugapparat
- SPOREG-Pointrunner, Weichboden, Laufband, Indoor-Laufbahn
- Trainingsgeräte für das offene und geschlossene System (z.B. Beinpresse)
- Fahrradergometer, Stepper, Hüftmaschine
- Meß- und Diagnosesysteme, SPOREG-ASYS-System, isokinetische Meßsysteme

Therapie-/Trainingszeit

Leistungssportler:
- Therapiezeit: 60' täglich
- Trainingszeit: 2 x 90' täglich
- Verhältnis Therapie zu Training: 1:3

Fallbeispiel: Trainingstherapie nach Muskel

4 Funktionelles Muskelbelastungstraining

Therapieziele

- Uneingeschränktes Muskelbelastungstraining
- Optimierung der Kraft, Ausdauer, Koordination und Beweglichkeit
- Aufbau von Schnelligkeit
- Beseitigung muskulärer Dysbalancen
- Optimierung sportartspezifischer Fähigkeiten und Fertigkeiten
- Abstimmung des Übergangs zu sportartspezifischen Belastungen
- Integration in den Trainingsprozeß
- Psychische Stabilität während der Belastung

Therapiemethoden

- Physikalische Therapie: Massage, Laser, Dehnungsübungen
- Komplexes dynamisches Muskelbelastungstraining in offener und geschlossener Kette (konzentrisch/exzentrisch)
- Ausdauertraining
- Stretching
- Sportartspezifisches Training
- Koordinationstraining, reaktives Sprungkrafttraining
- Leistungsdiagnostik

Therapieinhalte

- Komplette Funktionsübungen mit hohen Widerständen
- Maximale explosive Krafteinsätze
- Balltraining
- Antritte
- Sprungübungen/Kombinationen
- Sportartspezifisches Training
- Koordinationstraining, reaktives Sprungkrafttraining
- Stretching
- Abschlußtests

Trainingstherapiemittel

- SPOREG-Reha-Matte
- Zugapparat
- Therapiekreisel
- SPOREG-Pointrunner
- Laufband, Waldboden, Sportplatz
- Sportartspezifische Trainingsmittel
- Sequenztrainingsgeräte
- Meß- und Diagnosesysteme, SPOREG ASYS-System, isokinetische Meßsysteme

Therapie-/Trainingszeit

Leistungssportler:
- Therapiezeit 30' täglich
- Trainingszeit 1 x 60' täglich, 3 x 90' pro Woche (Mannschaftstraining)
- Verhältnis Therapie zu Training: 1:2

5 Präventives Funktionstraining

Therapieziele

- Erhaltung und Stabilisierung der uneingeschränkten Belastungsfähigkeit
- Erhaltung des muskulären Gleichgewichts
- Verringerung der Verletzungsanfälligkeit
- Durchführung individueller Trainingsprogramme
- Selbstmotivation

Therapiemethoden

- Physikalische Therapie: nach Bedarf
- Dehnen und Ausgleichsgymnastik
- Ergänzendes Ausdauertraining
- Sportartspezifisches Krafttraining
- Regenerationstraining
- Leistungsdiagnostik

Therapieinhalte

- Individuell abgestimmte Belastungsprogramme zur Beseitigung noch vorhandener Defizite (Kraft, Ausdauer, Schnelligkeit)
- Test (nach Bedarf)

Trainingstherapiemittel

- Sportartspezifische Trainingsmittel
- Waldboden, Trainingsgelände
- Sequenztrainingsgeräte
- Sportplatz, Laufbahn, Waldboden

Therapie-/Trainingszeit

Leistungssportler
- Therapiezeit: bei Bedarf
- Trainingszeit: 1 x 90' pro Woche über einen Zeitraum von 2 Monaten

Fallbeispiel: Trainingstherapie nach Muskel

Kommentierter Phasenverlauf

1 Mobilisationstraining — 11.8.-24.8.98

Der Behandlungsschwerpunkt im Rahmen der physikalischen Therapie lag auf der Aktivierung der verletzten Muskelstruktur. Die Schmerzreduktion stand dabei im Mittelpunkt des Heilungsprozesses, um auf die anstehenden Belastungen vorzubereiten.

2 Stabilisationstraining — 25.8.-30.8.98

Das Muskelfunktionssystem wurde dem Belastungsprofil der 2. Phase angepaßt. Die Schmerzfreiheit wurde erreicht, so daß ein dynamisches Muskeltraining durchgeführt werden konnte. Die Dehnungsfähigkeit des verletzten Muskels wurde verbessert.

3 Funktionelles Muskeltraining — 31.8.-4.9.98

Der individuelle Belastungsgrad konnte weiter gesteigert werden, wobei das Muskelsystem während der Belastungen keine Negativreaktionen aufwies. Durch die Beseitigung der muskulären Dysbalancen konnten die Übergänge zu Simulationsübungen geschaffen werden. Koordinativ hatte sich der verletzte Bereich sowie das gesamte Funktionssystem stabilisiert und dem Belastungsprofil angepaßt.

4 Funktionelles Muskelbelastungstraining — 4.9.-8.9.98

Der Übergang zu sportartspezifischen Belastungen war komplikationslos. Der Abschlußtest ergab eine deutliche Leistungssteigerung gegenüber dem Eingangstest. Aus diesem Grund wurde der Sportler am 8.9.98 aus der Rehabilitation entlassen. Er war jetzt fähig, am sportartspezifischen Training im Verein teilzunehmen. Die Übergänge zum Wettkampf waren somit gegeben.

5 Präventives Funktionstraining — 15.9.-6.11.98

Das präventive Funktionstraining wurde für 2 Monate in der trainingsfreien Zeit einmal pro Woche durchgeführt. Es diente dazu, die Anfälligkeit der verletzen Muskulatur weiter zu minimieren und das Kraftpotential zu verbessern. Schwerpunkt des Trainings war weiterhin die Erhaltung des muskulären Gleichgewichts in Verbindung mit der Dehnfähigkeit des Muskels.

Abschließende Leistungsbeurteilung

Leistungsentwicklung des Leistungssportlers Peter R. anhand relevanter Parameter nach einem Muskelfaserriß, M. biceps femoris rechts

Bereich	Beginn Rehabilitation 11.8.98			Ende Rehabilitation 8.9.98			Ende PFT 6.11.98		
	re	li	%Diff.	re	li	%Diff.	re	li	%Diff.
Beweglichkeit (Neigungssensor, Grad; in Rückenlage bei gestrecktem Knie)									
Hüftwinkel	75	96	-22	90	95	-5	95	97	-2
Kraft (isometrisch, Nm; in Bauchlage: Hüfte 0 Grad, Knie 45 Grad)									
	185	420	-56	370	440	-16	442	470	-6
Ausdauer (Laufband)									
Stufentest (4x5 min)	Entfällt			V_{La4} = 3,7 m/s bei Puls 165			V_{La4} = 3,84 m/s bei Puls 166		
Schnelligkeit (Lichtschranke)									
5m-Antritt	Entfällt			1,25 s			1,18 s		

Auswertung

Beweglichkeit
▶ + 27 % Zunahme der Beweglichkeit (= innerhalb der Norm)

Ausdauer
▶ + 4 % Leistungsverbesserung (= innerhalb der Norm)

Kraft
▶ + 139% Flexion Kniegelenk (= 8 % unter der Norm)

Schnelligkeit
▶ + 0,07 s schneller auf 5 m (= innerhalb der Norm)

Bemerkungen
Die Bewertung der Testwerte läßt die Schlußfolgerung zu, daß sowohl innerhalb der Rehabilitation als auch während des präventiven Funktionstrainings ein kontinuierlicher Leistungsanstieg nachweisbar ist. Insbesondere konnte die Beweglichkeit der verletzten Struktur um 27 Prozent verbessert werden, was darauf hindeutet, daß das Verletzungsbild vollständig auskuriert ist. Dies wird durch die geringe laterale Differenz von -2 Prozent deutlich. Im Bereich der Kraft liegen ebenfalls sprunghafte Verbesserungen vor (Flexion +139 Prozent). Die verbleibende laterale Differenz von -6 Prozent hat keine Auswirkungen auf die Gesamtbelastbarkeit. Die Bereiche Ausdauer und Schnelligkeit konnten im Vergleich zur Mannschaftsnorm annähernd erreicht werden. Somit liegt eine weitere Bestätigung hinsichtlich der uneingeschränkten Belastungsfähigkeit vor. Die Notwendigkeit des präventiven Funktionstrainings (PFT) wurde dadurch ein weiteres Mal bestätigt.

4 Die Trainingstherapie nach Wirbelsäulenver

Anatomische Grundlagen

Die Wirbel

Die Wirbelsäule besteht aus 33 bis 34 knöchernen Segmenten, den Wirbeln. Dabei wird unterschieden in
- 7 Halswirbel
- 12 Brustwirbel
- 5 Lendenwirbel
- 5 Kreuzwirbel
- 4 bis 5 Steißwirbel

Die Kreuzwirbel sind als einheitlicher Knochen zum Kreuzbein (Os sacrum), die Steißwirbel zum Steißbein (Os coccygis) verschmolzen. Die Wirbel sind nach dem Prinzip Wirbelkörper, Wirbelbogen, Dorn- und Querfortsätze und kleineren Wirbelgelenken aufgebaut, differieren aber in den verschiedenen Abschnitten der Wirbelsäule in Abhängigkeit von der von oben nach unten zunehmenden Druckbelastung. Das tragende Element bildet dabei der Wirbelkörper (Corpus vertebrae, Abb. 52). Die Grundfläche hat im Halsbereich eine rechteckige, im Brustbereich eine dreieckige und im Lendenbereich eine bohnenförmige Form. Der Belastungsgrad der Wirbelkörper ist abhängig vom Mineralsalzgehalt. Mit zunehmendem Alter nimmt die Belastbarkeit der Wirbelkörper ab, da die Knochenstabilität nachläßt. Zwischen den 24 präsakralen Wirbelkörpern befinden sich die Bandscheiben. Sie bestehen aus einem Gallertkern (Nukleus pulposus), einem Faserring (Anulus fibrosus) und haben eine spezifische Stoßdämpferfunktion.

Der Gallertkern dient als Druckverteiler bei der Streckung und Beugung der Wirbelsäule. Bei der Extension wandert der Gallertkern nach vorn, bei der Vorwärtsbewegung nach hinten und bei Seitwärtsbewegungen zur Gegenseite. Der Faserring bestehend aus Faserknorpel und Bindegewebe, die sich in die Knorpelplatten der Nachbarwirbel hineinsenken, ist lamellenartig aufgebaut. Dadurch erhalten die einzelnen Wirbelkörper untereinander eine stabile Verbindung.

An den Wirbelkörper schließt sich dorsal der Wirbelbogen an (Arcus vertebrae). Dieser umgibt den Wirbelkanal, in dem sich das Rückenmark befindet. Vom Wirbelbogen gehen die Querfortsätze (Processus transversi) und der Dornfortsatz (processus spinosus) aus.

Die mechanische Belastbarkeit im Bereich der Wirbelkörper ist in den einzelnen Abschnitten sehr unterschiedlich. Die für den Lendenwirbelbereich festgestellte Kompressionsfestigkeit liegt bei 730 kp. Im Halsbereich liegt der Wert bei 550 kp, die Zwischenwirbelscheiben tolerieren eine axiale Kompression von 1500 kp. Bei Biegebelastungen liegen dagegen geringere Belastungswerte vor. Die dorsalen Bänder zerreißen bei langsamen Hyperflexionen unter gleichzeitiger Mikroläsion der Zwischenwirbelscheiben bei 500 kp. Eine Hyperextension führt schon bei 100 kp zu einem unphysiologischen Druck auf die Bandscheibe zwischen L5 (unterster Lendenwirbel) und S1 (erster Steißwirbel). Die Torsionsfestigkeit von Wirbelkörpern liegt bei 225 kp, bei den Zwischenwirbelscheiben wurde ein Wert von 460 kp ermittelt (vgl. FRANKE 1986).

Biomechanische Untersuchungen haben ergeben, daß die Bandscheibenhöhe abhängig ist von der axialen Belastungsdauer und der damit verbundenen Intensität. Daraus resultiert ein Stabilitätsdefizit des Bewegungssegments in Verbindung mit der Verkürzung der Wirbelsäule. Besteht nach Belastungen ausreichend Zeit für eine regenerative Erholung der Wir-

Abb. 52 Der Wirbelkörper

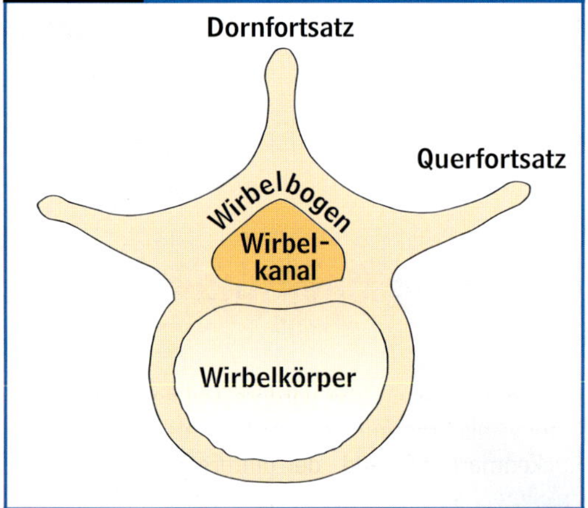

Schematische Darstellung der Bestandteile eines Wirbelkörpers

belsäule, dann erreichen die Bandscheiben wieder ihre ursprüngliche Höhe und Belastungsfähigkeit.

Querfortsätze

Die zwei seitwärts gerichteten Querfortsätze haben im Brustbereich eine Stützfunktion für die Rippen und verschmelzen im Lendenbereich zu den Rippenfortsätzen (Processus costarii). Zusammen mit den Rippenresten bilden sie im Halsbereich die Querfortsatzlöcher (Formina transversa).

Die Zwischenwirbelgelenke übernehmen eine Führungsfunktion, die durch Muskulatur und Bandverbindungen im Bereich der dorsalen Bogenanteile weiter stabilisiert werden.

Bei normaler Extension oder Flexion der Wirbelsäule kippt L4 im Drehpunkt, gleichzeitig gleiten die in Berührung stehenden Gelenkfacetten von L4 und L5 aufeinander. Der Drehpunkt verlagert sich jedoch bei fortgesetzter Extension in den dorsalen Anteil des Wirbels. Dabei wird die Bandscheibe ausgedehnt und ist nicht mehr in der Lage, axiale Krafteinflüsse abzufangen. Deshalb ist es nicht verwunderlich, daß beispielsweise in den Sportarten Gewichtheben, Ringen oder Judo, in denen hohe Axialkräfte in einer Hyperlordosierungsstellung wirken bis zu 40 Prozent Spondylose-Fälle (Wirbelgleiten) nachweisbar sind.

Dornfortsätze

Für die Rückenmuskulatur und die Bänder dient der nach hinten gerichtete Dornfortsatz (Processus spinosus) als Ansatz. Der Dornfortsatz beeinflußt in starkem Maße die Bewegungsvariationen der Wirbelsäule.

Form der Wirbelsäule

Die Wirbelsäule zeigt in den einzelnen Abschnitten charakteristische Krümmungen in der Sagitalebene:
- die Halslordose (nach vorne durchgebogen, dient der Federung des Kopfes)
- die Brustkyphose (nach hinten durchgebogen, dient der Dämpfung von Druck- und Stoßbelastungen)
- die Lendenlordose (dient der Federung des Rumpfes) und
- die Sakralkyphose.

Seitlich auftretende Krümmungen werden als Skoliose bezeichnet. Diese werden als krankhafte Verände-

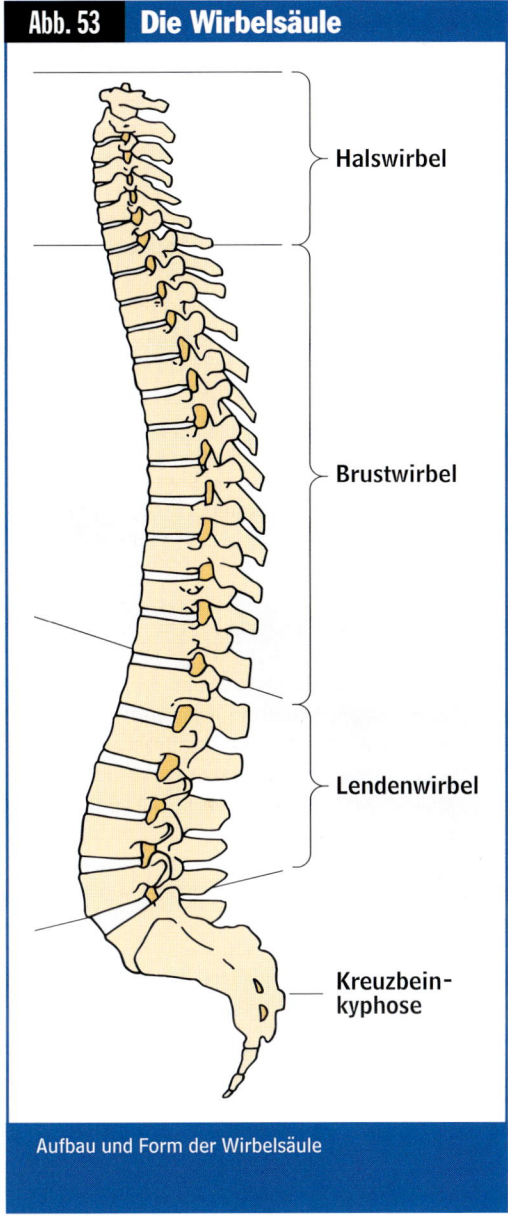

Abb. 53 Die Wirbelsäule

- Halswirbel
- Brustwirbel
- Lendenwirbel
- Kreuzbeinkyphose

Aufbau und Form der Wirbelsäule

rungen angesehen. Der vordere Teil der Wirbelsäule fungiert als Tragsäule, der mittlere als Schutz für das Rückenmark während der hintere Bereich die Wirbelsäulenbeweglichkeit kontrolliert. Die Beweglichkeit wird von den kleinen Wirbelgelenken bestimmt, die in den Bereichen der Hals-, Brust- und Lendenwirbelsäule unterschiedlich ausgeprägt sind.

4 Die Trainingstherapie nach Wirbelsäulenver

Jede Positionsänderung der Wirbelkörper zueinander wirkt sich im vorderen wie auch im hinteren Wirbelsäulenpfeiler aus. Beim Vorbeugen der Wirbelsäule wird die Bandscheibe im bauchwärts gelegenen Bereich vorn zusammengedrückt. Der Widerstand, der bei dieser Bewegung auf den Faserring und die Bänder wirkt, wird von der Bewegungsschnelligkeit wie auch von der Last, die in diesem Moment auf die Wirbelsäule einwirkt, bestimmt. Die Wirbelsäule hat verschiedene Funktionen zu erfüllen:
– Sie hat eine Stützfunktion zur Rumpfstabilisierung.
– Sie hat eine Bewegungsfunktion zur Erhaltung des körperlichen Gleichgewichts (Gehen, Laufen u.a.), zur Volumenveränderung im Brust- und Bauchraum (z.B. Atmung) und für Ausgleichsbewegungen.
– Sie hat eine Federungsfunktion zur Dämpfung von Stoßbelastungen.
– Sie hat eine Schutzfunktion für das Gehirn, das Rückenmark und das zentrale Nervensystem.

Bandscheibendegeneration

Eine Bandscheibendegeneration kann durch übertriebene sportliche oder Druckbelastungen auftreten. Dabei kommt es zu einer Höhenabnahme der Zwischenwirbelscheiben. Dies führt zu einer Spannungsveränderung des Bandapparats und somit zur Lockerung des Bewegungssegments und einer Einengung der Zwischenwirbellöcher. So entsteht eine Reizung der an dieser Stelle austretenden Nerven mit Schmerzreaktionen. Protrusionen (Vorwölbungen der Bandscheibe) verursachen reversible Schmerzen und treten in erster Linie im Bereich der Lendenwirbelsäule in Form von Lumbalgien (schmerzhafte Funktionseinschränkung der unteren Rückenmuskulatur) auf (vgl. Abb. 54). Dabei sind die Nervenwurzeln so gereizt, daß Segmentschmerzen auftreten können. Kommen in diesem Zusammenhang noch neurologische Ausfälle hinzu, so liegt dann in den meisten Fällen ein Prolaps (Bandscheibenvorfall) vor.

Ein Bandscheibenvorfall tritt im Lendenwirbelsäulenbereich etwa 10mal häufiger auf als im Halswirbelsäulenbereich (HWS). Zwischen dem 4. und 5. Lendenwirbel sowie im lumbosakralen Bereich (Übergang vom Lendenwirbel- in den Steißbereich) ereignen sich über 90 Prozent der lumbalen Bandscheibenvorfälle (WEINECK 1988).

Bei einer Therapie müssen die folgenden Faktoren berücksichtigt werden:
– Liegt ein Schmerzsyndrom ohne neurologische Ausfälle vor, empfiehlt sich die Anwendung von Wärme, entzündungshemmenden Medikamenten sowie eine entsprechende Ruhigstellung. Nach etwa einer Woche kann mit isometrischen Funktionsbelastungen und Übungen begonnen werden.
– Treten akute Lähmungserscheinungen auf, ist ein operatives Vorgehen angebracht, um die komprimierte Nervenwurzel vor weiterem Schaden zu bewahren.

Biomechanik der Wirbelsäule

Nach TÖNDURY (1968) wird die Knochen- und Bänderkombination der Wirbelsäule als „synarthrotische Kette" bezeichnet. Dabei unterscheidet er die Wirbelkörpersäule von der Bogenplatte. Die Wirbelkörpersäule nimmt die Last auf und bestimmt mit der Zwischenwirbelscheibe das Bewegungsausmaß. Die Bogenplatte dagegen legt die Bewegungsrichtung fest. Er unterscheidet vier Hauptbewegungen an der Wirbelsäule:
1. Beugung und Streckung in der Medianebene (Anteflexion und Retroflexion)
2. Beugung und Streckung in der Frontalebene (Lateralflexion)
3. Kreiselung (Torsion und Retorsion)
4. Federnde Bewegungen

Zum Bewegungssegment als funktionelle Einheit kommen die kleinen Wirbelgelenke als wichtige Bestandteile hinzu. Mechanisch haben sie vorwiegend eine Gleitfunktion und lenken die Bewegungen in der Zwischenwirbelscheibe in die gewünschten Richtungen. In diesem Sinne sind auch die Bogenplatte und der Bandapparat an der Bewegungsmechanik beteiligt. Die gegenseitige Abhängigkeit und Beeinflussung der Zwischenwirbelscheibe und der kleinen Wirbelgelenke in Verbindung mit dem Bandapparat sind ausschlaggebend für die Leistungsfähigkeit des Bewegungssystems. Stärke und Dauer mechanischer Belastungen in Verbindung mit der Gewebestruktur sind entscheidend für Verletzungen oder Verschleißerscheinungen. So kann beispielsweise in verschiedenen Körperpositionen die Beanspruchung des Bandscheibengewebes sehr unterschiedlich ausfal-

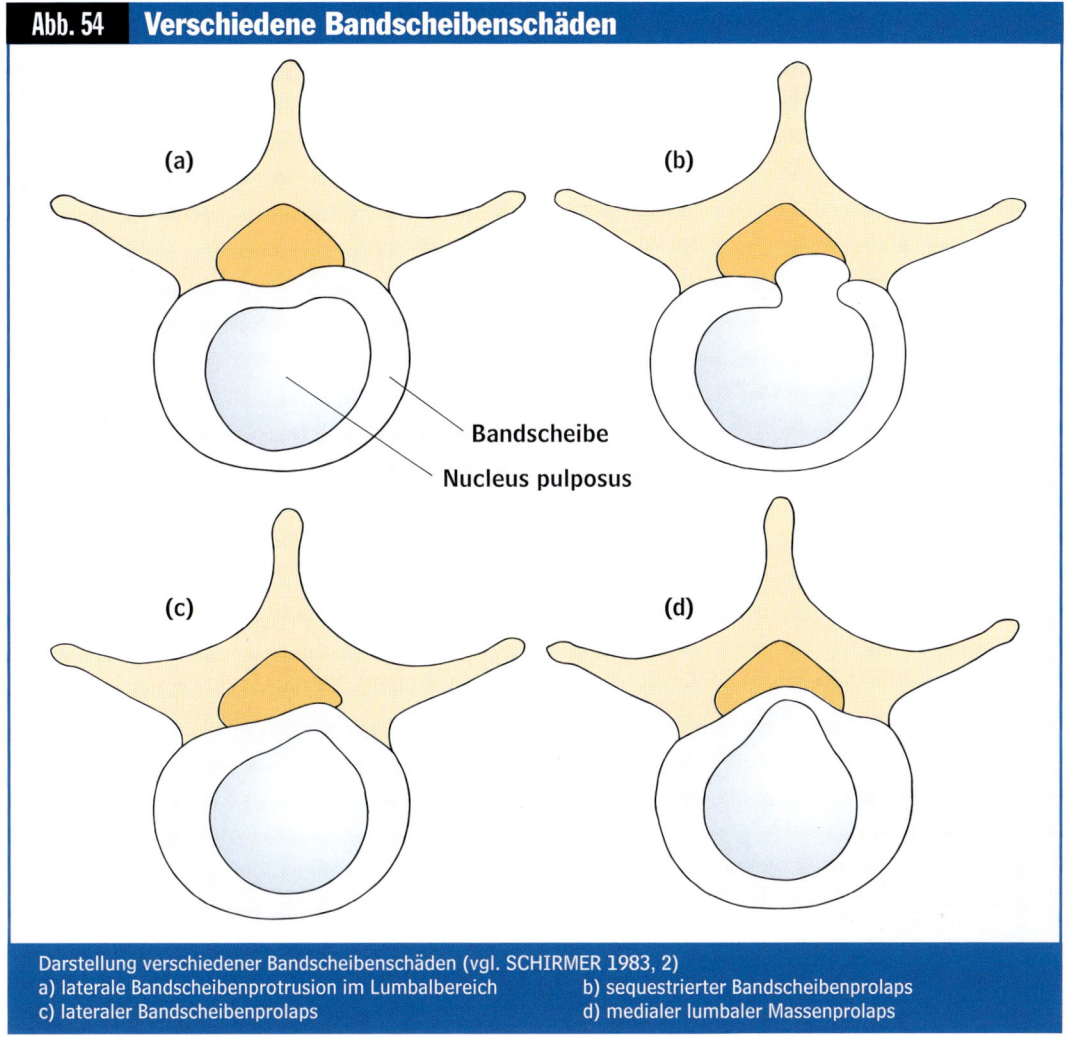

Abb. 54 Verschiedene Bandscheibenschäden

Darstellung verschiedener Bandscheibenschäden (vgl. SCHIRMER 1983, 2)
a) laterale Bandscheibenprotrusion im Lumbalbereich
b) sequestrierter Bandscheibenprolaps
c) lateraler Bandscheibenprolaps
d) medialer lumbaler Massenprolaps

len. In der Rückenlage wird das Bandscheibengewebe gering beansprucht. Beim Anheben eines Gewichts von 50 kg in der Sitzposition werden die Bandscheiben der Lendenwirbelsäule um ein Vielfaches des individuellen Körpergewichts belastet. Zum Beispiel liegt bei einer 70 kg wiegenden männlichen Person die Belastung der Bandscheiben im Lendenwirbelsäulenbereich bei ca. 300 kp. Wird in der Standposition bei ausgestrecktem Arm (Hebel ca. 75 cm) ein Gewicht von 10 kg gehalten, dann muß die Wirbelsäule im Lenden-Kreuzbein-Bereich über die Rückenstrecker (Hebellänge 5cm) ein Gewicht von 150 kg ausbalancieren. Das Verhältnis Lastarm zu Kraftarm beträgt 15:1. Dieses Gewicht lastet auf der Bandscheibe und wird von ihr abgefedert. Ist die Bandscheibe lädiert oder gar zerstört, wirkt der Spannungsdruck direkt auf den Wirbelkörper.

Wirbelsäulenverschleiß

Die Beurteilung von Verschleißreaktionen an der Wirbelsäule erfolgt durch eine klinische, röntgenologische oder auch durch eine neurologische Untersuchung. Oft ergeben sich aus dem Beschwerdebild des

4 Die Trainingstherapie nach Wirbelsäulenver

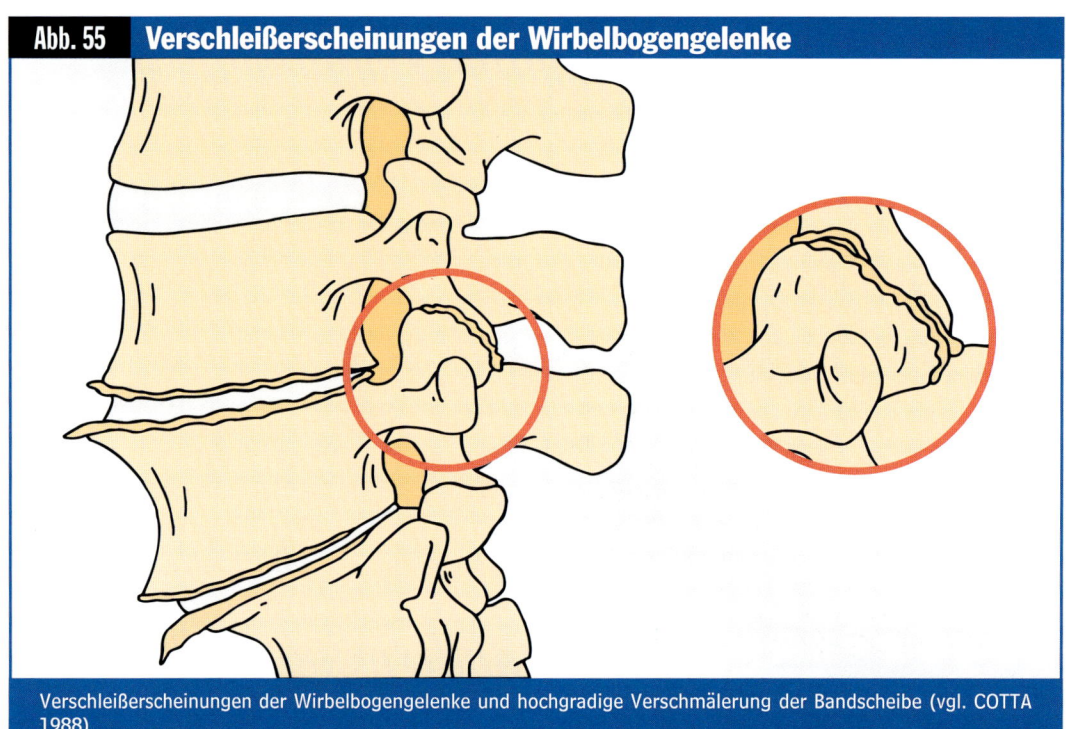

Abb. 55 Verschleißerscheinungen der Wirbelbogengelenke

Verschleißerscheinungen der Wirbelbogengelenke und hochgradige Verschmälerung der Bandscheibe (vgl. COTTA 1988)

Patienten verwertbare Hinweise auf mögliche Ursachen und deren Folgen.
Zeigt die Röntgenaufnahme der Wirbelsäule eine isolierte Verschmälerung des Zwischenwirbelraums, kann man davon ausgehen, daß eine Höhenminderung der Bandscheibe vorliegt (vgl. Abb. 55). Dadurch kommt es zu Störungen in diesem Segment, wobei die Elastizität und die Stoßdämpferfunktion der Bandscheibe eingeschränkt sind. Es besteht die Gefahr, daß sich die Wirbelkörper gegeneinander geringfügig verschieben können. Die Stabilität des Wirbelsegments kann in einer solchen Situation nur noch mit Hilfe der Wirbelbogengelenke gewährleistet werden. Infolgedessen sind Überlastungen an diesen Gelenken nicht auszuschließen, die möglicherweise zu einem vorzeitigen Aufbruch des Gelenkknorpels führen können. Dieser Zustand wird als Gefügelockerung (vgl. Abb. 56) bezeichnet. Eine solche Gefügelockerung der Wirbelsäule läßt sich nur durch ein aktives muskuläres Funktionstraining der Rückenstrecker stabilisieren.
Im weiteren Verlauf diagnostischer Röntgenuntersuchungen können sich knöcherne Verdichtungen mit Randwulstbildungen an den Wirbelkörperkanten zeigen. Hierbei entwickeln sich Drucksituationen auf das umliegende Gewebe, wodurch ebenfalls Schmerzen ausgelöst werden. Dieser Zustand tritt dann auf, wenn sich Randzacken zum Wirbelkanal hin orientieren und auf die in diesem Bereich verlaufenden Nerven drücken. Hiervon sind in erster Linie die Hals- und die Lendenwirbelsäule betroffen. Typische Symptome sind ausstrahlende Schmerzen in die Arme bzw. Beine mit einhergehenden Gefühlsstörungen und sich entwickelnder Muskelschwäche.
Wesentliche Ursachen für Verschleißerscheinungen an der Wirbelsäule sind mechanische Überlastungen im Sport oder auch im Beruf, die in erster Linie von außen auf die Wirbelsäule einwirken. Dabei kann es sich um einseitige Belastungsformen oder auch um das Mißverhältnis zwischen körperlicher Belastung und regenerativen Maßnahmen handeln. Häufig werden in diesem Zusammenhang vorhandene Haltungsfehler (z.B. Wirbelsäulenverkrümmungen) oder Fehlstellungen (Gleitwirbel), die durch das funktionelle Muskelsystem nicht genügend korrigiert werden können, genannt. Bedingt durch diese Formver-

änderung tritt eine Minderung der Belastungsfähigkeit in diesem Bereich auf. Es ist daher notwendig, bereits im frühesten Jugendalter auf Veränderungen im Bereich der Wirbelsäule zu achten. Entsprechende Muskelfunktionsprogramme, die aktiv stabilisierend der Verbesserung der Körperhaltung dienen, sind dann sofort als präventive Funktionsmaßnahme umzusetzen.

Besondere Aufmerksamkeit wird in der Forschung zu Wirbelsäulenschäden auch den Stoffwechselprozessen in Verbindung mit der Nährstoffversorgung des Bandscheibengewebes gewidmet Nur unter einer regelmäßigen Wechseldruckbelastung ist eine ausreichende Nährstoffversorgung des Bandscheibengewebes gesichert. Dies bedeutet, daß bei einer anhaltenden Entlastung die Bandscheibengewebestruktur beeinträchtigt wird. Wird also die Bandscheibe in der einen wie auch in der anderen Richtung falsch belastet, so sind frühzeitige Defizite der Stoßdämpferfunktion innerhalb des Bandscheibengewebes zu erwarten, weil stoffwechselabhängige Faktoren für die Leistungsfähigkeit des Bindegewebes beeinträchtigt werden.

Becken
Wirbelsäule und Becken sind funktionell miteinander verbunden. Über das Becken werden die Bewegungen der unteren Extremitäten übertragen und gleichzeitig abgefedert. An den Rundflächen des Beckens liegt der Ansatz für Muskeln und Bänder, die sich wie ein Seilsystem zur Wirbelsäule ziehen und diese stabilisieren.

Iliosacralgelenk
Das Iliosacralgelenk (ISG) in Verbindung mit der Symphyse ist der Ausgangspunkt für den Beweglichkeitsspielraum im Becken. Es handelt sich hierbei um ein echtes Gelenk mit Knorpel, Synovia und Kapsel. Die Gelenkflächen sind höckerig und inkongruent, am Ilium sind diese lang und schmal, am Sakrum kurz und breit. Eine weitere Besonderheit ist ein starker Bandapparat, der die Kapsel verstärkt und die Beweglichkeit das Iliosacralgelenks begrenzt. Vom klinischen Standpunkt aus betrachtet ist ein solcher Zustand erwünscht.

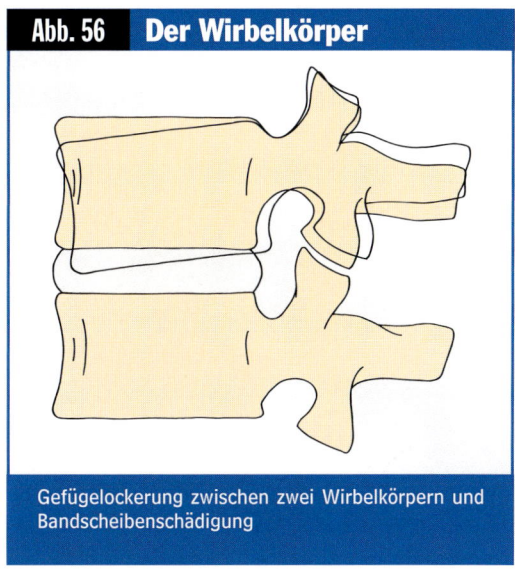

Abb. 56 Der Wirbelkörper

Gefügelockerung zwischen zwei Wirbelkörpern und Bandscheibenschädigung

Zusammenfassung

Die Bauch- und Rückenmuskulatur bildet ein entscheidendes Stabilisationssystem für die Wirbelsäule. Die Hauptfunktion dieser Muskelsysteme liegt in der Steuerung verschiedener Bewegungsmuster in Abhängigkeit von der Körperhaltung. Muskeldysbalancen führen demnach zu Risiken und Unsicherheiten bei (sportlichen) Belastungen.

Es ist deshalb notwendig, das für die Wirbelsäule zuständige Muskelsystem so zu trainieren, daß Bewegungen mit entsprechender Belastung uneingeschränkt durchgeführt werden können. Übertragen in die Praxis bedeutet dies, den primär tonischen Charakter der Rumpfmuskulatur auch trainingsmethodisch unter therapeutischen Aspekten umzusetzen. Hierbei spielen Haltekontraktionen eine übergeordnete Rolle. Funktionell betrachtet gehen die Bewegungen des Rumpfes zwangsläufig den Bewegungen der Extremitäten voraus.

Unser Grundsatz lautet:
Rumpfstabilität vor Extremitätenstabilität

Trainingsmethodisch bedeutet dies, daß bei Stabilisierungen des Rumpfes der koordinative Einfluß der Extremitäten Berücksichtigung finden muß, um der funktionellen Komplexität des Körpersystems gerecht zu werden.

4 Die Trainingstherapie nach Wirbelsäulenver

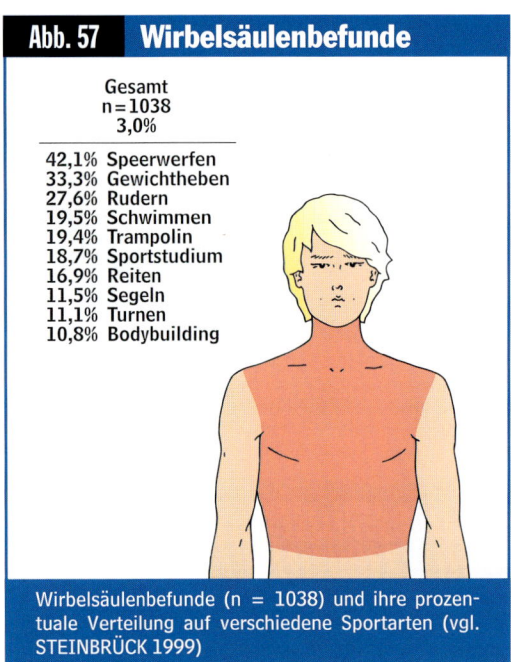

Abb. 57 Wirbelsäulenbefunde

Gesamt
n = 1038
3,0 %

42,1 % Speerwerfen
33,3 % Gewichtheben
27,6 % Rudern
19,5 % Schwimmen
19,4 % Trampolin
18,7 % Sportstudium
16,9 % Reiten
11,5 % Segeln
11,1 % Turnen
10,8 % Bodybuilding

Wirbelsäulenbefunde (n = 1038) und ihre prozentuale Verteilung auf verschiedene Sportarten (vgl. STEINBRÜCK 1999)

Präventivmaßnahmen zur Stabilisierung der Wirbelsäule

Durch einseitige Alltags- bzw. Sportbelastungen (vgl. Abb. 57) treten Überlastungserscheinungen im Bereich der Wirbelsäule auf, die zu einem Fehlverhalten mit gleichzeitiger Ausprägung eines negativen motorischen Stereotyps führen. Eine Belastungsvielfalt beugt diesem Trend nicht nur vor, sie beseitigt dieses defizitäre Belastungsprofil. Aus diesem Grund sind präventive Maßnahmen zur Funktionsstabilisierung von großer Bedeutung (vgl. Abb. 58). Schwerpunkte eines solchen Maßnahmenkatalogs sind:
– Erhaltung und funktionelle Stabilisierung der Beweglichkeit,
– Aufbau und Stabilisierung der intersegmentalen Muskulatur,
– Aufbau und Stabilisierung der langen Rückenstrecker,
– Aufbau und Stabilisierung der Bauchmuskulatur,
– Aufbau und Stabilisierung der diagonalen Bauch- und Rückenmuskelketten,
– Wiedererlangung funktioneller Bewegungsmuster für die Alltags- und Sportmotorik,
– koordinative Vielfalt von Bewegungsmustern zum Schutz vor Rezidivverletzungen (erneute Verletzung im gleichen Strukturbereich).

Muskulatur des aktiven Bewegungsapparats im Bereich des Rumpfs

Zur Beurteilung der Funktionalität der Wirbelsäule gehört auch die Einbeziehung des Muskelsystems. Die Stabilität der Wirbelsäule wird von zwei großen Gruppen beeinflußt (vgl. Abb. 59 und 60).
Zwischen beiden Gruppen muß ein funktionelles Gleichgewicht bestehen, um eine uneingeschränkte Funktion und Belastungsfähigkeit der Wirbelsäule zu garantieren. Sind der M. iliopsoas, der M. rectus fe-

Abb. 58 Ursachen für Muskelatrophie und ihre Auswirkungen

Schulungs-schwerpunkte	Halswirbelsäule (HWS)	Brustwirbelsäule (BWS)	Lendenwirbelsäule (LWS)
Kraft	■ ■	■ ■ ■	■ ■ ■ ■
Beweglichkeit	■ ■ ■ ■	■ ■	■ ■
Koordination	■ ■ ■	■ ■	■ ■ ■

Die Bedeutung der Anteile der Kraft, Beweglichkeit und Koordination für die einzelnen Segmente der Wirbelsäule unter dem Aspekt der inhaltlichen Strukturen eines präventiven Funktionstrainings
Bewertung: ■ ■ ■ ■ = hoher Stellenwert; ■ ■ ■ = mittlerer Stellenwert; ■ ■ = mäßiger Stellenwert;
■ = geringer Stellenwert

Abb. 59   Die Wirbelsäule stabilisierende Muskelgruppen

Gruppe 1: Tonische Muskelgruppen

- M. trapecius pars descendens
- M. pectoralis major
- M. iliopsoas
- M. rectus femoris
- M: longissimus, u.a.

⬇ neigt zur Verkürzung und Tonuserhöhung bzw. Veränderung

Gruppe 2: Phasische Muskelgruppen

- M. glutaeus minimus
  M. glutaeus medius
  M. glutaeus maximus
  (Glutealmuskeln)
- M. obliquus externus abdominis
- M. obliquus internus abdominis
- M transversus abdominis
- M. rectus abdominis
  (schräge und gerade Bauchmuskulatur)

⬇ neigt zu niedrigem Tonus und Insuffizienz

Abb. 60   Bauchmuskulatur

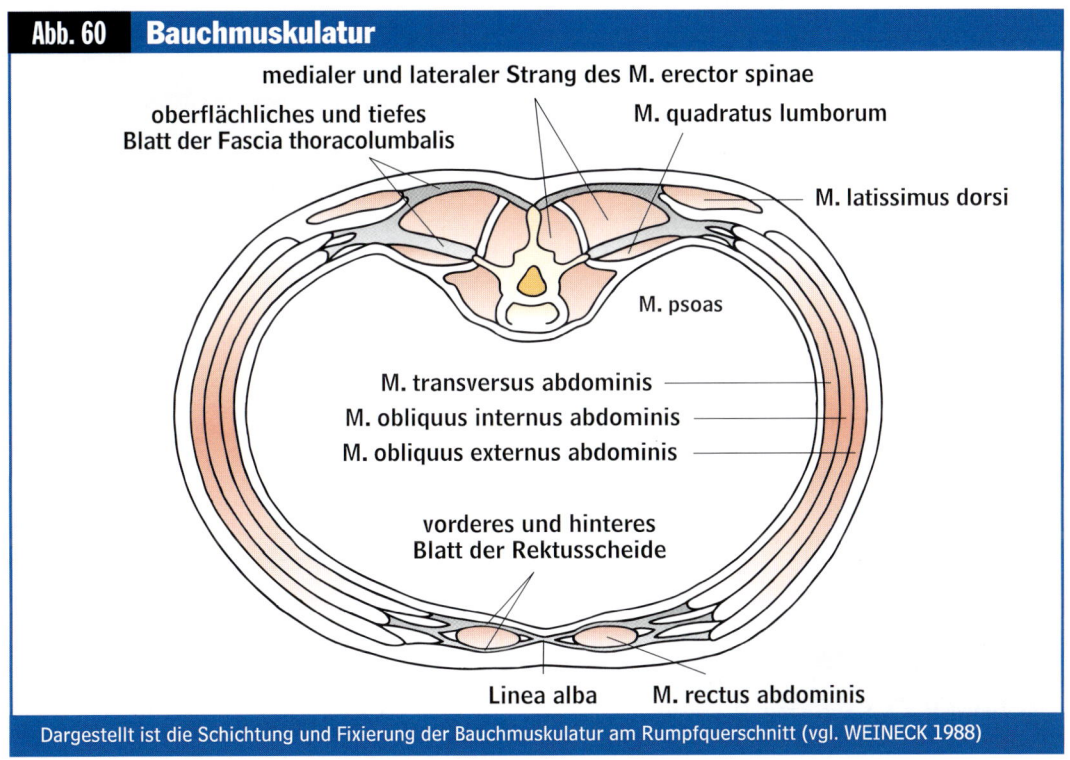

Dargestellt ist die Schichtung und Fixierung der Bauchmuskulatur am Rumpfquerschnitt (vgl. WEINECK 1988)

moris und der M. longissimus verkürzt, kommt es zu einer Beckenkippung und einer damit verbundenen Hyperlordose. Somit erhöhen sich die Spannungen im unteren Lendenwirbelsäulenbereich (LWS).

Zudem haben die Bauch- und Rückenmuskulatur eine wichtige Stabilisierungsfunktion für die Wirbelsäule.

Bauchmuskulatur

▸ M. rectus abdominis (gerader Bauchmuskel); Brustkorb
Bei Fixierung des Beckens zieht der Muskel den Rumpf nach vorne (z.B. Rumpfbeugen vorwärts). Wird der Rumpf fixiert, dann ist dieser Muskel am Anheben des Beckens beteiligt. Bei einseitiger Innervation wird der Rumpf seitwärts gebeugt. Ist der M. rectus abdominis zu schwach ausgeprägt, kommt es zu einer mit einer Haltungsschwäche verbundenen zunehmenden Lordosierung der Lendenwirbelsäule.

▸ M. obliquus externus abdominis (äußerer schräger Bauchmuskel)
Bei einseitiger Kontraktion wird der Rumpf seitwärts in Neigestellung gebracht bzw. zur Gegenseite gedreht.

▸ M. obliquus internus abdominis (innerer schräger Bauchmuskel)
Bei einseitiger Innervation unterstützt er das Rumpfbeugen vorwärts. Innerer schräger und äußerer schräger Bauchmuskel kreuzen sich in einem Winkel von 90 Grad.

▸ M. transversus abdominis
Dieser Muskel bildet die tiefste Schicht im Bereich der Bauchmuskeln. Die Hauptfunktion liegt in der Tätigkeit bei der Bauchpresse und einer äußerst präzisen Einstellung für Rumpfbewegungen.

Rückenmuskulatur

Bei der Rückenmuskulatur unterscheidet man die platten oberflächlichen Muskelschichten mit Wirkung auf die Extremitäten bzw. den Schultergürtel und die autochtonen (wirbelsäulennahen) Rückenmuskeln, deren Hauptfunktion die Streckung der Wirbelsäule ist. Die autochtone Muskulatur unterteilt sich in einen medialen und einen lateralen Strang.

▸ Medialer Strang (Tractus medialis):
Dieser Strang liegt zwischen den Dorn- und Querfortsätzen und unterteilt sich in ein spinales und transversospinales System. Beim spinalen System unterscheidet man die über ein Bewegungssegment gehenden Muskeln des Zwischendornfortsatzes (Mm. Interspinalis) und den Dornmuskel (M. spinalis), der im Brustbereich über mehrere Dornfortsatzsegmente Muskelbögen bildet. Beim transversospinalen System (Querfortsatz-/Dornfortsatzmuskel) wird unterteilt in kurze und lange Wirbeldreher (Mm. Rotatores brevis et longi), den vielgespalteten Muskel (M. multitidus) und den Halbdornmuskel (M. semispinalis, besitzt Kopf- und Halsteil)

Dem transversospinalen System kommt bei der Statik eine wichtige Rolle zu. Bei dynamischer Arbeit und beidseitiger Kontraktion kommt es zur Betonung der Hals- und Lendenlordose. Diese kann zu einer Streckung oder Überstreckung führen.

▸ Lateraler Strang (Tractus lateralis):
Der laterale Strang wird vorwiegend von langen Muskelzügen gebildet. Dieser setzt sich aus zwei Teilen, dem langen Muskel (M. longissimus) und dem Hüftrippenmuskel (M. iliocostalis) zusammen und bildet in der Lendenregion einen kräftigen Muskelstrang, den Rumpfaufrichter (M. erector spinae).

– Langer Muskel (M. longissimus):
  Bei beidseitiger Innervation kommt es zu einer Dorsalextension, bei einseitiger Innervation erfolgt die Seitneigung der kontrahierten Wirbelsäulenanteile.

– Hüftrippenmuskel (M. iliocostalis):
  Dieser Muskel ist verantwortlich für die Senkung der Rippen und sorgt für die Streckung bzw. Seitwärtsneigung des Rumpfes.

– Rumpfaufrichter (M. erector spinae):
  Ist dieser Muskel unzureichend funktionell ausgebildet, kommt es mit zunehmender Haltungsschwäche zu einem sogenannten „Rundrücken".

Dimitri Torgowanow ist ein Beispiel dafür, daß die bei einem Hochleistungssportler sicherlich insgesamt gut ausgebildete Muskulatur nicht zwangsläufig vor einem Bandscheibenvorfall schützt.

Fallbeispiel: Trainingstherapie nach Bandsc

Die Verletzung

Wirbelsäulenverletzung (Bandscheibenvorfall L3/4 links)

Während eines Handball-Länderspiels am 2.6.1998 erlitt der Spieler Dimitri T. bei einem Zweikampf eine Rückenprellung, die ein Taubheitsgefühl im linken Bein hervorrief. Während des Laufens traten Koordinationsstörungen auf. Der Spieler wurde sofort ausgewechselt. Die erste Diagnose durch den Mannschaftsarzt lautete: Verdacht auf Bandscheibenvorfall. Weitere diagnostische Untersuchungen mit Hilfe von MRT und CT bestätigten diese Diagnose. Es wurden Überlegungen angestellt, als Erstmaßnahme eine konservative Behandlung durchzuführen. Schwerpunkt war die Stabilisierung der Rumpfmuskulatur, speziell der Rückenstrecker.

Am 4.8.1998 begann der Spieler gemeinsam mit der Mannschaft die Vorbereitung auf die Bundesligasaison 1998/99. Durch die ansteigende Trainingsbelastung in dieser Phase kam es bereits nach 4 Wochen zu erneuten Beschwerden in den Wirbelsegmenten L3/4. Durch eine begleitende Funktionsdiagnostik wurde am 28.9.98 eine neuronale Störung festgestellt. Diese hatte zur Folge, daß das versorgende Segment L3/4 links muskelfunktionell zu einer stark atrophierten linken Oberschenkelmuskulatur führte. Damit war ein enormer Muskelkraftverlust in Verbindung mit Funktionsstörungen der gesamten linken unteren Extremität verbunden. Mit Hilfe einer Testbatterie (Sprungkrafttest) wurden diese funktionellen Defizite im Links-Rechts-Vergleich bestätigt. Als Nachweis zwischen Lande- und Absprungverhalten dient die Bodenkontaktzeit.

Die Kontaktzeiten im Rechts-Links-Vergleich bei Einbeinsprüngen weisen einen Unterschied von 150 ms auf. Das bedeutete, daß ein Defizit im Bereich der linken Beinstreckerkette vorlag. Im Gegensatz dazu bestand diese zeitliche Trennung zwischen Lande- und Absprungphase auf der nichtverletzten Seite nicht. Die Differenz in der Sprunghöhe im Links-Rechts-Vergleich lag bei 8 cm.

Die Messung der Muskelkraft wurde mit Hilfe eines isokinetischen Meßsystems bei einer Drehwinkelgeschwindigkeit von ca. 60 Grad/s durchgeführt. Im Links-Rechts-Vergleich bezogen auf die Flexorengruppe lag ein laterales Defizit für die verletzte Seite von 9 Prozent vor. Bezogen auf die Extensorengruppe lag der Unterschied bei 66 Prozent. Für die linke Extremitätenseite ergab sich daraus für das Kniegelenk ein Flexoren/Extensoren-Verhältnis von 100 Prozent. Zum besseren Verständnis sei an dieser Stelle angemerkt, daß ein gesundes arthromuskuläres Verhältnis der Muskelstrukturen zwischen 60 und 70 Prozent liegt.

Anhand dieser Ergebnisse und der unveränderten Gesamtsituation hinsichtlich der Belastungsfähigkeit wurde eine Operation angeraten, mit dem Ziel, körperliche Schädigungen zu verhindern und die sportliche Laufbahn weiter fortzuführen.

Verlauf der Rehabilitation:

▶ 7. bis 20.10.98: Operation mit zweiwöchigen Krankenhausaufenthalt
▶ 22.10.98: Beginn der Rehabilitation und Funktionsdiagnostische Untersuchungen Behandlungsschwerpunkt: Krankengymnastik und Physiotherapie
▶ 2.11.98: Beginn der erweiterten ambulanten Physiotherapie mit dem Schwerpunkt funktionelles Muskelaufbau-, Stabilisations- und Koordinationstraining
▶ 22.12.98: Ende der Rehamaßnahme, Übergang zum sportartspezifischen Training, Leistungsdiagnostik (Abschlußtest), Erstellung des Therapieplans für das präventive Funktionstraining (PFT)
▶ 4.1.99: Beginn des Präventiven Funktionstrainings mit dem Schwerpunkt: Verbesserung der Beweglichkeit, Ausdauer, Sprungkraft, Reduktion des Kraftdefizits
▶ 13.1.99: erster Spieleinsatz (Bundesliga) mit einer Einsatzzeit von 30 Minuten (Anpassung an die Wettkampfpraxis)
▶ 19.2.99: Ende des präventiven Funktionstrainings; Therapieziel uneingeschränkte Belastungsfähigkeit erreicht, Testwerte im Rechts-Links-Vergleich weiter verbessert und stabilisiert

1 Mobilisationstraining

Therapieziele

- Schmerzreduktion
- Vorbeugung eines Entlastungssyndroms
- Verbesserung der aktiven Beweglichkeit
- Erreichen der physiologischen Beweglichkeit betroffener Wirbelsegmente
- Beseitigung von Hypermobilität in benachbarten Segmentstrukturen im Rahmen der Funktionsstabilisierung
- Steuerung von Herz-Kreislaufbelastungen

Therapiemethoden

- Physikalische Therapie: schmerzfreie Lagerung (physiologische Lordose), Stimulation gelenknaher Muskeln mit Hilfe propriozeptiver Reizmuster, Traktion im schmerzfreien Bereich, Wärme, funktionelle Massage, Elektrotherapie (Reizstrom)
- Isometrie
- Statisches Funktionstraining
- Aktive und passive Dehnung der Muskulatur, speziell der nach der Befunderhebung verkürzten Muskelgruppen
- Aktive und passive Dehnungsübungen zur funktionellen Haltungsverbesserung
- Thromboseprophylaxe
- Funktionsdiagnostik

Therapieinhalte

- Isometrische Anspannungs- und Funktionsübungen
- Übungen zur Verbesserung der aktiven Beweglichkeit
- Handfixierung
- Dehnungsübungen
- Trainingsformen zur Erhaltung konditioneller Grundeigenschaften des nichtverletzten Bereichs
- Messungen, Eingangstests

Trainingstherapiemittel

- SPOREG-Reha-Matte, Gymnastikstab, Medizinball
- Thera-Band
- SPOREG-Recovery-System
- Meß- und Diagnosesysteme (SPOREG-ASYS-System)

Therapie-/Trainingszeit

Hochleistungssportler
- Therapiezeit: 1-2 x 60-90' pro Tag
- Trainingszeit: 1-2 x 60-90' pro Tag
- Verhältnis Therapie zu Training: 1:1

Fallbeispiel: Trainingstherapie nach Bandsc...

2 Stabilisationstraining

Therapieziele

- Schmerzfreie Belastung
- Verbesserung der Elastizität der Narbe
- Segmentale Stabilisierung und neuronale Aktivierung der betroffenen Segmente
- Muskelfunktionsaufbau und Kräftigung der Rücken- und Bauchmuskulatur
- Vermeidung der Schonhaltung
- Erlernen vorgegebener Bewegungsabläufe mit stabilisierender LWS
- Bewußte Wahrnehmung
- Steuerung von Herz-Kreislaufbelastungen
- Angepaßte Trainingsbelastung nichtverletzter Bereiche
- Abbau der psychischen Hemmschwelle

Therapiemethoden

- Physikalische Therapie: schmerzfreie en-bloc-Bewegungen (Liegen, Aufrichten, Sitzen, Stehen), Innervationsübungen für differenzierte Muskelgruppen, Elektrotherapie, Wärmetherapie, Sitz- und Gangschulung (Haltungskontrolle)
- Isometrie
- Training der Propriozeption mit individuellen Standardprogrammen
- Wiederholungstraining
- Ausdauertraining
- Kraftausdauertraining
- Koordinationstraining
- Gehen auf dem Weichboden
- Bewegungsübungen (20') im Wasser (ca. 30 Grad Celsius Wassertemperatur)
- Funktionsdiagnostik

Therapieinhalte

- Isometrische Anspannungsübungen (Rumpfmuskulatur)
- Funktionsübungen zur Schulung neuer Haltungs- und Bewegungsmuster
- Verbesserung der Beweglichkeit
- Übungen zur Kräftigung der Schulter-, und oberen Rückenmuskulatur
- Dehnungsübungen (aktiv/passiv)
- Verhaltens- und Entspannungstraining, Erhaltung konditioneller Grundeigenschaften des nichtverletzten Bereichs
- Messungen, Tests

Trainingstherapiemittel

- SPOREG-Reha-Matte, Zugapparat
- Sequenztrainingsgeräte
- Pull-down
- Pezziball
- Press-back, SPOREG-Pointrunner
- Therapiekreisel, Laufband
- Oberkörper-, Fahrradergometer
- Schwimmbad
- Meß- und Diagnosesysteme (SPOREG-ASYS-System)

Therapie-/Trainingszeit

Hochleistungssportler:
- Therapiezeit: 2 x 60' pro Tag
- Trainingszeit: 2 x 90' pro Tag
- Verhältnis Therapie zu Training: 1:1,5

3 Funktionelles Muskeltraining

Therapieziele

- Schmerzfreie Belastung mit Widerstand
- Erreichen der physiologischen Beweglichkeit der Wirbelsäule
- Funktioneller Muskelaufbau
- Verbesserung der segmentalen Stabilisation und neuromuskulären Steuerung der Wirbelsäule, neurale Aktivierung betroffener Segmente
- Abbau muskulärer Dysbalancen
- Verbesserung der Koordination und Beweglichkeit
- Erlernen und Stabilisation von Alltags- und berufsspezifischen Belastungen
- Steuerung von Herz-Kreislauf-Belastungen
- Angepaßte Belastungen an nichtverletzte Bereiche
- Abbau der psychischen Hemmschwelle

Therapiemethoden

- Physikalische Therapie: PNF, Massage, Wärme-, Elektro-, Mikrowellentherapie
- Isometrie
- Koordination
- Stretching
- Training der Propriozeption mit individuellen standardisierten Belastungsprogrammen
- Training des transversospinalen Systems
- Lasertherapie
- Leistungsdiagnostik

Therapieinhalte

- Isometrisches, dynamisches Muskelfunktionstraining
- Kräftigung der Rumpf-, Schulter-, Hüft- und Gesäßmuskulatur sowie der Extremitäten (M. quadriceps femoris)
- Rotationsbewegungen (Sitz- und Standposition)
- Übungen zur Stabilisierung der Koordination und Beweglichkeit
- Üben dreidimensionaler Bewegungsmuster (intersegmentale Muskulatur)
- Übungen zur Verbesserung der Muskelkraft der Rückenstrecker
- Dehnungsübungen (aktiv/passiv)
- Simulationstraining
- Erhaltung konditioneller Grundeigenschaften des nichtverletzten Bereichs
- Messungen, Tests

Trainingstherapiemittel

- SPOREG-Reha-Matte, SPOREG-Pointrunner, Weichboden, Laufband, Sequenztrainingsgeräte, Zugapparat, Trampolin
- Therapiekreisel, Beinpresse, Pulldown, Dips, Press-back
- Pezziball
- Sportartspezifische Trainingsgeräte
- Meß- und Diagnosesysteme, SPOREG-ASYS, SPOREG-Recovery-System

Therapie-/Trainingszeit

Hochleistungssportler:
- Therapiezeit: 2 x 60' pro Tag
- Trainingszeit: 2 x 90' pro Tag
- Verhältnis Therapie zu Training: 1:1,5

Fallbeispiel: Trainingstherapie nach Bandsc...

4 Funktionelles Muskelbelastungstraining

Therapieziele

- Uneingeschränkte organische und funktionelle Belastungsfähigkeit
- Optimierung der Kraft, Schnelligkeit und Ausdauer
- Beseitigung muskulärer Dysbalancen
- Stabilisierung der Haltungskoordination
- Übergang zur sportartspezifischen Belastung und zum Teilmannschaftstraining
- Anpassungstoleranz an sportartspezifische Belastungen
- Psychische Stabilität während der Belastung

Therapiemethoden

- Physikalische Therapie: Traktionsbehandlungen, Wärmetherapie, Elektrotherapie (Interferenzstrom), Stangerbad, Schlingentisch (Becken-Bein-Aufhängung)
- Isometrie
- Dynamisches Belastungstraining
- Stretching
- Komplexes Koordinationstraining
- Apparatives und nicht apparatives Muskeltraining
- Wiederholungstraining
- Intervalltraining
- Leistungsdiagnostik

Therapieinhalte

- Isometrisches, dynamisches Muskelfunktionstraining
- Dehnungsübungen (aktiv/passiv)
- Komplexe Koordinations- und Bewegungsübungen
- Simulationstraining (Automatisierung)
- Sportartspezifisches Training
- Training der Ausdauer, Schnelligkeit, Kraft und Sprungkraft
- Training der spezifischen Sprungkraft und Antrittsschnelligkeit
- Training der motorischen Wahrnehmung
- Abschlußtest

Trainingstherapiemittel

- SPOREG-Reha-Matte, SPOREG-Pointrunner, Weichboden, Laufband
- Ergometer (Oberkörper, Extremitäten)
- Sequenztrainingsgeräte
- Zugapparat
- Trampolin, Therapiekreisel
- Beinpresse
- Sportartspezifische Trainingsgeräte
- Meß- und Diagnosesysteme, SPOREG-Asys, SPOREG-Recovery-System

Therapie-/Trainingszeit

Hochleistungssportler:
- Therapiezeit: 2 x 45' pro Tag
- Trainingszeit: 2 x 90' pro Tag
- Verhältnis Therapie zu Training: 1:2

5 Präventives Funktionstraining

Therapieziele

- Erhaltung und weitere Stabilisierung der uneingeschränkten Belastungsfähigkeit
- Erhaltung des muskulären Gleichgewichts
- Verringerung der Verletzungsanfälligkeit
- Durchführung individueller sportartspezifischer und funktioneller Trainingsprogramme
- Selbstmotivation

Therapiemethoden

- Physikalische Therapie: Abstimmung der Behandlungsmethoden entsprechend der Trainingsschwerpunkte
- Ausdauertraining
- Wiederholungstraining
- Sequenztraining
- Muskelbelastungstraining
- Sportartspezifisches Belastungstraining
- Leistungsdiagnostik

Therapieinhalte

- Individuelle Belastungs- und sportartspezifische Trainingsprogramme mit den Schwerpunkten: Ausdauer, Schnelligkeit, Kraft, Beweglichkeit, Koordination, Reaktionsfähigkeit)
- Tests nach Bedarf

Trainingstherapiemittel

- Weichboden, Trainingsgelände
- Sequenztrainingsgeräte
- Sportartspezifische Trainingsgeräte
- Meß- und Diagnosesysteme, SPOREG-Asys, SPOREG-Recovery-System

Therapie-/Trainingszeit

Hochleistungssportler:
- Therapiezeit: 45'
- Trainingszeit: 2 x 90' pro Woche als Zusatztraining zum Vereinstraining über einen Zeitraum von 6 Wochen (zeitverkürzt)

Fallbeispiel: Trainingstherapie nach Bandsc

Kommentierter Phasenverlauf

1 Mobilisationstraining — 2.11.-14.11.98

In dieser Phase wurde der Therapieplan nach der aktuellen individuellen Leistungsfähigkeit ständig verändert und zeitlich fixiert. Schwerpunkte waren die Stabilisation der Rückenstrecker und der intersegmentalen Muskelstrukturen.

2 Stabilisationstraining — 16.11.-25.11.98

Alle vorgegebenen Funktionsübungen mußten im schmerzfreien Bereich ausgeführt werden. Dabei war auf eine schmerzfreie lordosierte Sitzhaltung zu achten. Rotationsbewegungen waren zu vermeiden. Bei Einbeziehung der Schulter (Wurfarm) sollten muskelfunktionelle Aspekte einbezogen werden — unter Berücksichtigung des aktuellen Belastungsgrades.

3 Funktionelles Muskeltraining — 26.11.-10.12.98

Sämtliche vorgegebene Übungen (Einzelstruktur, Komplexbewegungen) mußten genau entsprechend der Bewegungsvorgabe absolviert werden. Dabei war besonders auf das Zusammenspiel zwischen Rumpf und Schulter bei Rotationsbewegungen zu achten. Dieser Abschnitt galt als Anpassungsphase koordinativer Funktionselemente bezogen auf die Sportart.

4 Funktionelles Muskelbelastungstraining — 11.12.-22.12.98

Belastung und Erholung wurden einander angepaßt. Neben Simulations- und sportartspezifischen Belastungen wurden Einzelabläufe (Wurf, Sprung) im Detail kontrolliert. Diesen Ergebnissen entsprechend wurden die Übergänge zum sportartspezifischen Training festgelegt. Der Sportler war nach den Trainingsbelastungen völlig beschwerdefrei

5 Präventives Funktionstraining — 4.1.-19.2.99

Dieser Abschnitt diente der Kontrolle für das handballspezifische Training und der Abstimmung zwischen Belastung und Erholung (Training/Wettkampf). Vorhandene Defizite z.B. im Reaktionsverhalten wurden beseitigt. Eine Formstabilisierung während der Spiele wurde erreicht.

Abschließende Leistungsbeurteilung

Leistungsentwicklung des Hochleistungssportlers Dimitri T. anhand relevanter Parameter nach einem Bandscheibenvorfall (L3/L4 links)

Bereich	Beginn Rehabilitation 22.10.98			Ende Rehabilitation 22.12.98			Ende PFT 19.2.99		
	re	li	%Diff.	re	li	%Diff.	re	li	%Diff.
Beweglichkeit (Neigungssensor, Grad)									
Flexion	85	–		120	–		125	–	
Extension	10	–		20	–		25	–	
Lateral-Flexion	35	15	**57**	40	350	**13**	40	40	**0**
Kraft (ASYS, isometrisch, Nm)									
Flexion	480	–		554	–		589	–	
Extension	180	–		362	–		568	–	
Lateral-Flexion	440	160	**64**	509	500	**2**	546	538	**1,5**
Ausdauer (Laufband, m/s bei 4 mmol/l Laktat)									
Stufentest (4x5 min)	Entfällt			V_{La4} = 3,61 m/s bei Puls 171			V_{La4} = 3,71 m/s bei Puls 170		
Sprungkraft (Kontaktmatte)									
CMJ (cm)	Entfällt			33			36		

Auswertung

Beweglichkeit
▶ + 32 % Flexion (= innerhalb der Mannschaftsnorm)
▶ + 60 % Extension (= innerhalb der Mannschaftsnorm)
▶ + 63 % Lateral-Flexion (= innerhalb der Mannschaftsnorm)

Kraft
▶ + 19 % Flexion (= innerhalb der Mannschaftsnorm)
▶ + 68 % Extension (= innerhalb der Mannschaftsnorm)
▶ + 70 % Lateral-Flexion (= innerhalb der Mannschaftsnorm)

Ausdauer
▶ + 8 % Leistungsverbesserung (= 10 % unter der Mannschaftsnorm)

Sprungkraft
▶ + 28 % höhere Sprungleistung (= 8 % unter der Mannschaftsnorm)

5 Die Trainingstherapie nach Schulterverletzungen

Anatomische Grundlagen

Der Schultergürtel

Der Schultergürtel wird vom Schulterblatt (Scapula) dem Schlüsselbein (Clavicula) und dem Brustbein (Sternum) gebildet. Als bewegliches Bindeglied stellt er die Verbindung zwischen Arm und Rumpf her (Abb. 61). Der Schultergürtel fixiert das Schultergelenk am Rumpf. Am Schultergürtel wird in ein inneres (Art. Sternoclavicularis) und äußeres Schlüsselbeingelenk (Art. Acromioclavicularis) unterschieden. Über das innere Schlüsselbeingelenk wird die einzige knöcherne Verbindung zwischen Schultergürtel und Rumpf hergestellt. Gleichzeitig stützt dieses Gelenk den Schultergürtel gegen den Thorax ab. Die Beweglichkeit dieses Gelenkes ist durch straffe Bandstrukturen begrenzt. Das gleiche trifft auch auf das äußere Schlüsselbeingelenk zu.

Muskulatur des Schultergürtels

Bei den meisten Bewegungen im Schulterbereich kommt es zu Wechselwirkungen zwischen arbeitenden (kontrahierenden) und sich entspannenden Muskeln, um einen möglichst großen Bewegungsspielraum zu erzielen. Die folgenden Muskeln beeinflussen das System des Schultergürtels:

▶ M. trapezius (Kapuzenmuskel)

Der M. trapezius hat seinen Ansatz im Bereich Schlüsselbein und der Schulterblattgräte (spina scapulae). Aufgrund unterschiedlicher Verlaufsrichtungen bezogen auf die Faserstruktur wird in einen oberen, mittleren und unteren Anteil dieses Muskels unterschieden. Der obere Teil unterstützt die Drehung des Schulterblattes und zieht die Schultern nach oben. Eine wichtige Rolle spielt er deshalb bei Zug-

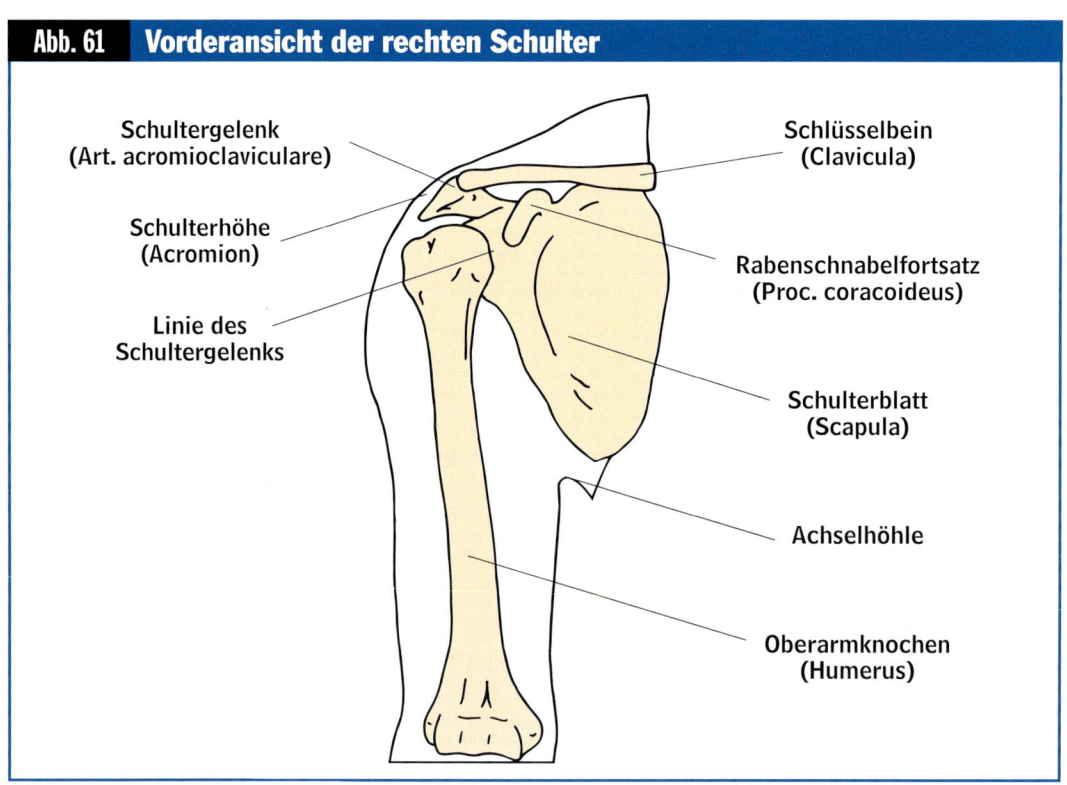

Abb. 61 Vorderansicht der rechten Schulter

und Hebebewegungen, wie sie beispielsweise beim Gewichtheben auftreten.

Der mittlere (querverlaufende) Teil nähert die Schulterblätter der Wirbelsäule an, der untere Teil unterstützt die Schulterblattdrehung. In Stützfunktion stabilisiert er im Zusammenspiel mit anderen Muskeln den Rumpf.

Der M. trapezius wird selten in seiner Gesamtfunktion beansprucht. Entsprechend der Bewegungsstrukturen arbeiten die verschiedenen Anteile auch mit anderen Muskeln zusammen.

▶ M. rhomboideus major (großer Rautenmuskel)
▶ M. rhomboideus minor (kleiner Rautenmuskel)

Beide Muskeln haben ihren Ansatz am medialen Rand des Schulterblattes und ziehen dieses nach oben zur Wirbelsäule.

▶ M. levator scapulae (Schulterblattheber)

Dieser Muskel hat die Funktion, das Schulterblatt nach oben zur Wirbelsäule zu ziehen, und arbeitet stets mit anderen Muskeln zusammen.

▶ M. serratus anterior (vorderer Sägemuskel)

Der obere Anteil dieses Muskels wirkt als Heber des Schulterblattes. Der untere Anteil ist für die Schulterblattdrehung verantwortlich. Dabei wird der untere Schulterblattwinkel nach vorne gezogen und ermöglicht somit das Heben des Armes.

▶ M. pectoralis minor (kleiner Brustmuskel)

Dieser Muskel senkt den Schultergürtel und kann bei Fixierung das Anheben der Rippen unterstützen. Er entspringt am vorderen Teil der zweiten bis fünften Rippe.

Das Schultergelenk

Das Schultergelenk ist ein Kugelgelenk und wird von einer losen Kapsel umschlossen. Die Kapsel ist über die Vorderseite der Schulter durch Bänder stabilisiert und wird durch die Sehnen, die das Gelenk an Rück-, Vorder- und Oberseite kreuzen, besonders geschützt. Zwischen den Sehnen und der Gelenkstruktur befinden sich zahlreiche Schleimbeutel, die reibungsfreie Bewegungen garantieren. Das Schultergelenk liegt zwischen der Seite des Schulterblattes (Scapula) und dem Kopf des Oberarmknochens (Humerus). Der Kopf des Oberarmknochens hat die Form einer Halbkugel und paßt somit in die gegenüberliegende Vertiefung an der Seite des Schulterblattes. Am oberen Rand des Schulterblattes befindet sich ein Knochenbogen, der strukturell vom Schultergelenk getrennt, aber funktionell mit ihm verbunden ist. Am Ende der Schulterblattgräte, der Knochenleiste, befindet sich das Acromion. Dieses ist auf der Schulter tastbar und schließt sich an das Ende des Schlüsselbeines genau über der Vorderseite der Schulter an.

Muskulatur des Schultergelenks

▶ M. latissimus dorsi (breiter Rückenmuskel)

Dieser Muskel ist einer der größten Flächenmuskeln und bedeckt zusammen mit dem M. trapezius fast die gesamte Rückenstruktur. Er dreht den herabhängenden Arm nach innen mit entsprechendem Zug nach hinten. Befindet sich der Arm in der Seithalte, so wird dieser adduziert, bei fixierten Armen wird der Rumpf armwärts gezogen (etwa bei Klimmzügen). Ebenso spielt dieser Muskel bei allen Schlagwurfbewegungen eine große Rolle, da der Arm mit entsprechendem Krafteinsatz gesenkt wird.

▶ M. pectoralis major (großer Brustmuskel)

Der Ansatz dieses Muskels liegt an der Leiste des großen Oberarmhöckers (Crista tuberculi majoris humeri). Ausgehend von der Faserstruktur (absteigende, aufsteigende und querverlaufende Fasern) ist die Wirkung dieser Teilbereiche unterschiedlich. Nur bei Senkung des Armes aus der Position der Hochhalte (z.B. Speerwurf) arbeitet der Muskel mit seinen entsprechenden Anteilen gleichzeitig. Der M. pectoralis major hat eine hohe Dehnfähigkeit, die vorhandenen Faserlängenunterschiede werden durch das Überkreuzen der Ansatzsehnen ausgeglichen.

▶ M. deltoideus (Deltamuskel)

Mit seinen verschiedenen Anteilen entspringt er am Schlüsselbein, der Schulterhöhe und der Schulterblattgräte. Er ist der vielseitigste Muskel für das Schultergelenk und vereinigt ein System von Synergisten und Antagonisten. Er ist an allen Bewegungen im Schultergelenk beteiligt und ist verantwortlich für die Stabilisierung des Gelenkes. Der vordere Anteil hat innenrotierende, der hintere außenrotierende Wirkung.

▶ M. supraspinatus (Obergrätenmuskel)

Dieser Muskel setzt am großen Oberarmbeinhöcker (Tuberculum majus humeri) der oberen Facette an. Er abduziert den Arm und unterstützt dabei den M. deltoideus

▶ M. infraspinatus (Untergrätenmuskel)

Der Ansatz liegt am großen Oberarmbeinhöcker (mittlere Facette). Er abduziert mit den oberen Faseranteilen den Arm, mit den unteren erfolgt die Ad-

5 Die Trainingstherapie nach Schulterverletzungen

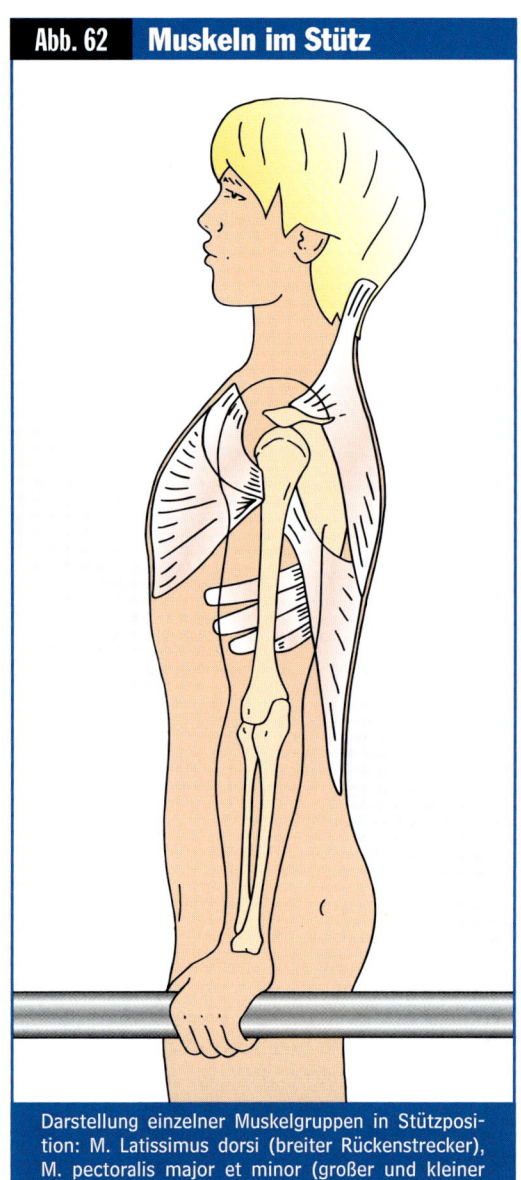

Abb. 62 Muskeln im Stütz

Darstellung einzelner Muskelgruppen in Stützposition: M. Latissimus dorsi (breiter Rückenstrecker), M. pectoralis major et minor (großer und kleiner Brustmuskel), M. serratus anterior (vorderer Sägemuskel), M. trapezius (Kapuzenmuskel).

duktion. Dieser Muskel hat eine starke außenrotatorische Kraftentwicklung, die bei Ausholbewegungen (z.B. bei Würfen) zur Wirkung kommt.
▶ M. teres minor (kleiner Rundmuskel)
Dieser Muskel setzt am großen Oberarmbeinhöcker (untere Facette) an. Er adduziert den Oberarm und zieht den erhobenen Arm nach unten hinten.

▶ M. teres major (großer Rundmuskel)
Der Ansatz liegt im Bereich der Kleinhöckerleiste des Oberarmbeins (Crista tuberculi minoris humeri). Dieser Muskel adduziert den Arm, rollt ihn nach innen und zieht den erhobenen Arm nach unten hinten (Wurfbewegungen, Kraulen u.a.).
▶ M. subscapularis (Unterschulterblattmuskel)
Dieser Muskel setzt am kleinen Oberarmbeinhöcker an. Er zieht den angehobenen Arm nach unten und adduziert ihn mit seinen unteren Faseranteilen. Durch die oberen Anteile wird der Arm abduziert. Während des Gehens unterstützt er die Pendelbewegung.
▶ M. coracobrachialis (Hakenarmmuskel)
Der Ansatz liegt am proximalen Oberarmbein. Der Muskel adduziert den angehobenen Arm mit einer Einwärtsdrehung. Er trägt zur Fixation des Schultergürtels bei.
▶ M. biceps brachii (zweiköpfiger Armmuskel)
Mit dem langen Kopf erfolgt die Funktion aus der Tiefhalte in Form von Abduktion und mit seinem kurzen Kopf wird die Adduktion eingeleitet. Des weiteren stabilisiert er das Schultergelenk.
▶ M. triceps brachii (dreiköpfiger Armmuskel)
Sein langer Kopf zieht den Arm aus Hoch- und Vorhalte in die Tief- und Rückhalte. Solche Bewegungen treten bei den Wurfdisziplinen sowie beim Skilanglauf auf. Bei diesen Bewegungen sind aber stets auch andere Muskeln beteiligt.

Biomechanik und Funktionen der Schulter

Die Schulter ist das beweglichste komplexe Gelenksystem des menschlichen Körpers (Tab. 25). An ihr sind die Arme befestigt. Somit bildet die Schulter die Basis der oberen Extremität als Greiforgan. Dabei können die Arme nach vorn, nach hinten, zur Seite und über den Kopf angehoben werden. Durch eine Drehbewegung ist es weiterhin möglich, die Hände hinter den Kopf und Rücken zu legen. Durch das Zusammenwirken aller möglichen Gelenkbewegungen können volle Schwingbewegungen wie z.B. Armkreisen vor- und rückwärts durchgeführt werden.
Während solcher Bewegungen arbeiten die jeweils beteiligten Muskeln in einem komplexen System zusammen, wobei es zu Wechselwirkungen zwischen Kontraktion und Muskelspannungen kommt.
Zu den Armbewegungen und dem mit diesen verbun-

Tab. 25 Bewegungsmöglichkeiten im Schultergelenk	
Bewegung	**Ausführende Muskeln**
Anteversion	Deltamuskel, großer Brustmuskel, Hakenarmmuskel, Obergrätenmuskel
Retroversion	Deltamuskel, breiter Rückenmuskel, großer Rundmuskel
Abduktion	Deltamuskel, Obergrätenmuskel
Adduktion	Deltamuskel, großer Brustmuskel, breiter Rückenmuskel, großer Rundmuskel, Hakenarmmuskel
Innenrotation	Deltamuskel, Unterschulterblattmuskel, Hakenarmmuskel, großer Brustmuskel, breiter Rückenmuskel, großer Rundmuskel
Außenrotation	Deltamuskel, Untergrätenmuskel, kleiner Rundmuskel

Übersicht über die Bewegungsmöglichkeiten im Schultergelenk und die daran beteiligte Muskulatur (vgl. TITTEL 1982)

denen Funktionsmechanismus des Schultergelenkes gehört das Verhältnis von Schulterblatt zur Rippenrückseite, sowie wichtige Bewegungen in den Gelenken zwischen Schlüsselbein, Brustbein und den beiden Endstücken des Acromions. Die Kombination von Kraft und Beweglichkeit ermöglichen Stoß-, Wurf- und Schlagbewegungen, wie beispielsweise beim Kugelstoßen oder in den Sportspielen Handball und Volleyball. Im Tennis treten bei den Aufschlägen und den Schmetterschlägen komplexe Gelenkbewegungen auf, da der Arm eine volle Kreisbewegung ausführt. In den Kampfsportarten ermöglicht die Schulterbeweglichkeit verschiedene Griffvarianten bei Zug- und Stoßbewegungen (Judo, Ringen u.a.) und sehr schnelle Schlagbewegungen (Kombinationen) wie etwa beim Boxen.

Die Schulter kann stark divergierenden Kräften entgegentreten. Solche Druckkräfte treten im Turnen (Reck, Ringe) auf, wobei aufgrund des Zuges durch das Körpergewicht und der Wirkung der Schwerkraft die Schultern auseinander gezogen werden. Die Schultern können außerdem starken kompressiven Kräften entgegenwirken. Dies zeigt sich beim Gewichtheben, wenn die Lasten über den Kopf angehoben werden.

Funktion der Rotatorenmanschette
Dem Schultergelenk fehlt es an einer ausreichenden knöchernen Fixierung. Statt dessen sind für die Stabilität die Gelenkkapsel, die Bänder und die dazugehörige Muskulatur verantwortlich. Bei angehobenem Arm gibt es einen kleinen Kontaktbereich zwischen Humerus (Oberarmknochen) und dem Schultergelenk. Eine weitere Stabilisierung wird dadurch erzielt, daß der Humerus mit Hilfe des M. supraspinatus (Obergrätenmuskel) in der Schultergelenkkapsel gehalten wird und somit auch das Schulterblatt in Rotationsbewegungen gebracht werden kann. Unabhängig von der Ausgangsposition des Armes befindet sich dabei die Cavitas glenoidalis (flache Gelenkpfanne des Schulterblatts) in einer stabilen Position und stützt den Humeruskopf während der Bewegungsdurchführung.

Die Belastung der Schulter in den Sportspielen am Beispiel Handball

In den Sportspielen hat in den letzten Jahren die Dynamik in bezug auf Schnelligkeit im Spiel und das resolute Ausnutzen von Chancen zugenommen. Damit verbunden sind auch Risiken im Zweikampfverhalten (Aggressivität) und möglicherweise auch die Zunahme der Verletzungsanfälligkeit. Verletzungen sind nicht in jedem Fall zu umgehen. Anderseits ergeben sich Möglichkeiten einer präventiven Vorsorge in bezug auf ein entsprechendes Trainings- und Therapiekonzept. Wichtig ist in diesem Zusammenhang eine Analyse der Ablaufsituation beim Wurf sowie entsprechende Hinweise auf eine richtige Körperausrichtung (Timing). Deshalb hat die athletische Grundausbildung in Verbindung mit sportartspezifischen Voraussetzungen eine weitere wichtige Funktion.

Bei 75 Prozent aller Wurfsportarten ist als Verletzungsbild die obere Extremität betroffen. Dabei ist die Schulter am häufigsten involviert. Folgende Verletzungen treten am häufigsten auf:
– Läsionen der Rotatorenmanschette (einschließlich Impingement-Syndrom und Muskelrissen),
– Subluxationen,
– Risse des labrum gleonidale,
– Verletzungen im Bereich des Acromioclaviculargelenks,
– Muskelverletzungen (-überdehnungen),
– Sprengung der proximalen Humerusepiphyse,
– Gefäßverletzungen.

Beim Wurfvorgang wird in 5 Phasen unterschieden
– Aufziehphase (wind-up-phase),
– Spannphase (cocking-phase),
– Beschleunigungsphase (acceleration-phase),
– Freisetzungs- und Verzögerungsphase (release and deceleration phase),
– Nachziehphase (follow-through phase),
(vgl. MARONE P.J. 1993, S. 27-30; Tab. 26)

Diese Phasen, die mit den einzelnen Belastungskomponenten für die Sportart Baseball untersucht wurden, sind in ihrer Struktur auch auf die Sportart Handball übertragbar. Allerdings muß hierbei der Sprungwurf als Wurfart besondere Berücksichtigung finden. Der Wurfvorgang wird in die einzelnen Komponenten unterteilt, um die Vorwärtsbewegung des Armes kontrollieren zu können (vgl. Tab. 26). Dafür ist die entsprechende Positionierung der Skapula, des Oberarms, von großer Bedeutung. Für das Anheben der Schulter sorgt der M. deltoideus, während für den Kontrollmechanismus und die Feinsteuerung der Positionierung die Rotatorenmanschette verantwortlich ist. Vor der Vorwärtsbewegung des Armes in Verbindung mit dem Ball wird die Gelenkkapsel aufgedehnt. Die Skapula wird am Thorax mit Hilfe des M. serratus fixiert und stabilisiert so das Schultergelenk.

Der M. latissimus dorsi und der M. pectoralis major sind verantwortlich für die Kraft und steuern die Beschleunigungs- und Nachziehphase. Für die Beugung des Ellbogengelenkes in der Nachziehphase sowie für Verzögerungen des Wurfvorganges durch den Unterarm sorgen der M. triceps und M. biceps brachii. Von der Beschleunigungs- bis zur Nachziehphase ist für diese Bewegung des Unterarms der M. triceps brachii verantwortlich.

Tab. 26	Am Wurf beteiligte Muskeln
Phase	Beteiligte Muskeln
Spannphase	M. deltoideus, M. supraspinatus, M. infraspinatus
Beschleunigungsphase	M. subscapularis, M. pectoralis major, M. latissimus dorsi, M teres major
Nachziehphase	M. latissiumus dorsi, M. supraspinatus, M. infraspinatus, M. teres major

Auflistung der an den verschiedenen Phasen des Wurfvorgangs beteiligten Muskeln (vgl. MARONE 1993, 30)

Hinsichtlich der beteiligten Muskeln und deren Zusammenspiel während der Wurfbelastung müssen diese Strukturen intensiv und abgestimmt auf das sportartspezifische Leistungsprofil trainiert werden. Dies ist nur möglich, wenn in verschiedenen Etappen wie etwa in der Vorbereitung auf die Wettkampfsaison individuelle leistungsdiagnostische Tests absolviert werden, um eine Gesamteinschätzung für das Kraft, Ausdauer, Schnellkraftverhalten und die Beweglichkeit vorzunehmen. Gleichzeitig werden dabei im Links-Rechts-Vergleich unter dem Aspekt Wurfarm die Muskelfunktionen zum Normwert der entsprechenden Leistungskomponenten relativiert und, wenn notwendig, über ein individuelles Trainingsprogramm oder Präventivtrainingsprogramm zielgerichtet gesteuert. Somit werden die Grundlagen geschaffen, um Verletzungen vorzubeugen, wobei das Muskelsystem als Kontrollorgan eine entscheidende Funktion übernimmt. Einseitige strukturelle Ausprägungen (Dysbalancen) werden auf diese Weise vermieden und gleichzeitig ein Höchstmaß an Kompensation im Links-Rechts-Vergleich geschaffen. Ein weiterer positiver Effekt dieses Ausgleichstrainings ist eine Verminderung von Verschleißerscheinungen bezogen auf die Gelenkstrukturen. So wird es möglich, die aktive Laufbahn ohne größere Verletzungsanfälligkeit und mit den entsprechenden Ausfallzeiten zu überstehen.

Verletzungen

Die Funktionsfähigkeit des Schultergürtels und des Schultergelenkes ist in den meisten Sportarten von großer Bedeutung. Von ihr ist die Bewegung und deren Ausmaß für die obere Extremität abhängig. Sportverletzungen betreffen dabei direkt oder indirekt die Muskulatur sowie Knochen- und Gelenkstrukturen des Schultergürtels. Zum Beispiel führen direkte Traumen wie Sturz- und Schlageinwirkungen zu Frakturen von Schulterblatt bzw. Schlüsselbein oder sprengen die Schlüsselbeingelenke (vgl. Abb. 63).

Frakturen

Bei Frakturen entfallen etwa 45 Prozent auf den Schultergürtel. Dabei treten Claviculafrakturen am häufigsten in diesem Bereich auf. Zum Beispiel ist in der Sportart Eishockey die Einwirkung durch den Gegenspieler (z.B. Bodycheck, Bandencheck) die häufigste Ursache für Frakturen. Bei professionellen Eishockeyspielern zeigen sich oft posttraumatische Veränderungen am distalen Ende der Clavicula. Die bei der Röntgenaufnahme festgestellten Anomalien umfassen eine Erweiterung des Akromioclaviculargelenks, nicht verbundene Frakturfragmente und eine überschießende Kallusbildung. Die meisten Frakturen heilen mit der Zeit aus, allerdings ist bei einigen Frakturen ein operativer Eingriff notwendig. Dies ist dann der Fall, wenn die Fraktur am lateralen Claviculaende lokalisiert ist.

Die Behandlungsmöglichkeiten reichen von einer einfachen Schlinge, dem Rucksackverband bis hin zum Gipsverband als vollständige Immobilisation. Der sich anschließende Übergang zur Rehabilitation ist inhaltlich gekennzeichnet durch die Anwendung manueller Techniken, einen mit koordinativen Elementen verbundenen Muskelfunktionsaufbau mit koordinativen Elementen bis hin zu Simulationstechniken bezogen auf die jeweilige Sportart.

Luxationen

Luxationen sind häufige Sportverletzungen, wobei die vordere Luxation als Verletzungstyp schwerpunktmäßig auftritt. Sportarten wie Basketball, Eishockey und Handball sind davon in besonderer Weise betroffen. Die Behandlung erfolgt durch Reposition mit anschließender Immobilisierung bis zum Zeitpunkt der Schmerzfreiheit. Danach wird sofort mit isometrischen Funktionsübungen begonnen. Nach einem Zeitraum von etwa 4 Wochen können Bewegungen oberhalb der Schulterebene wieder durchgeführt werden.

Bei der Betrachtung von Verletzungsursachen wird zwischen traumatischen, habituellen und rezidivierenden Luxationen unterschieden.

Traumatische Luxationen:
Sie entstehen durch direkte bzw. indirekte Gewalteinwirkung und gehen meistens mit einer Zerreißung von Kapsel-Band-Strukturen einher.

Rezidivierende Luxation:
Hierbei handelt es sich um wiederkehrende Verrenkungen nach einer traumatisch bedingten Erstluxation.

Habituelle Luxation:
Bei dieser Luxationsart spielt die individuelle körperliche Konstitution eine erhebliche Rolle. Meistens werden diese Luxationen durch unphysiologische Muskelaktionen hervorgerufen.

Schulterinstabilität

Aufgrund einer Luxation kann es zu einer Schulterinstabilität kommen, welche zu wiederkehrenden ventralen oder dorsalen Subluxationen führen kann. Diese gehen meistens mit Muskelschwäche bzw. Dysbalancen innerhalb des Schulterbereiches einher. Die Ursache hierfür liegt in einer Insuffizienz des Kapsel-Band-Apparates oder einem Mißverhältnis zwischen Oberarmkopf und Gelenkpfanne.

5 Die Trainingstherapie nach Schulterverletzungen

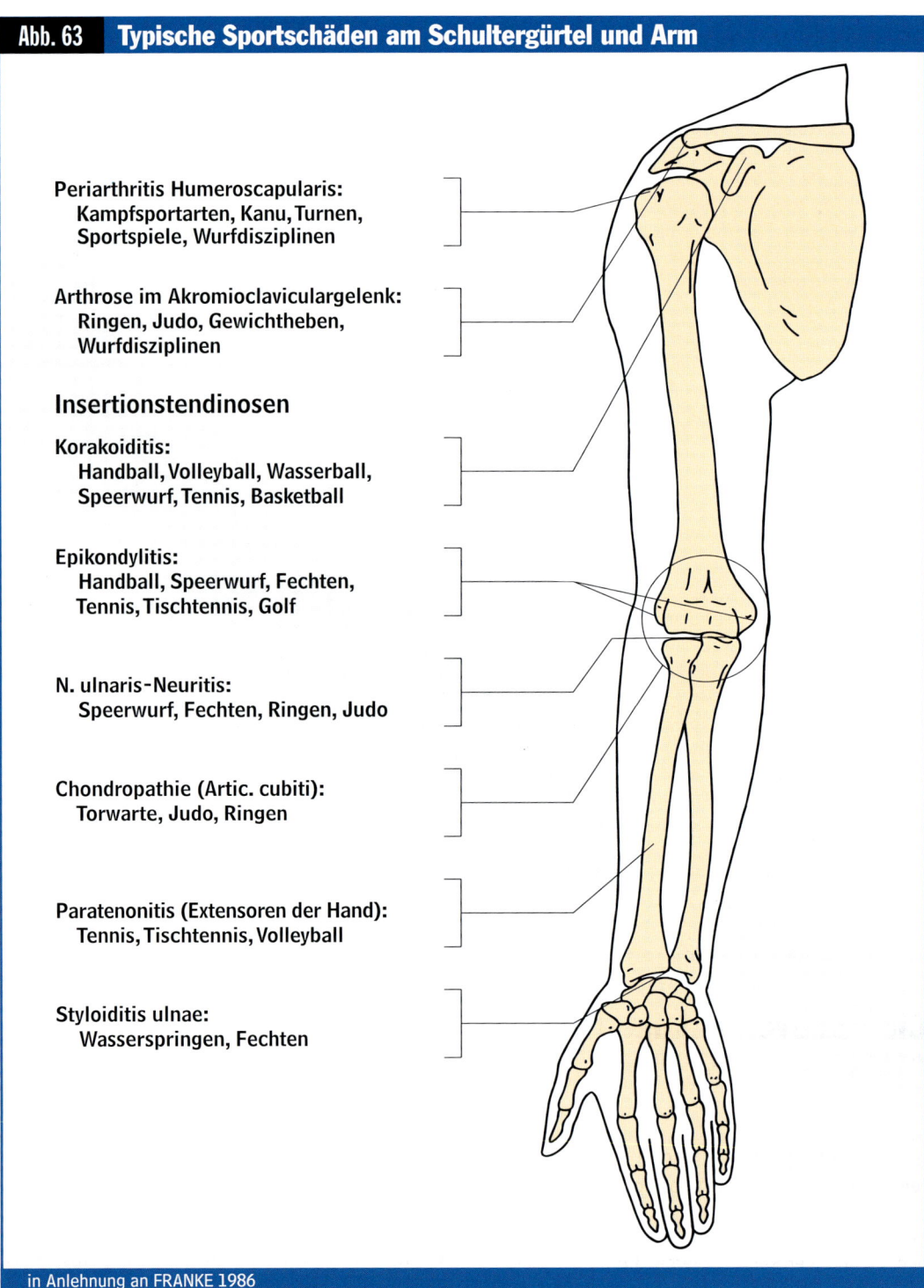

Abb. 63 Typische Sportschäden am Schultergürtel und Arm

Periarthritis Humeroscapularis:
  Kampfsportarten, Kanu, Turnen, Sportspiele, Wurfdisziplinen

Arthrose im Akromioclaviculargelenk:
  Ringen, Judo, Gewichtheben, Wurfdisziplinen

Insertionstendinosen

Korakoiditis:
  Handball, Volleyball, Wasserball, Speerwurf, Tennis, Basketball

Epikondylitis:
  Handball, Speerwurf, Fechten, Tennis, Tischtennis, Golf

N. ulnaris-Neuritis:
  Speerwurf, Fechten, Ringen, Judo

Chondropathie (Artic. cubiti):
  Torwarte, Judo, Ringen

Paratenonitis (Extensoren der Hand):
  Tennis, Tischtennis, Volleyball

Styloiditis ulnae:
  Wasserspringen, Fechten

in Anlehnung an FRANKE 1986

Bei den Instabilitätsmomenten wird unterschieden in:
– ventrale Instabilität
– dorsale Instabilität
– multidirektionale Instabilität

Ventrale Instabilität
Bei diesem Verletzungsbild sollte mit Hilfe einer konservativen Therapie versucht werden, durch gezieltes Muskelfunktionstraining den M. subscapularis zu stärken und diesen somit zu stabilisieren. Eine Indikation zur Operation ergibt sich aus einem entsprechenden Aktivitätszustand des Patienten. Handelt es sich um Sportler, sollte zu einer Operation geraten werden, da eine Besserung ohne operative Fixierung nicht zu erwarten ist.

Dorsale Instabilität
Bei jüngeren Patienten besteht die Indikation zu einem operativen Eingriff, damit unmittelbar danach wieder sportliche Belastungen aufgenommen werden können. Die Operationsmethode nach Baukart, bei der durch einen Fascialata-Streifen die dorsale Kapsel verstärkt wird, hilft dem Patienten, sein Belastungsprofil wiederzuerlangen. Bei einer anderen Methode nach Putti-Platt wird die Kapsel dorsal gerafft und transossär fixiert.

Multdirektionale Instabilität
Bei der multidirektionalen Instabilität zeigten sich eine erhöhte anteriore oder posteriore Gelenklaxität. Die Behandlung dieser Instabilität ist mit Hilfe eines konservativen Therapieprogrammes möglich, das darauf abzielt, den Muskeltonus im Schulterbereich wieder herzustellen. Eine operative Indikation besteht nur in Ausnahmefällen, wenn Luxationen wiederholt auftreten.

Claviculaverletzungen (Schlüsselbeinfrakturen)

Schlüsselbeinfrakturen treten größtenteils im mittleren Drittel (80%) auf. Bei der Mehrzahl dieser Frakturen ist eine geschlossene Reposition möglich. Hierbei werden die Arme und Schultern angehoben und ausgestreckt. Zur Immobilisation kommen der Schlingenverband, der Rucksackverband oder ein Gipsverband zur Anwendung. Die Immobilisierung umfaßt einen Zeitraum von 3 bis 4 Wochen. Danach beginnen sofort physiotherapeutische Maßnahmen in Verbindung mit aktiven isometrischen Übungsformen und einer sich anschließenden komplexen Reha-Therapie.

Tab. 27

Sportart	Verletzungen der Schulter
American Football	41,0 %
Eishockey	21,9 %
Volleyball	23,0 %
Judo	22,1 %
Ringen	16,0 %
Handball	9,2 %

Verletzungen im Schulterbereich dargestellt an ausgewählten Sportarten

Akromioclaviculargelenk

Das Akromioclaviculargelenk (AC) ist für die funktionelle Mechanik des Schultergürtels von großer Bedeutung. Zusammen mit dem Sternoklavikulargelenk mit 60° trägt es zu einer möglichen 180° Abduktion des Armes bei. Größe und Form der Gelenkflächen reichen nicht für eine ausreichende Gelenkstabilität aus. Die trotzdem vorhandene Stabilität ist auf die Funktion des Band- und Muskelapparates zurückzuführen.
Verletzungen im Bereich des Schultergelenkes treten bei Sportunfällen häufig durch direkte Traumen auf. Zur Beurteilung des Schweregrades einer AC-Gelenkverletzung wird eine Einteilung nach TOSSY (1963) wie folgt vorgenommen:
– TOSSY I: AC-Gelenk-Prellung ohne wesentliche Kapsel-Band-Läsion
– TOSSY II: Subluxation mit Zerreißung der akromioclavicularen Bänder
– TOSSY III: Luxation mit zusätzlicher Zerreißung der korakoclaviculären Bänder

Der auftretende Schmerz als primäres Symptom ist an der Oberseite der Schulter lokalisiert. Dabei ist die Beweglichkeit in der Schulter eingeschränkt. Diese Einschränkung ist vom Grad der Bandläsion abhängig. Beispielsweise ist bei Tossy I die Beweglichkeit noch vollständig vorhanden, in der Bewegungsschnelligkeit jedoch verlangsamt und am Ende der Bewegung mit Schmerzen verbunden. Bei Tossy III ist eine Bewegung der Schulter dagegen nicht mehr möglich. Die Clavicula ist sichtbar nach superior disloziert.

Untersuchungen von COX (1981) bei 164 dieser Verletzungen zeigen folgende Ergebnisse:
Vom Verletzungsgrad Typ I lagen 99, vom Typ II 52 und vom Typ III 13 Verletzungen vor. Bei einer Nachuntersuchung ergab sich, daß bei Typ I 36 Prozent, bei Typ II 48 Prozent und bei Typ III 69 Prozent der Fälle weiterhin Beschwerden vorhanden waren.

Er stellte daraufhin fest, daß bei akuten Verletzungen des Akromioclaviculargelenks eine sofortige Therapie mit einer entsprechenden Rehabilitation indiziert ist. Bei Kraftmessungen nach solchen Verletzungen stellten WALSH und Mitarbeiter (1985) fest, daß unter dem Aspekt der objektiven Kraft die konservative Therapie von Typ III-Verletzungen ebenso wirksam ist wie operative Behandlungen. Dies bestätigt COX (1981) im Rahmen von Vergleichen aktueller Therapieverfahren bei Verletzungen im Akromioclaviculargelenk. Seine Schlußfolgerung lautet, daß die derzeit bevorzugte Therapie bei komplikationsfreien kompletten Luxationen (Typ III Läsion) die konservative Therapieform ist. Dabei wird in der Regel eine symptomatische Behandlung vorgezogen und nicht die Reposition und Immobilisierung. Die Aussagen der Untersuchung von 1981 wurden also revidiert.

Verletzungen der Rotatorenmanschette

Verletzungen im Bereich der Rotatorenmanschette haben ihre Ursachen in degenerativen Veränderungen und mechanischer Überlastung. Diese Verletzungen sind altersabhängig und treten mit zunehmendem Alter häufiger auf. Nach ROWE (1988) werden Verletzungen der Rotatorenmanschette in vier Schweregrade unterteilt:
– Grad I: Längs- oder Querriß bis zu 1cm
– Grad II: Kombination von Quer- und Längsriß bis zu 3 cm
– Grad III: Kompletter Riß mit Defekt von 3 cm und größerem Ausmaß
– Grad IV: Defektnachweis von mehr als 5 cm

Hauptursache für Schädigungen im Bereich der Rotatorenmanschette sind degenerative Veränderungen oder auch Folgeerscheinungen von Luxationen oder anderen traumatischen Verletzungen.

Degenerative Vorschädigungen treten durch Überlastung und falsches Krafttraining auf, wobei es im Bereich der Rotatorenmanschette zu Einrissen kommen kann. Dagegen treten traumatisch bedingte Rupturen meistens durch Sturz bei ausgestrecktem Arm auf. Die Rehabilitation nach einer Rotatorenmanschettenruptur ist abhängig von der genauen diagnostischen Kenntnis und der Lokalisation. Ist bei einer solchen Verletzung auch der M. supraspinatus betroffen, treten teilweise Komplikationen und zeitliche Verschiebungen im Heilungsverlauf auf. Verletzungen anderer Muskel- oder Sehnenanteile verlaufen in den meisten Fällen komplikationsloser und zeitlich präziser.

Eine Ruptur der Rotatorenmanschette kann durch eine operative wie auch konservative Therapie erfolgen. Allerdings muß hierbei anhand der Diagnostik und der Ausgangssituation (Sportler/Nichtsportler) unterschieden werden.

HAWKINS und Mitarbeiter (1988) berichten, daß bei 53 Patienten durch eine konservative Behandlung eine Erfolgsquote von 87 Prozent erzielt werden konnte.

Unsere Erfahrungen bei solchen Verletzungsbildern zeigen, daß bei konservativer Behandlung über einen Zeitraum von etwa 10 Wochen mit einer Erfolgsrate von 90 Prozent gerechnet werden kann. Die Messung der isometrischen Maximalkraft im Rechts-Links-Vergleich der oberen Extremitäten zeigt eine Differenz zwischen 15 und 20 Prozent am Ende der Rehabilitation. Kompensationsmechanismen werden durch den Schultergürtel koordinativ ausgeglichen.

Impingement-Syndrom

Werden Bandapparat und Muskulatur in den Wurfdisziplinen und Sportspielen wie beispielsweise Handball solchen Faktoren wie erhöhter Außenrotation, unterschiedlichen Geschwindigkeitsverläufen, schnellen Wiederholungen und spezifischen Kraftmomenten ausgesetzt, kommt es zu einer Überbeanspruchung und zu Instabilitätsmomenten. Dabei kann es zu einer Störung des Gleichgewichts zwischen funktioneller Mobilität und funktioneller Stabilität kommen. In diesem Zusammenhang ist es wichtig zu wissen, daß Impingement-Syndrom und Instabilität nicht zwei unterschiedliche Krankheitsbilder darstellen, sondern ein Kontinuum von Schulterdysfunktionen sind.

Bei einem Impingement (vgl. Abb. 64) treten Schmerzen oberhalb des Akromions und/oder Tuberculum majus mit einem schmerzbehafteten Abduktionsbogen auf. Weiterhin zeigen sich beim Liegen auf der betroffen Schulter Schmerzen in der Ruheposition und subakromiale Provokationsschmerzen bei einer aktiven oder passiven Abduktion zwischen 60 bis 120 Grad. JOBE und Mitarbeiter (1990) unterscheiden im Bereich von anterioren Schulterschmerzen vier Gruppen:
– Gruppe I: Reines und isoliertes Impingement
– Gruppe II: Impingementsymptome mit gleichzeitiger Instabilität aufgrund chronischer Mikrotraumen
– Gruppe III: Impingement-Symptome und auf eine Hyperlaxität zurückzuführende Instabilität des Schultergelenks
– Gruppe IV: Isolierte Instabilität durch ein stumpfes Trauma (traumatische vordere Schulterluxation)

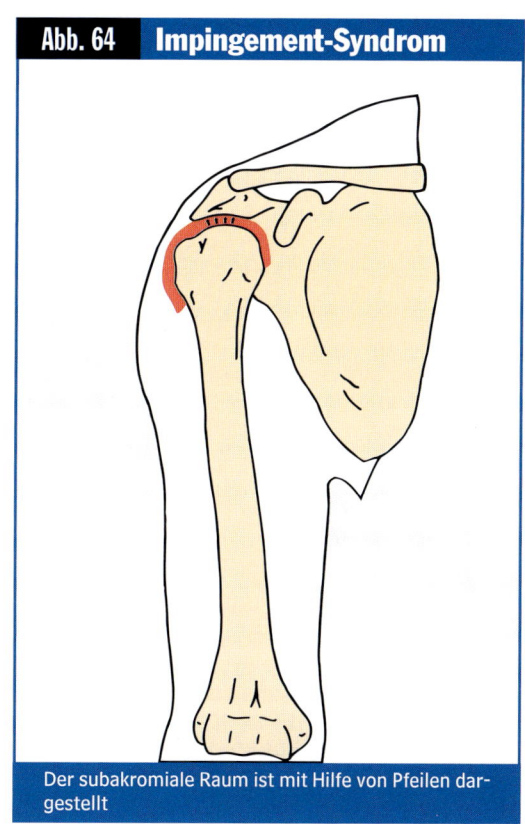

Abb. 64 Impingement-Syndrom

Der subakromiale Raum ist mit Hilfe von Pfeilen dargestellt

Treten bei Sportlern von Wurfdisziplinen oder bei Handballern Impingement-Symptome auf, besteht die anschließende Therapie aus einem speziellen Übungsprogramm zur funktionellen Muskelstabilisation und der Verbesserung der Muskelkraft. Hierbei besteht das Ziel in der Kräftigung der Skapularotatoren, der Rotatorenmanschette und der entsprechenden Positionierungsmuskulatur bei gleichzeitiger Maximierung spezifischer Bewegungsformen. Nach der funktionellen Kräftigung der Muskulatur werden die einzelnen Muskeln und deren Struktur so trainiert, daß die betreffende Sportart ohne Einschränkung wieder ausgeführt werden kann.

Operative Eingriffe sind bei Therapieresistenz indiziert.

Fallbeispiel: Trainingstherapie nach Schulter...

Die Verletzung

Schulterverletzung (Akromioclaviculargelenk)

Während eines Punktspiels im Eishockey (DEL) am 11.09.1998 erlitt der Spieler Kenneth Q. in einem Zweikampf bei einem "Bandencheck" eine Schulterverletzung. Der Spieler verspürte sofort starke Schmerzen in der linken Schulter und beendete das Spiel. Als erste Maßnahme wurde eine Eisbehandlung an der linken Schulter durchgeführt. Am gleichen Tag führte der Mannschaftsarzt eine differenzierte Untersuchung durch. Die Röntgenaufnahme ergab keinen Hinweis auf Frakturen oder knöcherne Läsionen. Es zeigte sich eine seitendifferente Schultereckgelenkssprengung links (Typ Tossy III). Die Überprüfung der Schultergelenksbeweglichkeit ergab eine schmerzbedingte deutliche Einschränkung der Außen- und Innenrotation bei ebenfalls schmerzbedingter Einschränkung der Abduktionsbewegung bis 90°. Nach einem intensiven Beratungsgespräch über operative sowie konservative Behandlungsmethoden und deren Risiken und Folgeerscheinungen (Bewegungseinschränkung, Arthrose, Verbleib von Beschwerden u.a.) entschied sich Kenneth Q. für eine konservative Behandlung. Mit Anlegen eines Rucksackverbandes wurden erste lokale physikalische Maßnahmen eingeleitet. Parallel dazu wurde eine analgetisch/antiphlogistische Medikation rezeptiert (2 Wochen).

Verlauf der Rehabilitation

▶ 11.9.98: Sportunfall durch Zweikampf (Bandencheck) im 1. Punktspiel in der Eishockey-Bundesliga (DEL)

▶ 11.9.98: Röntgenuntersuchung in zwei Ebenen und Panoramaaufnahme mit beidseitigen 10 kg-Belastungen (linke Clavicula)
Diagnose: Schultereckgelenkssprengung links (Tossy III); Besprechung der physiotherapeutischen Behandlung mit anschließender Komplextherapie (EAP); Erstellung des Behandlungsplans

▶ 12.9.98: Beginn der physiotherapeutischen Behandlung

▶ 17.9.98: Beginn der erweiterten ambulanten Physiotherapie (EAP)

▶ 9.11. bis 13.11.98: Übergang zum sportartspezifischen Training (individuell, Mannschaftstraining) kombiniert mit weiteren Rehamaßnahmen

▶ 13.11.98: Ende der Rehamaßnahme; Schmerzfreiheit; Leistungsdiagnostik (Abschlußtests); Trainergespräch, Freigabe für das Training und Wettkampf; Erstellung des Therapieplans für das präventive Funktionstraining (PFT)

▶ 14.11.98: Erster Spieleinsatz (Punktspiel DEL): Komplette Spielzeit (1 Tor, 1 Assist), keine Beschwerden nach dem Spiel

▶ 16.11.98: Beginn des präventiven Funktionstrainings; Trainingsschwerpunkte: Verbesserung der Beweglichkeit, Ausdauer, Schnelligkeit, Schnelligkeitsausdauer, funktionelle muskuläre Stabilisation der linken Schulter und weitere Verbesserung der Muskelkraft

▶ 30.12.98 Ende des präventiven Funktionstrainings (PFT); Therapieziel: uneingeschränkte Belastungsfähigkeit; Testwerte (Kraft, Beweglichkeit) im Rechts-Links Vergleich angenähert und weiter verbessert.

gelenksprengung

1 Mobilisationstraining

Therapieziele

- Schmerzreduktion
- Gegenmaßnahmen zur Beeinflussung traumatisch bedingter Schwellungen
- Verbesserung der Beweglichkeit und Gelenkstabilität (statisch)
- Wiederherstellung der Propriozeption und Aktivierung der neuromuskulären Ansteuerung der beteiligten Muskelfunktionen
- Haltungskontrolle und Gleichgewichtssteuerung
- Vermeidung von Muskelatrophie
- Steuerung von Herz-Kreislaufbelastungen

Therapiemethoden

- Physikalische Therapie: Abschwellende Maßnahmen, Elektrotherapie, Lymphdrainage, Magnetfeld, Kryotherapie
- Isometrie
- Statisches Funktionstraining
- Passive Dehnungsübungen zur funktionellen Haltungsverbesserung
- Ausdauererhaltungstraining
- Funktionsdiagnostik

Therapieinhalte

- Isometrische Anspannungs- und Funktionsübungen in verschiedenen Variationen
- Handfixierung
- Dehnungsübungen
- Ausdauertraining
- Messungen, Tests

Trainingstherapiemittel

- SPOREG-Reha-Matte
- Gymnastikstab
- Thera-Band
- Fahrradergometer
- Meß- und Diagnosesystem (u.a. SPOREG-Asys-System)

Therapie-/Trainingszeit

Hochleistungssportler:
- Therapiezeit: 1-2 x täglich 60-90'
- Trainingszeit 1-2x täglich 60-90'
- Verhältnis Therapie zu Training 1:1

Fallbeispiel: Trainingstherapie nach Schultere

2 Stabilisationstraining

Therapieziele

- Schmerzfreie Belastung
- Verbesserung der Beweglichkeit und Gelenkstabilität (dynamisch und statisch)
- Intensivierung von propriozeptiven Übungsmustern zur koordinativen Anpassung der Muskelfunktion (Gesamtkörper und speziell Schulter)
- Muskelkraftentwicklung der betroffenen Extremität
- Steuerung von Herz- Kreislaufbelastungen
- Angepaßte Trainingsbelastungen nichtverletzter Bereich
- Abbau der psychischen Hemmschwelle

Therapiemethoden

- Physikalische Therapie: Massage, PNF, manuelle Therapie, Querfriktionen, Elektrotherapie, Magnetfeld, Kryotherapie
- Isometrie
- Statisches Funktionstraining
- Passive und aktive Dehnungsübungen zur funktionellen Verbesserung der betroffenen Extremität
- Umsetzung physiologischer Bewegungsmuster in die Gesamtmotorik der Schulterbewegung
- Verbesserung der Bewegungsqualität unter dem Aspekt des motorischen Lernens
- Funktionsdiagnostik

Therapieinhalte

- Korrektur von Bewegungsabläufen in 3 Ebenen
- Abduktion bis 90 Grad
- Übungen zur Stabilisierung der Schulter unter dem Aspekt der Sicherung des Gelenks neuromuskulär und propriozeptiv
- Erarbeitung spezieller Teilbewegungen unter Entlastung
- Aufbau einer erhöhten Rumpfstabilität zur Bewegungssicherung
- Reprogrammierung von Bewegungsabläufen (gesunde Seite) auf den verletzten Bereich
- Handfixierung
- Ausdauertraining
- Messungen, Tests

Trainingstherapiemittel

- SPOREG-Reha-Matte
- Thera-Band, Kurzhanteln
- Gymnastikstab/-seil/-ball
- Therapiekreisel/Kippbrett
- Seilzug
- Fahrradergometer
- Meß- und Diagnosesysteme (u.a. SPOREG-Asys)

Therapie-/Trainingszeit

Hochleistungssportler:
- Therapiezeit: 2 x 60' täglich
- Trainingszeit 2 x 90' täglich
- Verhältnis Therapie zu Training 1:1,5

3 Funktionelles Muskeltraining

Therapieziele

- Schmerzfreie Belastung mit Widerstand
- Erhalt der Beweglichkeit und Ausbau der Funktionalität durch Veränderung des Muskelwiderstands (progressive Entwicklung)
- Verbesserung der neuromuskulären Ansteuerung in Verbindung neuer Bewegungsformen (Innen- und Außenrotation)
- Muskuläre Sicherung und Aufbau von Muskelkraft
- Simulationsübungen sportartspezifischer Bewegungsabläufe
- Bio-Feedback zur Verbesserung der Sensomotorik
- Psychische Stabilität
- Steuerung von Herz-Kreislaufbelastungen unter Einbeziehung des verletzten Bereichs

Therapiemethoden

- Physikalische Therapie: Massage, PNF, manuelle Therapie, Querfriktionen, Elektrotherapie, Magnetfeld, Lasertherapie
- Konzentrisches und exzentrisches Bewegungstraining
- Aktive Dehnungsübungen
- Methoden zur Verbesserung der neuromuskulären Stimulation
- Stabilisation bei Bewegungen unter dem Aspekt komplexer Bewegungsmuster
- Sequenztraining unter Einbeziehung des verletzten Bereichs (Kraftausdauer)
- Leistungsdiagnostik

Therapieinhalte

- Korrektur von Bewegungsabläufen im Rahmen der Steigerung der Belastungsfähigkeit (Abduktion über 90°, Innenrotation 30°, Außenrotation 20°)
- Trainingsformen in offener und geschlossener kinematischer Kette
- Erhöhung der Rumpfstabilität unter Einbeziehung neuer Bewegungsmöglichkeiten
- Lokales und allgemeines Ausdauertraining
- Koordinatives Simulationstraining (Eishockey)
- Messungen, Tests

Trainingstherapiemittel

- SPOREG-Reha-Matte
- Thera-Band, Kurzhanteln, Langhanteln
- Gymnastikstab/Seil/Seilzug
- Sequenztrainingsgeräte
- Handkurbelergometer
- Slide-Matte
- Meß- und Diagnosesystem (u.a. SPOREG-Asys-System)

Therapie-/Trainingszeit

Hochleistungssportler:
- Therapiezeit: 2 x 45' täglich
- Trainingszeit 2 x 90' täglich
- Verhältnis Therapie zu Training 1:2

Fallbeispiel: Trainingstherapie nach Schultere...

4 Funktionelles Muskelbelastungstraining

Therapieziele

- Uneingeschränkte organische und funktionelle Belastungsfähigkeit
- Optimierung von Kraft, Schnelligkeit und Ausdauer
- Beseitigung von muskulären Dysbalancen unter dem Aspekt der Stabilisierung der Schulter
- Übergang zum sportartspezifischen Training und Teilmannschaftstraining (ohne Körperkontakt)
- Anpassungstoleranz an sportartspezifische Belastungen (u.a. extensives Intervalltraining)
- Psychische Stabilität während der Belastung und Rückführung in das Mannschaftstraining

Therapiemethoden

- Physikalische Therapie: Massage, Magnetfeld, Lasertherapie
- Konzentrisches und exzentrisches Bewegungstraining
- Simulationstraining
- Sportartspezifische Dehnungsübungen
- Erhöhung der Übungsvariationen unter dem Aspekt des sportartspezifischen Aufbautrainings
- hypertrophieorientiertes Sequenztraining
- Eistraining (individuell/Mannschaft)
- Leistungsdiagnostik

Therapieinhalte

- Aufbau der Muskelkraft unter Einbeziehung der kompletten Schulterbeweglichkeit
- Koordinatives spezifisches Eishockeytraining (Simulation und oder Eistraining)
- Hypertrophieorientiertes Muskeltraining (offene und geschlossene Kette)
- Schnelligkeitsausdauertraining
- Eishockeytraining mit Körperkontakt
- Messungen
- Abschlußtests
- Trainergespräch

Trainingstherapiemittel

- SPOREG-Reha-Matte
- Thera-Band
- Hantelsysteme, Seilzug
- Sequenztrainingsgeräte
- Fahrrad-, Handkurbelergometer
- Laufband, Stepper
- Slide-Matte
- Eistraining
- Meß- und Diagnosesystem (u.a. SPOREG-Asys)
- Lichtschrankensystem

Therapie-/Trainingszeit

Hochleistungssportler:
- Therapiezeit: 30-45' täglich
- Trainingszeit: 2 x 90' täglich, davon 1x täglich Mannschaftstraining
- Verhältnis von Therapie zu Training 1:3

5 Präventives Funktionstraining

Therapieziele

- Erhaltung und Stabilisierung der uneingeschränkten Belastungsfähigkeit
- Erhaltung des muskulären Gleichgewichts
- Durchführung individueller sportartspezifischer und funktioneller Trainingsprogramme
- Kontrolle und Durchführung regenerativer Maßnahmen (Formstabilisierung)
- Selbstmotivation

Therapiemethoden

- Physikalische Therapie: Massage, Regenerative Maßnahmen: Sauna, Sauerstofftherapie u.a.
- Ausdauertraining
- Wiederholungstraining
- Sequenztraining
- Muskelbelastungstraining
- Sportartspezifisches Belastungstraining
- Leistungsdiagnostik (bei Bedarf)

Therapieinhalte

- Bedarfsorientiertes, individuelles, allgemeines Muskelfunktionstraining bzw. sportartspezifisches Training
- Messungen
- Tests

Trainingstherapiemittel

- Sequenztrainingsgeräte
- Ergometer (obere und untere Extremitäten)
- Hantelsysteme
- Meß- und Diagnosesysteme (u.a. SPOREG-Asys, SPOREG Recovery-System)

Therapie-/Trainingszeit

Hochleistungssportler:
- Therapiezeit: 45' täglich
- Trainingszeit: 1x pro Woche 90' als Zusatztraining oder in der trainingsfreien Zeit über einen Zeitraum von 6 Wochen (zeitverkürzt)

Fallbeispiel: Trainingstherapie nach Schultere

Kommentierter Phasenverlauf

1 Mobilisationstraining — 17.9.-1.10.98

In dieser Phase wird der Therapieplan dem Befund entsprechend täglich von den einzelnen Belastungsstrukturen neu festgelegt. Ein Bio-Feedback erfolgt über den Patienten an den Therapeuten/Reha-Trainer.

2 Stabilisationstraining — 2.-16.10.98

Übungen im schmerzfreien und limitierten Bereich ausführen

3 Funktionelles Muskeltraining — 18.10.-1.11.98

Erhöhung des Belastungsumfangs, Erweiterung des Bewegungsspektrums; wichtig dabei ist die schmerzfreie Ausführung der einzelnen Übungen

4 Funktionelles Muskelbelastungstraining — 2.-13.11.98

Erreichen der uneingeschränkten Belastungsfähigkeit bei kontrollierten Regenerationszeiten. Der bisherige Reha-Verlauf ist optimal und entsprechend der Verletzung zeitlich atypisch. Dieser Erfolg ist auf die besondere athletische Konstitution des Patienten zurückzuführen

5 Präventives Funktionstraining — 16.11.-30.12.98

Bedarfsorientiertes Handeln nach Rücksprache mit dem Trainer/Spieler

Zielstellung: Formstabilisierung

Abschließende Leistungsbeurteilung

Leistungsentwicklung des Sportlers Kenneth Q. anhand relevanter Parameter nach einer Schultereckgelenksprengung

Bereich	Beginn Rehabilitation 17.9.98			Ende Rehabilitation 12.11.98			Ende PFT 30.12.98		
	re	li	%Diff.	re	li	%Diff.	re	li	%Diff.
Beweglichkeit (Neigungssensor, Grad, Oberarm aufliegend)									
Abduktion	173	85	**51**	172	160	**7**	173	45	**-3**
Adduktion	20	3	**85**	21	16	**24**	21	11	**-5**
Innenrotation	92	70	**56**	93	88	**5**	93	45	**-3**
Außenrotation	39	20	**49**	40	38	**5**	7	41	**-7**
Kraft (isometrisch, N) – Oberarm aufliegend									
Abduktion	entfällt			179	161	**10**	185	178	**-4**
Adduktion	entfällt			288	245	**15**	291	282	**-3**
Innenrotation	entfällt			259	222	**14**	260	266	**2**
Außenrotation	entfällt			155	139	**10**	160	163	**2**
Ausdauer (Fahrrad, Watt bei 4mmol Laktat/kg)									
Stufentest (6x3 min)	Entfällt			2,88 Watt/kg bei Puls 142			2,94 Watt/kg bei Puls 144		

Auswertung

Beweglichkeit
- ▶ + 98 % Abduktion (innerhalb der Mannschaftsnorm)
- ▶ + 566 % Adduktion (innerhalb der Mannschaftsnorm)
- ▶ + 29 % Innenrotation (innerhalb der Mannschaftsnorm)
- ▶ + 90 % Außenrotation (innerhalb der Mannschaftsnorm)

Kraft
- ▶ + 55 % Abduktion (innerhalb der Mannschaftsnorm)
- ▶ + 48 % Adduktion (innerhalb der Mannschaftsnorm)
- ▶ + 87 % Innenrotation (innerhalb der Mannschaftsnorm)
- ▶ + 983 % Außenrotation (innerhalb der Mannschaftsnorm)

Ausdauer
- ▶ + 10 % Leistungsverbesserung (3 % unterhalb der Mannschaftsnorm)

Bemerkungen
Mit Beendigung des Präventiven Funktionstrainings (PFT) wurden mit den letzten leistungsdiagnostischen Tests Werte erzielt, die die Aussage zulassen, daß die Verletzung auskuriert ist. Im Vergleich zu den Mannschaftsdaten befindet sich der Spieler Kenneth Q. im Normbereich. Die zwischenzeitlich absolvierten Spiele bestätigten eine schnelle Anpassung an den Wettkampfprozeß verbunden mit einer stabilen Form.

Die Übungen

Die Übungen

So finden Sie sich auf Anhieb zurecht!

Im Kopf jeder Übungsseite (siehe rechts) finden Sie die Übungsnummer und als Stichwort einen Hinweis auf die eingesetzten Trainingstherapiemittel.
Es folgen allgemeine Angaben zum Therapieschwerpunkt, d.h. welchem Zweck diese Übung dient, und zu den bei der Übung beteiligten Muskeln. Da das Leistungsniveau jedes Patienten/Sportlers unterschiedlich ist, haben wir die Angaben zu den Übungswiederholungen, Serien und zur Pausengestaltung nach drei Leistungsgruppen differenziert, so daß jede Übung den individuellen Voraussetzungen, die der zu behandelnde Sportler mitbringt, angepaßt werden kann.
Ein großes Foto, das selbst Details noch erkennen läßt, und eine prägnante Beschreibung, wie die Übung auszuführen ist, nehmen den größten Raum ein.
Wenn auch am Fuß jeder Seite, dennoch von zentraler Bedeutung ist die Info-Leiste, die die fünf behandelten Verletzungsbereiche und die fünf Phasen der medizinischen Trainingstherapie zeigt. Sie gibt an, für welchen Verletzungsbereich und ab welcher Phase die jeweilige Übung geeignet ist: Die mit einer blauen Fläche unterlegten Verletzungsbereiche und Phasen geben die **Haupteignung** an. Zusätzlich sind noch andere Bereiche genannt, in denen diese Übung absolviert werden kann. Da die Muskelverletzungen auf keinen bestimmten Körperbereich bezogen sind, geht unsere Empfehlung davon aus, daß die Muskelverletzung auch in der muskulären Hauptbelastungszone der dargestellten Übung liegt.
Darüber hinaus sind folgende Punkte zu beachten:
– Keine ruckartigen Bewegungen durchführen.
– Bei der Ausführung auf eine gleichmäßige Atmung insbesondere in der Belastungsphase achten.
– Bei dynamischer Übungsausführung sollen die Wiederholungen gleichmäßig absolviert und in der Endposition 1 bis 2 Sekunden gehalten werden.
– Bei statischer Übungsausführung muß der angespannte Muskel in der beschriebenen Position und für die vorgegebene Zeit gehalten werden. Dabei ist der Krafteinsatz so zu dosieren, daß nicht mit maximaler Kraftanspannung begonnen wird (Muskelfunktionsanspannung).
– Bei der erstmaligen Durchführung einer Übung sollte mit der niedrigsten empfohlenen Belastungsstufe begonnen werden.
– Treten Schmerzen auf, ist die Übung sofort zu unterbrechen bzw. zu beenden.
– Steht bei bestimmten Übungen ein Gerät (z.B. die SPOREG-Reha-Matte) nicht zur Verfügung, sollten kreativ Alternativen gesucht werden, um mit vorhandenen Hilfsmitteln (z.B. einem Theraband) die Übungen präzise auszuführen. Nur eine präzise Übungsausführung (mit und ohne Therapeuten) garantiert einen optimalen Behandlungserfolg.
– Verletzungen sollten nicht nur isoliert behandelt werden, sondern die gesamten Körperfunktionen müssen dabei Berücksichtigung finden.
– Die in der Rehabilitation zum Einsatz kommenden Testsysteme sind in ihrer Gesamtheit nicht darstellbar. Wir beschränken uns auf einige Systeme, die ein bestimmtes Testspektrum absichern. Wichtig ist, schmerzfrei zu testen und über die Tests viele objektive Daten zur Steuerung des Rehaprozesses herauszufiltern.

Natürlich sind die Übungen auch für den Normalverbraucher geeignet. Hier empfehlen wir, daß der Belastungsgrad und die Übungsausführung ständig durch den Therapeuten kontrolliert werden. So ist gewährleistet, daß auch untrainierte Patienten sich einem gezielten Reha-Programm unterziehen können.

Erläuterungen zu den verwendeten Abkürzungen und zum Belastungsprofil
Wdh. = Wiederholungen; Min. = Minuten; s = Sekunden; Pause/Wdh. = Pause zwischen den Wiederholungen; Pause/Serie = Pause nach einer Serie; Phase 1/2 = Übergang von Phase 1 zu Phase 2

Übungsbeispiele
▶ dynamisch: 15 Wdh. (1 bis 2 s halten), 4-5 Serien, 2 Min. Pause/Serie
Erläuterung: Sind 15 Wiederholungen absolviert, ist die 1. Serie beendet. Die sich anschließende Pause dauert 2 Minuten. Danach beginnt die 2. Serie mit wiederum 15 Wiederholungen.

▶ statisch: 8-10 Wdh. à 10 s; 20 s Pause/Wdh., 2 Serien, 90 s Pause/Serie
Erläuterung: Die Muskelanspannung für 10 Sekunden gegen einen Widerstand halten. Danach 20 Sekunden Pause, 8 bis 10 Wiederholungen. Die 1. Serie ist beendet, danach 90 Sekunden Pause. Es folgt die 2. Serie.

SPOREG-Reha-Matte 1

Therapieschwerpunkt:
Stabilisation, Koordination, Rumpf-Schulter-Arm-Stabilisierung, funktionelles Muskeltraining

Beteiligte Muskelgruppen:
Schulter-, Arm-, Hüft-, Rumpf-, Oberschenkelmuskulatur

Belastungsprofil:
Hochleistungssportler:
20 Wdh., 4-5 Serien, 2 Min. Pause/Serie; statisch: 8 Wdh. à 15-20 s, 10-30 s Pause/Wdh., 2 Serien, 90-120 s Pause/Serie
Leistungssportler:
10-18 Wdh., 3-4 Serien, 2 Min. Pause/Serie; statisch: 8 Wdh. à 10-15 s, 20-30 s Pause/Wdh., 2 Serien, 90-120 s Pause/Serie
Freizeitsportler (Patient):
8-10 Wdh., 3-4 Serien, 2 Min. Pause/Serie; statisch: 4-6 Wdh. à 10-15 s, 20-40 s Pause/Wdh., 1-2 Serien, 90-120 s Pause/Serie

Belastung:
Gewichtsbelastung dosiert über Handfixierung und variabel durch Zugstärke der Elastikgurte

Übungsausführung:
Sitzposition, Handfixierung gegen linke Hand. Anbeugen des linkes Beins gegen den Widerstand der Elastikschlaufe. Bewegungsrichtung des Kniegelenks nach oben innen. Den Rumpf fixieren, mit der rechten Hand kontrolliert am Seitengriff ziehen. Das rechte Bein ist gestreckt im Klettverschluß fixiert.

Variationen:
Veränderung des Hüftwinkels und der Diagonale; linker Arm, rechtes Bein und umgekehrt

KNIE-VERLETZUNGEN	FUSS-VERLETZUNGEN	MUSKEL-VERLETZUNGEN	WIRBELSÄULEN-VERLETZUNGEN	SCHULTER-VERLETZUNGEN
PHASE 1	PHASE 1	PHASE 3	PHASE 4	PHASE 3

2 SPOREG-Reha-Matte

Therapieschwerpunkt:
frühe funktionelle, isometrische Kräftigung der Hüft- und Oberschenkelmuskulatur

Beteiligte Muskelgruppen:
Schulter-, Hüft- und Rumpfmuskulatur

Belastungsprofil:
Hochleistungssportler:
statisch: 8-10 Wdh. à 20 s, 30 s Pause/Wdh., 2 Serien, 2 Min. Pause/Serie
Leistungssportler:
statisch: 6-8 Wdh. à 15 s, 30 s Pause/Wdh., 2 Serien, 2 Min. Pause/Serie
Freizeitsportler (Patient):
statisch: 4-6 Wdh. à 10 s, 30 s Pause/Wdh., 1-2 Serien, 2-3 Min. Pause/Serie

Belastung:
reguliert durch den Widerstand des Therapeuten

Übungsausführung:
Rückenlage mit angebeugtem linken Bein. Die Hände greifen in die oberen Schlaufen und fixieren dadurch den Rumpf. Das rechte Bein ist gestreckt und durch Klettverschluß am Fußende fixiert. Der Therapeut kniet seitlich neben der Patientin, fixiert mit der rechten Hand die Schulter und drückt mit der linken Hand von außen gegen das linke Kniegelenk. In der Anspannungsphase auf gleichmäßige Atmung achten.

Variation:
Wechselnde Griffpositionen des Therapeuten an der Innen- und Außenseite des Kniegelenks stimulieren die Adduktion und Abduktion und stabilisieren gleichzeitig den Rumpf.

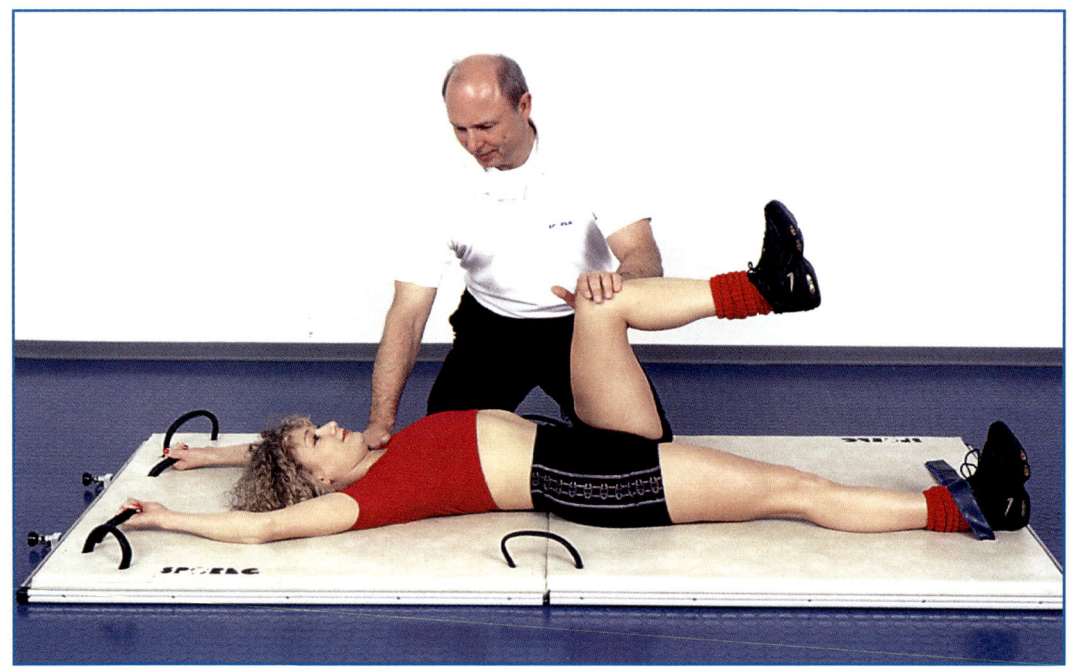

KNIE-VERLETZUNGEN	FUSS-VERLETZUNGEN	MUSKEL-VERLETZUNGEN	WIRBELSÄULEN-VERLETZUNGEN	SCHULTER-VERLETZUNGEN
PHASE 1	PHASE 1	PHASE 2/3	PHASE 3	PHASE 3

SPOREG-Reha-Matte 3

Therapieschwerpunkt:
Kräftigung der Hüft-, Rumpf- und Beinmuskulatur, Stabilisation

Beteiligte Muskelgruppen:
komplexe Hüft- und Rumpf- und Beinmuskulatur

Belastungsprofil:
Hochleistungssportler:
15-20 Wdh., 5-7 Serien, 60-120 s Pause/Serie;
statisch: 6-10 Wdh. à 10-20 s, 15-20 s Pause/Wdh., 2-3 Serien, 60-90 s Pause/Serie
Leistungssportler:
12-15 Wdh., 3-5 Serien, 60-120 s Pause/Serie;
statisch: 6-8 Wdh. à 10-15 s, 15-20 s Pause/Wdh., 2 Serien, 60-90 s Pause/Serie
Freizeitsportler (Patient):
10-12 Wdh., 3-4 Serien, 60-120 s Pause/Serie;
statisch: 5-7 Wdh. à 10-15 s, 15-20 s Pause/Wdh., 1-2 Serien, 60-90 s Pause/Serie

Belastung:
reguliert durch den Widerstand des Therapeuten

Übungsausführung:
Seitenlage: Anheben des linken gestreckten Beines. Rumpf durch Griffassung in den Schlaufen kontrolliert fixieren. Der Therapeut fixiert mit seiner rechten Hand zusätzlich den Rumpf und drückt in Höhe des Unterschenkels mit der linken Hand von oben. Dabei ist auf die Streckung des Knie- und Hüftgelenks zu achten.

Variationen:
Kombination von statischer und dynamischer Belastung; Veränderung des Hüftwinkels; Innen- und Außenrotation in der Hüfte (PNF)

KNIE-VERLETZUNGEN	FUSS-VERLETZUNGEN	MUSKEL-VERLETZUNGEN	WIRBELSÄULEN-VERLETZUNGEN	SCHULTER-VERLETZUNGEN
PHASE 2	PHASE 1	PHASE 2	PHASE 3	PHASE 3/4

4 SPOREG-Reha-Matte

Therapieschwerpunkt:
Aufbau der komplexen Oberschenkelmuskulatur

Beteiligte Muskelgruppen:
vordere Oberschenkelmuskulatur, Adduktoren, Hüftbeuger, Rumpfmuskulatur

Belastungsprofil:
Hochleistungssportler:
15-20 Wdh., 4-6 Serien, 90 s Pause/Serie;
statisch: 8-10 Wdh. à 10-15 s, 15-20 s Pause/Wdh., 2-3 Serien, 90-120 s Pause/Serie
Leistungssportler:
10-15 Wdh., 4 Serien, 90 s Pause/Serie;
statisch: 6-8 Wdh. à 10 s, 15-20 s Pause/Wdh., 1-2 Serien, 90-120 s Pause/Serie
Freizeitsportler (Patient):
8-10 Wdh., 4 Serien, 90 s Pause/Serie;
statisch: 4-6 Wdh. à 10 s, 15-30 s Pause/Wdh., 1-2 Serien, 120 s Pause/Serie

Belastung:
Gewichtsbelastung variabel durch Zugstärke der Gurte (mittel, stark)

Übungsausführung:
Rückenlage, bei fixiertem Rumpf, Hände greifen in die seitlichen Griffe. Anheben des gestreckten verletzten Beins gegen den Zugwiderstand des Gurtes über die Raumdiagonalen (PNF-Muster). Der Gurt wird oberhalb des verletzten Bereichs fixiert.

Variationen:
wechselseitige Durchführung und Wechsel der Raumdiagonalen; Aufrichten des Oberkörpers

KNIE-VERLETZUNGEN	FUSS-VERLETZUNGEN	MUSKEL-VERLETZUNGEN	WIRBELSÄULEN-VERLETZUNGEN	SCHULTER-VERLETZUNGEN
PHASE 1	PHASE 1	PHASE 3	PHASE 2/3	PHASE 1/2

SPOREG-Reha-Matte 5

Therapieschwerpunkt:
Aufbau von Teilen der vorderen Oberschenkelmuskulatur, einschließlich Hüftbeugergruppe, Rumpfstabilisierung und Stabilisierung des Kniegelenks

Beteiligte Muskelgruppen:
Teile der vorderen Oberschenkel-, Hüft-, Rumpfmuskulatur

Belastungsprofil:
Hochleistungssportler:
15-20 Wdh., 4-6 Serien, 90 s Pause/Serie;
statisch: 8-12 Wdh. à 10-15 s, 15-20 s Pause/Wdh., 2-3 Serien, 90-120 s Pause/Serie
Leistungssportler:
12-15 Wdh., 3-5 Serien, 90 s Pause/Serie;
statisch: 6-8 Wdh. à 10 s, 15-20 s Pause/Wdh., 1-2 Serien, 90-120 s Pause/Serie
Freizeitsportler (Patient):
10-12 Wdh., 3-4 Serien, 90-120 s Pause/Serie;
statisch: 5-6 Wdh. à 10 s, 15-30 s Pause/Wdh., 1-2 Serien, 120 s Pause/Serie

Belastung:
Gewichtsbelastung variabel durch Zugstärke der Gurte (mittel, stark)

Übungsausführung:
Rückenlage, bei fixierter Hüfte und Rumpf, Unterarme werden auf der Matte fixiert, die Hände greifen in die Seitenschlaufen. Der Kopf liegt entlastet auf der Matte (Kinn ist leicht angebeugt). Den Oberschenkel gegen den Widerstand der Elastikschlaufe bis zu einem Hüftwinkel von 90 Grad dynamisch anheben.
Auch bei statischer Belastung wird die Bewegung bis zu einem Hüftwinkel von 90 Grad ausgeführt.

Variation:
wechselseitige Durchführung

KNIE-VERLETZUNGEN	FUSS-VERLETZUNGEN	MUSKEL-VERLETZUNGEN	WIRBELSÄULEN-VERLETZUNGEN	SCHULTER-VERLETZUNGEN
PHASE 1	PHASE 1	PHASE 3	PHASE 4	PHASE 2/3

6 SPOREG-Reha-Matte

Therapieschwerpunkt:
Gesäß- und hintere Oberschenkelstabilisation

Beteiligte Muskelgruppen:
Arm-, Schulter-, Rumpf-, Rückenmuskulatur, Hüftstrecker, hintere Oberschenkelmuskulatur, Adduktoren

Belastungsprofil:
Hochleistungssportler:
15-20 Wdh., 4-5 Serien, 2 Min. Pause/Serie; statisch: 8 Wdh. à 20 s, 30 s Pause/Wdh., 2 Serien, 90-120 s Pause/Serie
Leistungssportler:
12-15 Wdh., 3-4 Serien, 2 Min. Pause/Serie; statisch: 6 Wdh. à 20 s, 30 s Pause/Wdh., 1 Serie
Freizeitsportler (Patient):
10-12 Wdh., 3 Serien, 2 Min. Pause/Serie; statisch: 6 Wdh. à 15 s, 30 s Pause, 1 Serie

Belastung:
variabler Zugwiderstand der Elastikgurte (je nach Härtegrad)

Übungsausführung:
Bauchlage: Beide Arme sind seitlich angewinkelt und in den Schlaufen am Kopfende fixiert. Der Kopf liegt auf der Matte. Das linke gebeugte Bein gegen den Widerstand des Elastikgurts ca. 10 bis 15 cm leicht anheben. Der Elastikgurt ist oberhalb der verletzten Bereichs angebracht. Die Hüfte liegt während der Übungsausführung am Boden auf.

Variationen:
wechselseitige Ausführung; Veränderung des Zugwiderstands und des Kniewinkels

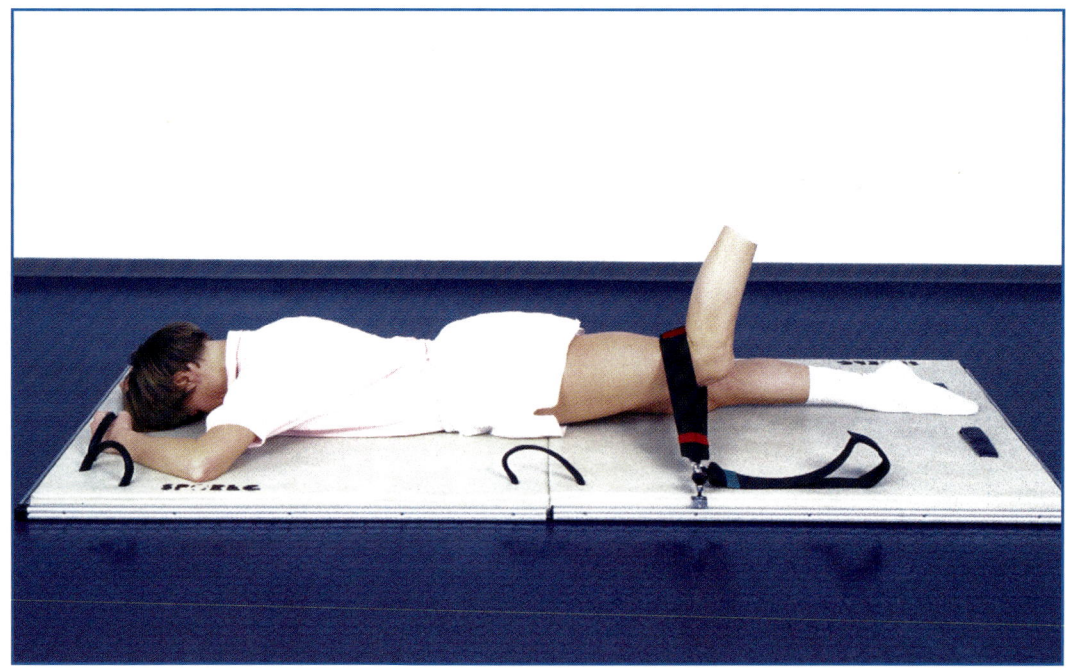

KNIE-VERLETZUNGEN	FUSS-VERLETZUNGEN	MUSKEL-VERLETZUNGEN	WIRBELSÄULEN-VERLETZUNGEN	SCHULTER-VERLETZUNGEN
PHASE 1	PHASE 1	PHASE 3	PHASE 4	PHASE 3/4

SPOREG-Reha-Matte 7

Therapieschwerpunkt:
Hüft-, Rumpf-, und Beinstabilisation

Beteiligte Muskelgruppen:
Arm-, Schulter-, Rumpf-, Hüft- und Beinmuskulatur

Belastungsprofil:
Hochleistungssportler:
20-25 Wdh., 4-5 Serien, 90 s Pause/Serie;
statisch: 6-8 Wdh. à 15-20 s, 20 s Pause/Wdh.,
2-3 Serien, 90-150 s Pause/Serie
Leistungssportler:
15-20 Wdh., 3-4 Serien, 90 s Pause/Serie;
statisch: 5-6 Wdh. à 12-15 s, 30 s Pause/Wdh.,
1-2 Serien, 90-150 s Pause/Serie
Freizeitsportler (Patient):
10 bis 12 Wdh., 3-4 Serien, 90 s Pause/Serie;
statisch: 5-6 Wdh. à 10 s, 30 s Pause/Wdh.,
1-2 Serien, 120-150 s Pause/Serie

Belastung:
variabler Zugwiderstand des Elastikgurts (je nach Härtegrad)

Übungsausführung:
Seitenlage: Der Rumpf wird durch Handfixierung in den Schlaufen stabilisiert. Der Kopf liegt in Verlängerung der Wirbelsäule auf einer Unterlage (Rolle). Das linke Bein gegen den Zugwiderstand des Gurts seitlich gestreckt nach hinten oben anheben. Der Elastikgurt ist oberhalb des verletzten Bereichs angebracht.

Variationen:
wechselseitige Ausführung; Veränderung des Zugwiderstands; Ausführung bei angewinkeltem Knie; Kombination zwischen dynamischer und statischer Belastung

KNIE-VERLETZUNGEN	FUSS-VERLETZUNGEN	MUSKEL-VERLETZUNGEN	WIRBELSÄULEN-VERLETZUNGEN	SCHULTER-VERLETZUNGEN
PHASE 1	PHASE 1	PHASE 2/3	PHASE 3	PHASE 3

241

8 SPOREG-Reha-Matte

Therapieschwerpunkt:
Aufbau der Muskulatur der Beinstreckerkette inklusive Hüfte

Beteiligte Muskelgruppen:
vordere Oberschenkelmuskulatur, Adduktoren, Hüftbeuger, Schienbein-, Waden- und Rumpfmuskulatur

Belastungsprofil:
Hochleistungssportler:
15-20 Wdh., 5-6 Serien, 90 s Pause;
statisch: 6-8 Wdh. à 15 s, 30 s Pause/Wdh.,
2 Serien, 1 Min. Pause/Serie
Leistungssportler:
12 bis 15 Wdh., 4-6 Serien, 90 s Pause;
statisch: 4-6 Wdh. à 12-15 s, 30 s Pause/Wdh.,
2 Serien, 1 Min. Pause/Serie
Freizeitsportler (Patient):
10-12 Wdh., 4-5 Serien, 90 s Pause;
statisch: 4-6 Wdh. à 10 s, 30 s Pause/Wdh.,
2 Serien, 90 s Pause/Serie

Belastung:
Gewichtsbelastung variabel durch Zugstärke der Gurte (mittel, stark)

Übungsausführung:
Rückenlage bei fixiertem Rumpf, Hände greifen in die seitlichen Griffe. Das gestreckte verletzte Bein gegen den Zugwiderstand des Gurts über die Raumdiagonalen (PNF-Muster) anheben. Der Gurt wird am Fußgelenk fixiert.

Variationen:
wechselseitige Durchführung und Wechsel der Raumdiagonalen; Aufrichten des Oberkörpers; nicht belastetes Bein gebeugt aufsetzen

KNIE-VERLETZUNGEN	FUSS-VERLETZUNGEN	MUSKEL-VERLETZUNGEN	WIRBELSÄULEN-VERLETZUNGEN	SCHULTER-VERLETZUNGEN
PHASE 2	PHASE 1	PHASE 3	PHASE 4	PHASE 2

SPOREG-Reha-Matte 9

Therapieschwerpunkt:
Schulter-, Hüft-, Rumpfstabilisation

Beteiligte Muskelgruppen:
Arm-, Schulter-, Rumpf-, Hüftmuskulatur

Belastungsprofil:
Hochleistungssportler:
10-25 Wdh., 6-8 Serien, 60-120 s Pause/Serie; statisch: 8-10 Wdh. à 20-30 s, 10-20 s Pause/Wdh., 2-4 Serien, 60-120 s Pause/Serie
Leistungssportler:
10-20 Wdh., 4-6 Serien, 90-120 s Pause/Serie; statisch: 6-8 Wdh. à 15-20 s, 10-20 s Pause/Wdh., 2-3 Serien, 60-120 s Pause/Serie
Freizeitsportler (Patient):
10-15 Wdh., 3-5 Serien, 90-180 s Pause/Serie; statisch: 4-5 Wdh. à 15-20 s, 10-30 s Pause/Wdh., 2 Serien, 60-120 s Pause/Serie

Belastung:
variabler Zugwiderstand des Elastikgurts (je nach Härtegrad)

Übungsausführung:
Seitenlage: Der Rumpf wird durch Handfixierung in den Schlaufen stabilisiert. Der Kopf liegt in Verlängerung der Wirbelsäule auf einer Unterlage (Rolle). Das obere Bein gegen den Zugwiderstand in Richtung Schulter anbeugen. Das untere Bein liegt gestreckt auf der Matte und stabilisiert die Hüfte.

Variationen:
wechselseitige Ausführung; Veränderung des Zugwiderstands

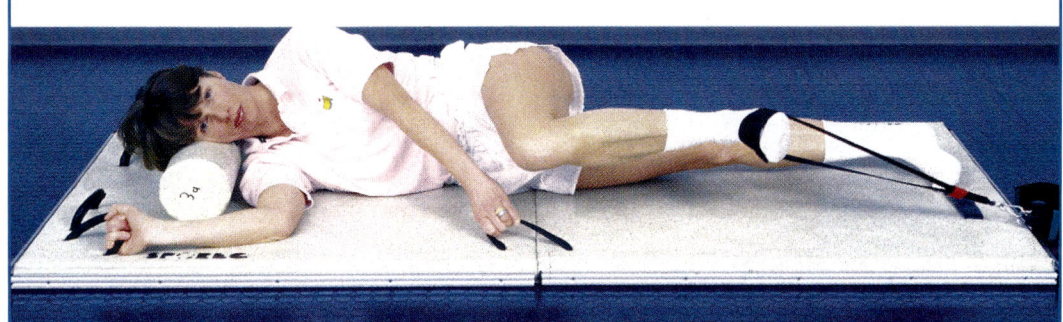

KNIE-VERLETZUNGEN	FUSS-VERLETZUNGEN	MUSKEL-VERLETZUNGEN	WIRBELSÄULEN-VERLETZUNGEN	SCHULTER-VERLETZUNGEN
PHASE 2	PHASE 1/2	PHASE 2/3	PHASE 3	PHASE 2

10 SPOREG Reha-Matte

Therapieschwerpunkt:
Stretching, Beweglichkeit, Verbesserung der Dehnungsfähigkeit

Beteiligte Muskelgruppen:
hintere Oberschenkelmuskulatur, Wadenmuskulatur

Belastungsprofil:
Hochleistungssportler:
statisch: 5-8 Wdh. à 15-30 s, Pause bei Beinwechsel, 1-2 Serien, 30-60 s Pause/Serie
Leistungssportler:
statisch: 4-6 Wdh. à 15-30 s, Pause bei Beinwechsel, 1-2 Serien, 30-60 s Pause/Serie
Freizeitsportler (Patient):
statisch: 4-6 Wdh. à 15-30 s, Pause bei Beinwechsel, 1 Serie

Belastung:
Regulation über Zugbelastung der Arme, eigenes Körpergewicht

Übungsausführung:
Rückenlage: Das rechte Bein gestreckt anheben. Beide Hände fixieren das rechte Bein im Kniegelenk und ziehen dieses zum Rumpf. Der Fuß ist in leicht angewinkelter Stellung. Das linke Bein liegt gestreckt auf der SPOREG-Reha-Matte. Der Oberkörper ist am Boden fixiert, das Kinn auf das Brustbein gedrückt.

Variation:
mit leicht gebeugtem Kniegelenk und Veränderung der Zugbelastung der Arme

KNIE-VERLETZUNGEN	FUSS-VERLETZUNGEN	MUSKEL-VERLETZUNGEN	WIRBELSÄULEN-VERLETZUNGEN	SCHULTER-VERLETZUNGEN
PHASE 1	PHASE 1	PHASE 1/2	PHASE 2/3	PHASE 2

SPOREG-Reha-Matte 11

Therapieschwerpunkt:
Stabilisation, funktionelle Muskelkette der Beinachse einschließlich Rumpf, Koordination (PNF)

Beteiligte Muskelgruppen:
Rumpf-, Schulter-, Hüft-, Beinmuskulatur

Belastungsprofil:
Hochleistungssportler:
20-25 Wdh., 4-6 Serien, 60-90 s Pause/Serie;
statisch: 8-10 Wdh. à 15-20 s, 10-20 s Pause/Wdh., 2 Serien, 90-120 s Pause/Serie
Leistungssportler:
15-20 Wdh., 3-4 Serien, 60-90 s Pause/Serie;
statisch: 6-8 Wdh. à 15-20 s, 10-20 s Pause/Wdh., 1-2 Serien, 90-120 s Pause/Serie
Freizeitsportler (Patient):
12-15 Wdh., 2-3 Serien, 60-90 s Pause/Serie;
statisch: 5-6 Wdh. à 15-20 s, 15-30 s Pause/Wdh., 1-2 Serien, 90-120 s Pause/Serie

Belastung:
dosiert über Handfixierung

Übungsausführung:
Rückenlage, Griff mit der rechten Hand in die Schlaufe, linkes Bein angewinkelt auf die Matte aufgestellt. Der Therapeut fixiert das rechte Bein mit der Hand.
Die Bewegung gegen den Widerstand des Therapeuten nach unten außen und oben innen ausführen.

Variation:
Veränderung des PNF-Musters und des Widerstands

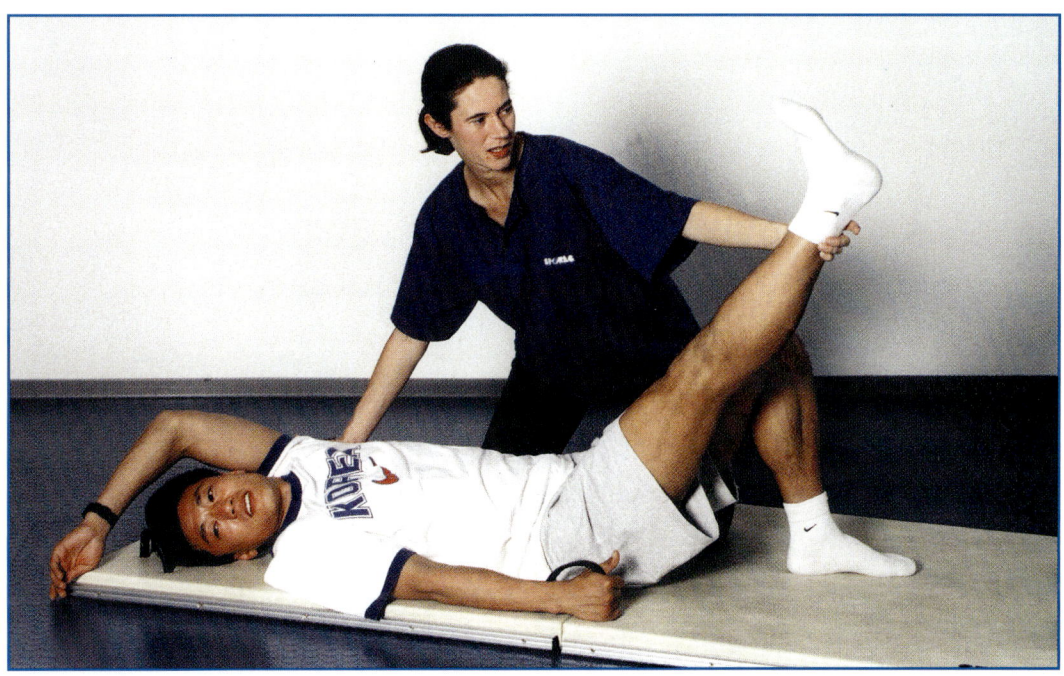

KNIE-VERLETZUNGEN	FUSS-VERLETZUNGEN	MUSKEL-VERLETZUNGEN	WIRBELSÄULEN-VERLETZUNGEN	SCHULTER-VERLETZUNGEN
PHASE 1/2	PHASE 1	PHASE 2	PHASE 3	PHASE 1/2

12 SPOREG-Reha-Matte

Therapieschwerpunkt:
Verbesserung der Beweglichkeit und Dehnungsfähigkeit von Hüftgelenk und Muskulatur

Beteiligte Muskelgruppen:
Hüft-, Oberschenkel- und Gesäßmuskulatur

Belastungsprofil:
Hochleistungssportler:
statisch: 6-8 Wdh. à 30 s, 20-30 s Pause/Wdh.,
1-2 Serien, 1-2 Min. Pause/Serie
Leistungssportler:
statisch: 5-6 Wdh. à 30 s, 30 s Pause/Wdh.,
1-2 Serien, 1-2 Min. Pause/Serie
Freizeitsportler (Patient):
statisch: 5-6 Wdh. à 20-30 s, 30 s Pause/Wdh.,
1-2 Serien, 1-3 Min. Pause/Serie

Belastung:
eigenes Körpergewicht reguliert durch Zug- und Druckkraft

Übungsausführung:
Rückenlage: Der Kopf ist auf der SPOREG-Reha-Matte fixiert. Das rechte seitlich angewinkelte Bein auf dem linken gebeugten Bein ablegen. Der linke Arm greift von außen in die linke Kniekehle und zieht den linken Oberschenkel in Richtung Oberkörper. Der rechte Arm drückt auf die Innenseite des rechten Kniegelenks und hält die Spannung.

Variation:
wechselseitige Ausführung

KNIE-VERLETZUNGEN	FUSS-VERLETZUNGEN	MUSKEL-VERLETZUNGEN	WIRBELSÄULEN-VERLETZUNGEN	SCHULTER-VERLETZUNGEN
PHASE 1/2	PHASE 1	PHASE 2/3	PHASE 2/3	PHASE 2

SPOREG-Reha-Matte 13

Therapieschwerpunkt:
Verbesserung der Beweglichkeit und Dehnungsfähigkeit des Hüft-, Knie- und Sprunggelenks und der dazu gehörigen Muskulatur

Beteiligte Muskelgruppen:
Rumpf-, Hüft-, Ober- und Unterschenkel- und Schultermuskulatur

Belastungsprofil:
Hochleistungssportler:
statisch: 6-8 Wdh. à 20-30 s, 30 s Pause/Wdh., 1-2 Serien, 2 Min. Pause/Serie
Leistungssportler:
statisch: 5-7 Wdh. à 20-30 s, 30 s Pause/Wdh., 1-2 Serien, 2 Min. Pause/Serie
Freizeitsportler (Patient):
statisch: 5-7 Wdh. à 20-30 s, 30 s Pause/Wdh., 1 Serie

Belastung:
Regulation erfolgt über Zug- und Druck der Körperkraft

Übungsausführung:
Kniesitz bei fixiertem Rumpf durch abgestützte Arme. Oberschenkel und Rumpf bilden eine Linie. Der Kopf neigt sich zum Brustbein, dabei gleichmäßig atmen. Die Füße sind überstreckt, ohne sie seitlich zu verdrehen.

KNIE-VERLETZUNGEN	FUSS-VERLETZUNGEN	MUSKEL-VERLETZUNGEN	WIRBELSÄULEN-VERLETZUNGEN	SCHULTER-VERLETZUNGEN
PHASE 3/4	PHASE 3/4	PHASE 2/3	PHASE 3/4	PHASE 3/4

14 SPOREG-Reha-Matte

Therapieschwerpunkt:
Automobilisation der Brustwirbelsäule mit haltungskorrigierenden Schwerpunkten

Beteiligte Muskelgruppen:
Schulter-, Bauch-, Hüft- und Oberschenkelmuskulatur

Belastungsprofil:
Hochleistungssportler:
20-30 Wdh., 5-6 Serien, 60-120 s Pause/Serie;
statisch: 10 Wdh. à 10 s, 10 s Pause/Wdh.,
3-4 Serien, 90 s Pause/Serie
Leistungssportler:
20 Wdh., 4-5 Serien, 90-120 s Pause/Serie; statisch:
8 Wdh. à 10 s, 10-15 s Pause/Wdh., 5-7 Serien, 90-120 s Pause/Serie
Freizeitsportler (Patient):
15-20 Wdh., 3-4 Serien, 90-120 s Pause/Serie;
statisch: 6 Wdh. à 10 s, 15-20 s Pause/Wdh.,
2-3 Serien, 90-120 s Pause/Serie

Belastung:
eigenes Körpergewicht

Übungsausführung:
Rückenlage: Die Lagerung des Oberkörpers erfolgt in Höhe der Brustwirbelsäule auf einem SPOREG-Therapiekeil/Handtuch. Die Arme sind seitlich hinter dem Kopf fixiert, die Beine in 90° Stellung angewinkelt. Während der Übungsausführung bleibt die Beinposition konstant. Den Oberkörper anheben, bis die Schultern vom Boden abheben.

Variation:
Veränderung der Blickrichtung in Kniehöhe und der Armhaltung, z.B. Kreuzen der Arme vor dem Oberkörper

KNIE-VERLETZUNGEN	FUSS-VERLETZUNGEN	MUSKEL-VERLETZUNGEN	WIRBELSÄULEN-VERLETZUNGEN	SCHULTER-VERLETZUNGEN
PHASE 1	PHASE 2	PHASE 2/3	PHASE 2	PHASE 1/2

SPOREG-Reha-Matte 15

Therapieschwerpunkt:
Muskelaufbau, Rumpf- und Hüftstabilisierung, Verbesserung der Kraftausdauer

Beteiligte Muskelgruppen:
Rumpf-, Gesäß-, Schulter-, Arm-, hintere Oberschenkelmuskulatur

Belastungsprofil:
Hochleistungssportler:
20 Wdh., 5-6 Serien, 30-60 s Pause/Serie;
statisch: 8-12 Wdh. à 15-20 s, 15-20 s Pause/Wdh., 2-3 Serien, 1 Min. Pause/Serie
Leistungssportler:
15-20 Wdh., 4 Serien, 60 s Pause/Serie;
statisch: 8-10 Wdh. à 10-15 s, 15-20 s Pause/Wdh., 1-2 Serien, 1 Min. Pause/Serie
Freizeitsportler (Patient):
12-15 Wdh., 3-4 Serien, 60-90 s Pause/Serie;
statisch: 6-8 Wdh. à 10-15 s, 20-30 s Pause/Wdh., 1-2 Serien, 1 Min. Pause/Serie

Belastung:
eigenes Körpergewicht

Übungsausführung:
Rückenlage: Die Hände sind in den Schlaufen oder auf dem Mattenboden seitlich fixiert. Bei flach aufgestellten Füßen den Rumpf anheben. Schulter, Hüfte und Knie bilden eine Linie. Bei statischer Ausführung wird diese Position gehalten (Atemrhythmus beachten!). Bei dynamischer Ausführung wird zwischen dieser Endposition und dem Ablegen der Hüfte auf die SPOREG-Reha-Matte gewechselt. Zur besseren Lagerung des Kopfes wird ein Keil oder ein Handtuch verwendet.

Variation:
Veränderung der Fußstellung, z.B. einbeinige Belastung

KNIE-VERLETZUNGEN	FUSS-VERLETZUNGEN	MUSKEL-VERLETZUNGEN	WIRBELSÄULEN-VERLETZUNGEN	SCHULTER-VERLETZUNGEN
PHASE 2	PHASE 2	PHASE 3	PHASE 2/3	PHASE 2

16 SPOREG-Reha-Matte

Therapieschwerpunkt:
Muskelaufbau, Rumpfstabilisierung, Verbesserung der Kraftausdauer

Beteiligte Muskelgruppen:
Schulter-, Arm-, Rumpf-, Hüft- und Beinachsenmuskulatur

Belastungsprofil:
Hochleistungssportler:
20-30 Wdh., 5-6 Serien, 60-120 s Pause/Serie;
statisch: 8-10 Wdh. à 10-20 s, 10-15 s Pause/Wdh., 2-4 Serien, 90-120 s Pause/Serie
Leistungssportler:
20 Wdh., 4-5 Serien, 90-120 s Pause/Serie;
statisch: 8-10 Wdh. à 10 s, 15-20 s Pause/Wdh., 2-3 Serien, 90-120 s Pause/Serie
Freizeitsportler (Patient):
15-20 Wdh., 3-4 Serien, 90-120 s Pause/Serie;
statisch: 6-8 Wdh. à 10 s, 15-20 s Pause/Wdh., 1-2 Serien, 90-120 s Pause/Serie

Belastung:
eigenes Körpergewicht

Übungsausführung:
Rückenlage bei angewinkelten Kniegelenken und aufgestellten Fersen: Arme hinter dem Kopf fixieren, die Übung durch seitliches Anheben des Rumpfes einleiten. Die linke Schulter über die Kopfmitte in Richtung des rechten Kniegelenks führen (Raumdiagonale).
Eine wechselseitige Durchführung ist alternativ möglich. Bei statischer Ausführung wird die Endposition gehalten, bei dynamischer Ausführung wird zwischen der Endposition und der Rückenlage abgewechselt.

KNIE-VERLETZUNGEN	FUSS-VERLETZUNGEN	MUSKEL-VERLETZUNGEN	WIRBELSÄULEN-VERLETZUNGEN	SCHULTER-VERLETZUNGEN
PHASE 1	PHASE 2	PHASE 2	**PHASE 3**	PHASE 2

SPOREG-Reha-Matte 17

Therapieschwerpunkt:
Kräftigung der Rücken-, Schulter-, Gesäß- und Beinmuskulatur

Beteiligte Muskelgruppen:
komplexe Ganzkörperübung Kräftigung der Schulter-, Rücken-, Gesäß-, und Beinmuskulatur

Belastungsprofil:
Hochleistungssportler:
20-25 Wdh., 5-6 Serien, 90-120 s Pause/Serie; statisch: 8 Wdh. à 15 s, 10-20 s Pause/Wdh., 2-4 Serien, 90-120 s Pause/Serie
Leistungssportler:
15-20 Wdh., 4-5 Serien, 90-120 s Pause/Serie; statisch: 6-8 Wdh. à 10 s, 10-15 s Pause/Wdh., 2-3 Serien, 90-120 s Pause/Serie
Freizeitsportler (Patient):
10-15 Wdh., 3-4 Serien, 90-120 s Pause/Serie; statisch: 6 Wdh. à 10 s, 10-20 s Pause/Wdh., 1-2 Serien, 90-120 s Pause/Serie

Belastung:
eigenes Körpergewicht

Übungsausführung:
Bauchlage: Mit rückwärts geführten, nicht mehr aufliegenden Armen und Beinen den Rumpf anheben. Die Füße sind gestreckt. Während der Übungsausführung zur Matte schauen, das Kinn auf das Brustbein drücken.

Variationen:
Kombination zwischen statischer und dynamischer Ausführung; wechselseitige Diagonalausführung rechter Arm – linkes Bein und umgekehrt

KNIE-VERLETZUNGEN	FUSS-VERLETZUNGEN	MUSKEL-VERLETZUNGEN	WIRBELSÄULEN-VERLETZUNGEN	SCHULTER-VERLETZUNGEN
PHASE 1	PHASE 1	PHASE 2	PHASE 2/3	PHASE 1/2

18 SPOREG-Reha-Matte

Therapieschwerpunkt:
Aufbau der hinteren Oberschenkelmuskulatur einschließlich der Wade, Rumpfstabilität, Stabilisierung des Kniegelenks

Beteiligte Muskelgruppen:
hintere Oberschenkel-, Waden-, Rücken-, Schulter-, Armmuskulatur

Belastungsprofil:
Hochleistungssportler:
25-30 Wdh., 5-8 Serien, 90-120 s Pause/Serie; statisch: 8-10 Wdh. à 15 s, 10-15 s Pause/Wdh., 2-3 Serien, 90-120 s Pause/Serie
Leistungssportler:
20-25 Wdh., 4-6 Serien, 120 s Pause/Serie; statisch: 8-10 Wdh. à 10 s, 15-20 s Pause/Wdh., 2-3 Serien, 90-120 s Pause/Serie
Freizeitsportler (Patient):
15-20 Wdh., 3-4 Serien, 120 s Pause/Serie; statisch: 6-8 Wdh. à 10 s, 15-20 s Pause/Wdh., 1-2 Serien, 90-120 s Pause/Serie

Belastung:
Gewichtsbelastung variabel durch Zugstärke der Gurte (mittel, stark)

Übungsausführung:
Bauchlage bei fixierter Hüfte und Rumpf, beide Unterarme werden auf der Matte fixiert, die Hände greifen in die Schlaufen. Der Kopf liegt entlastet auf der Matte (Halswirbelsäule nicht überstrecken). Den Unterschenkel gegen den Widerstand der Elastikschlaufe bis zu einem vorgegebenen Winkel dynamisch anbeugen (20 bis 90 Grad), bei statischer Belastung (45 Grad).

Variation:
wechselseitige Durchführung

KNIE-VERLETZUNGEN	FUSS-VERLETZUNGEN	MUSKEL-VERLETZUNGEN	WIRBELSÄULEN-VERLETZUNGEN	SCHULTER-VERLETZUNGEN
PHASE 2	PHASE 1	PHASE 2/3	PHASE 3	PHASE 2

SPOREG-Reha-Matte 19

Therapieschwerpunkt:
Arm-, Schulter-, Rumpfstabilisation, Kraftausdauer, Koordination

Beteiligte Muskelgruppen:
Arm-, Schulter-, Rumpfmuskulatur

Belastungsprofil:
Hochleistungssportler:
12-15 Wdh., 5 Serien, 1 Min. Pause/Serie; statisch: 8 Wdh. à 15-20 s, 20 s Pause/Wdh., 2 Serien, 60-90 s Pause/Serie;
Leistungssportler:
10-12 Wdh., 3-5 Serien, 1 Min. Pause/Serie; statisch: 6-8 Wdh. à 10-15 s, 20 s Pause/Wdh., 2 Serien, 60-90 s Pause/Serie;
Freizeitsportler (Patient):
8-10 Wdh., 3-4 Serien, 60-90 s Pause/Serie; statisch: 6-8 Wdh. à 10 s, 20 s Pause/Wdh., 1-2 Serien, 60-90 s Pause/Serie

Belastung:
Zugbelastung wird durch Härtegrad der Elastikgurte reguliert

Übungsausführung:
Rückenlage bei angewinkelten Kniegelenken und aufgestellten Fersen. Der Oberkörper ist fixiert (Lendenwirbelsäule und Kopf gegen die Unterlage pressen). Beide Hände umfassen die oberhalb der Matte angebrachten Elastikschlaufen. Beide Arme ziehen die Schlaufen gleichzeitig seitlich nach oben. Während der Anspannungsphase ausatmen.

Variationen:
wechselseitige Ausführung; mit angehobenen Beinen; Veränderung des Zugwiderstands und der Bewegungsamplitude

KNIE-VERLETZUNGEN	FUSS-VERLETZUNGEN	MUSKEL-VERLETZUNGEN	WIRBELSÄULEN-VERLETZUNGEN	SCHULTER-VERLETZUNGEN
PHASE 1	PHASE 2	PHASE 2/3	PHASE 3	PHASE 4

20 Therapiekreisel/Theraband

Therapieschwerpunkt:
Ganzkörperkoordination, funktionelle Gelenkstabilisation, Propriozeption

Beteiligte Muskelgruppen:
Arm-, Schulter-, Rumpf-, Hüft- und Beinmuskulatur

Belastungsprofil:
Hochleistungssportler:
statisch: 6-8 Wdh. à 30-60 s, 30-60 s Pause/Wdh., 2 Serien, 60-120 s Pause/Serie
Leistungssportler:
statisch: 5-8 Wdh. à 30-40 s, 30-60 s Pause/Wdh., 1-2 Serien, 60-120 s Pause/Serie
Freizeitsportler (Patient):
statisch: 5-6 Wdh. à 20-30 s, 30-60 s Pause/Wdh., 1 Serie

Belastung:
eigenes Körpergewicht

Übungsausführung:

Einbeinstand: aufrechte Körperhaltung. Das rechte Bein (Standbein) ist leicht gebeugt, das linke wird gebeugt angehoben. Beide Arme sind über dem Kopf gestreckt und ziehen das Theraband nach außen. Die entstehende Körperspannung ist bei gleichmäßiger Atmung über die Übungsdauer aufrecht zu erhalten.

Variationen:
wechselseitige Ausführung; unterschiedliche Gelenkwinkel; dynamische Pendelbewegung der Extremitäten

KNIE-VERLETZUNGEN	FUSS-VERLETZUNGEN	MUSKEL-VERLETZUNGEN	WIRBELSÄULEN-VERLETZUNGEN	SCHULTER-VERLETZUNGEN
PHASE 2/3	PHASE 2/3	PHASE 2/3	PHASE 3	PHASE 2

Therapiekreisel 21

Therapieschwerpunkt:
Koordination, Propriozeption, Haltungsstabilisation

Beteiligte Muskelgruppen:
Rumpf-, Hüftmuskulatur und komplexe Beinachse

Belastungsprofil:
Hochleistungssportler:
statisch: 6-8 Wdh. à 60-90 s, 30-60 s Pause/Wdh., 2 Serien, 90-120 s Pause/Serie
Leistungssportler:
statisch: 5-6 Wdh. à 30-60 s, 30-60 s Pause/Wdh., 1-2 Serien, 90-120 s Pause/Serie
Freizeitsportler (Patient):
statisch: 4-5 Wdh. à 30-60 s, 60-90 s Pause/Wdh., 1 Serie

Belastung:
eigenes Körpergewicht

Übungsausführung:
Einbeinstand: Bei aufrechter Körperhaltung das Standbein in der Mitte des Therapiekreisels leicht beugen. Das rechte Bein ist im Hüft- und Kniegelenk leicht gebeugt. Die Arme sind in Schulterhöhe fixiert. Während der Übungsausführung gleichmäßig atmen. Zur präzisen Ausführung der Übung in Augenhöhe einen Punkt fixieren.
Variation:
dynamisches Pendeln des rechten Beins, wechselseitige Ausführung

KNIE-VERLETZUNGEN	FUSS-VERLETZUNGEN	MUSKEL-VERLETZUNGEN	WIRBELSÄULEN-VERLETZUNGEN	SCHULTER-VERLETZUNGEN
PHASE 2/3	PHASE 2/3	PHASE 2/3	PHASE 3	PHASE 2

22 Therapiekreisel/Kurzhantel

Therapieschwerpunkt:
Koordination, Propriozeption, Haltungsstabilisation

Beteiligte Muskelgruppen:
Schulter,- Rumpf-, Hüftmuskulatur, komplexe Beinachse

Belastungsprofil:
Hochleistungssportler:
4-6 Wdh. à 30-60 s, 30-60 s Pause/Wdh., 2-3 Serien, 60-120 s Pause/Serie
Leistungssportler:
4-6 Wdh. à 30-60 s, 30-60 s Pause/Wdh., 1-2 Serien, 90-120 s Pause/Serie
Freizeitsportler (Patient):
4-6 Wdh. à 20-30 s, 30-60 s Pause/Wdh., 1-2 Serien, 90-120 s Pause/Serie

Belastung:
eigenes Körpergewicht, Kurzhantel (2 bis 3 kg)

Übungsausführung:
Einbeinstand in der Mitte des Therapiekreisels: Das Standbein im Kniegelenk leicht beugen. Den Oberkörper leicht nach vorn neigen. Das linke Bein leicht gebeugt hinter dem Therapiekreisel. Mit beiden Händen die Kurzhanteln fest umfassen. Die Arme abwechselnd vor dem Körper beugen und strecken.

Variation:
wechselseitige Ausführung der Standposition mit Veränderung des Kniegelenkwinkels

KNIE-VERLETZUNGEN	FUSS-VERLETZUNGEN	MUSKEL-VERLETZUNGEN	WIRBELSÄULEN-VERLETZUNGEN	SCHULTER-VERLETZUNGEN
PHASE 3	PHASE 3	PHASE 3	PHASE 4	PHASE 3/4

Therapiekreisel/SPOREG-Therapiewürfel 23

Therapieschwerpunkt:
Rumpfstabilisation, Koordination, Kräftigung der intersegmentalen Wirbelsäulenmuskulatur

Beteiligte Muskelgruppen:
komplexe Rumpfmuskulatur

Belastungsprofil:
Hochleistungssportler:
10-20 Wdh., 4-6 Serien, 60-120 s Pause/Serie; statisch: 8-10 Wdh. à 10-20 s, 15-20 s Pause/Wdh., 2-4 Serien, 1-2 Min. Pause/Serie
Leistungssportler:
10-15 Wdh., 3-5 Serien, 60-120 s Pause/Serie; statisch: 6-8 Wdh. à 10-15 s, 20- 30 s Pause/Wdh., 2-3 Serien, 1-2 Min. Pause/Serie
Freizeitsportler (Patient):
10 Wdh., 2-4 Serien, 60-120 s Pause/Serie; statisch: 6-8 Wdh. à 10 s, 20-30 s Pause/Wdh., 1-3 Serien, 1-2 Min. Pause/Serie

Belastung:
eigenes Körpergewicht

Übungsausführung:
Aufrechter Sitz auf dem Therapiekreisel. Der Blick ist nach vorn gerichtet. Die Arme wechselseitig mit einer Kurzhantel vor dem oder seitlich zum Oberkörper heben und senken. Die Füße haben keinen Kontakt zum Therapiewürfel. Nach jeder Wechselbewegung müssen zur Bewegungskontrolle und -korrektur einige Sekunden verstreichen. Zu beachten ist, daß die Wirbelsäule lotgerecht stabilisiert wird.

Während der Pausen aufstehen.

KNIE-VERLETZUNGEN	FUSS-VERLETZUNGEN	MUSKEL-VERLETZUNGEN	WIRBELSÄULEN-VERLETZUNGEN	SCHULTER-VERLETZUNGEN
PHASE 2	PHASE 2	PHASE 2/3	PHASE 3	PHASE 2/3

24 Therapiekreisel auf rutschfester Unterlage

Therapieschwerpunkt:
Propriozeption, Ganzkörperkoordination, funktionelle Gelenksstabilisation

Beteiligte Muskelgruppen:
Arm- Schulter-, Rumpf-, Hüft- und Beinmuskulatur

Belastungsprofil:
Hochleistungssportler:
statisch: 5-7 Wdh. à 30-90 s, 30-60 s Pause/Wdh., 1-2 Serien, 1-2 Min. Pause/Serie
Leistungssportler:
statisch: 4-5 Wdh. à 30-60 s, 30-90 s Pause/Wdh., 1-2 Serien, 1-2 Min. Pause/Serie
Freizeitsportler (Patient):
statisch: 3-4 Wdh. à 20-60 s, 30-90 s Pause/Wdh., 1 Serie

Belastung:
eigenes Körpergewicht

Übungsausführung:
Stand: aufrechte Körperhaltung. Horizontale Blickrichtung bei leicht gebeugten Kniegelenken. Beide Arme führen das Thera-Band unter Zugspannung seitwärts in Schulterhöhe nach außen. Unbedingt gleichmäßig atmen und die Ausgangsposition beibehalten.

Variation:
wechselseitige Ausführung, diagonale Zugwirkung der Arme, Einbeinstand

Variation

KNIE-VERLETZUNGEN	FUSS-VERLETZUNGEN	MUSKEL-VERLETZUNGEN	WIRBELSÄULEN-VERLETZUNGEN	SCHULTER-VERLETZUNGEN
PHASE 2	PHASE 2	PHASE 2/3	PHASE 3	PHASE 2

SPOREG-Therapiewürfel 25

Therapieschwerpunkt:
Rumpfstabilisation, Koordination, Kräftigung der intersegmentalen Wirbelsäulenmuskulatur, Schultermuskulatur

Beteiligte Muskelgruppen:
Schulter- und komplexe Rumpfmuskulatur

Belastungsprofil:
Hochleistungssportler:
statisch: 5-6 Wdh. à 30-60 s, 20-30 s Pause/Wdh., 2-3 Serien, 90-120 s Pause/Serie
Leistungssportler:
statisch: 4-5 Wdh. à 30-40 s, 30 s Pause/Wdh., 2-3 Serien, 90-120 s Pause/Serie
Freizeitsportler (Patient):
statisch: 3-5 Wdh. à 20-30 s, 30-40 s Pause/Wdh., 1-2 Serien, 90-120 s Pause/Serie

Belastung:
eigenes Körpergewicht und Kurzhantelgewicht

Übungsausführung:
Sitzposition bei aufgerichteter Wirbelsäule auf dem Therapiekreisel. Horizontale Blickrichtung. Die Arme seitlich hinter dem Kopf in Schulterhöhe verschränken. Die Beine sind seitlich leicht geöffnet, die Füße haben keinen Kontakt zum Therapiewürfel. Während der Übungsausführung gleichmäßig atmen. Während der einzelnen Pausen soll die Sitzfläche verlassen werden.

Variation:
Arme nach oben strecken

KNIE-VERLETZUNGEN	FUSS-VERLETZUNGEN	MUSKEL-VERLETZUNGEN	WIRBELSÄULEN-VERLETZUNGEN	SCHULTER-VERLETZUNGEN
PHASE 1	PHASE 1	PHASE 2	PHASE 3	PHASE 2

26 Therapiekreisel/Gymnastikstab

Therapieschwerpunkt:
Koordination, Propriozeption, Haltungsstabilisation

Beteiligte Muskelgruppen:
Rumpf-, Schulter-, Hüftmuskulatur, komplexe Beinachse

Belastungsprofil:
Hochleistungssportler:
6 Wdh. à 30-60 s, 30-60 s Pause/Wdh., 2 Serien, 2 Min. Pause/Serie
Leistungssportler:
4-5 Wdh. à 30 s, 30-60 s Pause/Wdh., 1-2 Serien, 2 Min. Pause/Serie
Freizeitsportler (Patient):
4-5 Wdh. à 20-30 s, 30-60 s Pause/Wdh., 1-2 Serien, 2-3 Min. Pause/Serie

Belastung:
eigenes Körpergewicht

Übungsausführung:
Einbeinstand: Das rechte Bein in der Mitte des Therapiekreisels leicht beugen. Das linke ist im Hüft- und Kniegelenk angewinkelt. Beide Hände umgreifen bei gestreckten Armen in Vorhalte einen Gymnastikstab. Bei der Übungsausführung gleichmäßig atmen.

Variationen:
wechselseitige Ausführung mit Pendeln des linken Beins; Gymnastikstab hinter dem Rumpf fixieren; Standbein in Streckposition halten

KNIE-VERLETZUNGEN	FUSS VERLETZUNGEN	MUSKEL-VERLETZUNGEN	WIRBELSÄULEN-VERLETZUNGEN	SCHULTER-VERLETZUNGEN
PHASE 2/3	PHASE 2/3	PHASE 3	PHASE 4	PHASE 2/3

Gymnastikball 27

Therapieschwerpunkt:
komplexe Rumpfstabilisation, Koordination, Propriozeption, Schulter- und Hüftfixation

Beteiligte Muskelgruppen:
Arm- Schulter-, Rumpf-, Hüft- und Beinmuskulatur

Belastungsprofil:
Hochleistungssportler:
statisch: 8-10 Wdh. à 20-30 s, 20-30 s Pause/Wdh., 2 Serien, 90-120 s Pause/Serie
Leistungssportler:
statisch: 6-8 Wdh. à 15-20 s, 20-30 s Pause/Wdh., 1-2 Serien, 90-120 s Pause/Serie
Freizeitsportler (Patient):
statisch: 6-8 Wdh. à 10-15 s, 20-30 s Pause/Wdh., 1-2 Serien, 2 Min. Pause/Serie

Belastung:
eigenes Körpergewicht

Übungsausführung:
Sitzposition mit aufrechtem Oberkörper. Beide Arme über dem Kopf zusammenführen, die Handflächen drücken fest gegeneinander. Das rechte Bein steht gebeugt ohne Kontakt des Unterschenkels mit dem Ball am Boden. Auf richtige Ballhöhe und regelmäßige Atmung achten.
Variation:
wechselseitige Ausführung der Beinstreckung, veränderte Armhaltung

KNIE-VERLETZUNGEN	FUSS-VERLETZUNGEN	MUSKEL-VERLETZUNGEN	WIRBELSÄULEN-VERLETZUNGEN	SCHULTER-VERLETZUNGEN
PHASE 1/2	PHASE 2	PHASE 2	PHASE 3	PHASE 3

28 Gymnastikball

Therapieschwerpunkt:
Komplexe Rumpfstabilisation, Koordination, Schulter- und Hüftfixation

Beteiligte Muskelgruppen:
Arm-, Schulter-, Rumpf-, Hüft- und Beinmuskulatur

Belastungsprofil:
Hochleistungssportler:
statisch: 6-8 Wdh. à 30-60 s, 30-40 s Pause/Wdh., 1-2 Serien, 60-90 s Pause/Serie
Leistungssportler:
statisch: 4-6 Wdh. à 30-60 s, 60 s Pause/Wdh., 1 Serie
Freizeitsportler (Patient):
statisch: 3-5 Wdh. à 20-40 s, 60-90 s Pause/Wdh., 1 Serie

Belastung:
eigenes Körpergewicht

Übungsausführung:
Bauchlage mit gespreizten Beinen und seitlich nach hinten gestreckt geführten Armen. Der Blick ist auf den Boden gerichtet. Um die Gesamtkörperstabilisation zu verbessern, den Körper über dem Gymnastikball ausbalancieren.

Variation:
Kontrollierte Ausgleichsbewegungen beider Arme erleichtern die Aufgabenstellung.

KNIE-VERLETZUNGEN	FUSS-VERLETZUNGEN	MUSKEL-VERLETZUNGEN	WIRBELSÄULEN-VERLETZUNGEN	SCHULTER-VERLETZUNGEN
PHASE 1/2	**PHASE 1/2**	**PHASE 2/3**	**PHASE 3/4**	**PHASE 2/3**

Gymnastikball 29

Therapieschwerpunkt:
Koordination, Kräftigung der Rumpfmuskulatur

Beteiligte Muskelgruppen:
Schulter-, Arm-, Rumpf- und Beinmuskulatur

Belastungsprofil:
Hochleistungssportler:
20-25 Wdh., 4-6 Serien, 90-120 s Pause/Serie;
statisch: 8-10 Wdh. à 20-30 s, 10-20 s Pause/Wdh.,
3-4 Serien, 2 Min. Pause/Serie
Leistungssportler:
15-20 Wdh., 3-4 Serien, 90-120 s Pause/Serie;
statisch: 6-8 Wdh. à 15-20 s, 15-20 s Pause/Wdh.,
2-3 Serien, 2 Min. Pause/Serie
Freizeitsportler (Patient):
10-15 Wdh., 2-3 Serien, 90-120 s Pause/Serie;
statisch: 5-6 Wdh. à 10-15 s, 15-20 s Pause/Wdh.,
2 Serien, 2 Min. Pause/Serie

Belastung:
eigenes Körpergewicht

Übungsausführung:
Der Oberkörper ruht in Rückenlage auf einem Gymnastikball. Beide Beine sind angewinkelt, drücken gegen die Wand und geben wieder nach, dabei den Grad der Beinstreckung variieren. Die Füße sind flach aufgesetzt, die Arme seitlich am Körper gestreckt. Kopfhaltung und Blick sind bei Übungsausführung in Richtung Knie gerichtet.

Variationen:
Veränderung der Armposition; einbeinige Ausführung; diagonale Raumveränderung; Kombination zwischen statischer und dynamischer Ausführung; kontrolliertes Anheben des Oberkörpers bei der Ausführung

Hinweis:
Übung anfangs oder bei Bedarf mit Hilfestellung durchführen

KNIE-VERLETZUNGEN	FUSS-VERLETZUNGEN	MUSKEL-VERLETZUNGEN	WIRBELSÄULEN-VERLETZUNGEN	SCHULTER-VERLETZUNGEN
PHASE 2	PHASE 2	PHASE 2/3	PHASE 3	PHASE 1/2

30 Kippbrett

Therapieschwerpunkt:
Koordination, Propriozeption, Stabilisation, dynamische Gleichgewichtsregulation

Beteiligte Muskelgruppen:
Unterschenkel-, Oberschenkel-, Hüft-, Rumpf-, Schulter-, Armmuskulatur

Belastungsprofil:
Hochleistungssportler:
15-30 Wdh., 5-8 Serien, 60-90 s Pause/Serie; statisch: 6-8 Wdh. à 30 s, 10-20 s Pause/Wdh., 2 Serien, 90-120 s Pause/Serie
Leistungssportler:
15-20 Wdh., 4-6 Serien, 60-90 s Pause/Serie; statisch: 5-6 Wdh. à 20-30 s, 10-20 s Pause/Wdh., 1-2 Serien, 90-120 s Pause/Serie
Freizeitsportler (Patient):
12-20 Wdh., 3-5 Serien, 60-120 s Pause/Serie; statisch: 4-6 Wdh. à 20-30 s, 10-20 s Pause/Wdh., 1 Serie

Belastung:
Gewichtsbelastung: Körpergewicht

Übungsausführung:
Einbeinstand bei gebeugtem Kniegelenk des Standbeins, aufrechte Körperhaltung mit Blick geradeaus. Arme in Hüfthöhe. Das freie Bein ist angewinkelt. Der Softball wird zur diagonalen Beanspruchung der Muskelketten mit der linken Hand auf die Knieinnenseite gedrückt. Bei dynamischer Ausführung wird der Ball von hinten oben nach vorn unten geführt (Diagonalbewegung)

Variationen:
Airex-Matte; Therapiekreisel mit gleicher Übungsausführung

KNIE-VERLETZUNGEN	FUSS VERLETZUNGEN	MUSKEL-VERLETZUNGEN	WIRBELSÄULEN-VERLETZUNGEN	SCHULTER-VERLETZUNGEN
PHASE 2/3	PHASE 2/3	PHASE 2/3	PHASE 3	PHASE 2/3

Kippbrett/Softball 31

Therapieschwerpunkt:
Koordination, Propriozeption, Stabilisation, dynamische Gleichgewichtsregulation

Beteiligte Muskelgruppen:
Unterschenkel-, Oberschenkel-, Hüft-, Rumpfmuskulatur

Belastungsprofil:
Hochleistungssportler:
20-30 Wdh., 6-8 Serien, 30-60 s Pause/Serie
Leistungssportler:
20-25 Wdh., 4-6 Serien, 30-60 s Pause/Serie
Freizeitsportler (Patient):
15-25 Wdh., 3-5 Serien, 60-90 s Pause/Serie

Belastung:
Gewichtsbelastung: Körpergewicht

Übungsausführung:
Beidbeiniger Stand in Schrittstellung mit gebeugten Kniegelenken und aufrechter Körperhaltung. Blickrichtung horizontal. Hände fixieren die Hüfte. Der Softball wird mit den Knieinnenseiten gehalten, dynamischer Belastungswechsel vom vorderen auf das hintere Bein und umgekehrt.

Variation:
Gewichtsverlagerung auf dem Kippbrett und seitlich zur Blickrichtung

KNIE-VERLETZUNGEN	FUSS-VERLETZUNGEN	MUSKEL-VERLETZUNGEN	WIRBELSÄULEN-VERLETZUNGEN	SCHULTER-VERLETZUNGEN
PHASE 2	PHASE 2	PHASE 2/3	PHASE 3	PHASE 1/2

32 Therapie-Steps

Therapieschwerpunkt:
Koordination, Propriozeption, komplexe Bewegungssteuerung

Beteiligte Muskelgruppen:
komplexe Ganzkörperbewegung

Belastungsprofil:
Hochleistungssportler:
3 Min., 5 Serien, 1 Min. Pause/Serie
Leistungssportler:
3 Min., 4 Serien, 90 s Pause/Serie
Freizeitsportler (Patient):
2 Min., 4 Serien, 90 s Pause/Serie

Belastung:
eigenes Körpergewicht

Übungsausführung:
Aufrechte Körperhaltung, wechselseitiges, seitliches Auf- und Absteigen über den Step-Parcours durch Nachstellschritte. Auf die diagonale Mitführung der Arme zur Rhythmusstabilisierung achten.

Variation:
unterschiedliche Höhe der Therapie-Steps, Schrittfrequenzsteuerung durch äußere akustische Vorgaben (z.B. Musik)

KNIE-VERLETZUNGEN	FUSS-VERLETZUNGEN	MUSKEL-VERLETZUNGEN	WIRBELSÄULEN-VERLETZUNGEN	SCHULTER-VERLETZUNGEN
PHASE 2/3	PHASE 2/3	PHASE 2/3	PHASE 3	PHASE 1/2

Softball 33

Therapieschwerpunkt:
Koordination, Ballgefühl, Reprogrammierung sportartspezifischer Bewegungsmuster, Motivation

Beteiligte Muskelgruppen:
Hüft-, Rumpf- Beinmuskulatur

Belastungsprofil:
Hochleistungssportler:
30-60 s, 8-10 Serien, 1 Min. Pause/Serie
Leistungssportler:
30 s, 6-8 Serien, 1 Min. Pause/Serie
Freizeitsportler (Patient):
15 s, 6-8 Serien, 1 Min. Pause/Serie

Übungsausführung:
Den Softball mit dem Fuß über eine vorgegebene Zeit jonglieren. Diese Übung wird wechselseitig absolviert.

Variation:
Kombination Fuß-Knie-Kopf

KNIE-VERLETZUNGEN	FUSS-VERLETZUNGEN	MUSKEL-VERLETZUNGEN	WIRBELSÄULEN-VERLETZUNGEN	SCHULTER-VERLETZUNGEN
PHASE 3	PHASE 3	PHASE 3	PHASE 4	PHASE 2

34 Weichbodenmatte

Therapieschwerpunkt:
Koordination, Stabilisation, Propriozeption, funktionelles Muskeltraining, Ganzkörperübungen

Beteiligte Muskelgruppen:
Oberschenkel-, Waden-, Fuß-, Hüft- und Rumpfmuskulatur

Belastungsprofil:

Hochleistungssportler:
1-3 Min. Laufen, Tempovariationen, Richtungswechsel, 5-8 Serien, 1-3 Min. Pause/Serie; statisch: 6-10 Wdh. à 30-60 s Einbeinstand, 30 s Pause/Wdh., 1-2 Serien, 1-3 Min. Pause/Serie

Leistungssportler:
1-2 Min. Laufen, Tempovariationen, Richtungswechsel, 4-6 Serien, 1-3 Min. Pause/Serie; statisch: 5-8 Wdh. à 30-40 s Einbeinstand, 30-50 s Pause/Wdh., 1-2 Serien, 1-3 Min. Pause/Serie

Freizeitsportler (Patient):
60-90 s Laufen, Tempovariationen, Richtungswechsel, 4-5 Serien, 2-3 Min. Pause/Serie; statisch: 4-6 Wdh. à 20-30 s Einbeinstand, 30-60 s Pause/Wdh., 1-2 Serien, 2-3 Min. Pause/Serie

Belastungsprofil:
Gewichtsbelastung: Körpergewicht

Übungsausführung:
Freies, gleichmäßiges Laufen seitwärts bei Endstreckung des verletzten Kniegelenks. Gleichmäßige Gewichtsverteilung auf beide Beine. Aufrechte Haltung mit dynamischem Armeinsatz zur Stabilisierung.

Variationen:
Richtungswechselläufe; Stopp- und Sprungkombinationen; Skipping auf der Stelle; Veränderung von Trittfrequenz und Kniehubhöhe. Einbeinstand bei leicht gebeugtem Kniegelenk

KNIE-VERLETZUNGEN	FUSS-VERLETZUNGEN	MUSKEL-VERLETZUNGEN	WIRBELSÄULEN-VERLETZUNGEN	SCHULTER-VERLETZUNGEN
PHASE 3	PHASE 3	PHASE 3	PHASE 4	PHASE 2/3

Weichbodenmatte 35

Therapieschwerpunkt:
Koordination, Stabilisation, Propriozeption, funktionelles Muskeltraining, Rumpfstabilisierung

Beteiligte Muskelgruppen:
Oberschenkel-, Waden-, Fuß-, Hüft-, und Rumpfmuskulatur

Belastungsprofil:
Hochleistungssportler:
1-3 Min. Gehen, 4-8 Serien, 60-120 s Pause/Serie; statisch: 4-8 Wdh. à 30-60 s Einbeinstand, 30-90 s Pause/Wdh., 2 Serien, 3 Min. Pause/Serie
Leistungssportler:
1-3 Min. Gehen, 4-6 Serien, 90-120 s Pause/Serie; statisch: 4-6 Wdh. à 30 s Einbeinstand, 60-90 s Pause/Wdh., 1-2 Serien, 3 Min. Pause/Serie
Freizeitsportler (Patient):
1-2 Min. Gehen, 4-5 Serien, 120 s Pause/Serie; statisch: 4-6 Wdh. à 20-30 s Einbeinstand, 60-120 s Pause/Wdh., 1 Serie

Belastung:
Gewichtsbelastung: Körpergewicht

Übungsausführung:
Freies gleichmäßiges Gehen unter Vermeidung der Endstreckung im Kniegelenk. Gleichmäßige Gewichtsverlagerung wechselseitig auf beiden Beinen. Aufrechte Körperhaltung während des Gehens mit dynamischem Armeinsatz zur Ganzkörperstabilisierung.

Variationen:
statisch im Einbeinstand bei leicht gebeugtem Kniegelenk; Veränderung der Trittfrequenz; Veränderung der Kniehubhöhe

KNIE-VERLETZUNGEN	FUSS VERLETZUNGEN	MUSKEL-VERLETZUNGEN	WIRBELSÄULEN-VERLETZUNGEN	SCHULTER-VERLETZUNGEN
PHASE 2	PHASE 2/3	PHASE 2/3	PHASE 3	PHASE 1

36 SPOREG-Laufkeil

Therapieschwerpunkt:
Koordination, Propriozeption, Haltungsstabilisation, Herzkreislaufstimulation

Beteiligte Muskelgruppen:
Rumpf-, Hüft-, Beinmuskulatur, komplexe Ganzkörperbelastung

Belastungsprofil:
Hochleistungssportler:
2-5 Min., 6-8 Serien, 60-90 s Pause/Serie; statisch: 8-10 Wdh. à 20-30 s, 15-30 s Pause/Wdh., 3-4 Serien, 1-2 Min. Pause/Serie
Leistungssportler:
2-3 Min., 4-6 Serien, 90-120 s Pause/Serie; statisch: 6-8 Wdh. à 15-20 s, 20-30 s Pause/Wdh., 2-3 Serien, 1-2 Min. Pause/Serie
Freizeitsportler (Patient):
1-2 Min., 4-6 Serien, 90-120 s Pause/Serie; statisch: 6-8 Wdh. à 10-15 s, 20-30 s Pause/Wdh., 2-3 Serien, 1-2 Min. Pause/Serie

Belastung:
eigenes Körpergewicht

Übungsausführung:
Aufrechte Körperhaltung (Laufstellung). Bergauf- und Bergabläufe (Laufkeil) mit kurzen Schrittlängen. Zu beachten ist die diagonale Armbewegung zum Schrittwechsel durch Kniehubveränderung und Schrittfrequenz.

Variationen:
ausschließlich Bergaufläufe; Kombination zwischen Bergauf- und Bergabläufen vorwärts-rückwärts-seitwärts; Kombination von dynamischer und statischer Belastung

KNIE-VERLETZUNGEN	FUSS-VERLETZUNGEN	MUSKEL-VERLETZUNGEN	WIRBELSÄULEN-VERLETZUNGEN	SCHULTER-VERLETZUNGEN
PHASE 3	PHASE 3	PHASE 3	PHASE 3/4	PHASE 1/2

SPOREG-Laufkeil 37

Therapieschwerpunkt:
Koordination, Propriozeption, Haltungsstabilisation

Beteiligte Muskelgruppen:
Rumpf-, Hüftmuskulatur, Komplexe Beinachse

Belastungsprofil:
Hochleistungssportler:
20-30 Wdh., 3-6 Serien, 1-2 Min. Pause/Serie; statisch: 10 Wdh. à 10-15 s, 10-20 s Pause/Wdh., 2-3 Serien, 90-120 s Pause/Serie
Leistungssportler:
20 Wdh., 3-4 Serien, 1-2 Min. Pause/Serie; statisch: 8 Wdh. à 10 s, 15-20 s Pause/Wdh., 2 Serien, 90-120 s Pause/Serie
Freizeitsportler (Patient):
15-20 Wdh., 3 Serien, 1-2 Min. Pause/Serie; statisch: 6 Wdh. à 10 s, 20 s Pause/Wdh., 3 Serien, 90-120 s Pause/Serie

Belastung:
eigenes Körpergewicht

Übungsausführung:

Standposition: Das rechte Standbein im Kniegelenk leicht beugen. Das linke Bein im Hüft- und Kniegelenk leicht anwinkeln. Beide Arme stützen in die Hüfte. Aufrechte Körperhaltung und gleichmäßige Atmung.

Variationen:
wechselseitige Ausführung; Veränderung des Kniegelenkwinkels und der Armhaltung; wechselseitige Laufbelastung gegen die Schräge (Laufkeil) bei unterschiedlicher Geschwindigkeit (Side steps)

KNIE-VERLETZUNGEN	FUSS-VERLETZUNGEN	MUSKEL-VERLETZUNGEN	WIRBELSÄULEN-VERLETZUNGEN	SCHULTER-VERLETZUNGEN
PHASE 3	PHASE 3	PHASE 3	PHASE 4	PHASE 2

38 SPOREG-Pointrunner

Therapieschwerpunkt:
Koordination, Stabilisation, funktionelle Beweglichkeit, Muskelaufbau, Verbesserung der Muskelkraft

Beteiligte Muskelgruppen:
Schulter, Arme, Hüfte, Rumpf, Ober-/Unterschenkel

Belastungsprofil:
Hochleistungssportler:
20 Wdh., 4-6 Serien, 60-90 s Pause/Serie; statisch: 12 Wdh. à 20 s, 20-30 s Pause/Wdh., 2 Serien, 60-90 s Pause/Serie

Leistungssportler:
15-20 Wdh., 4 Serien, 90-120 s Pause/Serie; statisch: 10 Wdh. à 15 s, 20-30 s Pause/Wdh., 2 Serien, 60-120 s Pause/Serie

Freizeitsportler (Patient):
12-15 Wdh., 3-4 Serien, 90-120 s Pause/Serie; statisch: 10 Wdh. à 10 s, 30 s Pause/Wdh., 2 Serien, 60-90 s Pause/Serie

Belastung:
In Relation zum Körpergewicht (unter Beachtung der Gurtlänge)

Übungsausführung:
Einbeinstand bei leicht gebeugtem Kniegelenk des Standbeins, aufrechte Körperhaltung, Arme unter Schulterhöhe angewinkelt, Hände im Untergriff in den langen Elastikgurten. Das andere, angewinkelte Bein befindet sich mit dem Fuß in der kurzen Elastikschlaufe. Bei gleichmäßigem Zug beider Arme nach oben das Bein gegen den Widerstand nach vorne oben führen.

Variation:
wechselweiser Armzug

KNIE-VERLETZUNGEN	FUSSVERLETZUNGEN	MUSKEL-VERLETZUNGEN	WIRBELSÄULEN-VERLETZUNGEN	SCHULTER-VERLETZUNGEN
PHASE 2	PHASE 2/3	PHASE 2/3	PHASE 4	PHASE 2/3

SPOREG-Pointrunner 39

Therapieschwerpunkt:
Koordination, Stabilisation, funktionelles Muskeltraining, Kraftausdauer

Beteiligte Muskelgruppen:
Schulter-, Arm-, Hüft-, Rumpf-, Ober-/Unterschenkel-, Fußmuskulatur

Belastungsprofil:
Hochleistungssportler:
2-3 Min., 5-7 Serien, 1-2 Min. Pause/Serie; statisch: 6-8 Wdh. à 30-60 s; 60-120 s Pause/Wdh., 1-2 Serien, 2-3 Min. Pause/Serie
Leistungssportler:
90-120 s, 4-5 Serien, 1-2 Min. Pause/Serie; statisch: 4-6 Wdh. à 30-45 s; 60-120 s Pause/Wdh., 1-2 Serien, 2-3 Min. Pause/Serie
Freizeitsportler (Patient):
60-120 s, 3-5 Serien, 1-3 Min. Pause/Serie; statisch: 3-5 Wdh. à 30-45 s; 90-120 s Pause/Wdh., 1 Serie

Belastung:
Gewichtsbelastung in Relation zum Körpergewicht (Einstellen der Gurtlänge nach Körperhöhe und Gewicht)

Übungsausführung:
Ausgangsposition: Stand mit schulterbreiter Fußstellung. Die Hände greifen in die Schlaufen der über den Schultern liegenden Elastikgurte. Wechselseitige Laufsimulation mit dynamischem Armeinsatz. Diagonalbewegung der Arme und Beine.
Variationen:
Frequenzwechsel; Veränderung des Kniehubs; Verlagerung des Fußaufsatzes; Veränderung des Widerstandsgrads durch Verkürzung des Zuggurtes; Halten in unterschiedlichen Kniebeugestellungen

KNIE-VERLETZUNGEN	FUSS-VERLETZUNGEN	MUSKEL-VERLETZUNGEN	WIRBELSÄULEN-VERLETZUNGEN	SCHULTER-VERLETZUNGEN
PHASE 2/3	PHASE 2/3	PHASE 3	PHASE 3/4	PHASE 3

40 Fester Untergrund

Therapieschwerpunkt:
Koordination, Propriozeption, Haltungsstabilisation, Dehnung

Beteiligte Muskelgruppen:
Komplexe Ganzkörperübung für Schulter-, Rumpf-, Gesäß- und Beinmuskulatur

Belastungsprofil:

Hochleistungssportler:
20-30 Wdh., 2-4 Serien, 1 Min. Pause/Serie; statisch: 5-7 Wdh. à 20-30 s, 20-30 s Pause/Wdh., 2-3 Serien, 1-2 Min. Pause/Serie

Leistungssportler:
15-20 Wdh., 2-3 Serien, 1 Min. Pause/Serie; statisch: 5-7 Wdh. à 15-20 s, 30 s Pause/Wdh., 2-3 Serien, 1-2 Min. Pause/Serie

Freizeitsportler (Patient):
10-15 Wdh., 2-3 Serien, 1 Min. Pause/Serie; statisch: 5-7 Wdh. à 10-15 s, 30 s Pause/Wdh., 2-3 Serien, 1-2 Min. Pause/Serie

Belastung:
eigenes Körpergewicht, Regulation der Zugwirkung über die Arme

Übungsausführung:
Einbeinstand bei leicht gebeugtem Knie des Standbeins: Das linke Bein gebeugt anheben und in Hüfthöhe bis über die Körpermitte auf die Gegenseite (Diagonale) führen. Die rechte Hand greift auf die Außenseite des linken Knies und zieht dieses zur rechten Schulter nach oben. Den linken Arm zur Gleichgewichtssicherung nach hinten strecken.

Variationen:
wechselseitige Ausführung, labile Unterlage (Pointrunner)

KNIE-VERLETZUNGEN	FUSS-VERLETZUNGEN	MUSKEL-VERLETZUNGEN	WIRBELSÄULEN-VERLETZUNGEN	SCHULTER-VERLETZUNGEN
PHASE 2	PHASE 2	PHASE 2/3	PHASE 3/4	PHASE 3

Laufband 41

Therapieschwerpunkt:
Koordination, Gangbild, Laufverhalten, Ausdauer

Beteiligte Muskelgruppen:
Ganzkörperbelastung

Belastungsprofil:
Hochleistungssportler:
3-5 Min., 6 Serien, 1 Min. Pause/Serie oder 15-30 Min. herzfrequenzorientiert
Leistungssportler:
3-4 Min., 4-5 Serien, 1 Min. Pause/Serie oder 15-20 Min. herzfrequenzorientiert
Freizeitsportler (Patient):
3-4 Min., 2-4 Serien, 60-90 s Pause/Serie oder 12-15 Min. herzfrequenzorientiert

Belastung:
Gewichtsbelastung: Körpergewicht (herzfrequenzorientiert)

Übungsausführung:

Aufrechte Körperhaltung mit horizontaler Blickrichtung, gleichmäßiges Gehen bzw. Laufen auf dem Laufband unter Beachtung der Diagonalbelastung von Armen und Beinen. Kontrolliertes Abrollverhalten unter Vermeidung der Kniegelenksendstreckung,

Variationen:
Veränderung der Geschwindigkeit; Veränderung von Schrittfrequenz, Schrittlänge, Kniehub und Abrollverhalten

KNIE-VERLETZUNGEN	FUSS-VERLETZUNGEN	MUSKEL-VERLETZUNGEN	WIRBELSÄULEN-VERLETZUNGEN	SCHULTER-VERLETZUNGEN
PHASE 3	PHASE 2	PHASE 3	PHASE 3	PHASE 2

42 Laufband H-P Cosmos

Therapieschwerpunkt:
Koordination und Laufschule, Ganganalyse

Beteiligte Muskelgruppen:
komplexe Ganzkörperbewegung

Belastungsprofil:
Hochleistungssportler:
6-8 Wdh. à 3-5 Min., 1-2 Min. Pause/Wdh., oder: 1 x 20-40 Min.
Leistungssportler:
4-6 Wdh. à 3-5 Min., 1-2 Min. Pause/Wdh., oder: 1 x 15-30 Min.
Freizeitsportler (Patient):
3-5 Wdh. à 3-5 Min., 1-2 Min. Pause/Wdh., oder: 1 x 10-30 Min.

Belastung:
in Abhängigkeit von Bewegungsgeschwindigkeit und Steigungen und Abstützen mit Hilfe der Arme

Übungsausführung:
Standposition bei abgestütztem Oberkörper mit Griffassung. Die Belastung resultiert aus der vorgegebenen Geschwindigkeit bzw. Steigung. Schrittfrequenz und Schrittlänge im Behandlungszyklus variieren. Die (Selbst-)Kontrolle der Bewegungsausführung erfolgt durch Spiegel, Therapeut oder Videoanlage.

KNIE-VERLETZUNGEN	FUSS-VERLETZUNGEN	MUSKEL-VERLETZUNGEN	WIRBELSÄULEN-VERLETZUNGEN	SCHULTER-VERLETZUNGEN
PHASE 2/3	PHASE 2/3	PHASE 2/3	PHASE 3	PHASE 1/2

Rumpf-Rotator 43

Therapieschwerpunkt:
Koordination, Rumpfstabilisation, Entwicklung von Muskelkraft

Beteiligte Muskelgruppen:
Rumpf-, Schulter-, Hüftmuskulatur

Belastungsprofil:
Hochleistungssportler:
20-25 Wdh., 4-6 Serien, 1-2 Min. Pause/Serie, statisch: 10 Wdh. à 20 s, 20-30 s Pause/Wdh., 2 Serien, 1-2 Min. Pause/Serie
Leistungssportler:
15-20 Wdh., 3-4 Serien, 1-2 Min. Pause/Serie, statisch: 10 Wdh. à 15 s, 20-30 s Pause/Wdh., 2 Serien, 1-2 Min. Pause/Serie
Freizeitsportler (Patient):
12-15 Wdh., 3-4 Serien, 1-2 Min. Pause/Serie, statisch: 10 Wdh. à 12 s, 20-30 s Pause/Wdh., 2 Serien, 1-2 Min. Pause/Serie

Belastung:
Gewichtsbelastung in Relation zum Körpergewicht (zwischen 20 und 50 %)

Übungsausführung:
Aufrechte gerade Sitzposition bei fixiertem Kniegelenk. Die linke Schulter drückt gegen den Widerstandsarm nach hinten. Die rechte Schulter gleicht die Druckstärke nach vorn aus (Rotation nach links). Übung in gleichmäßiger Geschwindigkeit ausführen.

Variation:
wechselseitige Ausführung

KNIE-VERLETZUNGEN	FUSS-VERLETZUNGEN	MUSKEL-VERLETZUNGEN	WIRBELSÄULEN-VERLETZUNGEN	SCHULTER-VERLETZUNGEN
PHASE 1/2	PHASE 1	PHASE 2/3	PHASE 3/4	PHASE 3/4

44 Seilzug

Therapieschwerpunkt:
Koordination, Stabilisation, Muskelaufbau, Entwicklung der Muskelkraft in der Schulter

Beteiligte Muskelgruppen:
Rumpf, Schulter, Hüfte, Oberschenkel, Waden

Belastungsprofil:
Hochleistungssportler:
20-25 Wdh., 4-6 Serien, 2-3 Min. Pause/Serie; statisch: 10-15 Wdh. à 20-30 s, 20-30 s Pause/Wdh., 2-3 Serien, 2-3 Min. Pause/Serie
Leistungssportler:
15-20 Wdh., 3-5 Serien, 2-3 Min. Pause/Serie; statisch: 8-12 Wdh. à 20-30 s, 30 s Pause/Wdh., 2 Serien, 3 Min. Pause/Serie
Freizeitsportler (Patient):
10-15 Wdh., 3-4 Serien, 2-3 Min. Pause/Serie; statisch: 6-10 Wdh. à 20-30 s, 30 s Pause/Wdh., 1-2 Serien, 3 Min. Pause/Serie

Belastung:
Gewichtsbelastung in Relation zum Körpergewicht

Übungsausführung:
Einbeinstand bei leicht gebeugtem Kniegelenk des Standbeins, aufrechte Körperhaltung, Arme in Schulterhöhe anwinkeln. Bewegungsrichtung: Die vor dem Körper gekreuzten Arme von vorne nach hinten oben auseinanderführen (Schulterblattfixation!).
Ausführungsgeschwindigkeit: gleichmäßig, beidarmig

Variation:
Standposition auf labiler Unterlage

KNIE-VERLETZUNGEN	FUSS-VERLETZUNGEN	MUSKEL-VERLETZUNGEN	WIRBELSÄULEN-VERLETZUNGEN	SCHULTER-VERLETZUNGEN
PHASE 2	PHASE 2	PHASE 3	PHASE 3	PHASE 3/4

Seilzug 45

Therapieschwerpunkt:
Kraftausdauer, Rumpf- und Schulterstabilisation

Beteiligte Muskelgruppen:
Arm-, Schulter-, Rumpf- und Hüftmuskulatur

Belastungsprofil:
Hochleistungssportler:
20-25 Wdh., 6 Serien, 30-40 s Pause/Serie; statisch: 10 Wdh. à 10 s, 10 s Pause/Wdh., 2 Serien, 30-50 s Pause/Serie
Leistungssportler:
15-20 Wdh., 4-5 Serien, 30-50 s Pause/Serie; statisch: 8 Wdh. à 10 s, 10-15 s Pause/Wdh., 2 Serien, 30-50 s Pause/Serie
Freizeitsportler (Patient):
10-15 Wdh., 3-4 Serien, 40-50 s Pause/Serie; statisch: 6 Wdh. à 10 s, 15-20 s Pause/Wdh., 2 Serien, 40-50 s Pause/Serie

Belastung:
ca. 5 bis 10 % des Körpergewichts

Übungsausführung:
Seitliche Standposition bei aufrechter Körperhaltung. Hüftbreite Fußposition mit leicht gebeugten Kniegelenken. Der rechte Arm ist seitlich am Körper fixiert, die linke Hand umfaßt den Griff des Seilzuges. Der Oberarm liegt am Rumpf an. Den Unterarm in der Horizontalen gegen den Widerstand seitlich nach außen führen.
Variationen:
wechselseitige Ausführung; statische Ausführung; Gewichtsveränderung; Amplitudenverschiebung; Veränderung von Frequenz oder Zugwinkel

KNIE-VERLETZUNGEN	FUSS-VERLETZUNGEN	MUSKEL-VERLETZUNGEN	WIRBELSÄULEN-VERLETZUNGEN	SCHULTER-VERLETZUNGEN
PHASE 2	PHASE 2	PHASE 3	PHASE 3	PHASE 3

46 Seilzug/SPOREG-Pointrunner

Therapieschwerpunkt:
Kraftausdauer, Rumpf- und Schulterstabilisation, Propriozeption

Beteiligte Muskelgruppen:
Arm-, Schulter-, Rumpf-, Hüft- und Beinmuskulatur

Belastungsprofil:
Hochleistungssportler:
20-25 Wdh., 5-6 Serien, 1 Min. Pause/Serie ; statisch: 8-10 Wdh. à 20 s, 15-20 s Pause/Wdh., 2 Serien, 1 Min. Pause/Serie
Leistungssportler:
20 Wdh., 4-5 Serien, 1 Min. Pause/Serie; statisch: 7 Wdh. à 20 s, 20 s Pause/Wdh., 2 Serien, 1 Min. Pause/Serie
Freizeitsportler (Patient):
10-15 Wdh., 3-4 Serien, 1 Min. Pause/Serie; statisch: 7 Wdh. à 15 s, 20-30 s Pause/Wdh., 1 Serie

Belastung:
ca. 10 bis 20 % des Körpergewichts

Übungsausführung:
Einbeinstand mit leicht gebeugtem Kniegelenk. Gerade Körperhaltung mit dem Rücken zum Gerät. Blick geradeaus, beide Arme sind nach hinten gestreckt, beide Hände umgreifen die Griffe des Seilzuges. Das rechte Bein ist angewinkelt und angehoben. Das linke Bein steht auf einer labilen Unterlage. Die Arme seitlich nach vorn führen.
Variationen:
wechselseitige, statische Ausführung; Gewichtsveränderung; Amplitudenverschiebung; Frequenz- oder Zugwinkelveränderung

KNIE-VERLETZUNGEN	FUSS-VERLETZUNGEN	MUSKEL-VERLETZUNGEN	WIRBELSÄULEN-VERLETZUNGEN	SCHULTER-VERLETZUNGEN
PHASE 2	PHASE 2	PHASE 3	PHASE 3	PHASE 2/3

Seilzug/SPOREG-Pointrunner 47

Therapieschwerpunkt:
Kraftausdauer, Rumpf-, Schulter- und Kniestabilisation, Propriozeption

Beteiligte Muskelgruppen:
Arm-, Schulter-, Rumpf-, Hüft- und Beinmuskulatur

Belastungsprofil:
Hochleistungssportler:
20-25 Wdh., 5 Serien, 1 Min. Pause/Serie; statisch: 8-10 Wdh. à 20 s, 20-30 s Pause/Wdh., 2 Serien, 1 Min. Pause/Serie
Leistungssportler:
15-20 Wdh., 3-4 Serien, 1 Min. Pause/Serie; statisch: 8 Wdh. à 15 s, 30 s Pause/Wdh., 2 Serien, 1 Min. Pause/Serie
Freizeitsportler (Patient):
10-15 Wdh., 3 Serien, 1 Min. Pause/Serie; statisch: 6 Wdh. à 15 s, 30-40 s Pause/Wdh., 2 Serien, 60-90 s Pause/Serie

Belastung:
ca. 10 bis 20 % des Körpergewichts

Übungsausführung:
Hüftbreiter seitlicher beidbeiniger Stand mit leicht gebeugten Knien auf einer labilen Unterlage. Der Oberkörper ist aufrecht, der Blick geradeaus gerichtet. Der rechte Arm ist seitlich am Körper fixiert, der linke wird über die Raumdiagonale seitwärts von rechts unten nach links oben geführt.

Variationen:
wechselseitige Ausführung; statische Ausführung; Veränderung von Zugwinkel oder Frequenz; Gewichtsveränderung; Amplitudenverschiebung

KNIE-VERLETZUNGEN	FUSS-VERLETZUNGEN	MUSKEL-VERLETZUNGEN	WIRBELSÄULEN-VERLETZUNGEN	SCHULTER-VERLETZUNGEN
PHASE 2	PHASE 2	PHASE 3	PHASE 3	PHASE 3

48 Seilzug, SPOREG-Pointrunner

Therapieschwerpunkt:
Kraftausdauer, Rumpf-, Schulter- und Kniestabilisation, Propriozeption, sportartspezifische Simulationsbewegung

Beteiligte Muskelgruppen:
Arm-, Schulter-, Rumpf-, Hüft- und Beinmuskulatur

Belastungsprofil:

Hochleistungssportler:
20-25 Wdh., 5-6 Serien, 1 Min. Pause/Serie; statisch: 8-10 Wdh. à 15 s, 10 s Pause/Wdh., 2-3 Serien, 1 Min. Pause/Serie

Leistungssportler:
15-20 Wdh., 3-4 Serien, 60-90 s Pause/Serie; statisch: 8-10 Wdh. à 10 s, 10 s Pause/Wdh., 2 Serien, 1 Min. Pause/Serie

Freizeitsportler (Patient):
12-15 Wdh., 3 Serien, 60-90 s Pause/Serie; statisch: 8-10 Wdh. à 10 s, 20 s Pause/Wdh., 1 Serie

Belastung:
ca. 10 bis 20% des Körpergewichts

Übungsausführung:
Schrittstellung bei aufrechtem Körper (Rücken zum Gerät). Beine sind im Kniegelenk leicht gebeugt. Das linke Bein steht vor dem rechten, der Blick geht geradeaus. Den linken Arm gestreckt seitlich am Körper fixieren. Den rechten Arm in Kopfhöhe gegen den Widerstand strecken. Der Ellbogen geht der Bewegung voraus.

Variationen:
wechselseitige, statische Ausführung; Gewichts-, Zugwinkel- oder Frequenzveränderung; Amplitudenverschiebung

KNIE-VERLETZUNGEN	FUSS-VERLETZUNGEN	MUSKEL-VERLETZUNGEN	WIRBELSÄULEN-VERLETZUNGEN	SCHULTER-VERLETZUNGEN
PHASE 3	PHASE 2	PHASE 3	PHASE 4	PHASE 4

Seilzug, Gymnastikball 49

Therapieschwerpunkt:
Kraftausdauer, Rumpf- und Schulterstabilisation

Beteiligte Muskelgruppen:
Arm-, Schulter-, Rumpf- und Hüftmuskulatur

Belastungsprofil:
Hochleistungssportler:
20 Wdh., 6-8 Serien, 1 Min. Pause/Serie ; statisch: 8-10 Wdh. à 20 s, 10-20 s Pause/Wdh., 2-3 Serien, 1 Min. Pause/Serie
Leistungssportler:
15 Wdh., 6-8 Serien, 1 Min. Pause/Serie; statisch: 8-10 Wdh. à 10-15 s, 15-20 s Pause/Wdh., 2 Serien, 1 Min. Pause/Serie
Freizeitsportler (Patient):
10 Wdh., 5-7 Serien, 1 Min. Pause/Serie; statisch: 8-10 Wdh. à 10 s, 20 s Pause/Wdh., 1-2 Serien, 90 s Pause/Serie

Belastung:
in Relation zum Körpergewicht (zwischen 10% - 20%)

Übungsausführung:
Sitzposition mit seitlich aufgestellten Beinen bei aufrechter Körperhaltung mit Blick zum Gerät. Beide Arme ziehen das Zugseil von vorne oben nach hinten unten seitlich am Körper vorbei. Während der Anspannungsphase ausatmen.

Variationen:
wechselseitige Ausführung; statische Ausführung; Gewichtsveränderung; Amplitudenverschiebung; Frequenzveränderung; Änderung der Fußstellung

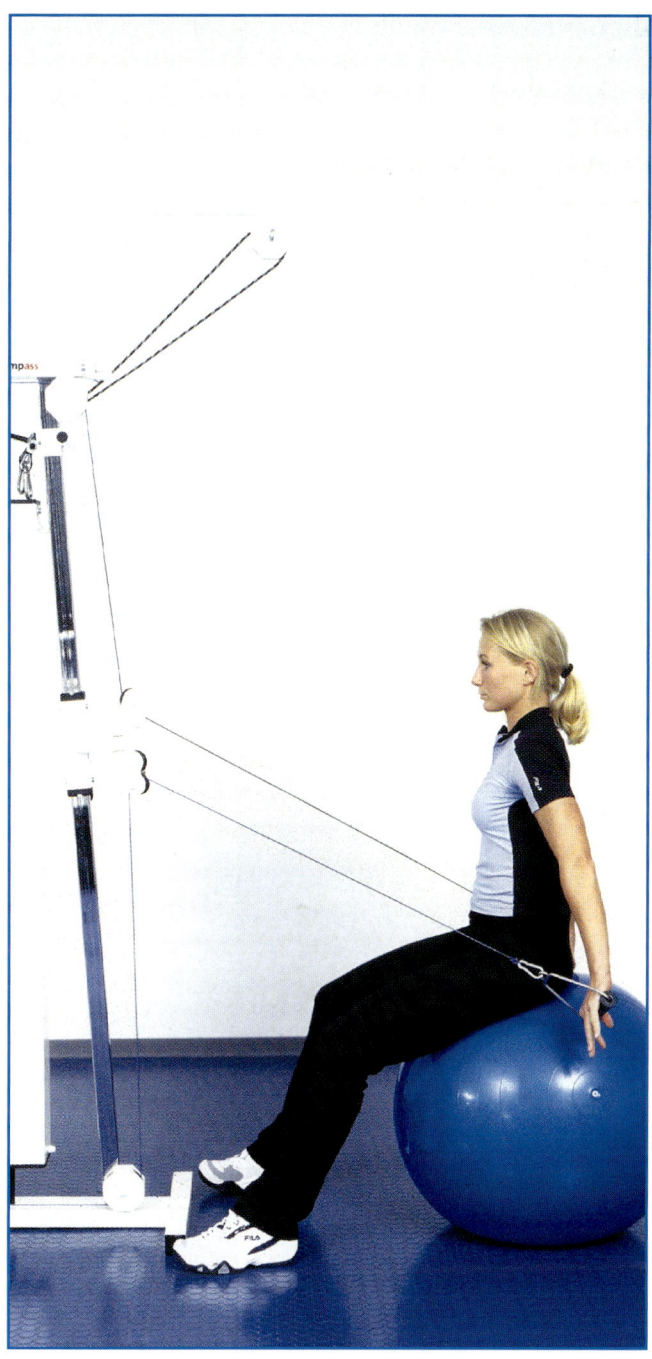

KNIE-VERLETZUNGEN	FUSS-VERLETZUNGEN	MUSKEL-VERLETZUNGEN	WIRBELSÄULEN-VERLETZUNGEN	SCHULTER-VERLETZUNGEN
PHASE 1	PHASE 2	PHASE 3	PHASE 3	PHASE 2

50 Hüftmaschine

Therapieschwerpunkt:
Kräftigung der Hüftbeugemuskulatur, Stabilisation Schulter-, Rumpf-, Arm-, und Beinmuskulatur

Beteiligte Muskelgruppen:
Hüftbeuger, Rumpf-, Schulter-, Arm-, und Beinmuskulatur

Belastungsprofil:
Hochleistungssportler:
20-30 Wdh., 4-6 Serien, 2-3 Min. Pause/Serie; statisch: 10 Wdh. à 10-20 s, 15-20 s Pause/Wdh., 2-4 Serien, 2-3 Min. Pause/Serie
Leistungssportler:
15-20 Wdh., 3-5 Serien, 2-3 Min. Pause/Serie; statisch: 8 Wdh. à 10-15 s, 15-20 s Pause/Wdh., 2-3 Serien, 2-3 Min. Pause/Serie
Freizeitsportler (Patient):
12-15 Wdh., 2-4 Serien, 2-3 Min. Pause/Serie; statisch: 6 Wdh. à 10 s, 15-30 s Pause/Wdh., 2 Serien, 2-3 Min. Pause/Serie

Belastung:
in Relation zum Körpergewicht (zwischen 10% und 20%)

Übungsausführung:
Einbeinstand: Das Standbein ist leicht gebeugt. Der Rumpf wird durch Fixation der Arme am Haltebügel stabilisiert. Das linke gebeugte Bein gegen den Widerstand anheben. Die Drehachsen von Hüfte und Gerät müssen übereinstimmen.
Variationen:
Seitenwechsel; Veränderung von Bewegungsamplitude, Geschwindigkeit, Gewicht. Bei Krafteinwirkung auf die Oberschenkelrückseite kann bei sonst gleicher Ausführung die Hüftextension trainiert werden.

KNIE-VERLETZUNGEN	FUSS-VERLETZUNGEN	MUSKEL-VERLETZUNGEN	WIRBELSÄULEN-VERLETZUNGEN	SCHULTER-VERLETZUNGEN
PHASE 1/2	PHASE 1/2	PHASE 2/3	PHASE 3/4	PHASE 1/2

Hüftmaschine 51

Therapieschwerpunkt:
Kräftigung der Hüft- und Beinmuskulatur, Stabilisation des Rumpfes, der Schulter und Beinachse

Beteiligte Muskelgruppen:
Adduktoren, Rumpf-, Schultermuskulatur, komplexe Beinmuskulatur

Belastungsprofil:
Hochleistungssportler:
20-25 Wdh., 5-6 Serien, 2 Min. Pause/Serie; statisch: 8-10 Wdh. à 10-15 s, 10-20 s Pause/Wdh., 2-4 Serien, 2-3 Min. Pause/Serie

Leistungssportler:
15-20 Wdh., 3-5 Serien, 2 Min. Pause/Serie; statisch: 6-8 Wdh. à 10-15 s, 15-20 s Pause/Wdh., 2 Serien, 2-3 Min. Pause/Serie

Freizeitsportler (Patient):
10-15 Wdh., 3-4 Serien, 2 Min. Pause/Serie; statisch: 6-8 Wdh. à 10 s, 15-30 s Pause/Wdh., 1-2 Serien, 2-3 Min. Pause/Serie

Belastung:
ca. 10 bis 20 % des Körpergewichts

Übungsausführung:
Einbeinstand (links) mit leicht gebeugtem Kniegelenk des Standbeins und stabilisiertem Rumpf. Mit Fixieren der Arme an den Haltebügeln das rechte gestreckte Bein gegen den Widerstand nach innen bewegen. Die Drehachse von Hüftgelenk und Gerät müssen gleich sein.

Variationen:
Seitenwechsel und statische Ausführung. Bewegungsamplitude, Geschwindigkeit und Gewichtsbelastung verändern. Durch Krafteinwirkung auf die Oberschenkelaußenseite kann die Abduktion trainiert werden.

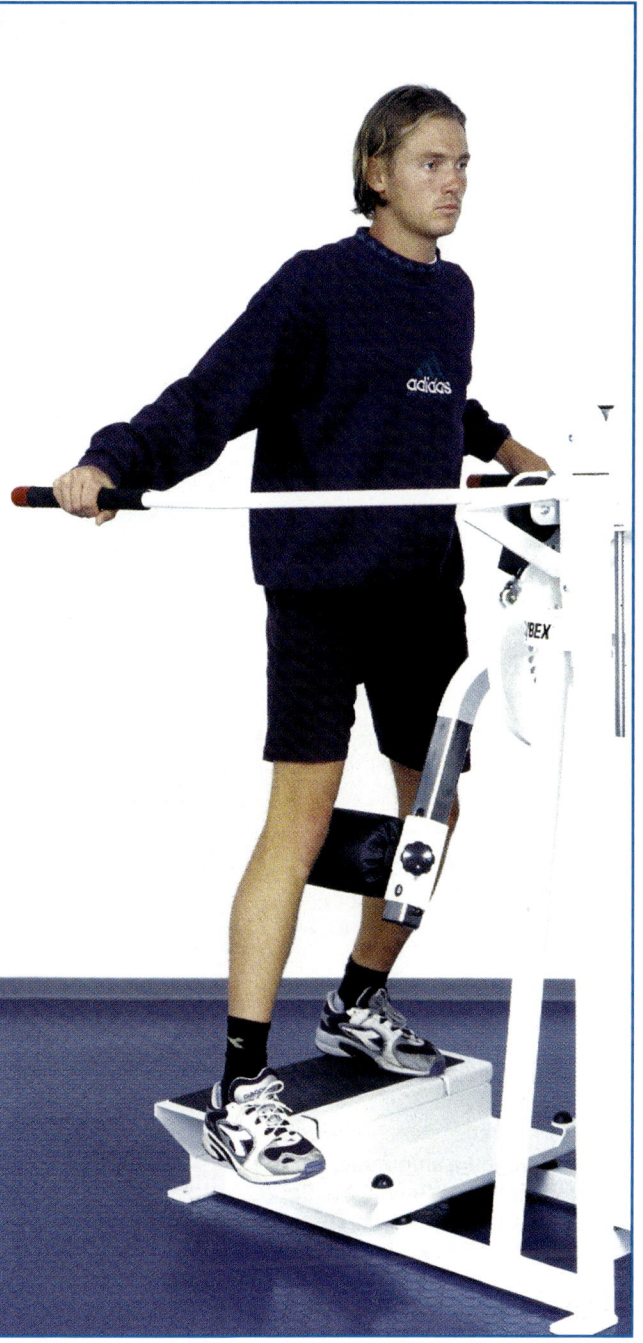

KNIE-VERLETZUNGEN	FUSS-VERLETZUNGEN	MUSKEL-VERLETZUNGEN	WIRBELSÄULEN-VERLETZUNGEN	SCHULTER-VERLETZUNGEN
PHASE 1	PHASE 1/2	PHASE 2/3	PHASE 3/4	PHASE 1/2

52 Bein-Curler

Therapieschwerpunkt:
Aufbau der vorderen Oberschenkelmuskulatur (Quadrizeps)

Beteiligte Muskelgruppen:
vordere Oberschenkelmuskulatur, Schienbein- und Wadenmuskulatur

Belastungsprofil:
Hochleistungssportler:
15-50 Wdh., 6-8 Serien, 30-180 s Pause/Serie; statisch: 8-10 Wdh. à 30-60 s, 15-30 s Pause/Wdh., 2-3 Serien, 2-3 Min. Pause/Serie
Leistungssportler:
10-30 Wdh., 5- 8 Serien, 60-180 s Pause/ Serie; statisch: 6-8 Wdh. à 30-40 s, 30 s Pause/ Wdh., 1-3 Serien, 2-3 Min. Pause/Serie
Freizeitsportler (Patient):
10-30 Wdh., 5-6 Serien, 90-180 s Pause/Serie; statisch: 6-8 Wdh. à 20-30 s, 30-60 s Pause/Wdh., 1-2 Serien, 2-3 Min. Pause/Serie

Belastung:
Gewichtsbelastung in Relation zum Körpergewicht und unter Berücksichtigung des Heilungsverlaufs

Übungsausführung:
Sitzposition, Rumpf wird durch seitlich fixierende Arme stabilisiert. Das verletzte Bein gegen den Widerstand des Lastarms anheben. Polsterhöhe und Rotationsachse beachten. Gegebenenfalls Winkellimitierung (Endstreckung, Endbeugung) einstellen.
Variationen:
einbeinig/beidbeinig; statisch, konzentrische, exzentrische Kombinationen
bei statischer Ausführung: unterschiedliche Winkelstellungen

KNIE-VERLETZUNGEN	FUSS-VERLETZUNGEN	MUSKEL-VERLETZUNGEN	WIRBELSÄULEN-VERLETZUNGEN	SCHULTER-VERLETZUNGEN
PHASE 2/3	PHASE 1	PHASE 2/3	PHASE 2/3	PHASE 1

Bein-Curler (Beuger) 53

Therapieschwerpunkt:
Aufbau der hinteren Oberschenkelmuskulatur (ischiocrurale Muskulatur)

Beteiligte Muskelgruppen:
hintere Oberschenkel- und Wadenmuskulatur

Belastungsprofil:
Hochleistungssportler:
10-40 Wdh., 5-8 Serien, 60-180 s Pause/Serie; statisch: 10 Wdh. à 20-30 s, 20-30 s Pause/Wdh., 3-5 Serien, 2-3 Min. Pause/Serie
Leistungssportler:
10-30 Wdh., 4-8 Serien, 90-180 s Pause/Serie; statisch: 8 Wdh. à 15-30 s, 30-60 s Pause/Wdh., 2-4 Serien, 2-3 Min. Pause/Serie
Freizeitsportler (Patient):
10-20 Wdh., 4-6 Serien, 120-180 s Pause/Serie; statisch: 6-8 Wdh. à 15-20 s, 30-60 s Pause/Wdh., 2-3 Serien, 2-3 Min. Pause/Serie

Belastung:
relativiert zum Körpergewicht (zwischen 10% und 20%)

Übungsausführung:
Sitzposition: Den Rumpf durch Abstützen der Arme auf der Polsterunterlage frontal stabilisieren. Das verletzte Bein gegen den Widerstand des Lastarms beugen. Sitzhöhe und Rotationsachse beachten. Gegebenenfalls Winkellimitierung (Anfangs- und Endwinkel) einstellen.

Variationen:
ein- und beidbeinige Ausführung; statische, konzentrische, exzentrische Kombinationen

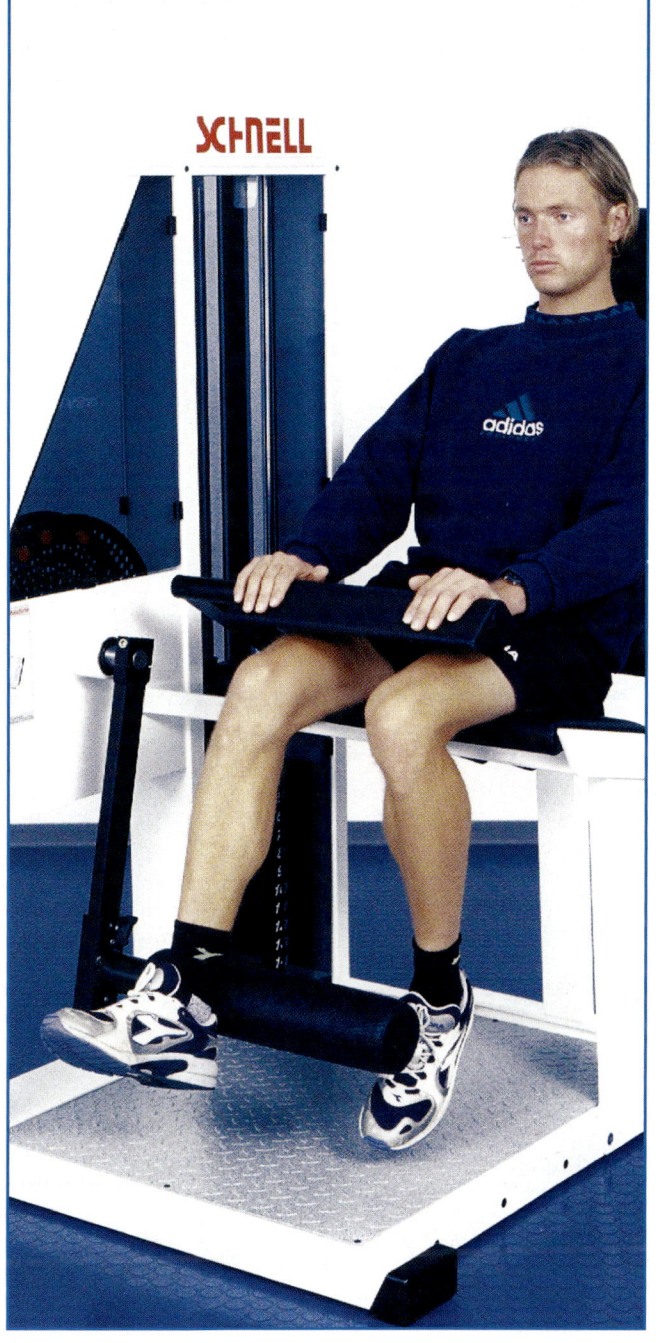

KNIE-VERLETZUNGEN	FUSS-VERLETZUNGEN	MUSKEL-VERLETZUNGEN	WIRBELSÄULEN-VERLETZUNGEN	SCHULTER-VERLETZUNGEN
PHASE 2	PHASE 1	PHASE 2/3	PHASE 3	PHASE 1

54 Komplex-Laufanlage

Therapieschwerpunkt:
Muskelbelastungstraining, aerobe und anaerobe Ausdauerbelastung, Stabilisation

Beteiligte Muskelgruppen:
Schulter-, Arm-, Rumpf-, Hüft-, Oberschenkel-, Unterschenkel-, Fußmuskulatur

Belastungsprofil:
Hochleistungssportler:
60-180 s, 4-8 Serien, 2 Min. Pause/Serie
Leistungssportler:
60-90 s, 6 Serien, 2-3 Min. Pause/Serie
Freizeitsportler (Patient):
60 s, 3-5 Serien, 2-3 Min. Pause/Serie

Belastung:
Gewichtsbelastung: Ganzkörperbelastung (herzfrequenzorientiert), Widerstandsveränderung

Übungsausführung:
Simulation einer Laufbewegung gegen einen Widerstand bei aufrechtem Oberkörper und horizontaler Blickrichtung. Der Oberkörper befindet sich in leichter Vorlage, die Schrittfrequenz orientiert sich an der Herzfrequenz.

Variationen:
Erhöhung des Gurtwiderstands; Veränderung von Kniehub und Schrittfrequenz

KNIE-VERLETZUNGEN	FUSS-VERLETZUNGEN	MUSKEL-VERLETZUNGEN	WIRBELSÄULEN-VERLETZUNGEN	SCHULTER-VERLETZUNGEN
PHASE 3	PHASE 3	PHASE 3/4	PHASE 4	PHASE 2

Beinpresse mit Stemmbrett 55

Therapieschwerpunkt:
Stabilisation, Muskelaufbau, funktionelles Muskeltraining, Koordination

Beteiligte Muskelgruppen:
Oberschenkel-, Unterschenkel-, Hüftmuskulatur

Belastungsprofil:
Hochleistungssportler:
10-50 Wdh., 6-8 Serien, 1-3 Min. Pause/Serie;
statisch: 8-10 Wdh. à 30-60 s, 30 s Pause/Wdh.,
3-5 Serien, 2-3 Min. Pause/Serie
Leistungssportler:
10-30 Wdh., 5-6 Serien, 2-3 Min. Pause/Serie;
statisch: 6-8 Wdh. à 30-40 s, 30-60 s Pause/Wdh.,
3-4 Serien, 2-3 Min. Pause/Serie
Freizeitsportler (Patient):
10-30 Wdh., 4-6 Serien, 3 Min. Pause/Serie;
statisch: 5-6 Wdh. à 30 s, 30-60 s Pause/Wdh.,
2-3 Serien, 2-3 Min. Pause/Serie

Belastung:
Gewichtsbelastung in Relation zum Körpergewicht
(30 bis 80 %)

Übungsausführung:
Rückenlage mit stabilisierter Schulter, rechtes Bein ist angewinkelt und mit beiden Hände fixiert. Das linke Bein drückt mit einem Startwinkel von 110 Grad gegen das labile Stemmbrett. Bei dynamischer Belastung das linke Bein bis kurz vor die Endstreckung (170 Grad) bringen. Die Bewegungen in einer gleichmäßigen zügigen Geschwindigkeit durchführen.

Variationen:
veränderte Winkelstellung; beidbeinige Ausführung; festes Stemmbrett; statische Belastung in unterschiedlichen Kniegelenkswinkeln

KNIE-VERLETZUNGEN	FUSS-VERLETZUNGEN	MUSKEL-VERLETZUNGEN	WIRBELSÄULEN-VERLETZUNGEN	SCHULTER-VERLETZUNGEN
PHASE 2	PHASE 2	PHASE 3	PHASE 3/4	PHASE 3/4

56 Sequenztrainingsgerät

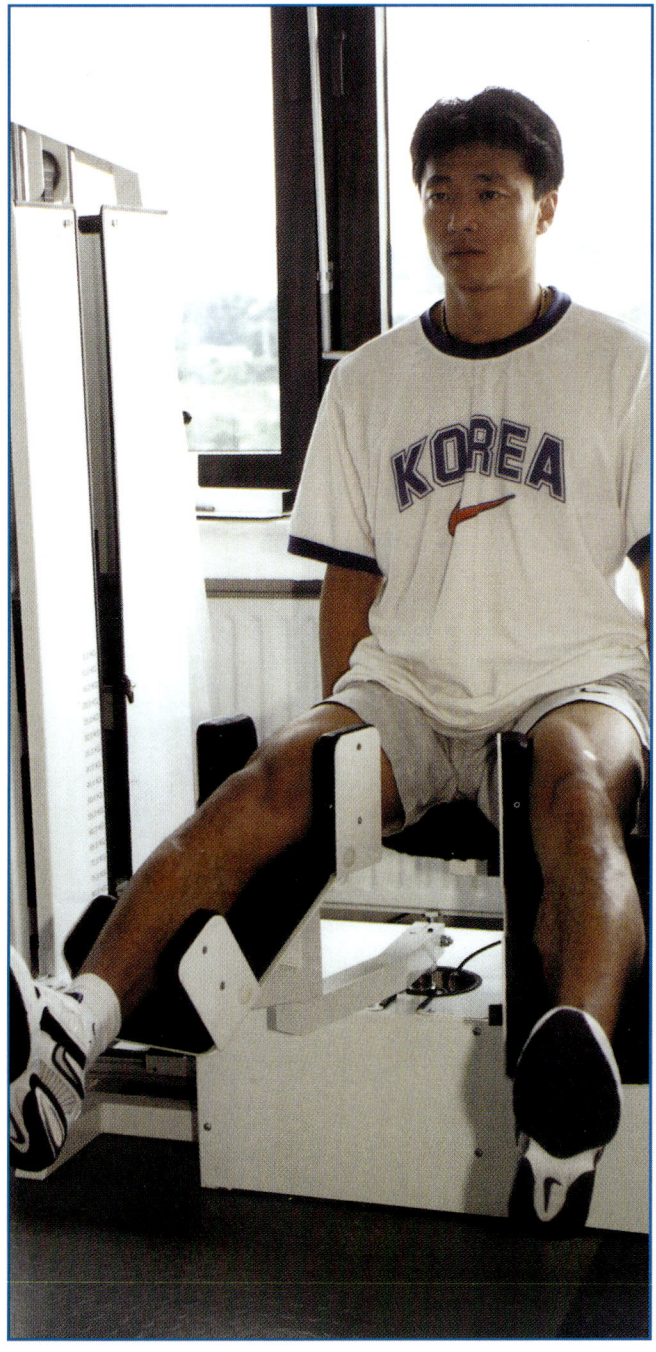

Therapieschwerpunkt:
Muskelfunktionsaufbau, Stabilisation

Beteiligte Muskelgruppen:
Rumpf-, Hüft-, Oberschenkelmuskulatur

Belastungsprofil:
Hochleistungssportler:
20-25 Wdh., 5-6 Serien, 90-120 s Pause/Serie; statisch: 10 Wdh. à 20 s, 10-20 s Pause/Wdh., 3 Serien, 60-90 s Pause/Serie;
Leistungssportler:
15-20 Wdh., 3-4 Serien, 90-120 s Pause/Serie; statisch: 10 Wdh. à 15 s, 10-20 s Pause/Wdh., 2-3 Serien, 60-90 s Pause/Serie;
Freizeitsportler (Patient):
10-15 Wdh., 3-4 Serien, 90-120 s Pause/Serie; statisch: 10 Wdh. à 10 s, 15-20 s Pause/Wdh., 2-3 Serien, 90 s Pause/Serie

Belastung:
Gewichtsbelastung in Relation zum Körpergewicht

Übungsausführung:

Sitzposition bei fixiertem Rumpf durch seitliche Handfixierung. Die Beine in den Führungsschienen drücken gegen den vorgegebenen Widerstand (Adduktoren – innen; Abduktoren – außen). Gleichmäßige Bewegungsausführung ohne Pause im Umkehrpunkt.

Variation:
Veränderung der Winkelfunktion (Start/Bewegung) und des Widerstands (Gewichtsbelastung)

KNIE-VERLETZUNGEN	FUSS-VERLETZUNGEN	MUSKEL-VERLETZUNGEN	WIRBELSÄULEN-VERLETZUNGEN	SCHULTER-VERLETZUNGEN
PHASE 1/2	PHASE 1	PHASE 3	PHASE 2/3	PHASE 1

Ergofit-Stepper 57

Therapieschwerpunkt:
Ausdauer, Stabilisation, funktionelles Muskeltraining, Koordination

Beteiligte Muskelgruppen:
Oberschenkel-, Unterschenkel-, Hüft-, Rumpf-, Schulter-, Armmuskulatur

Belastungsprofil:
Hochleistungssportler:
4-5 Wdh. à 5-10 Min. (herzfrequenzorientiert), 1 Min. Pause, oder 15-45 Min. (herzfrequenzorientiert)
Leistungssportler:
3-5 Wdh. à 5-7 Min. (herzfrequenzorientiert), 1 Min. Pause, oder 10-30 Min. (herzfrequenzorientiert)
Freizeitsportler (Patient):
3-4 Wdh. à 3-5 Min. (herzfrequenzorientiert), 1 Min. Pause, oder 10-20 Min. (herzfrequenzorientiert)

Belastung:
Gewichtsbelastung in Relation zum Körpergewicht; Widerstandsgrad des Steppers

Übungsausführung:
Gerade aufrechte Körperposition, mit den Armen abstützen. Dynamische wechselseitige Streck- und Beugebewegung der Beine, bei unterschiedlichem Bewegungswinkel.

Variationen:
freie Bewegungsausführung mit Einsatz der Arme zur Verbesserung der koordinativen Fähigkeiten; Veränderung der Trittfrequenz, des Widerstands und der Hubhöhe

KNIE-VERLETZUNGEN	FUSS-VERLETZUNGEN	MUSKEL-VERLETZUNGEN	WIRBELSÄULEN-VERLETZUNGEN	SCHULTER-VERLETZUNGEN
PHASE 2/3	PHASE 2/3	PHASE 3/4	PHASE 4	PHASE 2

58 Fahrradergometer

Therapieschwerpunkt:
Ausdauer, Beweglichkeit

Beteiligte Muskelgruppen:
Hüft-, Oberschenkel-, Waden-, Rumpf-, Fußmuskulatur

Belastungsprofil:
Hochleistungssportler:
10-20 Min., 3 Serien, 1-3 Min. Pause/Serie oder 20-30 Min. pulsfrequenzorientiert
Leistungssportler:
10-15 Min., 2-3 Serien, 2-3 Min. Pause/Serie oder 15-30 Min. pulsfrequenzorientiert
Freizeitsportler (Patient):
10-15 Min., 2 Serien, 2-4 Min. Pause/Serie oder 10-30 Min. pulsfrequenzorientiert

Belastung:
Herzfrequenzorientiert und abgestimmt auf das Körpergewicht

Übungsausführung:

Sitzposition mit aufrechtem Oberkörper. Die Sitzhöhe so regulieren, daß keine Knieendstreckung erreicht wird. Den Widerstandsgrad in Relation zum Körpergewicht einstellen.

Variationen:
stufenförmiger Belastungswechsel; Cardiotraining im Zielbereich; Trittfrequenzwechsel.
Hinweis:
Bei eingeschränkter Kniegelenksbeweglichkeit die Sitzhöhe und/oder Pedalhöhe anpassen.

KNIE-VERLETZUNGEN	FUSS VERLETZUNGEN	MUSKEL-VERLETZUNGEN	WIRBELSÄULEN-VERLETZUNGEN	SCHULTER-VERLETZUNGEN
PHASE 1	PHASE 1/2	PHASE 2	PHASE 2/3	PHASE 1

Handkurbel 59

Therapieschwerpunkt:
Kraftausdauer, Herz-Kreislaufbelastung

Beteiligte Muskelgruppen:
Arm-, Schulter-, komplexe Rumpfmuskulatur

Belastungsprofil:
Hochleistungssportler:
8-15 Min.
Leistungssportler:
8-12 Min.
Freizeitsportler (Patient):
5 Min., 2 Min. Pause, 2 Serien

Belastung:
relativiert zum Körpergewicht (0,5-1,0 Watt pro kg Körpergewicht)

Übungsausführung:
Sitzposition mit seitlich aufgestellten Beinen. Die Sitzhöhe so regulieren, daß Schulter und Drehachse des Geräts eine Höhe bilden. Auf aufrechte Körperhaltung achten. Beide Hände umfassen die Handkurbel und führen diese in kreisförmigen Bewegungen nach vorne bzw. nach hinten.

Variationen:
Vorwärts/rückwärts-Kombination; Intervall; Widerstandsveränderung; Hebellängenveränderung; Frequenzveränderung

KNIE-VERLETZUNGEN	FUSS-VERLETZUNGEN	MUSKEL-VERLETZUNGEN	WIRBELSÄULEN-VERLETZUNGEN	SCHULTER-VERLETZUNGEN
PHASE 1	PHASE 1	PHASE 2	PHASE 2/3	PHASE 2/3

60 Verstellbare Bank

Therapieschwerpunkt:
Dehnen, Verbesserung der Beweglichkeit des Schulter-Armkomplexes

Beteiligte Muskelgruppen:
Arm-, Schulter- und Brustmuskulatur

Belastungsprofil:
Hochleistungssportler:
statisch: 8-10 Wdh. à 20-30 s, 20 s Pause/Wdh., 1-2 Serien, 2 Min. Pause/Serie
Leistungssportler:
statisch: 6-10 Wdh. à 15-20 s, 20 s Pause/Wdh., 1-2 Serien, 2 Min. Pause/Serie
Freizeitsportler (Patient):
statisch: 5-7 Wdh. à 10-15 s, 20-30 s Pause/Wdh., 1-2 Serien, 2 Min. Pause/Serie

Belastung:
eigenes Körpergewicht, Regulation der Zugwirkung durch die Arme

Übungsausführung:
Bei aufrechter Sitzposition und seitlich abgestellten Beinen beide Arme gleichzeitig gestreckt nach hinten führen. Die Hände fixieren sich gegenseitig und heben die Schultern nach oben hinten an. Der Kopf befindet sich in Verlängerung der aufrechten Wirbelsäule, den Blick gerade nach vorn richten.

Variationen:
Veränderung des Schulter-Armwinkels; Handfixierung durch Zugseil/Gymnastikstab

KNIE-VERLETZUNGEN	FUSS-VERLETZUNGEN	MUSKEL-VERLETZUNGEN	WIRBELSÄULEN-VERLETZUNGEN	SCHULTER-VERLETZUNGEN
PHASE 1	PHASE 1	PHASE 2	PHASE 2	PHASE 2/3

Höhenverstellbare Bank 61

Therapieschwerpunkt:
Verbesserung der Beweglichkeit und Dehnungsfähigkeit der Hüftbeuger und Kniestrecker

Beteiligte Muskelgruppen:
Hüftbeuger, Oberschenkelstrecker, Unterschenkelbeuger

Belastungsprofil:
Hochleistungssportler:
statisch: 6-8 Wdh. à 20-30 s, 20-30 s Pause/Wdh., 1 Serie
Leistungssportler:
statisch: 5-6 Wdh. à 20-30 s, 20-30 s Pause/Wdh., 1 Serie
Freizeitsportler (Patient):
statisch: 5-6 Wdh. à 20-30 s, 30 s Pause/Wdh., 1 Serie

Belastung:
Regulation erfolgt über die Zugkraft des Armes

Übungsausführung:

Standposition: Das angewinkelte Kniegelenk auf der Bank fixieren. Der Oberkörper ist aufrecht bei stabiler Wirbelsäule. Der linke Arm fixiert den linken Fuß und den Unterschenkel in Richtung Gesäß. Das Standbein ist im Kniegelenk leicht gebeugt.

Variation:
Eine Veränderung des Muskelreizes kann durch die Knieposition nach hinten und das Anfersen reguliert werden.

KNIE-VERLETZUNGEN	FUSS-VERLETZUNGEN	MUSKEL-VERLETZUNGEN	WIRBELSÄULEN-VERLETZUNGEN	SCHULTER-VERLETZUNGEN
PHASE 3	PHASE 2	PHASE 2/3	PHASE 3	PHASE 2/3

62 Waldboden/Rasen

Therapieschwerpunkt:
Übergang zum Lauftraining auf Rasenboden (Weichboden), Ausdauer, Koordination

Beteiligte Muskelgruppen:
Rumpf-, Schulter-, Hüft-, Beinmuskulatur

Belastungsprofil:
Hochleistungssportler:
5-10 Min. (herzfrequenzorientiert),
4-8 Serien, 2-3 Min. Pause/Serie, oder
10-40 Min. (herzfrequenzorientiert);
Leistungssportler:
4-8 Min. (herzfrequenzorientiert),
4-6 Serien, 2-3 Min. Pause/Serie, oder
10-40 Min. (herzfrequenzorientiert);
Freizeitsportler (Patient):
4-6 Min. (herzfrequenzorientiert),
4-6 Serien, 2-4 Min. Pause/Serie, oder
10-30 Min. (herzfrequenzorientiert)

Belastung:
Gewichtsbelastung: Ganzkörperbelastung (herzfrequenzorientiert)

Übungsausführung:
Gleichmäßiges Laufen in vorgegebener Zeit bei Kontrolle der Bewegungstechnik. Kontrolliertes Abrollen, Laufschule mit Frequenz- und Kniewinkelveränderung.

Variationen:
Veränderung der Zeitintervalle, der Schrittlänge und Laufgeschwindigkeit; Akzentuierung des Abrollens

KNIE-VERLETZUNGEN	FUSS-VERLETZUNGEN	MUSKEL-VERLETZUNGEN	WIRBELSÄULEN-VERLETZUNGEN	SCHULTER-VERLETZUNGEN
PHASE 3	PHASE 3	PHASE 3	PHASE 3/4	PHASE 2

Diagnose-/Trainingsgerät 63

Therapieschwerpunkt:
Muskelaufbau, Verbesserung der Muskelkraft und Kraftausdauer, Rumpfstabilisierung

Beteiligte Muskelgruppen:
Oberschenkel-, Unterschenkelmuskulatur

Belastungsprofil:
Hochleistungssportler:
20 Wdh., 6-8 Serien, 1-2 Min. Pause/Serie;
Leistungssportler:
15-20 Wdh., 5-6 Serien, 1-2 Min. Pause/Serie;
Freizeitsportler (Patient):
12-15 Wdh., 4-5 Serien, 1-2 Min. Pause/Serie

Belastung:
Gewichtsbelastung in Relation zur aktuell gemessenen Leistungsfähigkeit (Diagnose/Therapie/Training)

Übungsausführung:
Sitzposition bei fixiertem Rumpf. Das rechte Bein ist am Ober- und Unterschenkel fixiert. Das linke Bein ist im angewinkelten Zustand blockiert, so daß eine Streckbewegung nicht möglich ist. Gleichmäßige Streck- und Beugebewegung gegen den vorgegebenen Widerstand.

Variationen:
60, 120, 180 Grad/s Widerstand; Veränderung des Bewegungsausmaßes; Einsatz des Share-pads bereits in der 2. Phase

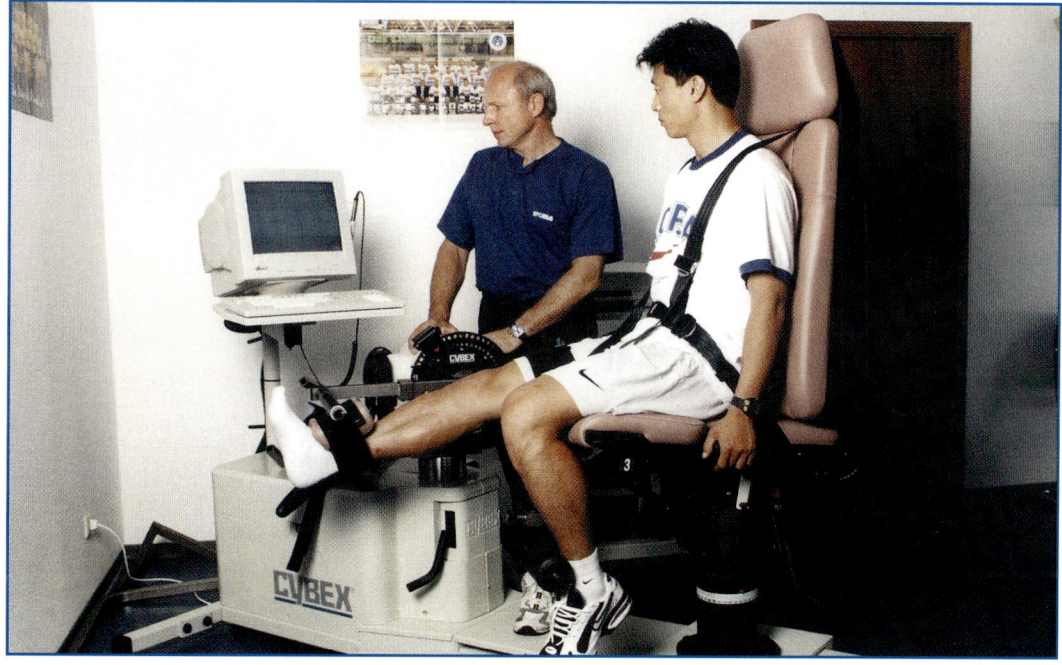

KNIE- VERLETZUNGEN	FUSS- VERLETZUNGEN	MUSKEL- VERLETZUNGEN	WIRBELSÄULEN- VERLETZUNGEN	SCHULTER- VERLETZUNGEN
PHASE 2/3	**PHASE 1**	**PHASE 3**	**PHASE 4**	**PHASE 1**

64 SPOREG-ASYS/-Reha-Matte

Therapieschwerpunkt:
Muskelaufbau, Verbesserung der Muskelkraft, Stabilisation, Bio-Feedback

Beteiligte Muskelgruppen:
Oberschenkel (Adduktoren)-, Hüft-, Rumpf-, Schulter-, Armmuskulatur

Belastungsprofil:
Hochleistungssportler:
statisch: 8-10 Wdh. à 10-20 s, 15-30 s Pause/Wdh., 3-6 Serien, 90-120 s Pause/Serie
Leistungssportler:
statisch: 8-10 Wdh. à 10-15 s, 20-30 s Pause/Wdh., 2-4 Serien, 90-120 s Pause/Serie
Freizeitsportler (Patient):
statisch: 6-10 Wdh. à 10-15 s, 30 s Pause/Wdh., 2-3 Serien, 90-120 s Pause/Serie

Belastung:
Gewichtsbelastung in Relation zur aktuell gemessenen Leistungsfähigkeit (Diagnose/Training)

Übungsausführung:
Sitzposition mit gestreckten Beinen, beide Armen stützen den Oberkörper nach hinten ab. Das linke Bein ist oberhalb des verletzten Bereichs mit einer Schlaufe fixiert. Das verletzte Bein anheben, nach innen führen und in vorgegebener Zeit und Intensität, die über das System zurückgemeldet werden, belasten.

Variation:
verschiedene Belastungen unter isometrischen Bedingungen

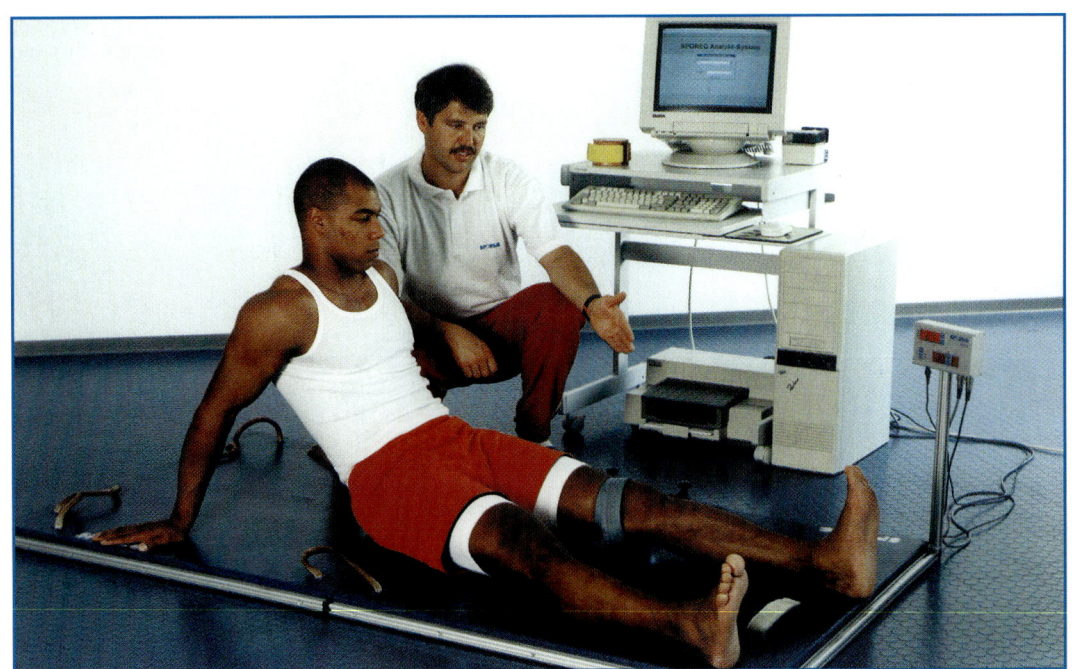

KNIE-VERLETZUNGEN	FUSS-VERLETZUNGEN	MUSKEL-VERLETZUNGEN	WIRBELSÄULEN-VERLETZUNGEN	SCHULTER-VERLETZUNGEN
PHASE 1	PHASE 1	PHASE 3	PHASE 3/4	PHASE 2/3

SPOREG-ASYS/-Reha-Matte 65

Therapieschwerpunkt:
Stabilisation, Isometrie, Muskelaufbau

Beteiligte Muskelgruppen:
Waden-, hintere Oberschenkel-, Rumpf-, Schulter-, Hüftmuskulatur

Belastungsprofil:
Hochleistungssportler:
statisch: 8-10 Wdh. à 10-20 s, 15-30 s Pause/Wdh., 3-4 Serien, 90-120 s Pause/Serie
Leistungssportler:
statisch: 8-10 Wdh. à 10-15 s, 20-30 s Pause/Wdh., 2-4 Serien, 90-120 s Pause/Serie
Freizeitsportler (Patient):
statisch: 6-10 Wdh. à 10-15 s, 30 s Pause/Wdh., 2-3 Serien, 90-120 s Pause/Serie

Belastung:
Gewichtsbelastung in Relation zur aktuell gemessenen Leistungsfähigkeit (Diagnose/Training)

Übungsausführung:
Bauchlage mit seitlich fixiertem Oberkörper. Der linke Unterschenkel liegt auf dem Therapiekeil. Ein Gurt fixiert das linke Fußgelenk. Das rechte Bein ist gestreckt. Schulter und Kopf liegen auf der Matte. Isometrische Kraftanspannung bis zur akustischen Rückmeldung (Bio-Feedback). Erreichen des vorgegebenen Trainingsniveaus.

Variation:
wechselseitige Durchführung mit flexiblem Gurt

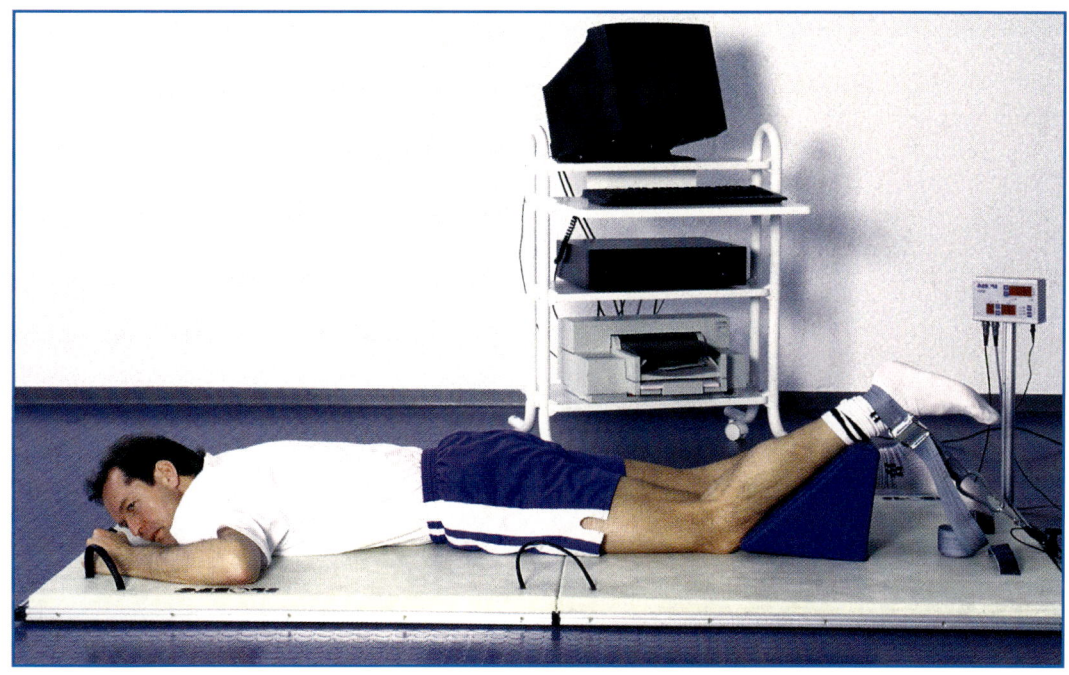

KNIE-VERLETZUNGEN	FUSS-VERLETZUNGEN	MUSKEL-VERLETZUNGEN	WIRBELSÄULEN-VERLETZUNGEN	SCHULTER-VERLETZUNGEN
PHASE 2/3	PHASE 1/2	PHASE 2/3	PHASE 3/4	PHASE 2/3

66 SPOREG-ASYS Recovery System

Therapieschwerpunkt:
Funktionsdiagnostik Hüftextension

Beteiligte Muskelgruppen:
hintere Oberschenkelmuskulatur, Gesäßmuskulatur

Belastungsprofil:
Hochleistungssportler:
statisch: Test 14tägig
Leistungssportler:
statisch: Test 14tägig;
Freizeitsportler (Patient):
statisch: Eingangs- und Endtest

Belastung:
isometrische Maximalkraft (Test)

Übungsausführung:
Meßposition (Beispiel): In Bauchlage das rechte Bein in die Meßschlaufe legen. Den Meßgurt oberhalb des medialen Kniegelenkspalts anbringen und fixieren. Der Meßsensor befindet sich senkrecht unterhalb der Meßposition in der Schiene.
Dieser Test wird dem Verletzungsbild entsprechend während der Rehabilitation regelmäßig im Abstand von 14 Tagen zur Qualitätssicherung und Therapiesteuerung durchgeführt.

Hinweise:
Die Meßschlaufe kann variabel an jeden beliebigen Punkt der oberen und unteren Extremitäten oberhalb des verletzten Bereichs angelegt werden, so daß die isometrischen Kräfte in allen Behandlungsphasen verglichen werden können.
Die Empfehlung zum Einsatz dieses Systems in den unten angegebenen Phasen bezieht sich indikationsorientiert auf den jeweils gemessenen Bereich.

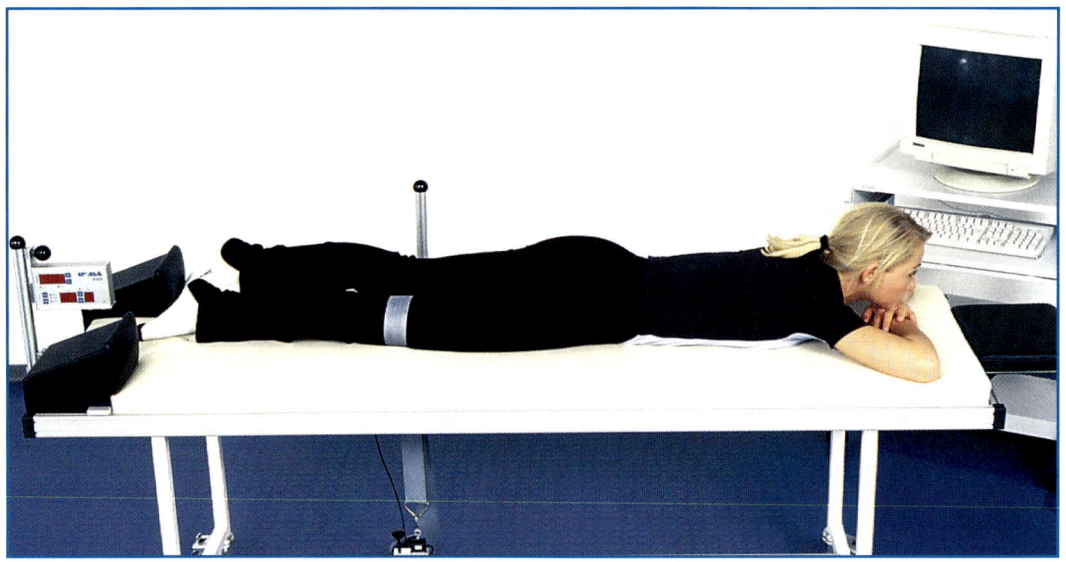

KNIE-VERLETZUNGEN	FUSS-VERLETZUNGEN	MUSKEL-VERLETZUNGEN	WIRBELSÄULEN-VERLETZUNGEN	SCHULTER-VERLETZUNGEN
PHASE 1	PHASE 1	PHASE 2/3	PHASE 3/4	PHASE 1

SPOREG-ASYS Meßschiene 67

Therapieschwerpunkt:
Funktionsdiagnostik nach Verletzung der Schulter (isometrisch)

Beteiligte Muskelgruppen:
Arm-, Schultermuskulatur, Innenrotatoren

Belastungsprofil:
Hochleistungssportler:
statisch: 14tägig
Leistungssportler:
statisch: 14tägig
Freizeitsportler (Patient):
statisch: Eingangs- und Endtest

Belastung:
maximale isometrische Krafteinleitung

Übungsausführung:
Standposition: Den rechten Arm im Winkel von 90° an ein Polster anlegen. Der Meßwertaufnehmer ist mit einer Manschette am Unterarm fixiert. Die Krafteinwirkung erfolgt durch eine langsame isometrische Zugbelastung mit Innenrotation des rechten Oberarms. Zum lateralen Vergleich ist sowohl eine beidseitige Messung notwendig als auch die Vermessung aller komplexen Bewegungsebenen der Schulter (Außenrotation, Abduktion, Adduktion, Anteversion, Retroversion)

Hinweis:
Die Krafteinwirkung erfolgt durch eine langsame Zugbelastung mit Innenrotation des rechten Oberarms, bis die maximale statische Kraft erreicht ist.

KNIE-VERLETZUNGEN	FUSS-VERLETZUNGEN	MUSKEL-VERLETZUNGEN	WIRBELSÄULEN-VERLETZUNGEN	SCHULTER-VERLETZUNGEN
PHASE 1	PHASE 1	PHASE 3/4	PHASE 3	PHASE 3

68 SPOREG-ASYS Sprunganlage

Therapieschwerpunkt:
Propriozeptive Gelenkstabilität, reaktive Sprungkraft, Koordination, Stabilisation, funktionelle Anpassung der Beinachse an

Beteiligte Muskelgruppen:
Oberschenkel-, Unterschenkel, Fuß-, und Hüftmuskulatur

Belastungsprofil:
Hochleistungssportler:
10-15 Wdh., 4-6 Serien, 1-3 Min. Pause/Serie
Leistungssportler:
8-12 Wdh., 3-4 Serien, 2-3 Min. Pause/Serie
Freizeitsportler (Patient):
8-10 Wdh., 3-4 Serien, 2-3 Min. Pause/Serie

Belastung:
Gewichtsbelastung: Ganzkörperbelastung einbeinig/beidbeinig

Übungsausführung:

Einbeinige Sprünge mit aufrechter Körperhaltung und Handfixierung in der Hüfte. Ausgehend von der Standposition wird eine schnelle Beuge- mit anschließender Streckbewegung der Beinlängsachse durchgeführt. Die Sprungleistung wird durch Bio-Feedback kontrolliert.

Variationen:
beidbeinige Sprünge bei gleicher Ausführung; Niedersprünge vom Kasten (bis maximal 20 cm)

KNIE-VERLETZUNGEN	FUSS VERLETZUNGEN	MUSKEL-VERLETZUNGEN	WIRBELSÄULEN-VERLETZUNGEN	SCHULTER-VERLETZUNGEN
PHASE 3	PHASE 3	PHASE 3	PHASE 4	PHASE 2

Isokinetisches Meßsystem 69

Therapieschwerpunkt:
Funktions- und Leistungsdiagnostik nach Verletzung der unteren Extremität (Isokinetik)

Beteiligte Muskelgruppen:
Oberschenkelvorder- und -rückseite, Wadenmuskulatur

Belastungsprofil:
Hochleistungssportler:
isokinetisch und statisch: 14tägig
Leistungssportler:
isokinetisch und statisch: 14tägig
Freizeitsportler (Patient):
isokinetisch und statisch: Eingangs- und Endtest

Belastung:
Drehwinkelgeschwindigkeit 120°/s; 60°/s

Übungsausführung:

Sitzposition bei fixiertem Rumpf. Das verletzte Bein wird durch Klettverschluß am Sitz fixiert. Die Drehachse des rechten Kniegelenks wird mit dem Gerät angeglichen. Der Meßarm wird am Unterschenkel angebracht. Die Messung erfolgt nach vorheriger Gewöhnung mit der vorgegebenen Drehwinkelgeschwindigkeit. Zum lateralen Vergleich ist eine beidseitige Messung notwendig.
Die Ergebnisse entscheiden über die weiteren Therapieinhalte und werden dem Qualitätsmanagement zugeführt.

Hinweis:
Der Test darf nur eingesetzt werden, wenn zu überprüfende Bereiche schmerzfrei sind.

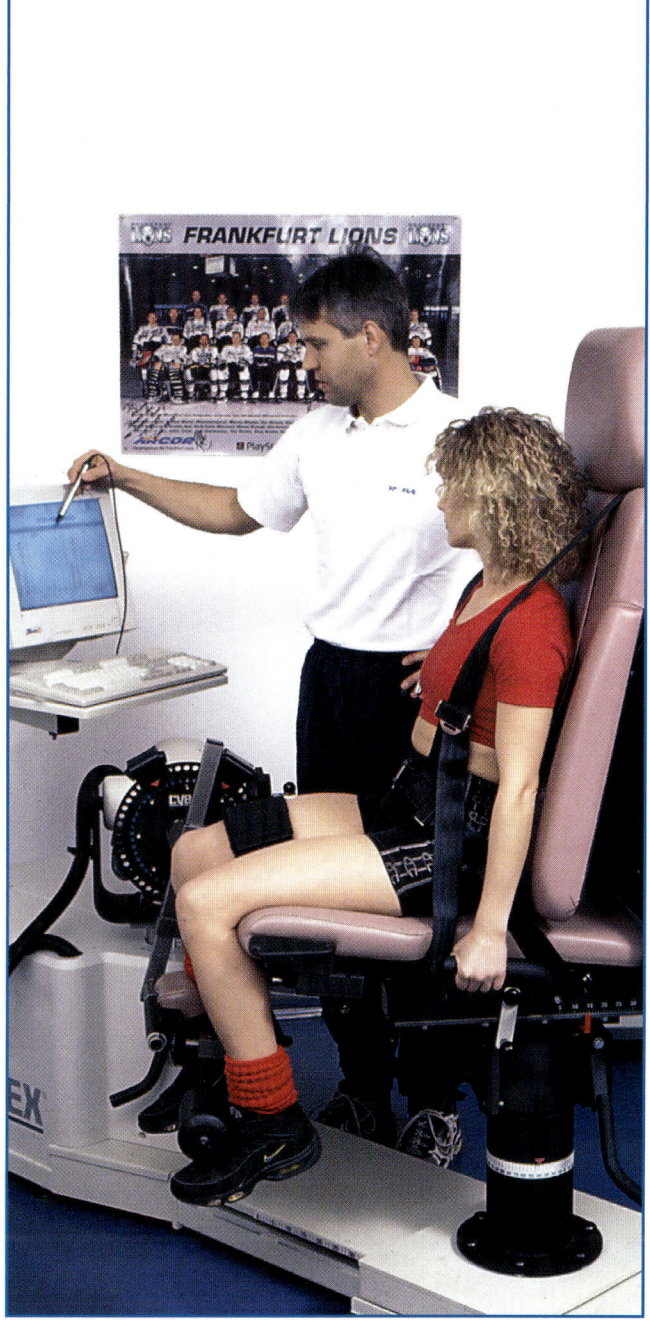

KNIE-VERLETZUNGEN	FUSS-VERLETZUNGEN	MUSKEL-VERLETZUNGEN	WIRBELSÄULEN-VERLETZUNGEN	SCHULTER-VERLETZUNGEN
PHASE 2/3	PHASE 1/2	PHASE 3	PHASE 3/4	PHASE 1

70 SPOREG-Doppellichtschranken-System

Therapieschwerpunkt:
Leistungsdiagnostik (SPOREG-Doppellichtschrankensystem), Schnelligkeit

Beteiligte Muskelgruppen:
komplexe Ganzkörpermuskulatur

Belastungsprofil:
Hochleistungssportler:
6-10 Wdh., 4-6 Serien, 3-4 Min. Pause/Serie
Leistungssportler:
6-8 Wdh., 4-5 Serien, 3-4 Min. Pause/Serie
Freizeitsportler (Patient):
6 Wdh., 4 Serien, 3-4 Min. Pause/Serie

Belastung:
Antrittsschnelligkeit, Beschleunigungsfähigkeit (5m, 10m, 15m, 20m, 30m)

Übungsausführung:

Startposition in Schrittstellung hinter der ersten Doppellichtschranke. Der Start erfolgt auf Kommando. Die Streckenlänge ist vorgegeben.

Ziel: Die Teststrecke soll schnellstmöglich durchlaufen werden.

KNIE-VERLETZUNGEN	FUSS-VERLETZUNGEN	MUSKEL-VERLETZUNGEN	WIRBELSÄULEN-VERLETZUNGEN	SCHULTER-VERLETZUNGEN
PHASE 3	PHASE 3	PHASE 4	PHASE 4	PHASE 3

SPOREG

Diagnose-, Reha- und Trainingsgeräte

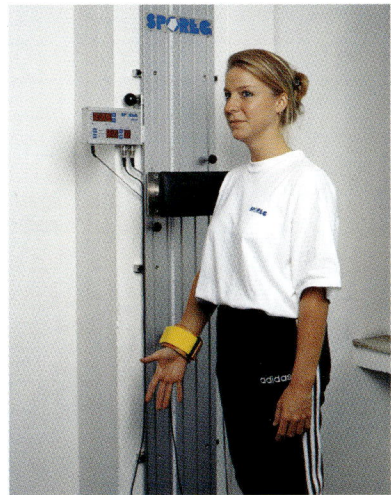

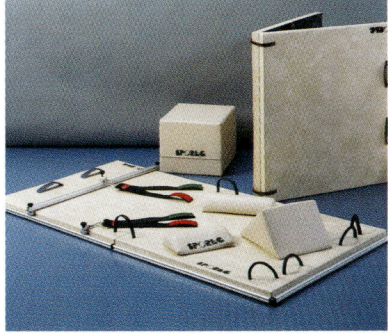

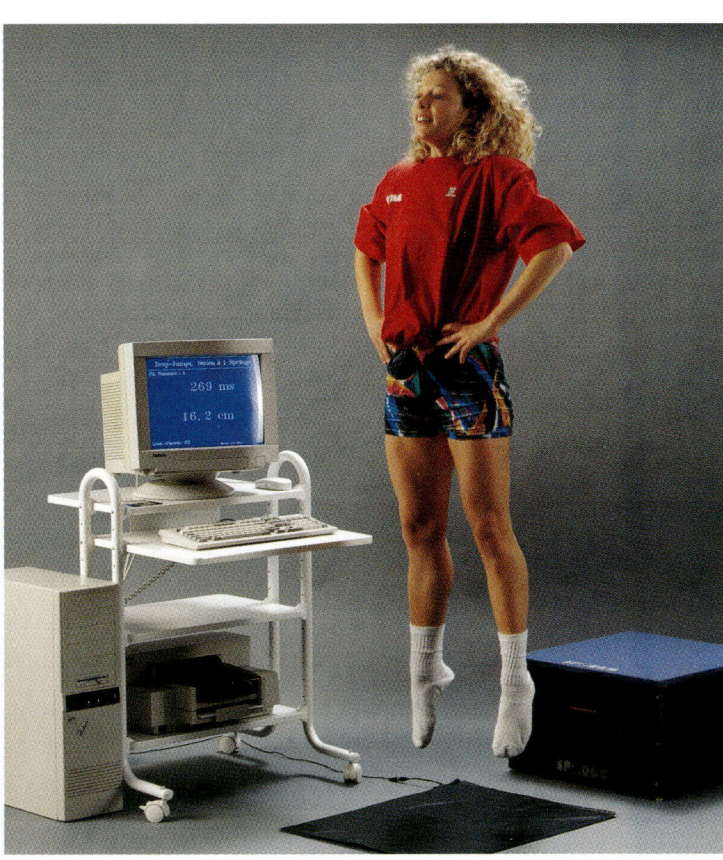

Sporeg-Medizintechnik GmbH
Strahlenbergerstraße 105-107
63067 Offenbach am Main

Tel. 0049 (0)69-880833 / (0)69-881824
Fax 0049 (0)69-821640
E-Mail Medizintechnik@sporeg.de

www.sporeg.de

Schnellübersicht

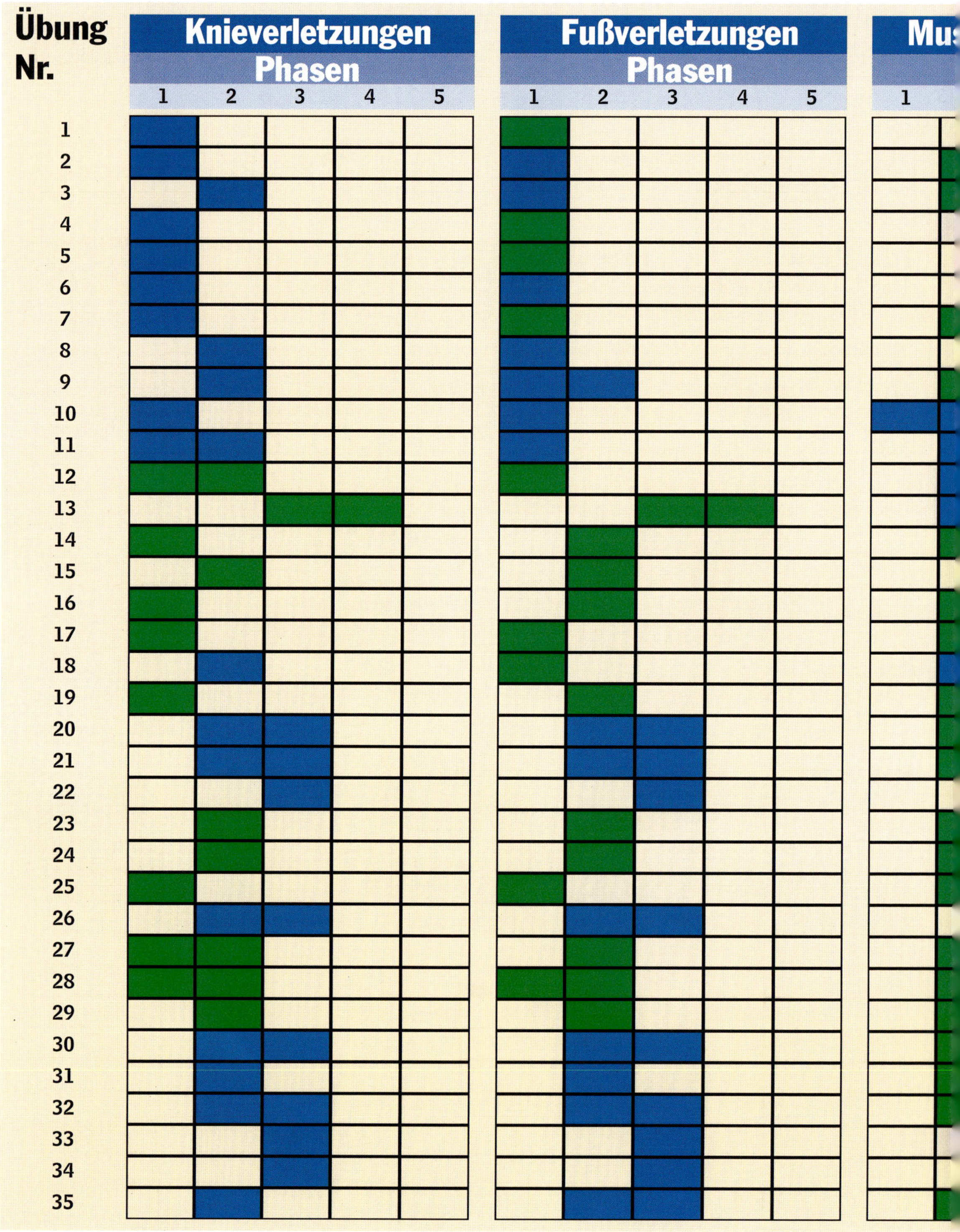

Legend: ■ = besonders geeignet (blau), ● = geeignet (grün)

Übung Nr.	Knieverletzungen Phase 1	2	3	4	5	Fußverletzungen Phase 1	2	3	4	5	Mus… 1
1	■					●					
2	■					■					●
3		■				■					
4	■					●					
5	■					■					
6	■					■					
7	■					■					
8		■				■					
9		■					■				
10	■	■				■					■
11	■	■				■					
12	●										
13			●	●				●	●		
14	●						●				
15		●					●				
16	●						●				
17	●					●					
18		■									■
19	●						●				
20		■	■				■	■			
21			■					■			
22			■					■			
23		●					●				
24	●					●					
25	●					●					
26		■	■				■	■			
27	●	●				●	●				
28	●					●					
29		●									
30		●	■				■	■			
31			■					■			
32		■					■				
33			■					■			
34			■								
35	■										

Legende: ■ = besonders geeignet   ● = geeignet

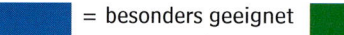

Wirbelsäulenverletzungen
Phasen
1	2	3	4	5

Schulterverletzungen
Phasen
1	2	3	4	5

Schnellübersicht

Übung Nr.	Knieverletzungen Phasen					Fußverletzungen Phasen					Mus
	1	2	3	4	5	1	2	3	4	5	1
36			🟢					🔵			
37			🔵					🔵			
38		🔵					🔵				
39		🔵					🔵				
40			🟢				🟢	🔵			
41		🟢						🔵			
42		🟢						🔵			
43	🔵					🟢		🔵			
44		🟢					🟢				
45		🟢					🟢				
46		🟢					🟢				
47			🟢				🟢				
48				🟢							
49	🟢										
50	🔵	🔵				🟢	🟢				
51	🔵					🟢	🟢				
52		🔵				🟢	🟢				
53		🔵				🟢	🟢				
54								🔵			
55								🔵			
56	🔵	🔵					🟢				
57		🔵				🔵					
58	🔵					🔵					
59	🟢										🟢
60	🟢										
61			🟢				🟢				
62		🔵					🔵				
63		🟢				🟢	🟢				
64	🔵					🟢					
65		🔵				🔵					🟢
66	🔵					🔵					🔵
67	🟢					🟢					
68			🔵				🔵				
69						🟢	🟢				
70			🔵								

Legende: 🔵 = besonders geeignet 🟢 = geeignet

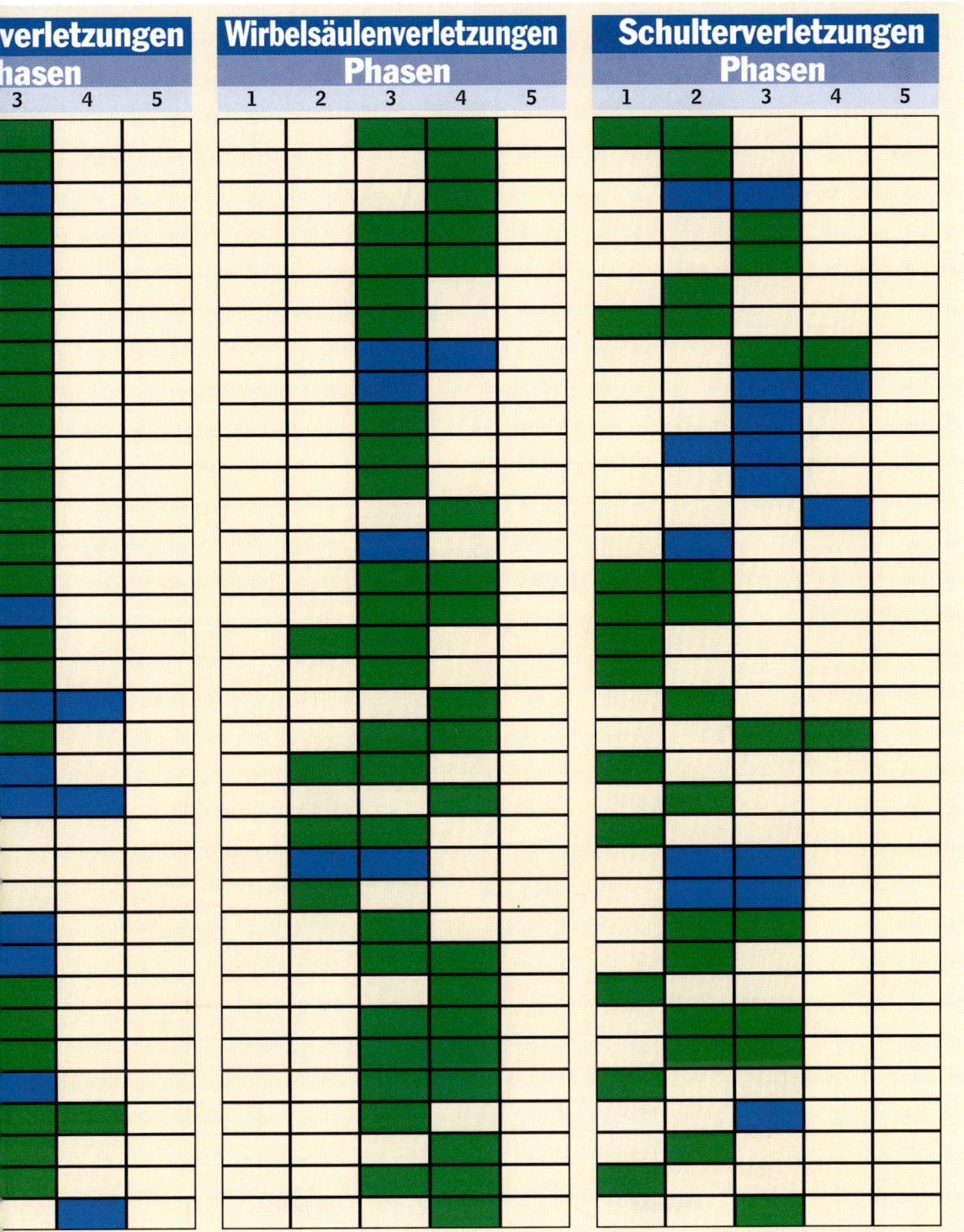

SPORTKO

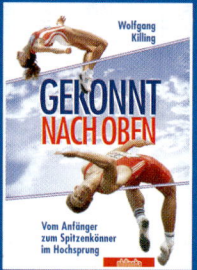

Gekonnt nach oben
(Killing)

Alles zum Hochsprung in einem Buch! Z.B. die Vermittlung der Technik, dargestellt in Bildreihen und verständlichen Texten, Hinweise zur Fehlerkorrektur, Anregungen zum Training der Beweglichkeit und der Kraft, Anleitung zu Trainingsplänen u.v.m.
144 S. • DM 44,00

Ein neues Trainingssystem für azyklische Sportarten
(Verchoshanskij)

Im Mittelpunkt dieser Konzeption steht das fundierte, spezielle Krafttraining. Die Kraftübungen sind dabei Teil eines ganzen Systems der speziellen konditionellen Vorbereitung. Mit vielen nützlichen Anregungen und Empfehlungen.
136 S. • DM 29,80

Halten wie wir
(Thiel/Hecker)

Eine Fundgrube für jeden leistungsorientierten Torhüter und Trainer. Andreas Thiel und Stefan Hecker verraten, was sie sich an Können, Tricks und Bewegungsgrundmustern wie angeeignet haben. Mit einem 40 Seiten umfassenden Praxisteil.
168 S. • DM 44,00

Der sportliche Wettkampf
(Thieß u.a.)

Eine Monographie zu den vielfältigen Aspekten des sportlichen Wettkampfs – der „Seele" des Sports : allgemeine Grundlagen des sportlichen Wettkampfs, der Wettkampfvorbereitung, der Wettkampfdurchführung und -diagnostik.
208 S. • DM 39,80

Basketball in der Schule
(Steinhöfer/Remmert)

Dieses Standardwerk zeigt anhand zahlreicher Trainingsbeispiele, wie sich die spielorientierte Methode mit der stärker übungsorientierten effektiv kombinieren läßt. Hilfreich sind viele Fotoreihen und Skizzen zum Technikbereich.
208 S. • DM 34,00

Belastung – Ermüdung – Leistung
(Platonov)

Das Buch gibt Hinweise für den Aufbau von Trainingseinheiten und langfristiger Trainingsperioden unter Berücksichtigung der fundamentalen Einheit von Belastung und Wiederherstellung im Trainingsprozeß.
256 S. • DM 44,90

Sportmanagement Taschenbuch

In diesem Handbuch finden Sportfunktionäre im deutschen Sport alles, was sie für Korrespondenz und sonstige Wege der Kommunikation brauchen. Die rund 6.000 Einträge sind gut strukturiert, was das Auffinden der gesuchten Informationen sehr einfach macht.
Über 700 S. • DM 46,00

Ausdauertraining in Kampfsportarten
(Lehmann)

Ergebnisse sportartspezifischer und praxisnaher Feldtests, anhand derer eine Struktur der Ausdauerfähigkeiten für die Gruppe der Kampfsportarten entwickelt wurde. Mit vielen konkreten trainingsmethodischen Empfehlungen.
144 S. • DM 25,80

Dies ist nur eine Auswahl aus unserem Programm. Wir senden Ihnen gerne unser Gesamtverzeichnis zu!

...MPETENZ!

Fußballtraining
Tips für Trainer zur Entwicklung von Trainingseinheiten und -plänen für alle Alters- und Leistungsstufen, mit Hinweisen zur Mannschaftsbetreuung und Informationen aus Trainingslehre, Sportmedizin u.v.m. 12 Ausgaben, davon zwei Doppelausgaben.

Inland: 74,40 DM (Ausl.: 79,80 DM)

Leistungssport
Trainern, Sportlern und allen anderen im Leistungssport Engagierten bietet „Lsp" neue Erkenntnisse aus der Sportwissenschaft., Untersuchungsergebnisse aus verschiedenen Sportarten und ein Forum für verschiedene wissenschaftliche Positionen

Inland: 60,00 DM (Ausl.: 66,00 DM)

Leichtathletiktraining
Praktische Hilfestellungen zu allen Fragen der Trainingsgestaltung und -organisation: u.a abwechslungsreiche Übungsstunden für Kinder, Trainingspläne für das Aufbautraining; dazu die Rubrik „Lehre der Leichtathletik" des DLV. 12 Ausgaben, davon zwei Doppelausgaben.

Inland: 74,40 DM (Ausl.: 79,20 DM)

Handball Magazin
Informationen, die Handball-Fans wirklich weiterbringen: Berichte, Analysen, Statements zum nationalen und internationalen Handballgeschehen, praktische Tips für die Vereinsarbeit, Tips und Tricks der National-Spieler, Ranglisten, Jugend-Special u.v.m.

Inland: 74,40 DM (Ausl.: 79,80 DM)

Handballballtraining
Anregungen für Trainer, die sie direkt in ihre Praxis übernehmen können, also wirklich praxisnahe Informationen für alle Alters- und Leistungsstufen, dazu Ratschläge für die Vereinsarbeit. 12 Ausgaben, davon zwei Doppelausgaben.

Inland: 73,80 DM (Ausl.: 78,60 DM)

Deutsche Volleyball-Zeitschrift
Was läuft in der Bundesliga und in der internationalen Szene? Wer sind die Shooting-Stars im Beach-Volleyball? Wo finden demnächst große Freiluftturniere statt? Dies und vieles mehr erfahren Volleyball-Freaks aus der „dvz". Dazu Tips für Spieler und Trainer.

Inland: 76,20 DM (Ausl.: 82,20 DM)

Der Handball-Schiedsrichter
Diese Zeitschrift will Spielleiter fit machen für ihren Job, damit sie selbst in hitziger Atmosphäre souverän bleiben. Vierteljährlich erscheinen aktuelle Informationen und nutzbringende Beiträge zur Regelauslegung oder zum praktischen Schiedsrichtertraining.

Inland: 18,00 DM (Ausl.: 22,00 DM)

Deutscher Tischtennis-Sport
Monatlich auf rund 60 Seiten Berichte, Analysen, Statistiken und Meinungen zum regionalen, nationalen und internationalen Tischtennisgeschehen. Außerdem viele Servicethemen u.a.: Trainingstips, Materialinfos, Vereinsservice, Ratgeber, Regelecke.

Inland: 79,80 DM (Ausl.: 85,80 DM)

Bestellen Sie per Telefon: 0251/230 05-11, Telefax: 0251/ 230 05-99, E-Mail: buchversand@philippka.de, Post: Postfach 150105, 48061 Münster

Preisänderungen vorbehalten

Sachwortverzeichnis

Achillodynie:
Beschwerden nach Über- und Fehlbelastungen im Gleitlager und Ansatzbereich der Achillessehne.

Adaption:
Anpassung von Lebewesen und ihrer Organe an gesetzte Reize.

Anfangskraft:
Die zu Bewegungsbeginn in die Bewegungsrichtung wirkende Beschleunigungskraft.

Antizipation:
Vorausnahme eines Ziels in Verbindung mit der sich anschließenden Bewegungshandlung.

Antizipationsfähigkeit, motorisch:
Grundfunktion zur Koordination der Bewegung, Handlungsregulation des motorischen Lernprozesses.

Aquatherapie:
Bewegungstherapeutische Maßnahmen im Medium Wasser

Arthrose:
Degenerative Erkrankung eines Gelenks, besonders des Gelenkknorpels.

Atemäquivalent
Quotient gebildet aus Atemminutenvolumen in Milliliter und Sauerstoffaufnahme in derselben Minute.

Atemgrenzwert
Maximale ventilatorische Leistungsfähigkeit der Lunge.

ATP (Adenosintriphosphat)
Primäre Energiequelle jeder Muskelbewegung.

Athrophie
Rückbildung eines Organs oder Gewebes durch Veränderung der Zellelemente.

Atrophiedynamik
Muskelschwund in einem bestimmten Zeitraum

Aufbautraining
Gezielte Behandlungsmethode im Rahmen der medizinischen Trainingstherapie in der 4. Phase (Muskuläres Belastungstraining) zur Verbesserung der individuellen Belastungs- und Leistungsfähigkeit und Heranführen an das sportartspezifische Training

Ausdauer:
Konditionelle Fähigkeit zur Entwicklung der Widerstandsfähigkeit gegenüber der Ermüdung bei sportlichen Belastungen.

Ausdauer, allgemein:
Ausdauerform, die in erster Linie durch allgemeine Körperübungen trainiert wird.

Ausdauer, statisch:
Widerstandsfähigkeit gegenüber Ermüdungserscheinungen bei isometrischen Belastungen.

Ausdauerlauf:
Langstreckenlauf zur Ausbildung der Grundlagenausdauer.

Ausdauertraining, allgemein:
Variantenreiche Trainingsbelastungen mit dem Ziel zur Verbesserung der allgemeinen Ausdauerleistung des Herz-Kreislauf-Systems.

Ausdauertraining, statisch:
Trainingsbelastung durch isometrische Muskelkontraktion.

Automatisierung :
Standardisierung von Bewegungsabläufen.

Azyklische Bewegung:
Ungleichartige Bewegungsformen werden verknüpft.

Begabung:
Komplexe Struktur von Fähigkeiten.

Belastung:
Einwirkung mechanischer Kräfte auf Teile des menschlichen Bewegungsapparates.

Beweglichkeit:
Individuelle Bewegungsvoraussetzung im Bereich der Gelenke und der Wirbelsäule.

Beweglichkeit, aktiv:
Beweglichkeit mit größtmöglicher Amplitude in den Gelenken bzw. der Wirbelsäule, die ein Patient/Sportler durch eigene Muskelkraft erreichen kann.

Beweglichkeit, passiv:
Beweglichkeit mit größtmöglicher Amplitude in den Gelenken bzw. der Wirbelsäule, die ein Patient/Sportler durch äußere Krafteinwirkung (Geräte u.a.) erreichen kann.

Bewegungsablauf:
Aufeinanderfolge von Teilbewegungen einer Bewegungshandlung.

Bewegungsanalyse:
Verfahren zur Beschreibung und Erforschung von Bewegungen.

Bewegungsanweisung:
Information über den Vollzug einer Bewegungshandlung (Bewegung) durch vorgegebene Reglementierung.

Bewegungskoordination:
Abgestimmter Prozeß sportlicher Bewegungen.

Bewegungskorrektur :
Steuerung eines vorgegebenen Übungsprogrammes innerhalb eines Lern-, Übungs- und Rehaprozesses.

Bewegungsmuster:
Neurophysiologisch verankertes Innervationsschema zur Realisierung von Bewegungen.

Bewegungssteuerung :
Regulation eines Bewegungsablaufs.

Bewegungsstruktur :
Elemente, die in einer Bewegung verbunden werden.

Bewegungstherapie :
Behandlung von Erkrankungen (Verletzungen) mittels muskulärer Beanspruchung.

Biomechanische Analyse:
Meßverfahren zu Analyse menschlicher Bewegungen.

Chondropathie:
Gefügestörung des Knorpels, die zu Funktionsstörungen im Gelenk führt.

Chronisch:
Langandauernder Prozeß, der durch langsame Veränderungen gekennzeichnet ist.

Circuittraining :
Wiederholte Ausführung eines Übungsprogrammes.

Dauermethode:
Trainingsmethode zur Verbesserung der Grundlagenausdauer (aerobe Kapazität).

Distal:
Körperfern, weiter von der Körpermitte entfernt liegend.

Dokumentation:
Verfahren zur Analyse objektiver Daten.

Dorsal:
An der Rückseite (zum Rücken hin) gelegen.

Dystonie, muskuläre:
Funktionstraining in der Tonusregulation des Muskels.

Eigenreflex (propriozeptiver Reflex):
Reflex, bei welchen Empfangsorgan und Erfolgsorgan identisch sind.

Eigenschaft, motorisch
Bedingungsfaktor menschlicher Bewegungsleistung.

Elektromyogramm (EMG):
Registrierung elektrischer Spannungsfelder (Aktionspotential), die in der Muskulatur entstehen.

Erfolg:
Angestrebtes Ergebnis einer Handlung.

Erfolgserlebnis:
Persönliches Erreichen eines angestrebten Handlungszieles.

Ergußbildung, synovial:
Erguß der Gelenkschmiere (farblose, fadenziehende Flüssigkeit in den Gelenken).

Erholung:
Wiederherstellungsvorgang nach physischer, geistiger und psychischer Leistungsfähigkeit.

Ermüdung:
Eine durch körperliche Belastung hervorgerufene reversible Leistungseinschränkung.

Ernährung:
Zufuhr und Aufnahme der für den Stoffwechsel notwendigen Substanzen.

Explosivkraft:
Überwindung submaximaler Widerstände mit maximaler Beschleunigung.

Extension:
Mechanische Streckung eines gebrochenen oder verrenkten Gliedes zur Wiederherstellung der Ausgangslage.

Fähigkeit:
Individuelle Leistungsvoraussetzungen zum Erreichen bestimmter Leistungen.

Fähigkeit, koordinativ:
Leistungsvoraussetzung zur Koordination von Bewegungshandlungen.

Fartlek:
Fahrtspiel, Trainingsmethode zur Ausbildung konditioneller Fähigkeiten.

Fehleranalyse:
Untersuchung von Fehlern im Bewegungsablauf mit dem Ziel einer sofortigen Fehlerkorrektur.

Feinkoordination:
Handlung mit dem Ziel eines fehlerfreien Bewegungsablaufes.

Fertigkeit:
Automatisierte Leistungskomponente zur Ökonomisierung der individuellen Handlung zur Verbesserung der Leistung.

Fraktur:
Knochenbruch, Kontinuitätstrennung mit und ohne Verschiebung der beiden Frakturenden gegeneinander.

Funktionsdiagnostik:
Bereich zur Ermittlung von Gelenk- und Muskelfunktionen und deren koordinativen Zusammenspiels mittels objektiver biomechanischer Meßtechniken.

Gelenkigkeit:
Fähigkeit, Bewegungen mit entsprechender Schwingungsweite in bestimmten Gelenken auszuführen.

Gewandheit:
Voraussetzung für eine schnelle und präzise Lösung komplexer motorischer Aufgaben.

Glukose:
Traubenzucker, Hauptlieferant bei muskulärer Tätigkeit.

Glykogen:
Depotform der Glukose.

Haltungsschwäche:
Mißverhältnis zwischen Skelettwachstum und dem Wachstum der Muskulatur.

Handlung:
Zeitlich strukturierte Einheit zur Realisierung eines konkreten Zieles.

Hypermobilität:
Gesteigerte Gelenkbeweglichkeit.

Hypertonie (muskuläre):
Zustand vermehrter Spannung in der Muskulatur.

Intervall:
Zeitlich abgestimmte Ruhephasen zwischen sportlichen Belastungen in einer Trainingseinheit.

Kondition:
Faktor der sportlichen Leistungsfähigkeit.

Konstitution:
Erscheinungs-, Funktions- und Leistungsgefüge eines Individuums in seiner Erbbedingtheit.

Kontraktion:
Aktive Verkürzung eines Muskels aufgrund eines Muskelreizes.

Kontraktion, dynamisch:
Kontraktion bei der sich Ansatz und Ursprung des Muskels in ihrem Abstand verändern.

Kontraktion, exzentrisch:
Kontraktion bei der sich Ansatz und Ursprung des Muskel entfernen (Verlängerung).

Kontraktion, isometrisch:
Entwicklung von Muskelspannung, ohne daß sich Ansatz und Ursprung zu nähern.

Kontraktion, konzentrisch:
Kontraktion bei dem sich der Muskelansatz dem Ursprung annähern (Verkürzung).

Kontraktionsgeschwindigkeit:
Geschwindigkeit, mit der sich die Muskelkontraktion vollzieht.

Koordination:
Zusammenwirken von Zentralnervensystem und Skelettmuskulatur innerhalb eines gezielten Bewegungsablaufes.

Koordinationstraining:
Erlernen, Stabilisation und Vervollkommnung von Bewegungen.

Kraft:
Unterschieden wird in motorische Kraft (Eigenschaft) und als physikalische Größe. Kraft ist neben der Ausdauer die bedeutendste motorische Eigenschaft.

Krafttraining, allgemein:
Ausbildung des gesamten muskulären Systems.

Krafttraining, isokinetisch:
Belastung der Muskulatur, der Widerstand ist in allen Bewegungsphasen konstant (Sonderform des dynamischen Krafttrainings).

Krafttraining, statisch:
Im Vordergrund des Trainings stehen Kombinationen von exzentrischer und konzentrischer Muskelkontraktionsformen.

Lateral:
Seitlich, seitwärts gelegen.

Leistungsdiagnostik:
Verfahren zur Ermittlung von Kennziffern und Normwerten der konditionellen Grundeigenschaften mittels biomechanisch gestützter Meßmethoden zur Steuerung und Dokumentation des Aufbautrainings.

Leistungsindex (SPOREG):
Maß der Leistungsfähigkeit der konditionelle Grundeigenschaften bezogen auf sportartspezifische Fragestellungen.

Lia. Fibulotalare anterius:
Bandverbindung zum vorderen Schienbeinmuskel.

Luxation:
Verrenkung, Verschiebung zueinander gehörender Gelenkenden.

Maximalkraft:
Stellt den höchsten, bei maximaler Willkürkontraktion, gegen einen unüberwindlichen Widerstand, realisierten Kraftwert dar.

Meniskusverletzung:
Abriß von Teilen des Meniskus aufgrund eines Traumas (Vorder- oder Hinterhorn).

Medizinische Trainingstherapie:
Komplexe physio- und trainingstherapeutische Behandlungsmethode während der Rehabilitation und Verletzungen zur schnellen Wiederherstellung der uneingeschränkten Leistungsfähigkeit.

Messung:
Qualitätsnachweis anhand objektiver Meßverfahren und Meßdaten.

Muskelfaserriß:
Durchtrennung kleinerer oder größerer Muskelfaserbündel infolge plötzlicher Zug- oder Dehnbelastungen.

Muskeln:
Kontraktile Organe, die die einzelnen Körperteile gegeneinander bewegen (Skelettmuskeln des Bewegungssystems) oder das Zusammenziehen von Hohlorganen bewirken (glatte Muskeln des Eingeweidensystems).

Muskelkraft:
Kraft eines Muskels und deren Arbeitsweise.

Muskeltonus:
Widerstandsvermögen des Muskels gegen eine Last bei veränderlicher Länge.

Muskulatur, hyperton:
Muskulatur, die unter erhöhter Muskelspannung steht (Gegensatz zu hypotoner Muskulatur).

Muskulatur, postural:
Hinten gelegene Muskulatur.

hasenstruktur:

Einteilung des Rehabilitationsprozesses in einzelne Phasen mit unterschiedlichen Belastungsstufen und Zielstellungen.

Plantarflexion:
Beugung des Fußes zur Fußsohle hin.

Posttraumatisch:
Einer Verletzung nachfolgend.

Pronation:
Einwärtsdrehung der Extremitäten (Gegensatz zu Supination).

Pulsfrequenz:
Pulsanzahl einer Arterie pro Zeiteinheit (Herzschlagfrequenz).

Reaktionsschnelligkeit:
Fähigkeit auf einen Reiz in kürzester Zeit zu reagieren.

Reflex:
Reaktion eines Effektors, z.B. Muskel auf Reize.

Relaxation:
Entspannung der Muskulatur.

Ruptur:
Riß eines Organs bzw. Gewebes.

Schnelligkeit:
Konditionelle Fähigkeit, sich durch zyklische Bewegungen mit höchster Geschwindigkeit fortzubewegen.

Schnelligkeitstraining:
Trainingsform zur Verbesserung der Reaktionsschnelligkeit.

Schubladentest:
Verfahren zur Überprüfung der Gelenkstabilität.

Seitenband, medial:
Mittleres Seitenband.

Simulationstraining:
Training, welches sich der Wettkampfstruktur weitestgehend anpaßt.

Superkompensation:
Reaktion eines biologischen Systems auf eine überschwellige Belastung.

Supination:
Auswärtsdrehung der Extremitäten (Gegensatz zu Pronation).

Supinationstrauma:
Verletzung, die durch übermäßige Auswärtsdrehung einer Extremität hervorgerufen wird.

Synovia:
Flüssigkeit in den Gelenken, Schleimbeuteln und Sehnenscheiden.

Talus:
Der oberste Fußwurzelknochen.

Techniktraining:
Erlernen und Vervollkommnen spezifischer Bewegungsabläufe beim Lösen von Bewegungsaufgaben.

Test:
Verfahren zur Überprüfung leistungsbestimmender Faktoren während des Aufbautrainings, Überprüfung der Belastbarkeit im verletzten Bereich mit sich anschließender Prognose.

Tibia:
Schienbein, der innere und größere der beiden Unterschenkelknochen.

Tonus:
Kontraktionszustand eines ruhenden Muskels.

Training:
Verfahren zur Optimierung aller am Trainingsprozeß in Vorbereitung auf den Wettkampf beteiligten Faktoren.

Training, ideometrisch:
Form der technisch-koordinativen Vervollkommnung sportlicher Handlungen.

Training, vestibular:
Training zur Entwicklung der Bewegungskoordination (Gleichgewichtsempfinden).

Trainingsprinzipien:
Grundsätze zur Planung und Durchführung des Trainingsprozesses.

Trainingsziel:
Normative Vorgabe des Trainingsprozesses.

Übung:
Vorgang zur Verarbeitung von Lerninhalten wie Bewegungsfertigkeit.

Wasserhaushalt:
Regulation des Wasserbestandes des Körpers; im Sport ist die Regulierung von großer Bedeutung für die Erhaltung der vollen sportlichen Belastbarkeit.

Literaturverzeichnis

AHRENDT, E. u.a.: Rehabilitation mit den Mittel und Methoden von Körperkultur und Sport nach operativer und konservativer Therapie von Sprunggelenkverletzungen und Fehlbelastungsschäden. In: Medizin und Sport 1982, Internationales Symposium, Dresden 1982, 67 ff.

ANDRESEN, R./HAGEDORN G. (hrsg.): Training im Sportspiel. Bartels und Wernitz, Berlin 1982

APPLE, D./O`TOOLE, J./ANNIS, C.: Professional basketball injuries. Phy. Sport Med., 1982

ARENDT, W.: Sportschäden, Sportverletzungen der Muskeln, Sehnen und Bänder. München 1990

BALLREICH, R. u.a.: Trainingswissenschaft. Limpert, Bad Homburg 1982

BARFRED, T.: Experimental rupture of Achilles tendon. Acta Orthop. Scand, 1971

BECHER, H. u.a.: Kybernetik – Einführung in ihre Grundlagen und Anwendungsmöglichkeiten im Sport. Theorie und Praxis Körperkultur 17 (1968), 969.

BECK, E.: Muskel-, Sehnen- und Bandverletzungen beim Sport. Allg. Med., 1980

BERTOLONI/LEUTERT: Atlas der Anatomie des Menschen, Bd. 1. Thieme Verlag, Leipzig 1978

BLUM, B.: Perfektes Stretching. München 1990

BOIKO, V.: Die gezielte Entwicklung der Bewegungsfähigkeit des Sportlers. Deutscher Sportbund, Frankfurt 1988

BRENKEL/DIETRICH: Sport in der Rehabilitation nach Verletzungen, Fehlbelastungs-folgen und Operation. Medizin und Sport, 1982

CARLSON, B. M.: Regeneration of the completely excised gastrocnemius muscle in the frog and rat from muscle fragments. J. Morph., 1968

CHARITONOVA, L.G.: Theoretische und experimentelle Begründung von Adaptionstypen im Sport. Leistungssport 23 (1993), 6, 7-8

COOK, D./HEINER J. R.: Acromioclavicular joint injuries. Orthop. Rev., 1990

COOPER, K. : Bewegungstraining. Fischer, Frankfurt/Main 1978

COTTA, H.: Sport treiben – Gesund bleiben. Piper, München 1988

COX, J. S.: The fate of the acromioclavicular joint in athletic injuries. Sports Med. 9 (1981), 50-53

DANDY, D. : Arthroscopy of the knee. Lea und Febiger, Philadelphia 1984

DAVIS, D.: Rehabilitation of the surgical knee. Cy Press, New York 1984

De MARÉES, H.: Sportphysiologie. Köln 1981

DIEBSCHLAG, W. : Die optimale Ernährung für Sportler. Leistungssport (2), 1972

EHRICH, D.: Das System der Trainingstherapie in der Rehabilitation. Kongreßband des VRT (Verein für Rehabilitation und Trainingstherapie), 1999

EHRICH, D.: Der Übergang von Rehabilitation zur sportartspezifischen Belastbarkeit anhand objektiver Normdaten am Beispiel Fußball. Kongreßband der VRT (Verein für Rehabilitation und Trainingstherapie) 1999

EHRICH, D./FRIEDRICH, E. : Zur Verbesserung der Trainingssteuerung im Hochleistungssport. Leistungssport (5) 1979

EHRICH, D./GEBEL, R.: Aufbautraining nach Sportverletzungen. Philippka, Münster 1992

EHRICH, D./GIMBEL, B.: Leistung und Erfolg im Mannschaftssportspiel. Leistungssport (6) 1978

EHRICHT, H.-G. u.a.: Zur Diagnostik und Therapie der veralteten Bandruptur am oberen Sprunggelenk. Med. und Sport 18, Berlin 1978

EHRICHT, H.-G.: Die Wirbelsäule in der Sportmedizin. J. Ambrosius Barth, Leipzig 1985

FRANKE, K.: Traumatologie des Sports, Verlag Volk und Gesundheit. Berlin 1986

FRANKEL V. H./BURNSTEIN, A. H.: Orthopaedic Biomechanics. Lea und Febiger, Philadelphia 1974

FREIWALD, J.: Prävention, Rehabilitation im Sport. Reinbek 1989

FREY, G.: Training im Schulsport, Sportwissenschaft Bd. 16. Verlag K. Hofmann, Schorndorf 1977

FRIEDRICH, W./MÖLLER H.: Zum Problem der Superkompensation. Leistungssport 5, 1999

FROBÖSE, J./NELLESSEN, G. (Hrsg.): Training in der Therapie. Ullstein Medical, Wiesbaden 1998

FULKERSON, J. P./CANTILLI R. A.: Chronic patellar instability: subluxation and dislocation. Mc Graw Hill, New York 1993

GÄDE, E. A.: Ein Meßgerät zur objektiven Feststellung der Instabilität des Kniegelenkes. Orthop. Praxis, 1980

GANDERNAK, T.: Die instabile Kniescheibe, Mandrich. Wien/München/Bern 1992

GEBEL, R.: Umsetzung der Standards von Operationsmethoden in die Therapie und der damit verbundene Aufbau von Therapieplänen, Beispiel Knie. Kongreßband VRT (Verein für Rehabilitation und Trainingstherapie), 1999

GLINZ, W.: Arthroskopische Meniskusresektion; Resultate 1-7 Jahre nach Operation. In: TILING, T. (Hrsg.): Arthroskopische Meniskuschirurgie. ENKE, Stuttgart 1986

GRAY, M.: Verletzungen im Fußballsport. Deutscher Ärzteverlag, Köln 1986

GRIFKA, J./RICHTER, J./GUMTAN, M.: Klinische und sonographische Meniskusdiagnostik. Orthopädie (23), 1994

GROH, H.: Trainierbarkeit des Muskels. Leistungssport 2, 1972

HACKENBRUCH, W./ HEUCHE, H. R.: Diagnostik und Therapie von Kapselbandläsionen am Kniegelenk. Eular, Bern 1981

HAGEDORN, G.: Training im Mannschaftstraining, Theorie und Praxis der Sportspiele, Bd. 4. Bartels und Wernitz, Berlin 1981

HARRE, D.: Trainingslehre. Sportverlag Berlin, 1982

HAWKINS, R. J. u. Mit.: Acromioplasty for impingement with an intact rotator cruft. J. Bone Joint Surg. (Br.) 70, 1988, 795-197

HERMANN, H.-D./EBERSPÄCHER, H.: Psychologisches Aufbautraining nach Sportverletzungen. München/Wien/Zürich 1994.

HERTEL, P.: Verletzung und Spannung von Kniebändern. Unfallheilkunde (1), 1980

HOLLMANN, W.: Von der klinischen Funktionsdiagnostik über die sportmedizinische Leistungsdiagnostik zur Trainingssteuerung. In: APPELL, H.-J./MESTER, J. (Hrsg.): Trainingsoptimierung, Zielsetzung und Maßnahmen, St. Augustin 1987, 165-184

HOLLMANN, W./HETTINGER, T.: Sportmedizin, Arbeits- und Trainingsgrundlagen. Stuttgart, 1990

HURME, T./KALIMO, H.: Adhesion in skeletalmuscle during regeneration. Muscle Nerve 15, University of Turku, 1992

IMHOFF A./BUESS E./HODLER J./SCHREIBER, A.: Relevanz der kernspintomographischen Meniskusdiagnostik in Korrelation zur Arthroskopie. Orthopäde 23, 1994

ISRAEL, S. u.a.: Körperliche Aktivität und Altern. J. Ambrosius Barth, Leipzig 1988

JAKOB, R. P./SEGESSER B.: Quadrizeps Dehnungsübungen – ein neues Konzept der Tendinosen des Streckapparates am Kniegelenk (Jumper´s Knee). Orthopädie 9, 1980

JAKOBLEW, N. N.: Biomechanische und morphologische Veränderungen der Muskelfasern in Abhängigkeit von der Art des Trainings. Medizin und Sport 18, 1978

JANALIK, K. H./TREUTLEIN, G.: Gesundheit durch Bewegung und Sport. päd. Hochschule Heidelberg 14, 1989

JÄRVINEN, M.: Sportverletzungen und Überlastungsschäden. Ärzteverlag, Köln 1997

JOBE, F. W. u.a.: Impingement syndrome in overhand athletes. Surgical Rounds for Orthopaedics 1990

KARLSON, J. u.a.: Partial rupture of the patellar ligament. Sports Med. 20, 1992

KERR, G./MINDEN, H.:Psychological Factors Related to the Occurence of Athletic Injuries. Journal of Sport and Exercise Psychology 10 (1988), 167-173

KEUL, J.: Training und Regeneration im Hochleistungssport. Leistungssport 8, 1978

KNEBEL, K.-P./HERBECK/HANSEN: Fußballfunktionsgymnastik. Reinbek, 1988

KONOPKA, P.: Sporternährung, München 1991

KOPPENFIELD, S.: Klinische Untersuchung der Wirbelsäule und der Extremitäten, Verlag Volk und Gesundheit. Berlin 1983

LEHMANN, M. u.a.: Übertraining und Leistungsminderung. Leistungssport 29 (1999), 5, 23-29

LENHART, P./SEIBERT, W.: Funktionelles Bewegungstraining. Oberhaching 1991

LETHO, M. u.a.: Skeletal muscle injury – molecular changes of the collagen during healing. Res. Exp. Med. 1985, 95-106

LETZELTER, M.: Trainingsgrundlagen, Training, Technik, Taktik. Reinbek, 1987

LETZELTER, H. und M.: Krafttraining, Therapie, Methoden, Praxis. Reinbek, 1986

LIESEN, H./BAUM, M.: Sport und Immunsystem. Hippokrates Verlag, Stuttgart 1997

LÖCKEN, M./DIETZE, R. (Hrsg.): Das Betreuungssystem im modernen Hochleistungssport. Philippka Verlag, Münster 1982

MACNICOL, M. F.: The problem knee. Heinemann, London 1986

MARONE, P. J.: Schulterverletzungen im Sport. Deutscher Ärzteverlag, Köln 1993

MARTIN, D.: Grundlagen der Trainingslehre. Verlag K. Hofmann, Schorndorf 1982

MATWEJEW, L. P.: Grundlagen des sportlichen Trainings, Sportverlag Berlin, 1981

MATZEN/MATZEN, P.F.: Orthopädie für Studierende. J. Ambrosius Barth, Leipzig, 1981

MEERSON, F. S.: Mechanismen der Adaption. Wiss. Der UdSSR, 1973

MILLAR, A. P.: Strains of the posterior calf musculature. Sports Med. 3 (1979), 172-174

MÜLLER, W.: Allgemeine Diagnostik und Soforttherapie bei Bandverletzungen am Kniegelenk. Unfallheilkunde, 1980

MÜLLER-WOHLFAHRT, H.-W./MONTAG, J./DIEBSCHLAG, W.: Süße Pille-Sport, Verletzt was nun? medical concept, Neufahrn 1984

NEUMANN, G. u.a.: Umstellung und Anpassung des Organismus – Grundlegende Voraussetzungen der sportlichen Leistungsfähigkeit. In: Sport und Medizin, Pro und Kontra, Deutscher Sportärzte-Kongreß, München 1991, 415-419

NOESBERGER, B.: Grundlagen der Diagnostik frischer und veralteter Kapselbandläsionen des Kniegelenks. Thieme Stuttgart, New York 1981

NÜSSEL, E.: Prävention und Gesundheitsförderung aus ärztlicher Sicht. Heidelberg 1994

O'DONOGHUE, H.: Treatment of injuries to Athletes. Saunders, Philadelphia 1980

PAUL, B.: Die Bedeutung des Krafttrainings für die Therapie und Rehabilitation von Sportverletzungen. Medizin und Sport 24, 1984

PETERSON, L./RENSTRÖM, P.: Verletzungen im Sport. Deutscher Ärzteverlag, Köln 1987

PFEIL, E.: Verletzungen im Fußballsport. Verlag Volk und Gesundheit, Berlin 1986

PFÖRRINGER, W. u.a.: Sporttraumatologie – Sportartentypische Schäden und Verletzungen. Beiersdorf Medical Bibliothek, Erlangen 1981

RADLINGER, L.: Lokale Kraftausdauer. Theoretische und empirische Untersuchungen leistungsbestimmender Parameter, Dissertation DSHS Köln, Köln 1987

RIEDEL, D.: Ätiologie, Diagnose und Therapie der subkutanen Achillessehnenruptur und Peritendinitis achillae. Med. und Sport 12, Berlin 1972

ROHMERT, W. u.a.: Rechts-links Vergleich bei isometrischem Armmuskeltraining mit verschiedenen Trainingsreizen. Sportarzt/Sportmedizin 43, 1968

ROWE, C.: Dislocation of the shoulder. In: ROWE, C. (Hrsg.): The shoulder. New York 1988

RYAN, A. J.: Quadrizeps strain rupture and charlie horse. Med. Sci. Sports 1969, 1, 106-111

SALTIN, B.: Muskelbiotopische Untersuchungen über den Einfluß der Intervallarbeit auf de Skelettstoffwechsel, Intern. Symposium „Exercise and Sport Physiology", Patiala (Indien) 1974

SALTIN, B. u.a.: Fiber types and metabolic potentials of skeletalmuscles in sendentary man and endurance runners. New York, 1977

SANDELIN, J.: Acute Sports Injuries. A clinical and epidemiological study. University of Helsinki 1988

SCHMIDT, H.: Orthopädische Grundlage für sportliches Üben und Trainieren. J. Ambrosius Barth, Leipzig, 1985

SCHMIDTBLEICHER, D.: Maximalkraft und Bewegungsschnelligkeit. Limpert, Bad Homburg, 1980

SCHMIDTBLEICHER, D.: Konzeptionelle Überlegungen zur muskulären Rehabilitation. Med. Orth. Technik 114 (1994), 4, 170-173

SCHNABEL, G. (Hrsg.): Trainingswissenschaft: Leistung – Training – Wettkampf. Sportverlag, Berlin 1997

SCHWERDTNER, H. u.a.: Sportverletzungen. Verlag Dr. med. Straube, Erlangen 1976

SEGESSER, B. u.a.: Achillodynie und tibiale Insertionstendinosen. Med. sport 20, 1980

SPRING, H. u.a.: Theorie und Praxis der Trainingstherapie. Georg Thieme Verlag 1997

STEDTFELD, H. W./STROBEL, M.: Beitrag zur Frage der posteriomedialen Instabilität des Kniegelenks. Unfallheilkunde 87, 1984

STEINBRÜCK, K.: Epidemiologie von Sportverletzungen. Dt. Z. Sportmedizin 6 (1983), 173-186

STEINBRÜCK, K.: Epidemiologie von Sportverletzungen. 25-Jahres-Analyse einer sportorthopädisch traumatologischen Ambulanz. Sportverletzung – Sportschaden 2, 1999, 38-52

STOBOY, H.: Das Krafttraining und seine Beziehung zu verschiedenen Sportarten. Sportwissenschaft 14, 1984

STOBOY, H.: Krafttraining erhöht Geschwindigkeit. Med. Trib. 7, 1972

STROBEL, M./STEDTFELD, H. W./EICHHORN, H.-J.: Diagnostik des Kniegelenkes. Springer Verlag, Berlin 1995

STUTZ, R.: Etablierung der Funktionsdiagnostik im Rahmen der Rehabilitation. Kongreßband VRT, 1997

TITTEL, K.: Beschreibende und funktionelle Anatomie des Menschen. Fischer Verlag Jena 1982

TÖNDURY, G.: Über neue Erkenntnisse zur Entwicklung der Wirbelsäule. Hippokrates 1968

TOSSY, D. u.a.: Acromioclavicular seperations: usefull and practical classification for treatment. Clin. Orthop. 28 (1963) 111-119

TSCHIENE, P.: Der aktuelle Stand der Theorie des Trainings. Leistungssport 20 (1990), 3, 5-9

TSCHIENE, P.: Neue Impulse zur Theoriegründung für die Leistungssteigerung im Wettkampfsport. Leistungssport 20 (1999), 5, 19-22

VERCHOSHANSKIJ, J. W.: Programmierung und Organisation des Trainingsprozesses. Moskau 1985

VOSS/HERRLINGER: Taschenbuch der Anatomie. Fischer Verlag Jena, 1983

WAGNER, M./SCHABUS, R.: Anatomie des Kniegelenkes. Hollinek, Wien 1980

WALSH, W. M. u.a.: Shoulder strength following acromioclavicular injury. Sports Med. 13 (1985), 153-158

WASMUND-BODENSTEDT, U. u.a.: Haltungsschäden bei Kindern im Grundschulalter – Untersuchungen über den Einfluß zusätzlicher Bewegungsaktivitäten. Motorik 6 (1983), 11-22

WEBER, J.: Zur Prophylaxe von Verletzungen und Fehlbelastungsschäden bei Sportlern. Medizin und Sport 21 (1981), 174-177

WEINECK, J.: Optimales Training. Perimed, Erlangen 1999

WEINECK, J.: Sportanatomie. Perimed, Erlangen 1988

WELLER, S./KÖHNLEIN, E.: Die Traumatologie des Kniegelenks. Thieme, Stuttgart 1962

WIRTH, C. J./HÄFNER, H.: Biomechanische Aspekte und klinische Wertigkeit des Lachmann-Tests bei der Diagnostik von Kreuzbandverletzungen. Orthopäd. Praxis 11, 1981

WITT, A. N. u.a.: Das instabile Kniegelenk, Grundlagenforschung, Diagnose, Therapie. Orthopäd. Unfallchirurgie 88, 1977

ZACIORSKI, V. M.: Kybernetik – Mathematik – Sport. Theorie und Praxis der Körperkultur 20 (1971), 1068-1091

ZIPPEL, H.: Mensikusverletzungen und Meniskusschäden. J. Ambrosius Barth, Leipzig 1973